JN273255

経済効果入門

地域活性化・企画立案・政策評価のツール

小長谷一之 【編】
前川　知史

Konagaya Kazuyuki and Maekawa Satoshi

日本評論社

はじめに
——かゆいところに手が届く経済効果の本

　よく新聞等で「……何々プロジェクトの経済効果は何百億円で……」などという言葉を目にされたことがあるかと思います。経済効果は、通常の商品として代金で取引される市場財と、景観・環境などの目に見えない価値である非市場財のものに分けられますが、通常、経済効果というとほとんどの場合、市場財を通じた効果を指しており、しかも「産業連関分析」といわれる手法がメインとなっています。

　近年、地域問題・地域振興に携わるビジネス、行政、NPO等市民団体にわたる幅広い層で、この「産業連関分析」を中心とした経済効果の評価問題に強い関心が寄せられるようになってきました。その理由は、地域活性化・企画立案・政策評価において、いろいろな意味で、「見える化」あるいは「説明責任」といわれるように、根拠が求められるようになっているからです。現場の公務員の方が自分で作業する場合だけでなく、責任ある立場で他に発注する場合、あるいは他者の行った経済効果の内容を精査する立場の場合でも、すべての方々が、経済効果の算出のメカニズム（現場の仕組み）を知っていただくことが、これからの住民参加型の公共経営、地域経営の基本として重要性を増してきています。産業連関分析を中心とした経済効果の知識は、いまや地域政策の基本になりつつあるといっても過言ではありません。

　さらに、わが国は、産業連関大国といってもよいほど恵まれた状況にあります。統計等の整備面においても、総務省、経済産業省などの国の中央省庁のみならず、各自治体が非常に多くの、精密な「産業連関表」を作成してきた伝統があります。また研究も盛んであり、本書の文献でもあげるように多くの先達による産業連関研究の優れた書籍が書かれてきました。

　ところが、このような産業連関大国であるはずの日本で、実際は、多くの実務家が、産業連関分析を使えるようにならないという意見をよく聞きます。これまでのように教科書を読んでも使えるようにならないのには、大きく3つの点があります。

　1つ目は、産業連関表自身が意外に抽象的概念でわかりにくいことです。確かに産業連関表は、長い歴史があり、ある地域や国の経済全体の動きをうまくとらえて

いる経済の見取り図のようなものです。これがあれば、産業間の取引などのメカニズムがみなわかるという極めて強力なデータなのですが、その意味がわからないと難しい面があります。実際は、経済開発によって、産業連関表の表す経済のバランス状態が変化して新しいバランスに変わるということは、ある産業に生じた注文が次の産業にいき、次々に波及していくプロセスをみな足し合わせたことに相当するのですが、本書では、まず第Ⅰ部で、この仕組みが目に見えるようにわかりやすく説明しました。これが本書の特徴の1つです。

2番目は、産業連関分析は、理論と実際のデータ作業の間に開きがあり、実際に経済効果を計算するにあたっては、いくつもの「専門家のかくれたノウハウ」が必要な点です。例として、実際に入手できるデータが産業連関表の項目になっていないこと、通常考える地域で、需要の波及は必ず外に漏れますがその評価の仕方が一般にはわからないこと、市町村の産業連関表がないこと、などの多くの問題があります。そこで本書では、第Ⅱ部において、これまでの一般書の説明ではあまり触れられてこなかったが、実は実務家が本当に知りたい、

(1) 産業の振り分け方（既存の決算書を、産業連関表特有の項目に振り分けること、産業格付けといいます）、
(2) 自給率（漏れ）の推定、
(3) 地域分解の方法（都道府県表から市町村表をつくるなど、大きな地域の産業連関表から小さな地域の産業連関表をつくること）、
(4) 既存の産業連関表にない、新しい部門を追加する手法、

などのような産業連関分析の細かい処理の仕方を丁寧に説明し、本当に使える「かゆいところに手が届くような産業連関の本」を目指しています。

3番目は、こうした産業連関のセオリーに従って、実際の自治体の現場や企画の担当者が、いま抱えている重要な問題を、丁寧に解いていくときに、実際にどのような細かい課題が生じるのかがわからないことです。これについても、第Ⅲ部で、経済効果の評価が頻繁に必要とされる3つのジャンル「A. 都市開発に対する経済効果」「B. 産業誘致の経済効果」「C. イベントに関する経済効果」について、われわれの研究会の関係者を中心として、実務的研究者による詳細な事例の説明を行いましたので、同じような実務家には利用していただけるものと考えています。また最後の「D. 景観・文化・環境のまちづくりに関する経済効果」では、産業連関分析では扱うことのできない、景観・文化・環境といった非市場財の経済効果の評価の仕方について説明をしました。

以上、本書は、とにかくやさしく、経済効果が誰でもわかるような産業連関分析

の入門であり、かつ、すぐに使えるように実践的に必要な情報を盛り込み、現場の行政家や企画家に多くご協力いただいたものです。自治体職員、民間企業、市民団体職員など、産業連関の手法についてこれまで知らない方、広く一般のビジネスマンでとくに都市開発、地域振興、産業振興に関心のある方、中央・地方の地域振興・活性化などに関わる企画者の方、地域経済・都市経済・都市計画・開発政策の学徒・学生・専門家・研究者などに読んでいただけるように工夫しました。経済を必ずしも勉強していない人が、仕事柄評価しなければならなくなった場合でも、経済効果の仕組みを誰でもある程度理解できるようになることを目指しています。

　本書はもともと、地域づくり・地域経営のためにつくられた社会人向け大学院である大阪市立大学・創造都市研究科において設置した「経済効果研究会」の中で、2008年から2010年の間の活動に参加された関係者のみなさんの成果をもとに分析事例をまとめています。実際の実務的研究者自身がつくられた成果が、地域活性化・企画立案・政策評価の生きたツールとなることを願ってやみません。

2011年10月
大阪市立大学・創造都市研究科「経済効果研究会」を代表して編者記す

目　　次

はじめに──かゆいところに手が届く経済効果の本　i
執筆者紹介　ix

第Ⅰ部　原　理　編

第1章　波及の効果を足し合わせる方法　3
1．産業は連関している！　3
2．一番簡単な「線的な関係」とは？　8
3．経済効果とは、$(\mathbf{I}-\mathbf{A})^{-1}$ をかけること！　17
4．地域経済の場合、漏れを考える
　　──$\mathbf{A}$ を $(\mathbf{I}-\mathbf{M})\mathbf{A}$ に置き換える　19

第2章　経済のバランスを表す産業連関表を使う方法　23
1．経済のバランス（需給の一致）　23
2．商品を売る方向（取引表のヨコ）　25
3．商品を作る方向（取引表のタテ）　26
4．産業連関表（価格表示の取引表）とは？　28
5．産業連関表による経済効果の計算
　　──2つの係数 $\mathbf{A}$ と $\mathbf{M}$ が重要　29

第3章　経済効果の実践での多段階処理　38
1．まず「直接効果」を産業に振り分ける　38
2．「イニシャル（事業）効果」分析と「ランニング（継続）効果」分析　39
3．所得（労働市場）を考慮した「間接二次効果」　39

第4章　産業連関の追加説明　42
1．産業連関の理論的ポイント（上級者向け説明）　42
2．2部門モデルをみてみよう！　44
3．生産誘発係数・影響力係数・感応度係数　47

第Ⅱ部　手法編──経済波及効果算出のための実践的手法

第5章　計算の基礎と産業格付け法──経済波及効果算出の実際　53
1．産業連関計算の基礎　53
2．「直接効果」算出の第一歩　56
3．産業格付けの基本　59

第6章　産業格付けの応用
──自給率（漏れの評価）の設定や消費費目からの産業格付け　67
1．観光入込客の消費効果──「直接効果」を複数の産業部門に格付けする　67
2．観光における自給率の評価　77
3．観光における「間接二次効果」　81
4．建設事業の効果──「直接効果」を１つの産業部門だけに格付けする　84
5．地域居住者の消費効果──家計費目の産業格付けと買物域内購入率の設定方法　86

第7章　市町村表の作成
──都道府県の産業連関表を活用する簡便推計法　94
1．地域レベルの産業連関表　94
2．コントロールトータルCTの作成　97
3．中間需要および付加価値の作成　118
4．最終需要項目の推計　124
5．移輸出入の推計　131
6．バランス調整と産業連関表の完成　137
7．サーベイ・アプローチの方法　140

第8章　産業連関表に新部門を創設する方法　143
1．NPO部門を産業連関表に取り込むための準備作業　144
2．NPO部門を取り込んだ産業連関表の作成　146
3．NPO部門が創設された産業連関表による波及効果の推計　152

目 次

第Ⅲ部 分析・応用編

A. 都市開発に対する経済効果

第9章 市立中学校跡地の活用による経済効果の測定 158
1. 廃校敷地活用のプロセス 158
2. 自治体所有データによる効果測定 161
3. 産業連関表による地域経済への波及効果の測定 164
4. 測定結果の活用 169

第10章 都市開発における多機能型複合施設の経済効果の分析 178
1. はじめに 178
2. 経済効果の算出 180
3. まとめ 195

第11章 「KOBE 鉄人 PROJECT」の経済波及効果 199
1. はじめに 199
2. 神戸・長田と「KOBE 鉄人 PROJECT」 200
3. NPO 法人の事業による生産波及効果とその測定 201
4. 鉄人モニュメントの見学者による消費効果 208
5. 鉄人モニュメントの見学者による交通費の効果 217
6. まとめ 223

B. 産業誘致の経済効果

第12章 電気自動車の生産がもたらす地域経済への波及効果分析 226
1. はじめに 226
2. 産業連関表を用いた経済波及効果の分析手法について 227
3. 波及効果の算定 233

C. イベントに関する経済効果

第13章 マラソン・イベントの経済波及効果 236
1. 篠山 ABC マラソンの概略 236
2. マラソン大会の会計決算書からアプローチ 237
3. 篠山マラソンの支出基本構成 239
4. 篠山マラソンの直接効果（最終需要額）の算出 240
5. 篠山マラソンの間接波及効果の算出 252
6. まとめ 255

第14章　コンテンツの経済波及効果の分析
　　　　──NHK 大河ドラマとそのイベントはいかなる観光価値を創造するか　261
1. はじめに　261
2. 大河ドラマにおける地域経済波及効果の比較分析　262
3. 大河ドラマ『龍馬伝』の事例分析　265
4. 経験経済型観光戦略の提案　270
5. おわりに　274

●特論　医療集客都市とその集客効果　278
1. メディカルツーリズムブームとその変化　278
2. 医療の本質からみた疾患ごと需要と診療圏　279
3. 医療集客都市モデルのメイヨークリニック　280
4. 日本の地域医療モデル地区・熊本市の医療集客効果は？　281

●コラム　観光入込客数の推計──奈良町を事例に　286
1. 観光庁による観光入込客数統計の整備　286
2. 奈良町を訪れる観光客数　287

D．景観・文化・環境のまちづくりに関する経済効果

第15章　非市場財の経済効果をどう測るか　289
1. 取引されないモノ＝環境・景観・文化などの影響が現れる兆候を探す　289
2. 「すでに行われた活動の結果」か「仮想的意見」で測る　290
3. 景観の外部性を守るまちづくりとは？　292

第16章　伝建地区や大正ロマンのまちづくり　295
1. 奈良県橿原市今井町　295
2. 大阪府富田林市寺内町　302
3. 滋賀県彦根市四番町スクエア──大正ロマンのまちづくり　306
4. まとめ　312

資料編　315

おわりに　325

【執筆者紹介】（執筆順）

小長谷 一之（こながや かずゆき）（はじめに、第1章～第4章、第15章）奥付参照

前川 知史（まえかわ さとし）（はじめに、第5章～第8章、第11章、資料編）奥付参照

山本 敏史（やまもと さとし）（第9章）
　尼崎市政策部長。1957年生まれ。関西大学法学部、大阪市立大学大学院創造都市研究科修士課程修了。修士（都市政策）。行政実績は支所等公共施設の統廃合、学校跡地活用（4校）など。「公有地の利用転換とその効果――工業都市における地域活性化のための学校跡地活用を事例として」（共）『都市住宅学』第71号、2010年。

寺西 厚志（てらにし あつし）（第10章）
　大阪市港湾局。1979年生まれ。大阪市立大学文学部、大阪市立大学大学院創造都市研究科修士課程修了。修士（都市政策）。大阪市立大学大学院修士論文「人口の都心回帰と郊外の自立化による『職住近接都市』の形成について――大阪大都市圏を事例として――」2006年。

小倉 哲也（おぐら てつや）（第11章）
　大阪成蹊大学マネジメント学部助手。1976年生まれ。大阪市立大学大学院創造都市研究科修士課程修了。同博士（後期）課程在籍。「石州半紙（和紙）のデジタルコンテンツ化による経済価値」塩沢由典・小長谷一之編『まちづくりと創造都市2――地域再生編』2009年、晃洋書房。

武田 至弘（たけだ よしひろ）（第12章）
　大阪市立大学大学院創造都市研究科博士（後期）課程修了。博士（創造都市）。専門は地域産業論。「大学発ベンチャーの経済効果」（共）塩沢由典・小長谷一之編『まちづくりと創造都市』2008年、晃洋書房。「ネットワーク分析による関西地域を中心とした電池産業の構造の考察」『産業学会研究年報』第27号、2012年。

吉川 浩（よしかわ ひろし）（第13章）
　市立尾道大学非常勤講師、イメージラボラトリー代表。1952年生まれ。大阪市立大学大学院創造都市研究科博士（後期）課程修了。博士（創造都市）。専門はデザイン・マーケティング論・地域ブランド論。「店舗業種構成に基づく地域イメージ測定法の試み――地域資源の再評価と創造による地域ブランド構築のために」『デザイン学研究』第57巻第4号、2010年。

近 勝彦（ちか かつひこ）（第14章）
　大阪市立大学大学院創造都市研究科教授。1961年生まれ。広島大学大学院生物圏科学研究科単位取得退学。専門は情報経済論、行動経済論。『IT資本論――なぜIT投資の効果はみえないのか？』2004年、毎日コミュニケーションズ。『経験の社会経済――事例から読み解く感動価値』（共編）2010年、晃洋書房。

今田 彰（こんた あきら）（特論）
　医療経営研究センター・コンタクス代表。1943年生まれ。大阪市立大学大学院創造都市研究科博士(後期)課程修了。博士（創造都市）。専門は地域医療論・病院経営論。「病院のコミュニティ活動の変化と病院の『地域交流館』に対する住民アンケートにみる地域医療支援システムの研究」『日本都市学会年報』第45巻、2012年。

上田 恵美子（うえだ えみこ）（コラム）
　公益財団法人大阪市都市型産業振興センター経済調査室研究員。奈良まちづくりセンター副理事長。大阪市立大学非常勤講師。奈良県立大学非常勤講師。1964年生まれ。大阪市立大学大学院経営学研究科修了。博士（商学）。専門は観光まちづくり、地域政策。「都市型コミュニティと観光地形成――奈良町観光を事例として――」（財）アジア太平洋観光交流センター『入選論文集　第7回観光に関する学術研究論文　観光振興又は観光開発に対する提言』2001年。

久保 秀幸（くぼ ひでゆき）（第15章～第16章）
　堺市建設局道路計画課計画係長。1972年生まれ。近畿大学理工学部、大阪市立大学大学院創造都市研究科博士（後期）課程修了。博士（創造都市）。専門は都市政策・まちづくり。「中心市街地の都市・景観整備の価値評価に関する研究――滋賀県彦根市を事例としたヘドニックアプローチによる地価関数の推計――」『都市住宅学』第67号、2009年など。

第Ⅰ部　原理編

第1章　波及の効果を足し合わせる方法

第2章　経済のバランスを表す産業連関表を使う方法

第3章　経済効果の実践での多段階処理

第4章　産業連関の追加説明

第Ⅰ部　原理編

　この第Ⅰ部では、市場を通した経済効果の評価の最大の手法である「産業連関分析（IO分析）」について、まったく初めての方でも理解できるように、説明していきます。ある所で新たな開発やイベントが行われると、その経済活動の注文の波及効果は、市中に拡散していきますが、3つの重要な問題があります。

　《ポイント1》ある産業に注文がいき、それから次の産業に波及していく効果は、無限に続くので、そのすべてを足し合わせる必要がある。《ポイント2》ある産業に注文がいき、それから次の産業に波及していく効果は、1カ所からくるのではなく、複数からくるので、そのすべてを足し合わせる必要がある。《ポイント3》ある限られた地域の効果を特定するには、最初の開発やイベントからの注文が、各段階ごとに地域外に漏れていく分を割り引く必要がある。

　《ポイント1》は、ある産業から次の産業へ注文がいく効果を a をかけて表現すると、無限の総効果は、$1+a+a^2+\cdots$ を足し合わせる必要がある。これは複利計算的な考え方で、$1+a+a^2+\cdots=1/(1-a)$ と計算できます。《ポイント2》は、ある産業に複数の産業から注文がいく効果は、普通の数ではなく、行列 $\mathbf{A}$ をかけることに相当する。したがって通常の数を行列に置き換えて、$\mathbf{I}+\mathbf{A}+\mathbf{A}^2+\cdots=(\mathbf{I}-\mathbf{A})^{-1}$（行列の割り算）と計算できます。この計算は、表計算ソフトですぐに計算可能。《ポイント3》は、注文の漏れ比率を行列 $\mathbf{M}$ とすると、自給率行列が $\mathbf{I}-\mathbf{M}$ なので考慮し、$\mathbf{A}$ を $(\mathbf{I}-\mathbf{M})\mathbf{A}$ で置き換えて、$\mathbf{I}+(\mathbf{I}-\mathbf{M})\mathbf{A}+\{(\mathbf{I}-\mathbf{M})\mathbf{A}\}^2+\cdots=\{\mathbf{I}-(\mathbf{I}-\mathbf{M})\mathbf{A}\}^{-1}$ と計算できます。

　以下、第1章では、市中に拡散していく無限の注文を丁寧に足し上げる方法を説明します。その結果、「商品の組立」を表現する「投入係数 $\mathbf{A}$」と、「漏れ」を表現する「移輸入係数 $\mathbf{M}$」の2つが重要であることを指摘します。

　第2章では、同じやり方が、経済の需給バランスを表す地域経済全体の見取り図である「産業連関表」を用いてできることを説明します。産業連関表を使うと、無限に効果を追っていくことなく、すべての取引が最終的に行きわたって安定化し変化後も均衡状態になるということを仮定するだけで、最終需要の変化から経済効果を求めることができます。実際の分析ではこちらのほうが便利です。

　第3章では、経済効果の実践での多段階処理として、[1]「直接効果」→商品市場による「間接一次効果」→所得（労働市場）による「間接二次効果」、[2]「イニシャル（事業）効果」と「ランニング（継続）効果」などの分類について説明します。

　第4章は、上級者向けの追加説明です。

第 1 章

波及の効果を足し合わせる方法

小長谷　一之

1 産業は連関している！

(1) 産業は独立ではない

　ある地域に工場ができる、ある地域に都市開発が行われる、ある地域でイベントが行われる……などなど、何かの経済的なきっかけがあると、その効果は市中全体に広がっていくのが普通です。それはなぜなのでしょうか？

　ある都市に工場ができれば、まず建設業に注文がいき、工場稼働後はその製品の注文がいきます（その産業の需要が発生）。ある都市で都市開発があれば、まず建設業に注文がいき、長期的にはそこで住み働く人が飲食や移動をします（建設業や飲食業や運輸業の需要が発生）。イベントをすれば、やはりイベント用品をつくる産業の需要や飲食業や運輸業の需要が発生します。

　しかし、こうした最初の産業だけに注文がいって終わりではありません。あらゆる製品は、部品などの原材料からなっています。ですから、最初の産業の注文が増加すれば、その産業の原材料等や機器をつくる関連産業も注文が増大することになります。ほんのちょっとの変化でも、厳密にいえば、すべての産業が関係してくるのです。すべての産業は、「持ちつ持たれつの（発注・受注）関係」にあるからです。

　経済効果というからには、それらをすべて考慮する必要があります。

(2) 波及の仕組み

いま、みなさんが自動車産業の社長になったつもりで考えてください。

自動車製品の注文が増大したとします。これが直接需要です（0回目効果）。

自動車は鉄やガラスやゴムなどからなっています。そこで、鉄工業、ガラス産業、石油化学工業などの受注も増大します。しかしそればかりではありません。自動車産業自体の産業活動が活発になるので、業務用などの自動車の需要が増えます。そこで、自動車産業自身が自動車を買う数を増やす自己産業への跳ね返り効果もわずかですがあるはずです。これらは1回目効果といえるでしょう。

このことは、鉄工業、ガラス産業、石油化学工業にもいえるので、次には、こうした産業からもとの自動車産業への注文もわずかですが増加します。また、石油化学の製造が多くなると、そのために鉄やガラスを使うことが多くなります。もちろん鉄工業もガラスや石油化学製品を使うことが増えます。これらは、1回目効果のさらに波及なので1回目効果より小さいですが、2回目効果といえるでしょう。

2回目効果があると、さらにその需要の増加に対して、各産業とも、もう一度需要が高まります。これを3回目効果といえるでしょう。……このようにして無限に波及効果が続いていくのです。

(3) 第1の重要な概念——投入係数

こうした注文の効果を正確に計るには、もともと1個の製品をつくるのにいくら部品がかかるのかをみると非常に便利です。なぜなら、このことは、その産業の技術に関わるので、本質的だからです。この、

「ある商品1単位を生産するのに必要な原材料（部品など）の構成比（組立比率）」

のことを、「投入係数」といいます。これが本書で一番重要な概念です。

(4) 目でみてみよう

そこで、このような経済効果の波及の仕組みを目でみてみましょう。

図1-1は、各産業間の関係をアニメ的に表現したものです。

矢印と数字は、「投入係数」、すなわち、その産業の生産が1増えたときに、矢印の先の産業に注文がいく比率の大きさを表しています。…(★)

たとえば、産業1から産業1へのくるっと回った矢印に0.1と書いてありますが、これは産業1の生産が1増えたときに、産業1に0.1注文がいくことを表し、産業1から産業2への矢印に0.2と書いてありますが、これは産業1の生産が1増えた

(a) 産業の関係（中間需要）

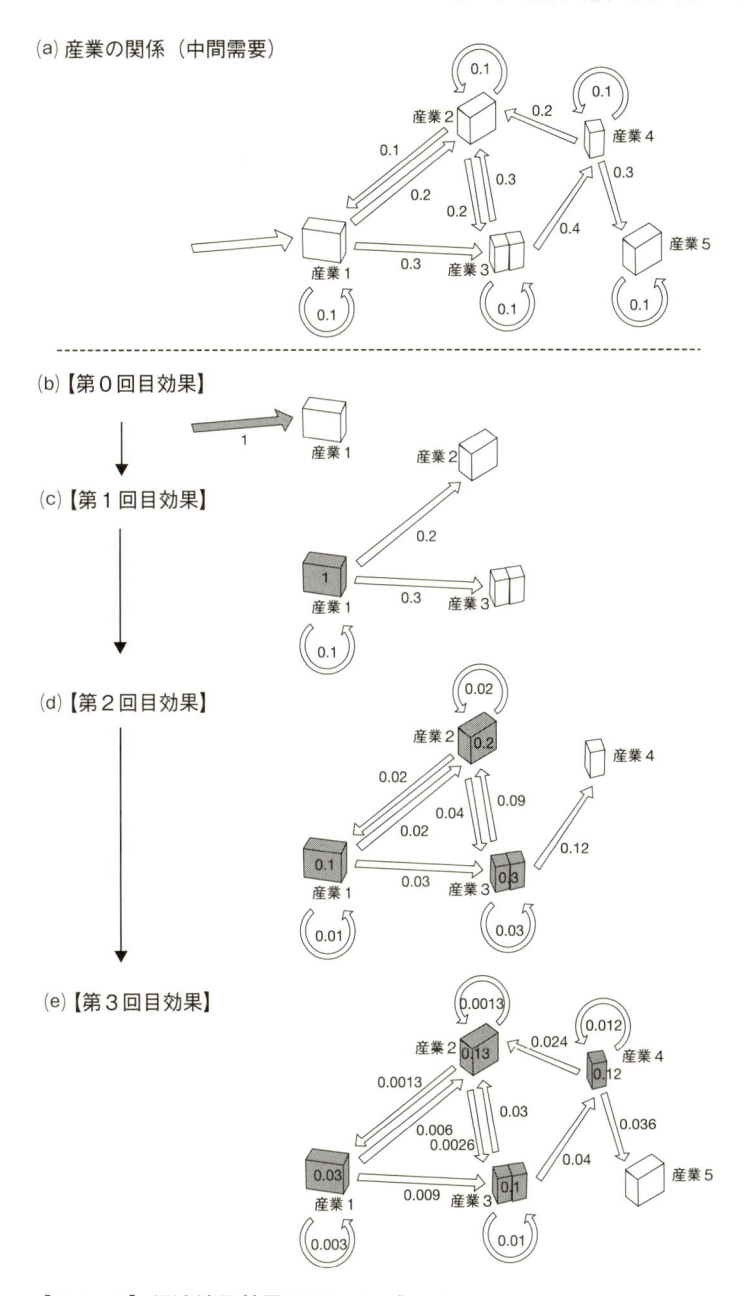

(b)【第0回目効果】

(c)【第1回目効果】

(d)【第2回目効果】

(e)【第3回目効果】

【図1-1】経済波及効果のアニメーション

第Ⅰ部 原理編

【表1-1】注文が波及する関係（投入係数）

投入係数		中間需要				
		産業1	産業2	産業3	産業4	産業5
中間投入	産業1	0.1	0.1			
	産業2	0.2	0.1	0.3	0.2	
	産業3	0.3	0.2	0.1		
	産業4			0.4	0.1	
	産業5				0.3	0.1

ときに、産業2に0.2注文がいくことを表しています。

ほかのすべての関係も同様です。

図1-1(a)のこの関係（投入係数）を縦の列に並べて表にすると、表1-1のようになっています。産業1の列を縦にみると、産業1から1への（自己）注文0.1、産業1から2への注文0.2、産業1から3への注文0.3となっています。

産業2の列を縦にみると、産業2から1への注文0.1、産業2から2への（自己）注文0.1、産業2から3への注文0.2となっています。

産業3の列を縦にみると、産業3から2への注文0.3、産業3から3への（自己）注文0.1、産業3から4への注文0.4となっています。

産業4の列を縦にみると、産業4から2への注文0.2、産業4から4への（自己）注文0.1、産業4から5への注文0.3となっています。

産業5の列を縦にみると、産業5から5への（自己）注文0.1となっています。

（0回目効果）いま、産業1に注文が1単位きたとします。これが図1-1(b)の矢印のような、0回目効果です。

（1回目効果）次の段階で、この産業1の需要で、さらに産業1に0.1、産業2に0.2、産業3に0.3の注文がいきます。これが図1-1(c)の矢印に書いてあるような1回目効果です。

（2回目効果）次の期には、

①産業1の需要の増加は、自分の産業1からの注文1×0.1だけですから0.1となります。

②産業2も、産業1からの注文1×0.2だけですから0.2となります。

③産業3も、産業1からの注文1×0.3だけですから0.3となります。

これが、図1-1(d)の各産業の箱の中に書いてあるような2回目効果です。

この段階で、次期への波及効果を計算しましょう。

④産業1は需要が0.1増加しているので、産業1から自身の産業1への波及は0.1×0.1＝0.01、産業1から産業2への波及は0.1×0.2＝0.02、産業1から産業3への波及は0.1×0.3＝0.03になります。

⑤産業2は需要が0.2増加しているので、産業2から自身の産業2への波及は0.2×0.1＝0.02、産業2から産業1への波及は0.2×0.1＝0.02、産業2から産業3への波及は0.2×0.2＝0.04になります。

⑥産業3は需要が0.3増加しているので、産業3から自身の産業3への波及は0.3×0.1＝0.03、産業3から産業1への波及は0.3×0＝0（関係なし）、産業3から産業2への波及は0.3×0.3＝0.09、産業3から産業4への波及は0.3×0.4＝0.12になります。

これらを矢印に書き入れたものが、図1－1(d)になります。

（3回目効果）次の期には、

⑦産業1にくる需要の増加は、自分の産業1からの注文0.01と、産業2からの注文0.02を足して0.03となります。…（★★）

⑧産業2にくる需要の増加は、自分の産業2からの注文0.02と、産業1からの注文0.02、産業3からの注文0.09を足して0.13となります。

⑨産業3にくる需要の増加は、自分の産業3からの注文0.03と、産業1からの注文0.03、産業2からの注文0.04を足して0.1となります。

⑩産業4にくる需要の増加は、産業3からの注文0.12となります。

これが、図1－1(e)の各産業の箱の中に書いてあるような3回目効果です。

さらに図1－1(e)には、次の期への波及も矢印に書き入れてあります。

こうした結果、産業1には1＋0.1＋0.03＋…、産業2には0.2＋0.13＋…、産業3には0.3＋0.1＋…、産業4には0.12＋…と無限に効果が累積していきます。このように、経済の波及効果は、一般には無限に続き、正確にはそれらをすべて足し上げる必要があります。このような無限の計算をどのようにすればできるのでしょうか？　実は、うまい方法があるのです。ただし、その前に、複数の主体（いまの場合は産業）の間の物事の関係を線的にとらえて、簡単化する「行列」というやり方をちょっと説明する必要があります。

〈ポイント①〉
投入係数 ＝「ある商品1単位を生産するのに必要な原材料（部品など）の構成比」

2 一番簡単な「線的な関係」とは？

（1）線型の関係は「行列」で表される

1）この世の中で一番簡単な関係は、「比例関係」

実は、第1節の★印では、重要なことを仮定していました。

「矢印と数字は、その産業の生産が1増えたときに、矢印の先の産業に注文がいく比率の大きさを表しています。…(★)」

これは、受注が2倍になれば、必要な原材料数も2倍になるという考え方です。

この世の中で一番簡単な関係は、「比例関係」だと考えられます。

何かの原因 x があって、その結果 y が起こったとします。x が変化すると y はその A 倍変化するという関係です。

$$y = Ax$$

というのが、わかりやすいですね。これをグラフで表すと、

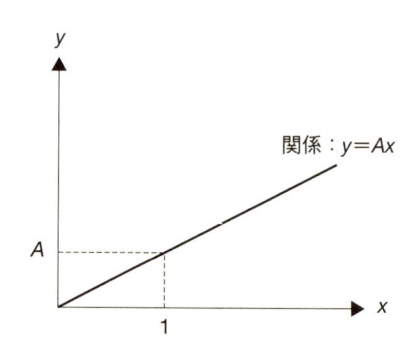

【図1-2】比例関係は線で表される

2）経済効果の場合は、複数から受注がくるので、要因が複数になることに注意

1節のアニメーションのところで、波及効果を計算する場合、たとえば、

「（3回目効果）次の期には、⑦産業1にくる需要の増加は、自分の産業1からの注文0.01と、産業2からの注文0.02を足して0.03となります。」…(★★)

となっていたことを思い出してください。

ある産業について、需要の次々増加する関係は、1つではなく、<u>すべての産業から注文がくるのですから、それを足し合わせないとダメなのです。</u>

どう考えたらよいでしょうか。

一般に、「産業jから産業iに出す注文をY_{ij}」とします（注文を受けるほうが前の添え字、注文を出すほうが後の添え字）。

すると、この注文が産業jの需要x_jに比例しているのですから、

　　Y_{ij}がx_jに比例、

　　その比例定数をAとすると、

　　$Y_{ij}=Ax_j$

となるはずです。

しかし、この比例定数は、本当は、iとjの産業ごとにすべて異なるはずですから、いくつも種類があって、A_{ij}と書かなければならないはずです。

$$（産業jから産業iに出す注文）=Y_{ij}=A_{ij}x_j \qquad (1\text{-}1)$$
　　（商品を出すほうが前の添え字、注文を出すほうが後の添え字）

この、「産業jの需要がx_jのとき、産業jから産業iに出す注文Y_{ij}（＝産業iから産業jに売る原材料）が、需要x_jに比例すると考えたときの比例係数A_{ij}」が、実は投入係数でした。これが産業間の関係をすべて表しているのです。

これは、iを行の番号、jを列の番号とすると、表の形で表せます。実はこれが、第1節で表1-1としたものでした。このように表に並べられた数字を1つのまとまりと考え、計算ができるようにしたものを「行列」といいます。いまの場合、**表1-1のような投入係数をi行、j列に数「A_{ij}」として並べたものをボールド文字で行列$\mathbf{A}$と書き**、投入係数行列といいます。

$$\mathbf{A}=\begin{bmatrix} A_{11} & A_{12} & A_{13} & A_{14} & A_{15} \\ A_{21} & A_{22} & A_{23} & A_{24} & A_{25} \\ A_{31} & A_{32} & A_{33} & A_{34} & A_{35} \\ A_{41} & A_{42} & A_{43} & A_{44} & A_{45} \\ A_{51} & A_{52} & A_{53} & A_{54} & A_{55} \end{bmatrix}$$

**【図1-3】行列とは、表のこと
（表で計算ができるようにしたもの）**

しかし、第1節の(★★)で説明したように、式(1-1)のような1つの項だけでは次の期のすべての効果はわかりません。

こうした1つ1つの注文が複数錯綜し、受注先の産業側iからみれば、結局、全部の産業からの注文は、発注元のすべての産業jからの注文の総計で、上記(1-1)

を j で足し合わせた、
$$\sum_j A_{ij} x_j \tag{1-2}$$
となるはずです。A の前の添え字は i であり、後ろの添え字 j と x の添え字 j を同じにして合わせたすべての積の足し算になっていることに注意してください。

たとえば、いま、受注先の産業を産業 1 とすると、産業 1 にいく注文は、

産業 1 自身から産業 1 へくる注文：$A_{11}x_1$

産業 2 から産業 1 へくる注文：$A_{12}x_2$

産業 3 から産業 1 へくる注文：$A_{13}x_3$

産業 4 から産業 1 へくる注文：$A_{14}x_4$

産業 5 から産業 1 へくる注文：$A_{15}x_5$

を、すべて足し合わせた、
$$A_{11}x_1 + A_{12}x_2 + A_{13}x_3 + A_{14}x_4 + A_{15}x_5 \tag{1-3}$$
です。各積で、後ろの添え字が一致していることに注意してください。

このようなことから、(★★)のときには、

第 2 期の需要分は、$x_1=0.1$、$x_2=0.2$、$x_3=0.3$、$x_4=x_5=0$

係数は、表 1 - 1 から、$A_{11}=0.1$、$A_{12}=0.1$、$A_{13}=A_{14}=A_{15}=0$、なので、産業 1 にくる第 3 期の需要の増加は、
$$0.1\times0.1+0.1\times0.2+0\times0.3+0\times0+0\times0=0.03$$
としたのでした。

もっと一般に受注先の産業を i とすると、産業 i にいく注文合計は、
$$A_{i1}x_1 + A_{i2}x_2 + A_{i3}x_3 + A_{i4}x_4 + A_{i5}x_5 \tag{1-4}$$
となります。各積で、後ろの添え字が一致していることに注意してください。

このような関係は、一番簡単な比例関係の概念を拡張したものです。

1 つ 1 つについては、線の関係です。そこで「線型の」関係といいます。

投入係数行列とは、比例係数を拡張したものなのです。

3）ベクトルと行列

ここで、たった 1 つの列や行からなる表で計算ができるようにしたものを「ベクトル」といいます。これらをまとめてボールド文字で **x** や **v** と書きます。

第1章　波及の効果を足し合わせる方法

列ベクトルの例

$$\mathbf{x} = \begin{bmatrix} x_1 \\ x_2 \\ x_3 \\ x_4 \\ x_5 \end{bmatrix} \qquad \text{行ベクトルの例} \quad \mathbf{v} = \begin{bmatrix} v_1 & v_2 & v_3 & v_4 & v_5 \end{bmatrix}$$

【図1-4】ベクトルとは1列や1行の表のこと
（1列や1行の表で計算ができるようにしたもの）

これに対し、図1-3のように、一般の行と列からなる表で、計算ができるようにしたものを「行列」というわけです。「ベクトル」は「行列」の特殊な場合で、列の数が1つになったか、行の数が1つになったかの行列にすぎないことに注意してください。

4）ベクトルや行列の足し算・引き算は簡単

「行列」とは「①表であって、②計算ができるようにしたもの」のことでしたので、この表同士の計算のやり方をうまく決めておきましょう。

まず足し算・引き算は、一番素直な考え方は、行数・列数の同じ2つの表で、同じ行と列の位置にある数（成分といいます）を足したり引いたりした新しい表を、行列の足し算・引き算とすればよいと思われますので、そのように約束しましょう。ベクトルは、行列の特別な場合ですから、同じようにします。

$$\begin{bmatrix} A_{11} & A_{12} & A_{13} \\ A_{21} & A_{22} & A_{23} \\ A_{31} & A_{32} & A_{33} \end{bmatrix} + \begin{bmatrix} B_{11} & B_{12} & B_{13} \\ B_{21} & B_{22} & B_{23} \\ B_{31} & B_{32} & B_{33} \end{bmatrix} = \begin{bmatrix} A_{11}+B_{11} & A_{12}+B_{12} & A_{13}+B_{13} \\ A_{21}+B_{21} & A_{22}+B_{22} & A_{23}+B_{23} \\ A_{31}+B_{31} & A_{32}+B_{32} & A_{33}+B_{33} \end{bmatrix}$$

$$\begin{bmatrix} A_{11} & A_{12} & A_{13} \\ A_{21} & A_{22} & A_{23} \\ A_{31} & A_{32} & A_{33} \end{bmatrix} - \begin{bmatrix} B_{11} & B_{12} & B_{13} \\ B_{21} & B_{22} & B_{23} \\ B_{31} & B_{32} & B_{33} \end{bmatrix} = \begin{bmatrix} A_{11}-B_{11} & A_{12}-B_{12} & A_{13}-B_{13} \\ A_{21}-B_{21} & A_{22}-B_{22} & A_{23}-B_{23} \\ A_{31}-B_{31} & A_{32}-B_{32} & A_{33}-B_{33} \end{bmatrix}$$

【図1-5】行列の足し算・引き算は簡単（成分ごとに足し算、引き算をするだけ）、行か列が1つになったベクトルの場合もまったく同じ

5）波及効果は、ベクトルと行列のかけ算だった！

行列同士（特別な場合は、行列とベクトル）のかけ算が重要です。ここで、一番知りたい産業１への波及効果の(1-3)式をみてみると、行列 **A**（図１-３）の第１行の係数 $A_{11}, A_{12}, A_{13}, A_{14}, A_{15}$ と、ベクトル（図１-４）の対応する同じ順番の成分 x_1, x_2, x_3, x_4, x_5 を１から５までかけて、足し合わせたものであることがわかります。これが産業１への波及効果です。

同じように、産業 i への波及効果の(1-4)式をみてみると、行列 **A**（図１-３）の第 i 行の係数 $A_{i1}, A_{i2}, A_{i3}, A_{i4}, A_{i5}$ と、ベクトル（図１-４）の対応する同じ順番の成分 x_1, x_2, x_3, x_4, x_5 を１から５までかけて、足し合わせたものであることがわかります。これが産業 i への波及効果です。そうすると、この各産業 i への波及効果を $i=1$ から $i=5$ まで並べて、またベクトルとできます。

$$\begin{bmatrix} A_{11}x_1 + A_{12}x_2 + A_{13}x_3 + A_{14}x_4 + A_{15}x_5 \\ A_{21}x_1 + A_{22}x_2 + A_{23}x_3 + A_{24}x_4 + A_{25}x_5 \\ A_{31}x_1 + A_{32}x_2 + A_{33}x_3 + A_{34}x_4 + A_{35}x_5 \\ A_{41}x_1 + A_{42}x_2 + A_{43}x_3 + A_{44}x_4 + A_{45}x_5 \\ A_{51}x_1 + A_{52}x_2 + A_{53}x_3 + A_{54}x_4 + A_{55}x_5 \end{bmatrix}$$

【図１-６】波及効果ベクトル

ここで行列 **A** とベクトル **x** のかけ算を、以下のように「対応する成分（**A** の後ろの添え字と **x** の添え字を同じにしたもの）の積の足し上げ」と決めておけば、波及効果ベクトルは積 **Ax** になるということになって便利です。

> 〈行列とベクトルのかけ算〉行列 **A** のある行の成分と、ベクトル **x** の対応する成分を順番にかけて、足し上げたものを、対応する行に並べたものを、積のベクトル **Ax** とする。

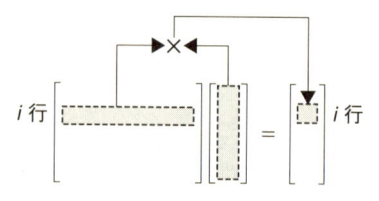

【図１-７】ベクトルと行列のかけ算

（2）「行列のかけ算」とは、「効果の繰り返し」を表したもの

しかし、本当は、n 次の繰り返しの経済効果を計算しなければなりません。

そこで、「行列による作用の繰り返し」とはどのようなものか、を考えてみます。最初の会社への注文がさらに次の会社に波及することに相当します。

いま簡単のために、2行2列の行列で作用があるとします。

行列 **A** の作用によって、**x** から結果 **y** が生まれ、さらに繰り返しで、行列 **B** の作用によって **y** から結果 **z** が生まれたとします。注文の波及です。

$$\mathbf{y} = \mathbf{Ax} \tag{1-5}$$

であり、

$$\mathbf{z} = \mathbf{By} \tag{1-6}$$

です。

このとき、この繰り返し作用を1つとみなすと、それは **x** から結果 **z** を生むことになります。それはどのような行列で表されるのでしょうか？

(1-5)式を丁寧に書いてみます。**A** と **x** のかけ算ですから、**A** の行ごとに **x** と対応成分（後ろの添え字）を書いて足し上げると、対応する行が出てきます。

$$y_1 = A_{11}x_1 + A_{12}x_2 \tag{1-7}$$
$$y_2 = A_{21}x_1 + A_{22}x_2 \tag{1-8}$$

という作用を表しています。

同じく、式(1-6)は、

$$z_1 = B_{11}y_1 + B_{12}y_2 \tag{1-9}$$
$$z_2 = B_{21}y_1 + B_{22}y_2 \tag{1-10}$$

という作用を表しています。

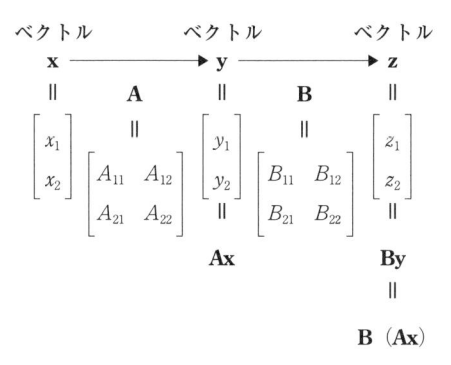

【図1-8】作用の繰り返し

ここで、(1-9)(1-10)に(1-7)(1-8)を代入して、y_1, y_2を消し、x_1, x_2に関して整理すると、**x**から**z**への直接の関係、2回の繰り返し作用を総合化したものが得られるはずです。

$$z_1 = B_{11}(A_{11}x_1 + A_{12}x_2) + B_{12}(A_{21}x_1 + A_{22}x_2)$$
$$= (\underline{B_{11}A_{11} + B_{12}A_{21}})x_1 + (\underline{B_{11}A_{12} + B_{12}A_{22}})x_2 \tag{1-11}$$
$$z_2 = B_{21}(A_{11}x_1 + A_{12}x_2) + B_{22}(A_{21}x_1 + A_{22}x_2)$$
$$= (\underline{B_{21}A_{11} + B_{22}A_{21}})x_1 + (\underline{B_{21}A_{12} + B_{22}A_{22}})x_2 \tag{1-12}$$

xから**z**を生む直接の関係は、アンダーラインで引いた箇所の係数で表されることがわかります。これを、行列とベクトルの積で書いてみると、

$$\begin{bmatrix} B_{11}A_{11} + B_{12}A_{21} & B_{11}A_{12} + B_{12}A_{22} \\ B_{21}A_{11} + B_{22}A_{21} & B_{21}A_{12} + B_{22}A_{22} \end{bmatrix} \begin{bmatrix} x_1 \\ x_2 \end{bmatrix}$$

【図1-9】作用の繰り返しベクトル

ここで、第1行1列成分（x_1からz_1への係数）$B_{11}A_{11} + B_{12}A_{21}$は、行列**B**の第1行と行列**A**の第1列の対応成分をかけて足し上げたもの、第1行2列成分（x_2からz_1への係数）$B_{11}A_{12} + B_{12}A_{22}$は、行列**B**の第1行と行列**A**の第2列の対応成分をかけて足し上げたものです。

第2行1列成分（x_1からz_2への係数）$B_{21}A_{11} + B_{22}A_{21}$は、行列**B**の第2行と行列**A**の第1列の対応成分をかけて足し上げたもの、第2行2列成分（x_2からz_2への係数）$B_{21}A_{12} + B_{22}A_{22}$は、行列**B**の第2行と行列**A**の第2列の対応成分をかけて足し上げたものとなっています。

行列とベクトルのかけ算と同じように、これが**BA**のかけ算とするときれいですね。

$$\begin{bmatrix} B_{11}A_{11}+B_{12}A_{21} & B_{11}A_{12}+B_{12}A_{22} \\ B_{21}A_{11}+B_{22}A_{21} & B_{21}A_{12}+B_{22}A_{22} \end{bmatrix} = \begin{bmatrix} B_{11} & B_{12} \\ B_{21} & B_{22} \end{bmatrix} \begin{bmatrix} A_{11} & A_{12} \\ A_{21} & A_{22} \end{bmatrix}$$

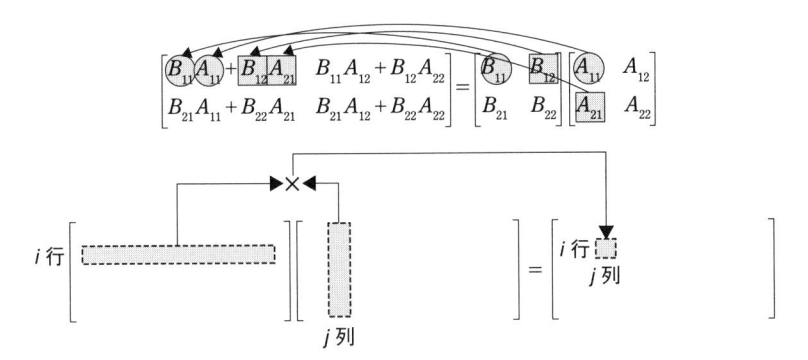

【図1-10】行列と行列のかけ算

〈ポイント②〉（行列と行列のかけ算）
<u>左</u>の行列 **B** のある<u>行</u>の成分と、<u>右</u>の行列 **A** のある<u>列</u>の対応する成分を順番にかけて、足し上げ、対応する行・列に並べたものを、積の行列 **BA** とする。

このようにすれば、「作用 **A** により **x** から効果 **y** が生まれ、作用 **B** により **y** から効果 **z** が生まれるとき、**x** から **z** が生まれる多重繰り返しの効果は、たった1回の行列のかけ算 **BA** で表される」となって簡単です。

というよりも、そのように、「行列のかけ算」をうまく定義したのです。

実際は、読者のみなさんは難しいと心配する必要はありません。このような行列のかけ算は、市販の表計算ソフトが自動的にやってくれるからです。

また、上記で考えた行列とベクトルのかけ算は、この行列同士のかけ算規則をつくれば、右側の行列が1列のベクトルの特別な場合になってしまうことはすぐにわかります。

〈ポイント②'〉行列のかけ算とは、作用（効果）の繰り返しを表す。

（3）無限に広がる効果をどう計算する？

以上をもう一度復習してみましょう。

経済効果を1つずつの企業間関係で考えると、受注関係で常識的に自然と考えられる「比例性の仮定」というものが考えられます。生産量が2倍になれば、自然な状態（短期の場合）には、必要な投入の原材料も2倍になるというものです。この仮定があると、

「産業 j から産業 i への中間需要 Y_{ij} は、需要量 x_j に比例する」
ということなので、この比例係数を A_{ij} とし投入係数と呼びます。すると、

$$Y_{ij}=A_{ij}x_j$$

となり、産業 i にくるすべての注文（産業 i への中間需要）は、発注元の j を足して、

$$\sum_j Y_{ij}=\sum_j A_{ij}x_j \qquad (1\text{-}13)$$

となり、

<u>投入係数行列を $\mathbf{A}$ とすると、この(1-13)式の中間需要部分は $\mathbf{Ax}$ というベクトルで表されてしまいます。…(★★★)</u>

ここまでは、いわば、商品を作るまでの企業間取引〔中間需要〕の世界です。しかし、最終的には商品は、消費者が買いそれで終わりになるところまでいきます。これが〔最終需要〕です。最終需要は、各産業部門についてそれぞれ 1 つずつですからタテに並べてベクトル（1 列の表）$\mathbf{f}$ になります。

$$\mathbf{f}=\begin{bmatrix} f_1 \\ f_2 \\ f_3 \\ f_4 \\ f_5 \end{bmatrix}$$

【図 1 - 11】最終需要のベクトル

繰り返しの効果は行列のかけ算で表されるので、経済波及効果のときは、$\mathbf{A}$ の繰り返しの積になります。いま新規に $\mathbf{\Delta f}$ の最終需要が生じたときの 1 回目効果は $\mathbf{A\Delta f}$、2 回目効果は $\mathbf{A}^2\mathbf{\Delta f}$、3 回目効果は $\mathbf{A}^3\mathbf{\Delta f}$、…となっていきます。

これらをすべて総合すると、最終的な経済効果（生産誘発額）は、

$$\mathbf{\Delta f}+\mathbf{A\Delta f}+\mathbf{A}^2\mathbf{\Delta f}+\mathbf{A}^3\mathbf{\Delta f}+\cdots \qquad (1\text{-}14)$$

となります。

ここで $\mathbf{I}$ を、行列番号の同じところ（左上から右下への対角成分）だけ 1 であとは 0 という特殊な行列

$$\mathbf{I} = \begin{bmatrix} 1 & 0 & 0 & 0 & 0 \\ 0 & 1 & 0 & 0 & 0 \\ 0 & 0 & 1 & 0 & 0 \\ 0 & 0 & 0 & 1 & 0 \\ 0 & 0 & 0 & 0 & 1 \end{bmatrix}$$

【図1-12】数の1と同じ役割を果たす単位行列 I

とすると、どんな行列 $\mathbf{Z}$ に対しても $\mathbf{IZ}=\mathbf{ZI}=\mathbf{Z}$ となり、これは普通の数の1の役割を果たしていることがわかります（これを単位行列という）。すると、

最終的な経済効果は、$(\mathbf{I}+\mathbf{A}+\mathbf{A}^2+\mathbf{A}^3+\cdots)\mathbf{\Delta f}$ \hfill (1-15)

とかけますので、結局、行列の無限の計算、

$\quad \mathbf{I}+\mathbf{A}+\mathbf{A}^2+\mathbf{A}^3+\cdots$ \hfill (1-16)

ができるのかどうか、ということになってきます。

このような無限の計算をどのようにすればできるのでしょうか？

実は、うまい方法があるのです。それを以下にご説明しましょう。

3 経済効果とは、$(\mathbf{I}-\mathbf{A})^{-1}$ をかけること！

（1）数の和　$1+a+a^2+\cdots$ の計算

無限に必要な計算を実行できる幸せな特殊例をご覧に入れましょう。

その有名な例は、毎年貯金して、銀行での預金通帳の残高が長期になってどうなるのかを予想する、複利計算の公式です。

いま、毎年 x を銀行に貯金して、金利 r で増えるとします。

すると、初年度は x

1年後には初年度分が $(1+r)$ 倍になっているので、この $(1+r)$ を a として ax、1年後の振り込み分 x と一緒にして、$x+ax$

2年後は、1年度分が a 倍になるので $a\times(x+ax)=ax+a^2x$、2年後の振り込み分 x と一緒にして、$x+ax+a^2x$

……ですから、長期にわたると、銀行残高は $(1+a+a^2+\cdots)x$ になっていきます。

このように、無限に近い和

$$\Omega = 1 + a + a^2 + a^3 + \cdots \tag{1-17}$$

を求めることは非常に重要なことなのです。

ただし、上記のような普通の金利のときには、$a > 1$なので本当に無限年の場合、この和は発散してしまいます。$a < 1$のときは収束します。いまは、一般的な公式だと思って、$a < 1$だと思って求めてみましょう。

(1-17)式×aをつくります。

$$a\Omega = a + a^2 + a^3 + \tag{1-18}$$

ここで、もしこの和が無限に続くなら、(1-17)(1-18)の和が1を除いてすべて同じになっていることから、両者の差(1-17)−(1-18)をとれば、難しいところは、すべて消えてしまうことに注意してください。

$$(1-a)\Omega = 1 \tag{1-19}$$

と劇的に簡単になり、

$$\Omega = 1/(1-a) \tag{1-20}$$

と、簡単に求まってしまいました。

$$\Omega = 1 + a + a^2 + a^3 + \cdots = 1/(1-a) \tag{1-20}$$

(1-20)式のように、無限の和を有限の計算でできることを、繰り込みできるといいます。

(2) 行列の和 $1 + A + A^2 + \cdots$ の計算

いよいよ、経済効果を計算してみましょう。

この場合は、最終需要が$\Delta \mathbf{f}$生まれたとすると、経済効果は、$\Delta \mathbf{x} = (\mathbf{I} + \mathbf{A} + \mathbf{A}^2 + \cdots)\Delta \mathbf{f}$ですから、

$$\Omega = \mathbf{I} + \mathbf{A} + \mathbf{A}^2 + \mathbf{A}^3 + \cdots \tag{1-21}$$

という行列の和を求めればよいわけです。

すると、上記とまったく同じ手法が使えて、(1-21)式に$\mathbf{A}$をかけ、

$$\mathbf{A}\Omega = \mathbf{A} + \mathbf{A}^2 + \mathbf{A}^3 + \tag{1-22}$$

ここで、もしこの和が無限に続くなら、(1-21)と(1-22)の和が$\mathbf{I}$を除いてすべて同じになっていることから、やはり、両者の差(1-21)−(1-22)をとれば、難しいところは、すべて消えてしまいます。

$$(\mathbf{I} - \mathbf{A})\Omega = \mathbf{I} \tag{1-23}$$

と劇的に簡単になりました。

ただし、単なる数のときの公式と違うのは、最後に「行列の割り算」をしなければならないことです。

この最後のところでだけ、数と違って、行列では「割り算」が「逆行列」になるということを思い出せばよいのです。それさえ気をつければ、

$$\Omega = (I-A)^{-1} \tag{1-24}$$

と、簡単に求まってしまいました。

$$\Omega = I + A + A^2 + A^3 + \cdots = (I-A)^{-1} \tag{1-24}$$

これから、結論として、

経済効果は、投入係数行列が A のとき、最終需要に $(I-A)^{-1}$ という行列をかけたらよい。

$$\text{経済効果} \quad \Delta x = (I-A)^{-1} \times \Delta f \tag{1-25}$$

という簡単で強力な結論が得られました。事実上、ほとんどの経済効果は、この不思議な行列

$$(I-A)^{-1} \quad \cdots (\bigstar\bigstar\bigstar\bigstar)$$

の計算をすることで可能です。

これまでみてきた、複雑な産業間の関係を考慮して市中への波及効果をすべて足し上げたものは、実は、この行列をたった1回だけ計算するだけで済むのです。

無限の計算が、有限の計算で済むので、計り知れないほど便利です。

無限の計算を有限化する複利計算的公式をまねてこの簡単なやり方を開発したのはレオンチェフの偉大な功績でした。そこで、この重要な行列（★★★★）のことを、レオンチェフの逆行列ということがあります。

4　地域経済の場合、漏れを考える
——A を $(I-M)A$ に置き換える

（1）第2の重要な概念——移輸入係数

以上から、ある地域で、最終需要 Δf が新たに生じたときに、もし地域内ですべて賄われていれば、すなわち、経済が波及効果について地域で閉じていれば、経済波及効果は、

$$\Delta x = (I-A)^{-1} \times \Delta f \tag{1-25}$$

となるのです。

第Ⅰ部　原理編

　しかし、実際はこんなことはめったにありえません。なぜなら地域の境を越えて、他地域から原材料を買うからです。すなわち、需要に「漏れ」が生じます。これをどう考えたらよいでしょうか。
　○地域外から買うことを移入、国外から買うことを輸入、
　○地域外へ売ることを移出、国外へ売ることを輸出、
といいますが、地域経済の問題では、需要（発注の流れ）に漏れ、すなわち移輸入（移入と輸入）が必ず存在し、これを考慮する必要があります。
　いま、「地域内の全需要＝中間需要（中間生産者の需要（原材料として買う））＋最終需要（最終消費者の需要（最終製品として買う））」のうち「外から買った分＝移輸入 m_i」をタテに並べたものを移輸入ベクトル **m** とします。

$$\mathbf{m} = \begin{bmatrix} m_1 \\ m_2 \\ m_3 \\ m_4 \\ m_5 \end{bmatrix}$$

【図1‐13】移輸入のベクトル

　実際は、これを比率化して行列にしておくと便利です。「地域内の全需要＝中間需要（中間生産者の需要（原材料として買う））＋最終需要（最終消費者の需要（最終製品として買う））」を分母とした「外から買った分＝移輸入 m_i」がどれだけあるかの比率 M_i を、各産業ごとに対角に並べ、対角以外の成分を0にした行列を「移輸入係数行列」**M** といいます。対角に並べた行列は、右から別の行列をかけると、その行列の各 i 行をそれぞれ M_i 倍する効果があります。

$$\mathbf{M} = \begin{bmatrix} M_1 & 0 & 0 & 0 & 0 \\ 0 & M_2 & 0 & 0 & 0 \\ 0 & 0 & M_3 & 0 & 0 \\ 0 & 0 & 0 & M_4 & 0 \\ 0 & 0 & 0 & 0 & M_5 \end{bmatrix}$$

【図1‐14】移輸入係数行列

（2）繰り返し注文も、そのつど漏れるから、移輸入係数がかかる

地域に漏れがある場合は、需要が発生するごとに、すなわち、注文するごとに、「移輸入係数 M_i」の割合で地域外から買うのですから（漏れ）、$1-M_i$ の割合で地域内から買うので（自給）、需要（注文）の「漏れ比率」は M_i、逆に自給率が $1-M_i$ となります。これを対角に並べた行列 $\mathbf{I-M}$ が「自給率行列」です。

1）注文を表す投入係数行列 $\mathbf{A}$ を $(\mathbf{I-M})\mathbf{A}$ に置き換える

1回の注文が $\mathbf{A}$ ではなく、漏れて $(\mathbf{I-M})\mathbf{A}$ に減ります。

2回目の注文も、$\mathbf{A}$ ではなく、漏れて $(\mathbf{I-M})\mathbf{A} \times (\mathbf{I-M})\mathbf{A} = \{(\mathbf{I-M})\mathbf{A}\}^2$ に減ります。……以下同じです。

2）最終需要 $\mathbf{\Delta f}$ は $(\mathbf{I-M})\mathbf{\Delta f}$ に置き換える場合と漏れが織り込み済みの場合（$\mathbf{\Delta f}$ そのままが「直接効果」となる場合）がある

ここで2つのやり方があります。

（最終需要で漏れが考慮されていない場合）最終需要（最初に変化する需要）は、漏れを考慮する前に計算できて $\mathbf{\Delta f}$ となった場合、このときは、最初の「直接効果」が $\mathbf{\Delta f}$ ではなく、漏れて $(\mathbf{I-M})\mathbf{\Delta f}$ に減ります。

（最終需要で漏れが考慮されている場合）最終需要（最初に変化する需要）を計算するときにすでに漏れを織り込んで計算できて $\mathbf{\Delta f}$ となった場合、このときは、$\mathbf{\Delta f}$ の時点ですでに「漏れ」が考慮されていますから、最初の「直接効果」を $\mathbf{\Delta f}$ そのままとします。

結局経済効果は、
$$\mathbf{\Delta x} = (\mathbf{I} + \mathbf{A} + \mathbf{A}^2 + \mathbf{A}^3 + \cdots) \times \mathbf{\Delta f}$$
ではなく、

（最終需要で漏れが考慮されていない場合）
- 投入係数行列を　$\mathbf{A}$　→　$(\mathbf{I-M})\mathbf{A}$　に置き換え
- 最終需要ベクトルを　$\mathbf{\Delta f}$　→　$(\mathbf{I-M})\mathbf{\Delta f}$　に置き換え

$$\mathbf{\Delta x} = [\mathbf{I} + (\mathbf{I-M})\mathbf{A} + \{(\mathbf{I-M})\mathbf{A}\}^2 + \{(\mathbf{I-M})\mathbf{A}\}^3 + \cdots] \times (\mathbf{I-M})\mathbf{\Delta f}$$

（最終需要で漏れが考慮されている場合）
- 投入係数行列を　$\mathbf{A}$　→　$(\mathbf{I-M})\mathbf{A}$　に置き換え

$$\mathbf{\Delta x} = [\mathbf{I} + (\mathbf{I-M})\mathbf{A} + \{(\mathbf{I-M})\mathbf{A}\}^2 + \{(\mathbf{I-M})\mathbf{A}\}^3 + \cdots] \times \mathbf{\Delta f}$$

となります。

すなわち、移出入のある、地域経済の場合は、$\mathbf{A}$（および $\mathbf{\Delta f}$）を、漏れのある

第Ⅰ部　原理編

もの（$(\mathbf{I}-\mathbf{M})$をかけたもの）に置き換えればよいのです。

したがって、最終公式は、

$$\Delta \mathbf{x} = (\mathbf{I}-\mathbf{A})^{-1} \times \Delta \mathbf{f} \tag{1-25}$$

ではなく、

（最終需要で漏れが考慮されてない場合）

$$\Delta \mathbf{x} = \{\mathbf{I}-(\mathbf{I}-\mathbf{M})\mathbf{A}\}^{-1} \times (\mathbf{I}-\mathbf{M})\Delta \mathbf{f} \tag{1-26}$$

（最終需要で漏れが考慮されている場合）

$$\Delta \mathbf{x} = \{\mathbf{I}-(\mathbf{I}-\mathbf{M})\mathbf{A}\}^{-1} \times \Delta \mathbf{f}' \quad (\Delta \mathbf{f}' \equiv (\mathbf{I}-\mathbf{M})\Delta \mathbf{f}) \tag{1-27}$$

となります。

本書の第Ⅱ部では、だいたい、最終需要で漏れが考慮されている場合(1-27)を使います。

〈ポイント③〉

移輸入係数 =「地域内の全需要 = 中間需要（中間生産者の需要（原材料として買う））＋ 最終需要（最終消費者の需要（最終製品として買う））」を分母とした「外から買った分 = 移輸入」がどれだけあるかの比率

第 2 章

経済のバランスを表す
産業連関表を使う方法

小長谷　一之

1 経済のバランス（需給の一致）

　ここまでは、個々の経済活動のミクロな面をみて、経済波及を考えてきました。しかし、実際に、経済効果を数字として出す場合、統計などからよりマクロにつかむことが必要になります。個々の会社のデータをいちいち扱うより産業全体のデータで具体的な数字を出すからです。

　実は、経済効果は、第1章のように、いちいち効果を足し合わせるより、経済のバランスを表す「産業連関表」というものを使うほうがはるかに便利であり、しかも同じことを表していることがわかっていますので、通常は、経済効果の把握では、「産業連関表」を使います。それを説明してみましょう。

（1）需給バランス

　経済の大原則は、経済が均衡していれば、

　　　〔総需要〕＝〔総供給〕　　　　　　　　　　　　　　　　　　　　　(2-1)

です。

（2）総需要

　〔総需要〕は、

第Ⅰ部　原理編

①産業間がお互い原材料をやりとりする〔中間需要〕（第1章の投入係数で説明したもの）と、

②消費者による〔最終需要〕と、

からなっていますので、

　　　　〔総需要〕＝〔中間需要〕＋〔最終需要〕　　　　　　　　　　　　(2-2)

となります。

（3）総供給

〔総供給〕は、

③すべての国内（地域内）産業の〔生産〕と、

④国外（地域外）産業からの〔移輸入〕と、

からなっていますので、

　　　　〔総供給〕＝〔生産〕＋〔移輸入〕　　　　　　　　　　　　　　　(2-3)

となります。

ところで、移入や輸入は考慮されて、移出や輸出は考慮されないのはなぜなのでしょうか？

ここで<u>〔移輸出〕のほうは〔最終需要〕のなかに含まれていて、〔移輸入〕ほど表に出ないことに注意してください</u>。その理由は、産業連関分析が仮定する「需要主導型モデル」では、〔移輸出〕は地域内ないし国内では決まらず、地域外や国外の買い手の需要の都合で決まるので、モデル内では決定できない、外から与えられた前提条件になってしまうからです。これに対し、〔移輸入〕は、地域内や国内の買い手すなわち自地域や自国産業の需要で決まるので、モデル内で決定できます。このように、外部の事情で決まり与えられた前提条件となることを「外生的」といい、逆に内部のモデル内で決定できることは「内生的」といいます。〔移輸入〕は内生的で、モデルで決定できるので明示的に分離して書いてありますが、〔移輸出〕は外生的であり、最終需要のなかに含まれます。

（4）バランス式

(2-2)と(2-3)から、バランス式

　　　　<u>〔中間需要〕＋〔最終需要〕＝〔生産〕＋〔移輸入〕</u>　　　　　　(2-4)

が得られます。

2 商品を売る方向（取引表のヨコ）

それでは、産業連関表による方法を説明しましょう。

（1）産業間の取引（中間取引）の箇所

第1章でみたように、一番大切なのは、産業間の取引（中間取引）の箇所です。そこで、「産業 i から産業 j への販売額」いいかえると、「産業 j から産業 i に出す注文額」を、第1章のように「Y_{ij}」とします。この「Y_{ij}」を、前の添え字 i を行、後ろの添え字 j を列として表にします。

このとき、

○左列に名前を並べた行の各産業部門は売り手としてみたもの（投入といいます）となり、

○上に名前を並べた列の各産業部門は買い手としてみたもの（需要（産出）といいます）となります。

中間取引の販売額「Y_{ij}」といえば、商品の流れ（販売）は前の添え字の産業から後ろの添え字の産業へ向かい、注文の流れは逆に後ろの添え字の産業から前の添え字の産業へ向かう、と覚えておいてください。

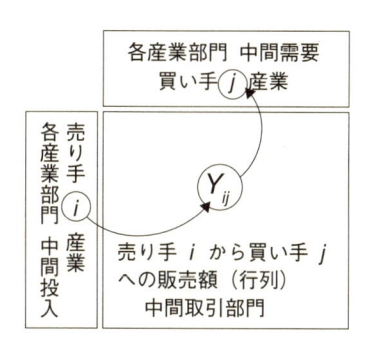

【図2-1】中間取引の表
商品の流れ（販売）の添え字は前から後ろへ
注文の流れの添え字は逆に後ろから前へよむ

（2）商品の売り先を追う（販路構成）

これは、いわば、企業間取引（中間取引）の世界です。いまその表をヨコに読ん

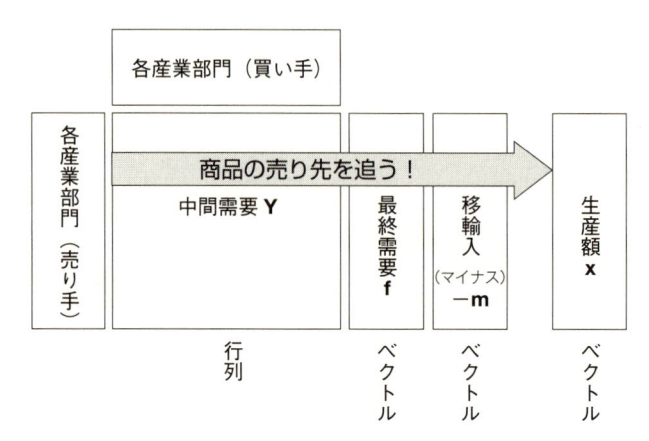

【図2-2】「産業連関表」で商品の売り先を追う（販路構成）

でみましょう。ヨコですから図2-2のように、1つの行を読んでいきます。それは、ある生産者の産業部門が1つに決まり、それを、ほかのさまざまな産業部門がどれだけ買うかという〔中間需要〕を示していることになります。

しかし、既述したように、最終的には商品は、消費者が買う〔最終需要〕もあります。〔最終需要〕は、各産業部門についてそれぞれ1つずつですから、タテに並べて、図1-11のようなベクトル（1列の表）になります。そこで、これを、図2-2のように、〔中間需要〕の右に置きます。

さらに、〔移輸入〕も各産業部門についてそれぞれ1つずつですからタテに並べて、図1-13のようなベクトル（1列の表）になります。そこで、これを、図2-2のように、〔最終需要〕のさらに右に、マイナスを付けて置きます。

すると、式(2-4)から、

〔中間需要〕＋〔最終需要〕－〔移輸入〕＝〔生産〕　　　　　　　　(2-4)

ですから、これらの3つの表をヨコに足すと、総計が〔生産〕に一致するはずです。このように、経済の需給バランスを表現しているものを「産業連関表」（取引表）というのです。

3　商品を作る方向（取引表のタテ）

（1）商品の組み立てを追う（投入構成）

ところで、図2-1の中間取引の部分は、売り手、買い手の双方の2つの立場が

$$\mathbf{v} = \begin{bmatrix} v_1 & v_2 & v_3 & v_4 & v_5 \end{bmatrix}$$

【図2-3】付加価値の(行)ベクトル

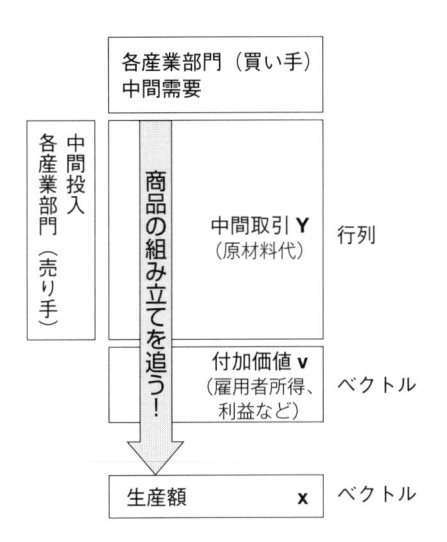

【図2-4】「産業連関表」で商品の組み立てを追う（購入構成）

平等に含まれていますので、今度は逆に買い手のほうから、タテにみてみましょう。タテですから、図2-4のように、1つの列を読んでいくことになります。それは、ある生産者の産業部門が1つに決まり、その最終製品をつくるのに、ほかのさまざまな産業部門からどれだけ買うかという〔中間投入〕、すなわち原材料や部品の構成を示していることになります。

　ところで、最終商品は、ただ原材料を集めただけではできません。それを組み立てたり加工する人の作業が要ります。こうした人間の働きこそ「付加価値」にほかなりません。付加価値はその労働者への働きに報いた「所得」で計ることができます。またこうした人件費を払ってもなお「利益」が上がれば、それは来期の研究開発などにまわします。このように、最終商品の価格には、単なる原材料支払いだけではなく、上乗せ分が追加されており、それは、その産業で商品に付け加えた「付加価値」とみることができるのです。

　　　〔中間投入〕＋〔付加価値〕＝〔生産〕　　　　　　　　　　　　　　(2-5)

　ここで、〔付加価値〕は、各産業部門についてそれぞれ1つずつですから、ヨコ

に並べた、行ベクトル（1行の表）になります。そこで、これを、図2-4のように、〔中間投入〕の下に置きます。

（2）タテ・ヨコ（需給）の一致

これは、買い手の産業部門 j を決めて、その j の商品をつくるための原材料をほかの各産業部門からどれだけ買うかという〔中間投入〕と、それにその産業が付ける〔付加価値〕をタテに並べたことに相当しますので、当然、そのタテの総計は、(2-5)式により、〔生産〕の金額表示に一致します。

4 産業連関表（価格表示の取引表）とは？

産業連関表とは、このように各産業部門を上と左に並べ、
　中央に〔中間取引〕
　右に〔最終需要〕〔移輸入〕〔生産〕
　下に〔付加価値〕〔生産〕の表を並べ、
経済のバランスを一目でわかるようにしたものなのです。この表が、本章のはじめで指摘した需給バランス、商品を売る「販路」の行方、商品をつくる「投入」の構成、を表現している非常に基本的なものであることがおわかりいただけるでしょう。

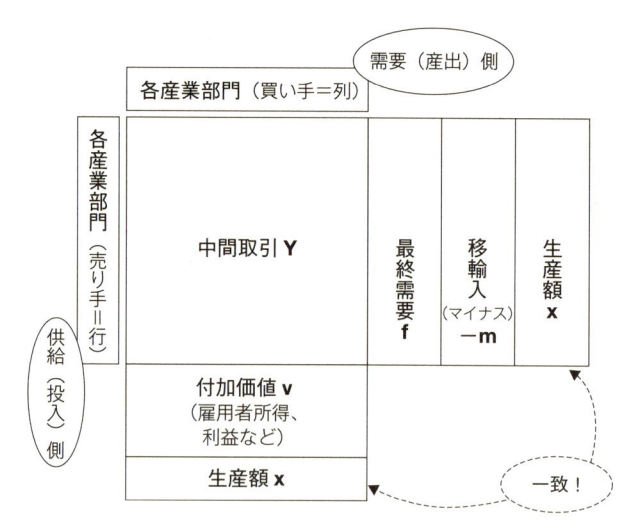

【図2-5】「産業連関表」の完成

このように、〔中間取引の行列 **Y**〕の右に〔最終需要 **f**〕と〔移輸入 **m** のマイナスを付けたもの〕を付け右に足した総計の〔生産額〕と、〔中間取引の行列 **Y**〕の下に〔付加価値 **v**〕を付け下に足した総計の〔生産額〕とは、一致することになります。

この産業連関表が、経済の動きを見事に表現している見取り図であるならば、経済効果もこの産業連関表と関係するのではないか？ という考え方が当然出てくるでしょう。その見方は正しいのです。第1章では、経済効果を、個々の会社の動きを丹念に追って、注文が市中に拡散していく無限の注文を足し上げて得ました。ところが、産業連関表を使うと、無限に効果をいちいち追っていくことなく、変化の前後とも均衡状態が続くということを仮定するだけで、最終需要の変化から経済効果が出てくることが説明できるのです。実際の統計やデータは産業連関表で整備されているので、産業連関表で経済効果が説明できれば、それにこしたことはありません。そこで、そのやり方を次節で説明しましょう。

5　産業連関表による経済効果の計算
　　　——2つの係数 **A** と **M** が重要

(1) 投入係数の計算

いま経済効果を考えようとしている地域や国で、上記のような産業連関表が与えられているとします。

このときに、第1章で論じた経済効果で一番重要な「投入係数」や「移輸入係数」はどのようにすればわかるのでしょうか？

まず、「投入係数」のほうは、1つの商品をつくるのにかかる各材料の構成比なのですから、3節で示したように、産業連関表をタテにみた組立構成をみることに当たります。

図2-6のように、ある部門 j の商品をつくるときに、投入部門 i から買う材料が Y_{ij} なのですから、これを部門 j の生産額 x_j で割れば、投入係数 A_{ij} となるはずです。

$$Y_{ij}/x_j = A_{ij}$$

すなわち、図2-6のように、「投入係数」は、産業連関表をタテにみて、中間取引を最下段の生産額で割れば得られるのです。

「投入係数」は行列になります。これは商品の「構成」を表す一種の「組み立て」係数といえます。

このとき、第1章（★★★）でも述べたように、中間需要は、**Ax** という行列と

第Ⅰ部　原理編

(a) 産業連関表（価格ベースの取引表）

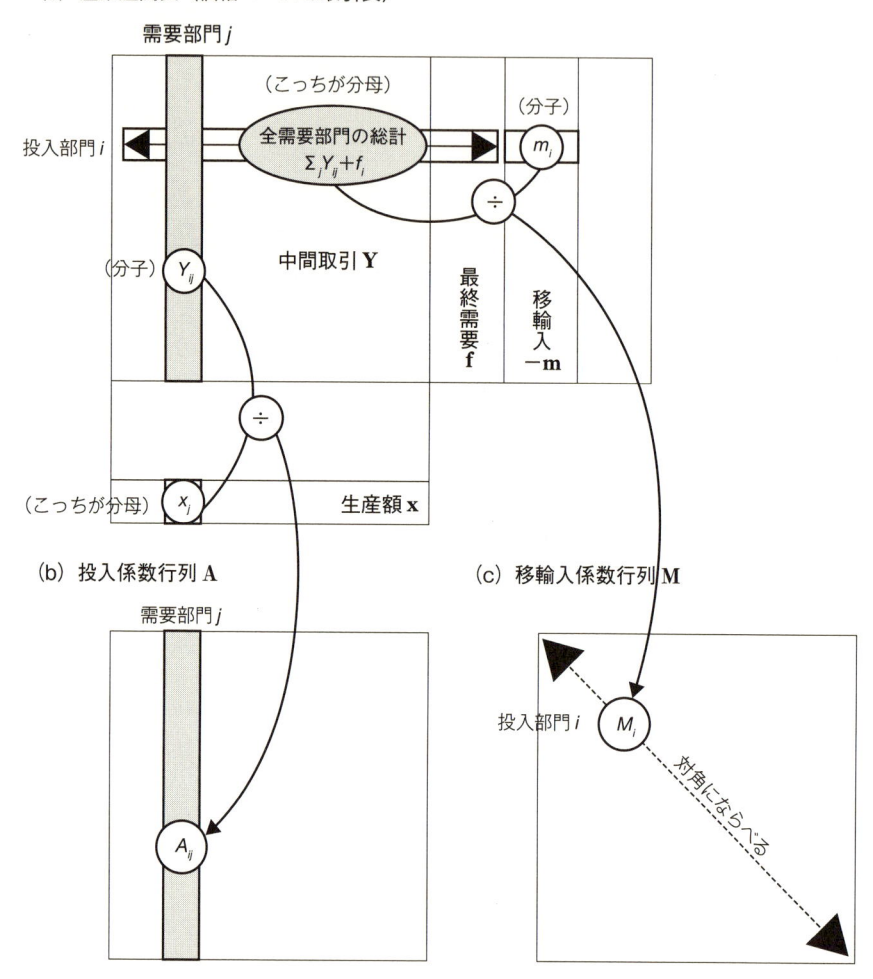

【図2-6】「産業連関表」からの2つの係数の計算の仕方

ベクトルのかけ算で表されます。

(2)《均衡モデル1》移輸入のない場合

この場合、【均衡方程式】は、

〔需要〕＝〔供給〕

すなわち〔中間需要〕+〔最終需要〕=〔生産〕 (2-6)

であり、

〔生産〕= $\mathbf{x}$

〔中間需要〕= $\mathbf{Ax}$

〔最終需要〕= $\mathbf{f}$

なので、均衡状態では、

$\mathbf{Ax}+\mathbf{f}=\mathbf{x}$ (2-7)

となります。$\mathbf{f}$、$\mathbf{A}$ が既知であり、$\mathbf{x}$ が求めるべき未知数ですから、$\mathbf{x}$ について解きます。

$(\mathbf{I}-\mathbf{A})\mathbf{x}=\mathbf{f}$ (2-8)

ここで、最終需要 $\mathbf{f}$ が変化して $\mathbf{f}+\mathbf{\Delta f}$ となり、その結果生産が $\mathbf{x}$ から $\mathbf{x}+\mathbf{\Delta x}$ になり、すべての取引が最終的に行きわたって安定化したとすると、変化後も均衡状態なので、

$(\mathbf{I}-\mathbf{A})(\mathbf{x}+\mathbf{\Delta x})=\mathbf{f}+\mathbf{\Delta f}$ (2-9)

(2-9)−(2-8)をつくると、

$(\mathbf{I}-\mathbf{A})\mathbf{\Delta x}=\mathbf{\Delta f}$ (2-10)

ゆえに、

$\mathbf{\Delta x}=(\mathbf{I}-\mathbf{A})^{-1}\mathbf{\Delta f}$ (2-11)

となり(1-25)とまったく同じ結論になりました。

(1-25)式は、市中に拡散していく無限の注文を、丁寧に足し上げて得たものでした。ところが、産業連関表を使うと、無限に効果を追っていくことなく、変化の前後とも均衡状態が続くということを仮定するだけで、最終需要の変化から経済効果が出ることになります。レオンチェフの逆行列 $(\mathbf{I}-\mathbf{A})^{-1}$ を最終需要変化にかけ合わせれば、経済効果は出るのです。

(3)《均衡モデル2》移輸入があるが外生的な場合

ほかの地域からの移入や輸入がある場合は、〔移輸入〕が $\mathbf{0}$ にならず $\mathbf{m}$ となります。

【均衡方程式】は、

〔需要〕=〔供給〕

すなわち、〔中間需要〕+〔最終需要〕=〔生産〕+〔移輸入〕 (2-4)

であり、

〔生産〕= $\mathbf{x}$

〔中間需要〕＝**Ax**
〔最終需要〕＝**f**
〔移輸入〕＝**m**

なので、均衡状態では、

Ax＋**f**＝**x**＋**m** (2-12)

となります。**f**、**A**、**m** が既知であり、**x** が求めるべき未知数ですから、**x** について解きます。

(**I**−**A**)**x**＝**f**−**m** (2-13)

ここで、一番簡単に移輸入が「外生的」すなわち、自分でコントロールできず、外部から決まるということにします。このときは、**m** も既知となります。

最終需要 **f** が変化して **f**＋**Δf** となり、その結果生産が **x** から **x**＋**Δx** になり、すべての取引が最終的に行きわたって安定化したとすると、変化後も均衡状態なので、

(**I**−**A**)(**x**＋**Δx**)＝(**f**＋**Δf**)−(**m**＋**Δm**) (2-14)

(2-14)−(2-13)をつくると、

(**I**−**A**)**Δx**＝**Δf**−**Δm** (2-15)

ゆえに、

Δx＝(**I**−**A**)$^{-1}$(**Δf**−**Δm**) (2-16)

ここで、需要変化により移輸入も変化しない場合は、

Δm＝**0**

で、移輸入なしの

Δx＝(**I**−**A**)$^{-1}$**Δf** (2-17)

とまったく同じ結論になります。

（4）移輸入係数の計算

しかし、本当は、ある地域で外部に注文する需要（移入）や、ある国で国外に注文する需要（輸入）が一定のわけはありません。上記の「外生的モデル」のように外部の条件で一方的に決まることは、あまり考えにくいのです。

ここで一番通常の仮定は、移輸入も、域内（国内）の同じ需要に対して発注されているというもので、同じ部門の商品なら域内（国内）でも域外（国外）でも区別しない、需要に比例して外部にも発注する（※これを競争移輸入型の仮定といいます）、

「域内のすべての需要に比例して移輸入も増加する」

という仮定がもっとも自然です。この場合は、外生ではなく、内生になります。

　この比例係数「域内のすべての需要に対する移輸入の比率」こそ、需要が外に漏れ出す「漏れ」係数というべきもので、もう１つの重要な係数であった「移輸入係数」です。

　「移輸入係数」というのは、１つの商品を売る先の話なので、２節で示したように、産業連関表をヨコにみた販路構成をみることになります。

　図２-６のように、ある投入部門 i で商品を売るときに、

　　全需要＝〔中間需要〕＋〔最終需要〕に対する、〔移輸入〕の比率ですから、

　　　　〔中間需要〕は、$\sum_j Y_{ij}$

　　　　〔最終需要〕は、f_i

　　　　〔移輸入〕は、m_i

として、

　　　「移輸入係数」＝〔移輸入〕／｛〔中間需要〕＋〔最終需要〕｝

$$= m_i / (\sum_j Y_{ij} + f_i) \tag{2-17}$$

となります。「移輸入係数」は、本来は、各産業部門に対して決まるだけなので、ベクトルですが、便宜上、図２-６のように、これを対角線に並べ、ほかの成分を０とする対角行列にしておきます。これを「移輸入係数行列」といい **M** と書いておきます。このときは、

　　【移輸入内生方程式】として、

　　　　〔移輸入〕＝**M**（〔中間需要〕＋〔最終需要〕）

$$= \mathbf{M}(\mathbf{Ax} + \mathbf{f}) \tag{2-18}$$

となります。

（５）《均衡モデル３》移輸入があり内生的な場合

　上記のような、移輸入係数の考え方は、外生ではなく内生、すなわち内部の事情で自動的に決まるという考え方です。

　　【均衡方程式】は、

　　　　〔需要〕＝〔供給〕

　　　　すなわち、〔中間需要〕＋〔最終需要〕＝〔生産〕＋〔移輸入〕　　　　(2-4)

であり、

　　　　〔生産〕＝**x**

　　　　〔中間需要〕＝**Ax**

　　　　〔最終需要〕＝**f**

【移輸入内生方程式】は、

〔移輸入〕＝$\mathbf{m}$＝$\mathbf{M}(\mathbf{Ax}+\mathbf{f})$

なので、均衡状態では、

$\mathbf{Ax}+\mathbf{f}=\mathbf{x}+\mathbf{M}(\mathbf{Ax}+\mathbf{f})$ (2-19)

となります。$\mathbf{f}$、$\mathbf{A}$、$\mathbf{M}$ が既知であり、$\mathbf{x}$ が求めるべき未知数ですから、$\mathbf{x}$ について解きます。

$\{\mathbf{I}-(\mathbf{I}-\mathbf{M})\mathbf{A}\}\mathbf{x}=(\mathbf{I}-\mathbf{M})\mathbf{f}$ (2-19)

上記《モデル1》《モデル2》同様、最終需要 $\mathbf{f}$ が変化して $\mathbf{f}+\mathbf{\Delta f}$ となり、その結果生産が $\mathbf{x}$ から $\mathbf{x}+\mathbf{\Delta x}$ になり、すべての取引が最終的に行きわたって安定化したとすると、変化後も均衡状態なので、

$\{\mathbf{I}-(\mathbf{I}-\mathbf{M})\mathbf{A}\}(\mathbf{x}+\mathbf{\Delta x})=(\mathbf{I}-\mathbf{M})(\mathbf{f}+\mathbf{\Delta f})$ (2-20)

(2-20)−(2-19)をつくると、

$\{\mathbf{I}-(\mathbf{I}-\mathbf{M})\mathbf{A}\}\mathbf{\Delta x}=(\mathbf{I}-\mathbf{M})\mathbf{\Delta f}$ (2-21)

ゆえに、

$\mathbf{\Delta x}=\{\mathbf{I}-(\mathbf{I}-\mathbf{M})\mathbf{A}\}^{-1}(\mathbf{I}-\mathbf{M})\mathbf{\Delta f}$ (2-22)

　　　　$=\{\mathbf{I}-(\mathbf{I}-\mathbf{M})\mathbf{A}\}^{-1}\mathbf{\Delta f}'$（最終需要が漏れを織り込んでいる場合） (2-23)

となり、(1-26)(1-27)式とまったく同じ結論になります。

(1-26)(1-27)式は、市中に拡散していく無限の注文を、丁寧に足し上げて得たものでした。ところが、産業連関表を使うと、無限に効果を追っていくことなく、変化の前後とも均衡状態が続くということを仮定するだけで、最終需要の変化から経済効果が出ることになります。漏れのあるレオンチェフの逆行列 $\{\mathbf{I}-(\mathbf{I}-\mathbf{M})\mathbf{A}\}^{-1}$ を、漏れのある最終需要変化 $(\mathbf{I}-\mathbf{M})\mathbf{\Delta f}$ にかけ合わせれば、経済効果は出るのです。

（6）経済効果導出のまとめ

上記で《モデル2》は実際の地域経済ではあまり使いませんので、経済効果は、

《モデル1：移輸入なし》

　　　$\mathbf{\Delta x}=(\mathbf{I}-\mathbf{A})^{-1}\times\mathbf{\Delta f}$　　　　　第1章の(1-25)式、第2章の(2-11)式

《モデル3：移輸入内生》

　　　$\mathbf{\Delta x}=\{\mathbf{I}-(\mathbf{I}-\mathbf{M})\mathbf{A}\}^{-1}(\mathbf{I}-\mathbf{M})\mathbf{\Delta f}$　　第1章の(1-26)式、第2章の(2-22)式

　　　　$=\{\mathbf{I}-(\mathbf{I}-\mathbf{M})\mathbf{A}\}^{-1}\mathbf{\Delta f}'$（最終需要が漏れを織り込んでいる場合）

　　　　　　　　　　　　　　　　　　　　第1章の(1-27)式、第2章の(2-23)式

を計算すればよいのです。

第1章では、《モデル1》は、移輸入なしの場合で、企業の無限の発注先を追っていき、それを足し合わせて証明しました。《モデル3》は、移輸入を、域内（国内）の需要に比例する漏れ率で需要が漏れるという「移輸入内生」として扱いました。具体的には、移輸入なしの場合《モデル1》に対して、繰り返しの中間需要 A と最終需要 Δf に、地域（国）からの漏れ M が生じることから、繰り返しの中間需要 A と最終需要 Δf を自給率 $(I-M)$ で修正した $(I-M)A$ と $(I-M)\Delta f$ で置き換えて企業の無限の発注先を追っていき、それを足し合わせて証明しました。

ここで重要なのは、

> 「①投入係数 A（すなわち比例の仮定）」を利用することによって、本来は複雑な、各産業間のやりとりを示す中間需要成分が、生産額で表現できてしまう（比例係数が投入係数）。
> 　〔中間需要〕＝Ax

> 「②移輸入係数 M（すなわち比例の仮定）」を利用することによって、本来は未知な、移輸入が、生産額と最終需要で表現できてしまう（比例係数が移輸入係数）。
> 　〔移輸入〕＝$M(Ax+f)$

すなわち、<u>この2つの係数が、経済効果では、一番重要</u>なのだ、ということがわかります。

このことを念頭において、産業連関表を使った第2章の考え方をまとめてみると、<u>変化の前後とも均衡状態が続くということを仮定するだけで、最終需要の変化から経済効果が出ることになります。</u>

産業連関表では、

1）経済の均衡を表している【均衡方程式】〔需要〕＝〔供給〕から、〔中間需要〕＋〔最終需要〕＝〔生産〕＋〔移輸入〕となりますが、

2）本来未知である中間需要が、「商品の組立」を表す投入係数 A を導入することによって、<u>【投入係数方程式】〔中間需要〕＝Ax</u> として生産額 x と関係がつくので、生産額が、最終需要から直ぐに求まったのです。

3）さらに移輸入がある場合は、本来未知である移輸入が、「移輸入の漏れ」を表す移輸入係数 M を導入することによって、<u>【移輸入内生方程式】〔移輸入〕＝$M(Ax+f)$</u> として全需要 $(Ax+f)$ と関係がつくので、生産額が、最終需要から直ぐに

求まったのです。

この産業連関表からの第2章の結果は、第1章の結果とまったく一致しました。

しかしながら、実際の作業では、第2章の産業連関表を使ったほうがはるかに便利なので、これからは、産業連関表の方法を使うことにします。

【経済効果を求める手順】

Step 1「産業連関表の入手」図2-5のような産業連関表を入手します。

Step 2「2つの係数の計算」図2-6のようにして「投入係数」と「移輸入係数」を計算します。

Step 3「公式の計算」図2-7のようにして

1）2つの係数からレオンチェフ逆行列を求め、

2）これを最終需要の変化（ベクトル）にかけ合わせて、経済効果を計算します。

　○移輸入を考えない場合《モデル1》

　　　レオンチェフ逆行列は、$(\mathbf{I}-\mathbf{A})^{-1}$

　　　$\mathbf{\Delta x}=(\mathbf{I}-\mathbf{A})^{-1}\times\mathbf{\Delta f}$

　○移輸入を考え内生とする場合《モデル3》——自給率分修正$(\mathbf{I}-\mathbf{M})$

　　　レオンチェフ逆行列は、$\{\mathbf{I}-(\mathbf{I}-\mathbf{M})\mathbf{A}\}^{-1}$

　　　$\mathbf{\Delta x}=\{\mathbf{I}-(\mathbf{I}-\mathbf{M})\mathbf{A}\}^{-1}(\mathbf{I}-\mathbf{M})\mathbf{\Delta f}$

　　　　$=\{\mathbf{I}-(\mathbf{I}-\mathbf{M})\mathbf{A}\}^{-1}\mathbf{\Delta f}'$（最終需要が漏れを織り込んでいる場合）

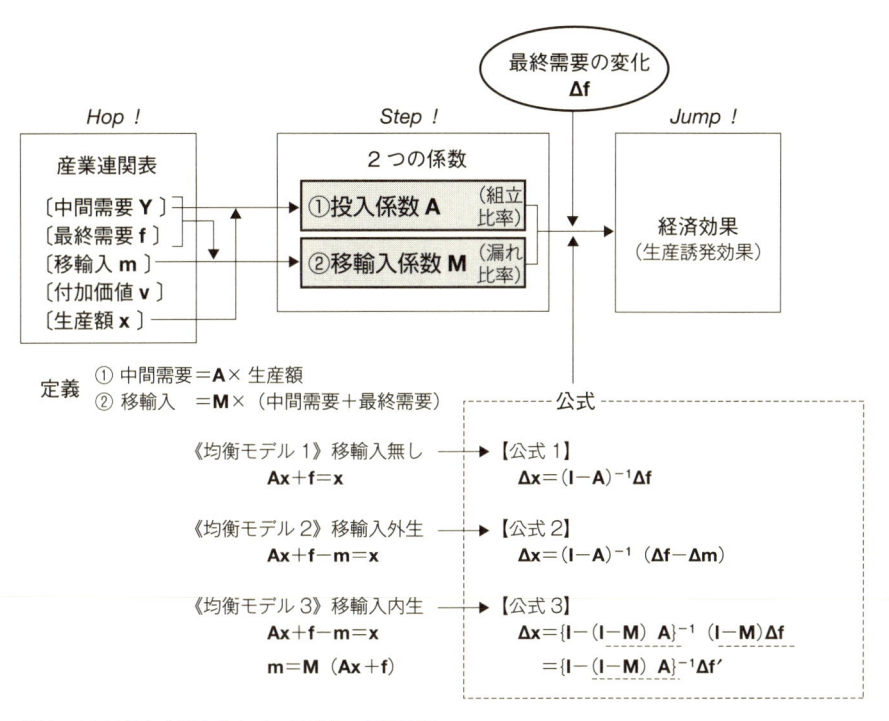

第2章 経済のバランスを表す産業連関表を使う方法

```
                                    最終需要の変化
                                         Δf

   Hop！              Step！                          Jump！
 ┌─────────┐      ┌─────────────┐              ┌─────────────┐
 │ 産業連関表 │      │  2つの係数   │              │   経済効果   │
 │〔中間需要Y〕│      │ ┌─────────┐ │(組立         │ (生産誘発効果)│
 │〔最終需要f〕│─────▶│ │①投入係数A│ │ 比率)        │             │
 │〔移輸入 m〕│      │ └─────────┘ │          ───▶│             │
 │〔付加価値v〕│      │ ┌─────────┐ │(漏れ         │             │
 │〔生産額 x〕│      │ │②移輸入係数M│ │ 比率)        │             │
 └─────────┘      │ └─────────┘ │              └─────────────┘
                   └─────────────┘
```

定義　① 中間需要＝**A**×生産額
　　　② 移輸入　＝**M**×（中間需要＋最終需要）

　　　　　　　　　　　　　　　　　　　　　　┌─ 公式 ─────────────────
《均衡モデル1》移輸入無し　───▶　【公式1】
　　Ax＋f＝x　　　　　　　　　　　Δx＝(I−A)$^{-1}$Δf

《均衡モデル2》移輸入外生　───▶　【公式2】
　　Ax＋f−m＝x　　　　　　　　　　Δx＝(I−A)$^{-1}$ (Δf−Δm)

《均衡モデル3》移輸入内生　───▶　【公式3】
　　Ax＋f−m＝x　　　　　　　　　　Δx＝{I−(I−M) A}$^{-1}$ (I−M)Δf
　　m＝M (Ax＋f)　　　　　　　　　　　＝{I−(I−M) A}$^{-1}$Δf′

（注）　Δf′は漏れを織り込んでいる場合の最終需要。

【図2-7】　2つの係数からの経済効果の計算の仕方

第 3 章

経済効果の実践での多段階処理

小長谷　一之

1　まず「直接効果」を産業に振り分ける

（1）フローチャート

　［1］ところで、実際には、最終需要の変化そのものを確定するのにまず分析が必要です。この最初の第1回目発注で生じる効果を「直接効果」といいます。

　［2］地域経済の問題では、まず「直接効果」を産業連関表の部門にそれぞれ当てはめる作業が重要です。この産業割り当てのことを「産業格付け」といいます。

　［3］また個々の産業格付けについて「自給率」ないし「漏れ率」を推定することが大切です。

　［4］また、産業連関表は都道府県単位で作られているので、それを、より小さな地域単位（市町村など）に分解する「産業連関表の地域分解」も必要になりますが、これについては、「地域間産業連関表」というものの作成が必要となり、これは以下の第Ⅱ部で説明します。

（2）「直接効果」と「間接一次効果」の分解

　1）《モデル1：移輸入なし》では、
$$\Delta x = (I-A)^{-1} \times \Delta f$$
ですが、「直接効果 Δf」が、最初に求まるので、これを分離し、残りを「間接一次

効果」とします[1]。ここでは、

$$\Delta x = \underline{\Delta f} + \underline{(I-A)^{-1} \times A\Delta f}$$
　　　　「直接効果」「間接一次効果」　　　　　　　　　　　(3-1)

2)《モデル3：移輸入内生》では、

$$\Delta x = \{I-(I-M)A\}^{-1}(I-M)\Delta f$$

ですが、「直接効果$(I-M)\Delta f$」が、最初に求まるので、これを分離し、残りを「間接一次効果」とします[1]。ここでは、

$$\Delta x = \underline{(I-M)\Delta f} + \underline{\{I-(I-M)A\}^{-1}(I-M)A(I-M)\Delta f}$$
　　　　「直接効果」「間接一次効果」　　　　　　　　　　　(3-2)

となります。

ただし、実務的には、第1章のように、最初の直接効果の計算のときに自給率を組み込んでいることが多いので、そのときには、$(I-M)\Delta f = \Delta f'$ を修正した最終需要として、

$$\Delta x = \underline{\Delta f'} + \underline{\{I-(I-M)A\}^{-1}(I-M)A\Delta f'}$$
　　　　「直接効果」「間接一次効果」　　　　　　　　　　　(3-3)

とすることがあります。本書の第Ⅱ部以降は、この形を使います。

2 「イニシャル(事業)効果」分析と「ランニング(継続)効果」分析

また経済効果には、イニシャル効果とランニング効果の2面が必要な場合があります。たとえば美術館などの集客施設を作る場合です。このとき、最初の施設の建設から関連産業に波及する効果がイニシャル効果です。これに対して、施設がオープンしてから集客し、その消費が波及する効果がランニング効果です。一方、単なる一過性のイベントは、イニシャル効果のみとなります。

3 所得(労働市場)を考慮した「間接二次効果」

前章までの経済効果は、実は、商品の需要が市中に拡大していくプロセスを追ったものでした。これは、企業間の中間取引もありますが、逆に商品の動きをみると、最終的には消費者に行き着いて終わりになります。

すなわち、経済学でいうところの、財やサービスを「企業」が「家計」に販売し家計が代金を払う「生産物市場」のなかでのプロセスと考えることができます。

ところが経済学では、もう1つ重要な市場があります。それは、労働力や生産要

素（土地）などを「家計」が「企業」に提供し企業が賃金や代金を払う「生産要素市場」です。いま一番代表的なものを「労働市場」とすると、図3-2のように、この市場も経済学では無視できません。

これを経済効果分析で考えると、ある最終需要が発生したときに、その商品の発注の経済効果で、市中が潤えば、経済活性化の効果によって、企業活動は活発化し、雇用者の所得は若干上がります。この効果はもう1つの市場である労働市場を通じたものであり、本来考慮すべきです。そこで、この所得上昇による経済効果を「間接二次効果」といいます。

以上をまとめますと、図3-1のように、

A-1. イニシャル直接効果、
A-2. イニシャル間接一次効果、
A-3. イニシャル間接二次効果
および、
B-1. ランニング直接効果、
B-2. ランニング間接一次効果、
B-3. ランニング間接二次効果、
の6つを考慮する必要があります。

注

1) 第1章では経済効果（生産誘発額）を、1つの（レオンチェフ）逆行列をかけるだけの形で説明してきました。ここでは、直接効果部分と間接効果部分に分けた形になっています。両者が同じであることを説明しましょう。

$$(\mathbf{I}-\square)^{-1} = (\mathbf{I}-\square)^{-1}\{(\mathbf{I}-\square)+\square\}$$
$$= \mathbf{I} + (\mathbf{I}-\square)^{-1}\square$$

は、常に成り立つ変形です。ここで、$\square = \mathbf{A}$ を代入すると、式(1-25)と、式(3-1)、式(5-2)が同じであることがわかり、$\square = (\mathbf{I}-\mathbf{M})\mathbf{A}$ を代入すると、式(1-26)、式(1-27)および式(5-4)と、式(3-2)、式(3-3)、式(5-3)が同じであることがわかります。

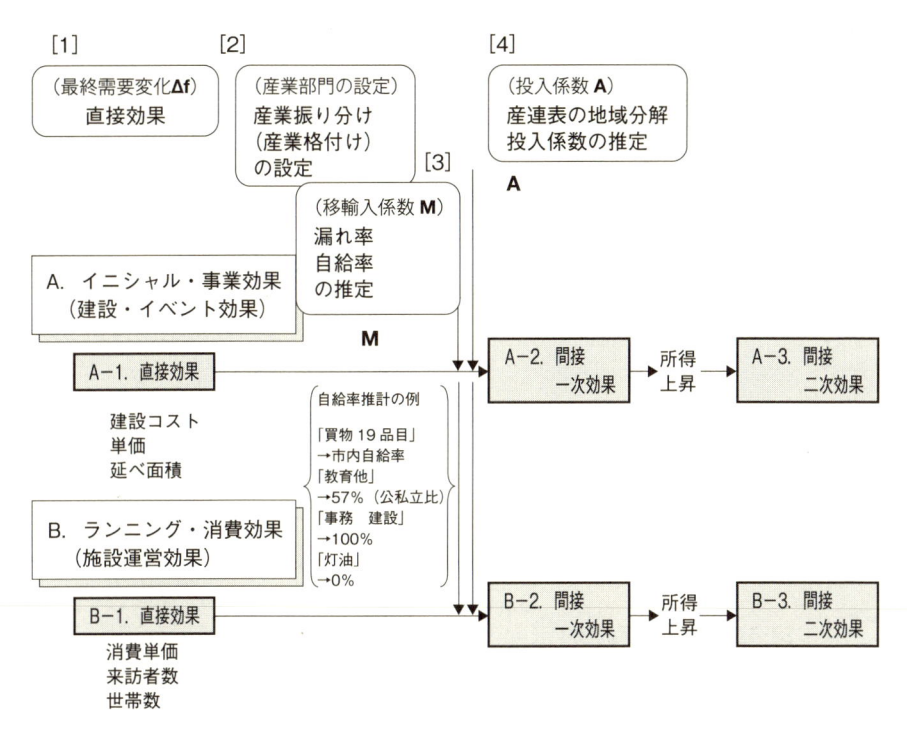

第3章　経済効果の実践での多段階処理

[1]　　　　　　[2]
（最終需要変化Δf）　（産業部門の設定）　　　　　　　[4]
　直接効果　　　　産業振り分け　　　　　（投入係数 A）
　　　　　　　　（産業格付け）　　　　　産連表の地域分解
　　　　　　　　　の設定　　　[3]　　　　投入係数の推定
　　　　　　　　　　　　　　　　　　　　A
　　　　　　　　　（移輸入係数 M）
　　　　　　　　　漏れ率
A. イニシャル・事業効果　自給率
　（建設・イベント効果）　の推定
　　　　　　　　　　　　M

| A-1. 直接効果 |──→| A-2. 間接一次効果 |─所得上昇→| A-3. 間接二次効果 |

　建設コスト
　単価　　　　　　　　　自給率推計の例
　延べ面積　　　　　　「買物19品目」
　　　　　　　　　　　→市内自給率
　　　　　　　　　　　「教育他」
B. ランニング・消費効果　→57%（公私立比）
　（施設運営効果）　　　「事務　建設」
　　　　　　　　　　　→100%
　　　　　　　　　　　「灯油」
| B-1. 直接効果 |──→　→0%　──→| B-2. 間接一次効果 |─所得上昇→| B-3. 間接二次効果 |

　消費単価
　来訪者数
　世帯数

【図3-1】実際のフローチャート

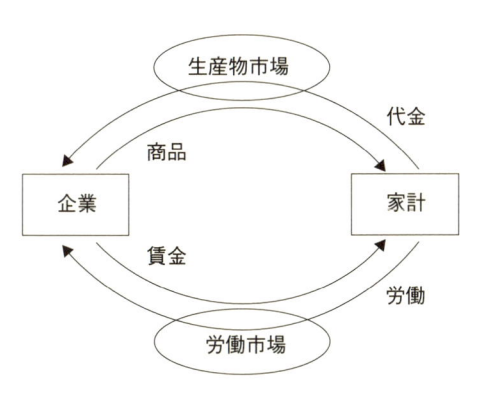

　　　　　　　　生産物市場
　　　　　　商品　　　　代金
　　企業　　　　　　　　　家計
　　　　　　賃金　　　　労働
　　　　　　　　労働市場

【図3-2】経済学の2つの市場

第 4 章

産業連関の追加説明

小長谷　一之

1　産業連関の理論的ポイント（上級者向け説明）

　本章では、より進んだ勉強をしたい人のために、これまであまり説明しなかった、産業連関分析の経済学的意味をポイント的に説明しておきます。産業連関分析をいますぐ実践的に利用したい人は飛ばしていただいてもかまいません。

（1）産業連関表は、「価格表示」
　本来は、投入係数（ある商品1単位を生産するのに必要な原材料（部品など））などを考える量は、技術的には、物理的量のほうの概念が、部品生産で決定され、技術構造を表す本質的なものです。しかし、①量でデータを集めるのが難しい、②商業・サービス業の生産はそもそも量で計れない、③量だけでは付加価値額が計れない、などの理由で、ほとんどの場合、産業連関表は、量表示ではなく、価格表示になります。異なる時点の価格の比較はデフレーターという手法で評価します。

（2）産業連関分析は、マクロ的には「需要主導型モデル」
　産業連関分析は、需要があれば、すぐそれに応じる供給があると仮定しているので、仮定としては「需要主導型モデル」であり、「ケインズモデル」に近いものがありますが、近代経済学の手法として多用されてきました。

第 4 章　産業連関の追加説明

（3）産業連関分析では、「係数は定数」

　産業連関分析では、簡単化のため、一定の定数値の投入係数を使います。これは、簡単であるためそうしているのですが、専門的には、「生産関数の係数が定数」であることに当たります。

　企業の供給曲線は、価格＝限界費用＝一定ですから、供給量と関係なく価格は一定、供給曲線は水平になり、需要曲線は垂直となります。このように供給が価格と関係なく、需要に従って自動的に決まってしまうという単純化の仮定を置いているのです。

　ですから、通常のミクロ経済学を学んだ人からは、需要・供給の決定が単純なので奇妙に思われる人がいますが、産業連関分析では、そこは、簡単化していると考えてください。

　さらに、第 3 章のように、間接二次効果を考えている労働市場について、本来は、財の市場と同時に考える必要もありますが、産業連関分析では、単純化して独立に考えています。

　もしも、こうした（2）（3）の仮定を置かないで、労働市場も同時に考え、経済全体の均衡を厳密に考慮するなど、より一般的な扱いをしようとするときは、応用一般均衡（CGE）モデルが必要になりますが、それについては、章末の参考文献細江ほか［2004］などをご覧ください。

（4）商業マージン問題は、マージンをはぎとる「生産物価格表」

　産業連関表では、商業、運輸業の本来の活動の生産が「商業・流通マージン」と考えます。

　ですから、ほかの産業の生産高は、その最終販売価格ではなく、商業マージンを上乗せしないもとの「生産物価格」で表示することが大原則です。

　マージンは、流通業のものと考えるからです。

　これには実際的理由もあります。それは係数の安定性です。マージンを残すと、ものによって不安定になるからです。

（5）移輸入の扱いは、「競争」移輸入型で、「内生型」モデルが普通

　競争移輸入型は、移輸入の商品を自前のものと区別せず同質とみます。

　非競争移輸入型は、移輸入の商品を自前のものと区別するものです。

　「競争移輸入型」をメインのモデルにする理由の 1 つは、簡単であり、やはり移輸入係数が安定するからです。

また、すでに触れていますが、「外生型」とは、移輸入が、地域内部の事情と関係なく、外部から与えられるものであり、「内生型」は、移輸入が外から与えられるものではなく、内部で決まるという考え方です。

産業連関分析では、「内生型」であり、移輸入が各部門の地域内部の全需要（中間需要・最終需要）に比例するという仮定が自然なのでもっともよく使われます。本書では、移輸入は、「競争型」「内生型」を主とします。

2　2部門モデルをみてみよう！

（1）取引表の作成

いま、一番簡単にして、図4-1の(1)のように2つの産業しかないとしましょう（もっと多くても原理は同じです）（以下、小長谷・武田［2008］に従う）。

産業1が、産業1、産業2、最終消費者にそれぞれ売る額、およびその生産額が、

　　　Y_{11}、Y_{12}、f_1、x_1

また、産業2が、産業1、産業2、最終消費者にそれぞれ売る額、およびその生産額が、

　　　Y_{21}、Y_{22}、f_2、x_2

であったとします。このとき、販売面（販路）からみた生産構造は、

$$x_1 = Y_{11} + Y_{12} + f_1 \tag{4-1}$$
$$x_2 = Y_{21} + Y_{22} + f_2 \tag{4-2}$$

となります（図4-1(2)の表を行（ヨコ）方向にみたもの）。

一方、購入面からみると、製品をつくるには、原材料を買うほか、従業員さんの知恵と汗が必要です。エンジニアは知恵と技術を提供、現業部門が努力して製品をつくります。そのとき付いた付加価値は、その産業が、雇用者から買った労力の価値＝雇用者所得などによって報いられます。これを産業1、産業2について、v_1、v_2とします。すると、産業1が、産業1、産業2から買った原材料費は、Y_{11}、Y_{21}なので、これにv_1を足したものは、実は産業の総購入額となりますが、産業活動がバランスをとっている限り、これは生産額に等しくならなければなりません。産業2についても同様です。すなわち、

$$x_1 = Y_{11} + Y_{21} + v_1 \tag{4-3}$$
$$x_2 = Y_{12} + Y_{22} + v_2 \tag{4-4}$$

となります（図4-1(2)の表を列（タテ）方向にみたもの）。

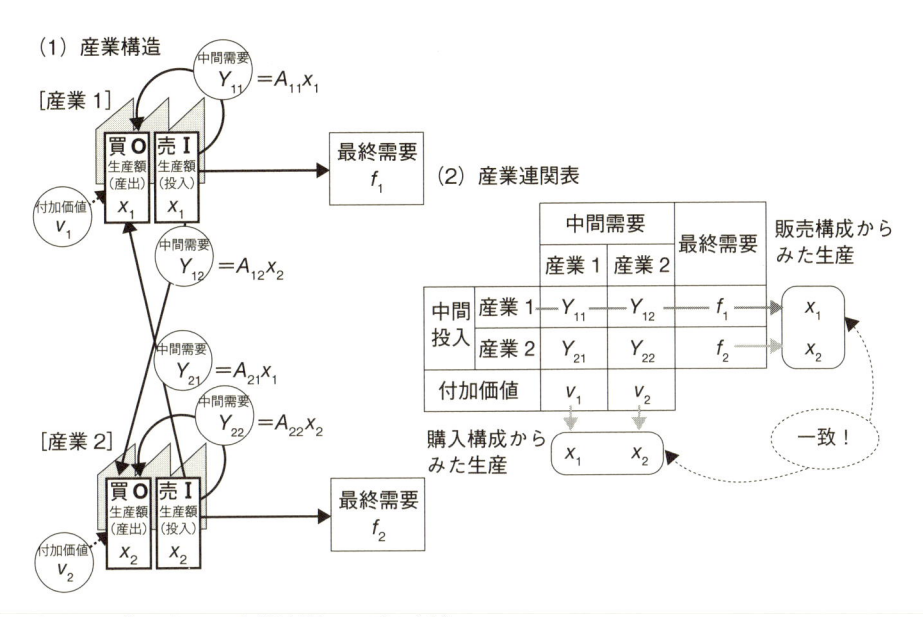

【図4-1】 2部門の産業連関のモデル(表)
小長谷・武田［2008］参照

これらの関係を表で表現したものが産業連関表です。

（2）レオンチェフの功績とは？

レオンチェフは、各産業の最終需要（最終消費者の需要）が発生したときに、各産業がお互い複雑に入り組んだ関係にあることを考慮に入れて、その総合的な生産量を求めることに成功しました。それは、どのように考えたのでしょうか？

1）いま産業連関表がわかっているとします。その行を表したものが、(4-1)式、(4-2)式です。

2）そこで、常識的に自然と考えられる「比例性の仮定」というものを立てました。それは、生産量が2倍になれば、自然な状態（生産技術の構造が一定とみなせる短期の場合）には、必要な投入の原材料も2倍になるというものです。この仮定があると、

「Y_{ij}は、x_jに比例する」

ということなので、この比例係数を A_{ij} とし投入係数と呼びます。すると、

$$Y_{ij} = A_{ij} \cdot x_j$$

> レオンチェフ、生産を最終需要から求めることに成功
> 1) 産業連関式（連関表の行をみる）
> $x_1 = Y_{11} + Y_{12} + f_1$（産業1の販路構成）
> $x_2 = Y_{21} + Y_{22} + f_2$（産業2の販路構成）
> 2) 比例性（投入係数）の仮定
>   ＝「生産額が2倍になれば、原材料も2倍になること」
>   （この比例係数を投入係数といいます）
> $Y_{11} = A_{11}x_1$、$Y_{12} = A_{12}x_2$
> $Y_{21} = A_{21}x_1$、$Y_{22} = A_{22}x_2$
> 3) 産業連関表の行列表現
>   産業iの中間需要部分＝$\mathbf{a}_i\mathbf{x}$ $\mathbf{a}_i = (A_{i1}, A_{i2})$
> $x_i = \mathbf{a}_i\mathbf{x} + f_i$（産業$i$の販路の行列表現）
> $\mathbf{x} = \mathbf{A}\mathbf{x} + \mathbf{f}$
>   ……（中間需要部分が生産額で表される）
> 4) レオンチェフ逆行列の解法
> $\mathbf{x} = (\mathbf{I} - \mathbf{A})^{-1}\mathbf{f}$

【図4-2】2部門の産業連関モデル（計算）
小長谷・武田［2008］参照。

となり、図4-2の2）のように、投入係数行列を$\mathbf{A}$とすると、中間需要部分は行列$\mathbf{AX}$で表されてしまいます。

3）このことは問題を非常に簡単化します。中間需要部分が、生産額で表されてしまうので、図4-2の3）のように、生産$\mathbf{x}$と最終需要$\mathbf{f}$の直接対応がつき、生産$\mathbf{X}$を最終需要から計算することが、

$$\mathbf{x} = (\mathbf{I} - \mathbf{A})^{-1}\mathbf{f} \quad ((\mathbf{I} - \mathbf{A})^{-1}:\text{レオンチェフの逆行列})$$

と可能になるのです。これをレオンチェフの方程式といい、レオンチェフの功績なのです。

このレオンチェフ方程式は非常に重要な意味をもっています。それは、

$$(\mathbf{I} - \mathbf{A})^{-1} = \mathbf{I} + \mathbf{A} + \mathbf{A}^2 + \mathbf{A}^3 + \cdots$$

と表せますので、右辺が、

$$\mathbf{x} = \mathbf{f} + \mathbf{A}\mathbf{f} + \mathbf{A}^2\mathbf{f} + \mathbf{A}^3\mathbf{f} + \cdots$$

となり、これは、最終需要$\mathbf{f}$と、最終需要$\mathbf{f}$が発生させた中間需要の効果をすべて足し合わせたものが総生産額を表していることになるからです。

3 生産誘発係数・影響力係数・感応度係数

（1）需要から経済効果をもとめるのがレオンチェフの逆行列

「レオンチェフの逆行列 $(\mathbf{I}-\mathbf{A})^{-1}$ の ij 成分」は、「産業 j への最終需要が1単位増加したときに、産業 i に誘発される生産額」をあらわしています。

レオンチェフの逆行列 $\mathbf{B}$
$= (\mathbf{I}-\mathbf{A})^{-1}$
＝産業 j への最終需要が1単位増加したときに、産業 i に「誘発される生産額」です。

（2）「（最終需要 f の）生産誘発係数」

最終需要 $\mathbf{f}$ が、消費や輸出であたえられたとすると、それにレオンチェフの逆行列 $\mathbf{B}$ をかけた $\mathbf{Bf}$ のベクトルの i 行が、各産業 i の「生産誘発額」です。

これを $\mathbf{f}$ の全行で足した需要合計で割ったものが、1需要あたりの生産誘発額なので「生産誘発係数」といいます。

（3）「影響力係数」

レオンチェフの逆行列のある産業 j に関する列和は、ある産業 j の需要が1単位増加したときの、全産業への生産誘発の合計であり、ある産業 j の需要増加の、全産業への影響となります。

レオンチェフの逆行列のある産業 j に関する列和を、規格化したもの、すなわち、レオンチェフの逆行列のある産業 j に関する列和を、全列和平均で割ったものを産業 j の「影響力係数」といいます。「影響力係数」が1より大きい部門は他への波及の効果が大きいのです。

（4）「感応度係数」

レオンチェフの逆行列のある産業 i に関する行和は、全産業の需要が1単位増加したときの、ある産業 i への生産誘発の合計であり、全産業の需要増加の、ある産業 i への影響となります。

レオンチェフの逆行列のある産業 i に関する行和を、規格化したもの、すなわち、レオンチェフの逆行列のある産業 i に関する行和を、全行和平均で割ったものを産業 i の「感応度係数」といいます。「感応度係数」が1より大きい部門は他か

第Ⅰ部　原理編

---

(1) レオンチェフの逆行列 **B**
　　= $(I-A)^{-1}$
　　= 産業 j への最終需要が 1 単位増加したときに、産業 i に「誘発される生産額」
(2) 「(最終需要 f の) 生産誘発係数」
最終需要 **f** が、消費や輸出であたえられたとすると、それにレオンチェフの逆行列 **B** をかけた **Bf** のベクトルの i 行が、各産業 i の「生産誘発額」。
これを f の全行で足した需要合計で割ったものが、
<u>1 需要あたりの生産誘発額なので「生産誘発係数」</u>という。
(3) 「影響力係数」
レオンチェフの逆行列のある産業 j に関する列和
= ある産業 j の需要が 1 単位増加したときの、<u>全産業への生産誘発の合計</u>
= <u>ある産業 j の需要増加の、全産業への影響</u>

レオンチェフの逆行列のある産業 j に関する列和を、規格化したもの
= レオンチェフの逆行列のある産業 j に関する列和を、全列和平均で割ったもの
= 産業 j の「影響力係数」
(4) 「感応度係数」
レオンチェフの逆行列のある産業 i に関する行和
= 全産業の需要が 1 単位増加したときの、ある産業 i への生産誘発の合計
= <u>全産業の需要増加の、ある産業 i への影響</u>

レオンチェフの逆行列のある産業 i に関する行和を、規格化したもの
= レオンチェフの逆行列のある産業 i に関する行和を、全行和平均で割ったもの
= 産業 i の「感応度係数」

【図 4-3】生産誘発係数・影響力係数・感応度係数

<u>らの波及の影響が大きいのです。</u>
　このようなことが産業連関表から求められるのです。

参考文献（第Ⅰ部：第 1 章～第 4 章）
石村貞夫・劉晨・玉村千治［2009］『Excel でやさしく学ぶ産業連関分析』日本評論社。
板倉理友［2005］『地域マクロ経済の分析』現代図書。
角本伸晃［2011］『観光による地域活性化の経済分析』成文堂。
小長谷一之［2005］『都市経済再生のまちづくり』古今書院。
小長谷一之・武田至弘［2008］「大学発ベンチャーの経済効果」塩沢由典・小長谷一之編
　　『まちづくりと創造都市』晃洋書房。
土井英二［2009］『はじめよう　観光地づくりの政策評価と統計分析——熱海市と静岡県
　　における新公共経営（NPM）の実践』日本評論社。
中村愼一郎［2000］『Excel で学ぶ産業連関分析』エコノミスト社。
仁平耕一［2008］『産業連関分析の理論と適用』白桃書房。

藤川清史［2005］『産業連関分析入門——Excel と VB でらくらく IO 分析』日本評論社。
藤田康範［2011］『経済戦略のためのモデル分析入門』慶應義塾大学出版会。
細江宣裕・橋本日出男・我澤賢之［2004］『テキストブック応用一般均衡モデリング——プログラムからシミュレーションまで』東京大学出版会。
村山皓［2001］『施策としての博物館の実践的評価——琵琶湖博物館の経済的・文化的・社会的効果の研究』雄山閣。
室田泰弘・伊藤浩吉・越国麻知子［2005］『パソコンによる経済予測入門』東洋経済新報社。
安田秀穂［2008］『自治体の経済波及効果の算出』学陽書房。

第Ⅱ部　手　法　編
――経済波及効果算出のための実践的手法

第 5 章　計算の基礎と産業格付け法――経済波及効果算出の実際

第 6 章　産業格付けの応用
　　　　――自給率(漏れの評価)の設定や消費費目からの産業格付け

第 7 章　市町村表の作成
　　　　――都道府県の産業連関表を活用する簡便推計法

第 8 章　産業連関表に新部門を創設する方法

第Ⅱ部　手法編

　この第Ⅱ部では、産業連関表を用いてどのようにして経済波及効果を算出していけばよいのかについて、その実践的手法およびプロセスをできるだけ平易に説くことを目的としています。とくに、市町村において、商工業や観光に関する振興策、まちづくりやイベントの企画、地域統計の整備などの職務に携わっている方たちを念頭において、たとえば以下のようなニーズに対応できるよう配慮しています。(i) 商工業や観光振興の経済効果を、県の産業連関表を使って試算した（あるいは、これからわが市における観光消費の経済効果を試算してみようと考えている）が、市独自の産業連関表がないため、いまひとつ説得力に欠ける。(ii) 市町村で実施しているイベントなので、市町村内の商店街や小売店（百貨店やスーパーのような大型小売店でも可。商業統計の調査対象が店舗単位であり、その店舗が当該市町村に立地していればよい）がどれだけ潤うかを知りたい。(iii) 市町村でNPOが実施主体となっているまちづくりの施策が地域内の商店街の活性化にどの程度寄与しているかを知りたいが、NPOの活動の経済効果を評価するための物差しがなくて困っている。

　上記のような行政・計画のニーズに応えるには、市町村の産業連関表の作成あるいはNPO部門を組み込んだ産業連関表の作成はもちろん、それらを用いた経済波及効果に関する具体的な算出手法や勘所を知らなければなりません。ところが、こうしたノウハウは往々にして自家薬籠のごとく一部専門家の掌中にあり、そのほとんどが公開されていません。本書では、試算的な手法も含め、専門家のコツをできるだけ公開し、読者の参考になればと願っています。

　以下第Ⅱ部では、産業連関表から経済波及効果を算出するための実践的方法論をパターンごとに詳しくみていくことにします。第5章では「直接効果」算出と産業格付けの基本について、第6章では自給率（漏れの評価）の設定と具体的な産業格付けの方法を観光や建設業を事例として概説します。第7章・8章では、自分で新たに必要な産業連関表を作るテクニックについて説明します。第7章では「市町村表」の作成、第8章では、既存の産業連関表に「新しい部門」を追加するやり方をNPOを例にとり説明します。実際、これからの地域経済の計算では「市町村表」が必要な場合が多いのですが、「市町村表」は、(1) 当該の自治体等で作成されているものを入手、(2) 本書第7章の方法で自己作成する、(3) おわりに記す編者の研究所に連絡する、などの方法で用意することになります。

第 5 章

計算の基礎と産業格付け法
——経済波及効果算出の実際

前川　知史

　ある地域で企画・立案・実行されたプロジェクトやイベントは、地域内にどのくらいの経済効果をもたらすのでしょうか。これは、実施主体である自治体、任意団体およびNPOはもちろんのこと、地域住民にとっても関心の高いテーマといえるでしょう。

　経済効果を計るには、最初にそれらのプロジェクトやイベントによってもたらされる需要の創造がある程度具体的にイメージされなければなりません。つまりそのプロジェクトが出来上がったら、どのくらいの人が来てどれだけの消費が行われるか、あるいはそのイベントを実施するのに支出したおカネが何に使われて、その結果どういう需要が生まれるかといったようなことが、この場合の具体的なイメージとなります。そして、このイメージから想定される需要の創造は、「経済的価値評価が可能なもの」（これを市場財と呼びます）でなければなりません。

1 産業連関計算の基礎

（1）直接効果と間接効果

　さて、こうしたイメージを経済的評価によって数値化したものは、最初何もなかったところに、その施策を実施することによって直接発生する性格のものですから、これを経済波及効果の分析では「直接効果」と呼んでいます。これから産業連関表を用いて経済波及効果を算出するというプロセスをみていくためには、まずそ

の直接効果を分析することが出発点になります。

ところで、マスコミなどで「経済効果」といった場合、この直接効果のみを指す場合があります。たとえば、プロ野球の読売ジャイアンツが日本一になったときの経済効果として、百貨店での記念セールの売上げ増加とか、サッカーの日韓ワールドカップでの観戦者の消費の盛り上がりだとかいった記事が出ていますが、こうした売上げの規模などの数字で経済効果を計る場合は、ここで述べた直接効果に当たります。

しかし、産業連関表を用いて経済効果を分析するという場合は、直接効果が誘発する波及効果まで含めて、経済効果と呼ばれています。つまり、直接効果が産業連関表の逆行列係数を介して、地域内のさまざまな産業の生産を誘発するわけですから、それらも経済効果に含めようというわけです。このように直接効果から派生して生じる生産誘発額のことを「間接効果」と呼んでいます。

こうした生産誘発の流れやモデル式などの理論的な枠組みは、すでに原理編で勉強しましたので、手法編では、この生産誘発額を具体的にどのような手順、方法で求めていくかを学ぶことにしましょう。

ところで、原理編では、生産誘発額を表す次のような式を取り上げました。

$$\mathbf{\Delta x} = \mathbf{\Delta f} + \mathbf{A\Delta f} + \mathbf{A}^2\mathbf{\Delta f} + \mathbf{A}^3\mathbf{\Delta f} + \cdots \tag{5-1}$$

この(5-1)式の意味するところをもう一度振り返っておきましょう。この式は、式の左辺の $\mathbf{\Delta x}$ すなわち生産誘発額が、右辺の $\mathbf{\Delta f}$ すなわち最終需要の増加からはじまって $\mathbf{A\Delta f}$、$\mathbf{A}^2\mathbf{\Delta f}$、$\mathbf{A}^3\mathbf{\Delta f}\cdots$ と続く波及連鎖のすべての和であることを示しています。

ここで、この式の $\mathbf{\Delta f}$ が、先に触れた直接効果であることに注目してください。つまり、直接効果というのは、経済波及効果の分析にあたって、生産誘発額を表す(5-1)式の右辺の第1項である最終需要の増加分 $\mathbf{\Delta f}$ に当たります。これが次々に、間接効果すなわち、$\mathbf{A\Delta f} + \mathbf{A}^2\mathbf{\Delta f} + \mathbf{A}^3\mathbf{\Delta f} + \cdots$ を生み出していくというのが(5-1)式の意味するところです。

したがって、生産誘発額 $\mathbf{\Delta x}$ は、直接効果 $\mathbf{\Delta f}$ と間接効果 $[\mathbf{A\Delta f} + \mathbf{A}^2\mathbf{\Delta f} + \mathbf{A}^3\mathbf{\Delta f} + \cdots = (\mathbf{I} + \mathbf{A} + \mathbf{A}^2 + \cdots)\mathbf{A\Delta f}]$ の和となります。ここで、$\mathbf{A\Delta f}$ は、直接効果 $\mathbf{\Delta f}$ だけの最終需要を満たすために誘発される中間需要の額を表しています。また、$(\mathbf{I} + \mathbf{A} + \mathbf{A}^2 + \cdots)$ の部分は、原理編で詳しく述べたように、レオンチェフ逆行列係数に相当します。そうしますと、(5-1)式は次のように表すことができます。

$$\begin{aligned}\text{生産誘発額} &= \mathbf{\Delta f} + \mathbf{A\Delta f} + \mathbf{A}^2\mathbf{\Delta f} + \mathbf{A}^3\mathbf{\Delta f} + \cdots \\ &= \mathbf{\Delta f} + (\mathbf{I} + \mathbf{A} + \mathbf{A}^2 + \cdots)\mathbf{A\Delta f}\end{aligned}$$

第5章　計算の基礎と産業格付け法

$$= \Delta f + (I - A)^{-1} A \Delta f$$
$$= (最終需要) + (レオンチェフ逆行列係数 \times 最終需要の増加分を満たす中間需要) \quad (5\text{-}2)$$

　　　　　　　　直接効果　　　間接効果

なお、自給率 $(I - M)$ を考慮すれば、(5-2)式は次のようになります。

$$生産誘発額 = \Delta f + [I - (I - M)A]^{-1}(I - M)A\Delta f \quad (5\text{-}3)$$

　　　　　　　　直接効果　　　間接効果

また、この(5-3)式で、直接効果と間接効果を分解せずに表すと

$$生産誘発額 = [I - (I - M)A]^{-1} \Delta f \quad (5\text{-}4)$$

になります。(5-4)式は、(5-3)式の直接効果と間接効果を合わせたものです[1]。

(2) 直接効果の想定範囲

　さて、経済効果をどの程度の範囲まで想定するかは、直接効果の計算の範疇になります。直接効果の算定は、いわば経済波及効果の算出プロセスのスタートに当たる作業ですから、慎重に行わなければなりません。算定者は、施策の内容や目的をもとにして、直接効果の算定を主に積み上げ計算によって算出します。

　積み上げ計算というのは、たとえば、プロジェクトの支出明細書から支出額を個別に計算することや、イベント参加者の人数と1人当たり消費額を推定し、それらのかけ算でイベントによる消費増加額を計算することなどが具体例として挙げられます。

　このように、直接効果によってどれだけ需要が増加するかの計算は、経済波及効果算出の入口に当たりますから、策定者がきちんとしたイメージをもつことが求められます。よく見受けられるケースは、経済効果策定者が経済効果を見かけ上大きくしたいために、直接効果の想定範囲を広げすぎる場合です。積み上げ方式で計算するわけですから、その計算根拠が明確でないものは取り込まないことが大切です。

(3) 産業連関表の準備

　間接効果は産業連関分析を用いて算出されるものです。ですから、使用する産業連関表を決める必要があります。わが国で作成されている産業連関表は、国が作成するものとして、総務省が取りまとめている総務省表がもっとも基本的なもので

す。国では、総務省表のほかにも、経済産業省が全国を9地域に区分した地域表を作成しています。都道府県では、総務省の指導のもと、全県で産業連関表の作成が行われています。分析に際して、どの産業連関表を選択するかは、どの地域範囲で生産誘発効果を求めるかによって決めるとよいでしょう。

ところで、市町村レベルになると、産業連関表の作成が難しくなっています。市町村で産業連関表を公表しているところは、政令指定都市を除くとほとんどないのが現状です。このため、経済波及効果を市町村レベルでとらえたい方のために本書の第7章で、市町村の産業連関表を都道府県表をもとにして作成する方法を具体例で示してあります。

（4）部門分類と分割・統合

使用する産業連関表が決まれば、次は部門統合が問題になります。産業部門をどの程度の細かさでとらえるかは、分析対象であるプロジェクトやイベントの直接効果としての需要の大きさや地域の産業特性を考慮に入れる必要があります。既存の産業連関表に付随する逆行列係数などを活用したいという場合は、既存の産業連関表の部門分類を使えばよいのですが、実際には、後の項の具体的事例で触れるように、直接効果である最終需要を各産業部門に当てはめて分類する（これを産業格付けといいます）という作業で、どの部門にその需要が当てはまるか、それによって部門分類を柔軟に変えるという方法を取る場合が多いようです。その場合は部門間で統合したり、分割したりする作業が必要になってきますし、新たに分類された部門数で逆行列係数などを計算することになります[2]。

2 「直接効果」算出の第一歩

ここからは、プロジェクトやイベントの直接効果を算出するための、もっとも基本的なテクニックについて説明することにしましょう。

いま、Zというプロジェクトを、市内のイベント会場で、ある一定の期間実施することを計画している地方自治体Y市があったと仮定します。

そこで、Y市の企画調整課の山川静さんは、上司から「プロジェクトZの実施がY市に及ぼす経済効果を調べるように」という指示を受けました。そのとき、山川さんは、産業連関表を使えば、プロジェクトZの経済波及効果を調べることができると上司からヒントを授けられます。さっそく山川さんは経済効果算出のための準備に取りかかることにしました。

（1） 5年ごとにしか作成されない産業連関表

　最初に山川さんは、一念発起し専門書を読み、産業連関表の仕組みを詳しく勉強しました。そして、実際にY市の産業連関表があるのかどうかを調べてみました。幸いにも、Y市は政令指定都市であったため、産業連関表を作成していました。山川さんはY市の産業連関表を入手しましたが、よくみると、それは2005（平成17）年のY市産業連関表となっており、ずいぶん古い印象を受け、はたして今回の経済波及効果の計算に使ってよいものかどうか不安になりました。そこで、山川さんは統計課の田畑耕作さんに教えてもらうことにしました。

　　山川：産業連関表を使って今度のプロジェクトZの経済波及効果を計算してみようと思うのですが、2005（平成17）年の表は古くないですか？
　　田畑：産業連関表は5年ごとに作成されていて、公表されるのがどうしても遅くなるのです。いまだったら、どの自治体も最新の産業連関表が2005（平成17）年の表ですから、それを使って経済波及効果を計算していますよ。

　実は、経済波及効果の大きさを左右するのは産業連関表の中の「投入係数表」というもので、これは、その地域の投入産出構造を示す数字なのですが、そもそも産業連関表というものは、この投入係数が5年間変化しないということが大前提で作成されています。これだけ技術進歩や情報化の進展のスピードが速い昨今で、この仮定は少し厳しいのですが、この点が産業連関分析の限界だということを十分に理解したうえで使うことが重要です。

（2） 経済効果の漏れを考慮に入れる

　山川さんは、さらに田畑さんから、経済波及効果の計算には、Y市で公表している産業連関表の「逆行列係数表」を使うようにと念を押されたので、その理由を尋ねました。

　　山川：産業連関表の逆行列係数表は1つだけじゃないのですか。
　　田畑：逆行列係数表には、移輸入の取り扱い方法によって、移輸入内生型とそうでないタイプの2種類があります。一般に、産業連関分析に関する参考書などで理論の説明に使われている「レオンチェフ逆行列」と呼ばれる逆行列係数には、移輸入が考慮されていません。

　実際には、ある財が需要されると、その財を生産している地域から購入しますが、その財を自市が生産していない場合は全額他地域からの移入となりますから、

自市には、その財の生産額に相当する直接効果は発生しないことになります。

　経済波及効果で「波及」というからには、この直接効果に逆行列係数表をかけて、地域にどれだけの間接効果が発生するかをカウントするものですから、直接効果が自市に落ちなければ、間接効果も計算できないというわけです。いまの例のように、財の供給をほかの地域に依存している状態を「自給率が低い」と表現します。自給率が低いとどうなるかといえば、自市への経済波及効果がその分小さくなります。こうして経済波及効果がほかの地域に漏れ出すことになります。よくいわれる「経済効果の漏れ」というのは、このことを指しています。

　ですから、経済波及効果を計算する際には、自給率で調整された「移輸入内生型の逆行列係数表」を使用します。

（3）競争移入型の産業連関表の限界

　山川さんは先ほどの田畑さんの説明を聞いて納得しましたが、1つだけ腑に落ちない点があったので追加質問をしました。

　　山川：先ほど田畑さんは、その財を自市が生産していない場合は直接効果が自市に落ちないので、間接効果も計算できないといわれましたが、その財を生産するのに必要な原材料をＹ市から調達していたらどうなりますか？

　　田畑：鋭い質問ですね。その場合は、当然Ｙ市に間接的な生産波及効果が発生することになります。しかし、それをいまのＹ市の産業連関表ではとらえることができないのです。

　ここで例に挙げているＹ市の産業連関表は、地域内表といって、地域外で発生した中間需要を中間投入の欄に載せるのではなく、移出入として最終需要のほうに記載しています。いわゆる「競争輸入競争移入型の産業連関表」です。

　したがって、もしＹ市から調達している原材料があれば、それはＹ市では移出になっており、逆行列係数に反映されません。もし、そうした間接効果としての跳ね返りを計算したいと思えば、地域間表を作成しなければなりません。地域間表は、都道府県ベースの産業連関表では公表しているところもありますが、市の産業連関表ではまだ作成がなされていないのが現状です。

（4）支出計画から最終需要を算出する

　企画調整課に戻ってきた山川さんは、さっそくプロジェクトＺの事業計画書をチェックして、まずプロジェクトＺの直接効果として、プロジェクトＺによって

発生する最終需要を計算することにしました。なお、プロジェクトZにかかる支出計画は表5-1のような内容になっていました。

【表5-1】プロジェクトZの支出計画

項　目　名	内　　　容
会場使用料	会場として市内の有料展示場を借りる
会場設営費	会場に備え付けの備品以外すべてを市内のレンタル店で調達する
催事運営費	受付業務や会場警備など一切を市内の専門業者に委託する
広告宣伝費	宣伝活動の一切を市内の広告代理店に委託する
印刷製本費	チラシや会場案内図の印刷を市内の印刷業者に依頼する
報　償　費	入館者全員に記念タオル（市内で製造する）を頒布する
消耗品費	事務用品の購入に充てる

　山川さんは、この支出計画書をみて、いざ直接効果を計算しようと、支出の合計金額を計算しましたが、よく考えてみると、合計金額だけ判明しても、それを産業連関表のどこに当てはめたらよいかわかりません。そのため、とりあえず手元にあるY市の34部門（統合大分類、総務省表と同じ分類）の産業連関表を参考に割り振ってみることにし、それを後で田畑さんにみてもらうことにしました。
　山川さんが、とりあえず支出項目とその内容をみて、産業別に割り振ったところ、次節の表5-2のようになりました。

3　産業格付けの基本

(1) 産業格付けとは何か

　山川さんは、さっそくこの表を田畑さんにみせたところ、次のような助言を受けました。

　　田畑：支出項目を産業別に割り振るのに、産業連関表の何を参考にしましたか？
　　山川：Y市の産業連関表の別表で「部門分類表」というものがあったのですが……。
　　田畑：部門分類表をみたのは正解ですが、基本分類（総務省表では520部門ある）で割り振るのがいいでしょう。そうしないと、大きな分類で割り振ろうとす

ると、該当する産業がみつけにくいと思います。それから、支出項目を産業部門に割り振ることを"産業格付け"といいますので、用語として以後は産業格付けと呼んでください。

山川：はい、わかりました。

【表5-2】山川さんがプロジェクトZの支出内容をみて割り当てた産業分類

項目名	該当すると思われる産業
会場使用料	「不動産」
会場設営費	「対事業所サービス」
催事運営費	「対事業所サービス」
広告宣伝費	「対事業所サービス」
印刷製本費	「その他の製造工業製品」
報償費	「商業」
消耗品費	「事務用品」

（2）施設使用料の産業格付け

山川さんは元気よく返事をしたものの、具体的にどのようにして産業格付けを行えばよいか戸惑っています。

田畑：産業格付けには、産業部門に関する基本分類表を用意しましょう（ここでは代表的な総務省表を使用しています。ぜひ総務省のHPから基本分類コード表をダウンロードして確認してみてください）。産業格付けの方法ですが、『平成17年（2005年）産業連関表総合解説編』（総務省統計局のHPに同じものがアップされています）にある「部門別概念・定義・範囲」の（品目例示）あるいは、「日本標準産業分類・分類項目表（総務省統計局のHPにあります）」を参考にするとよいでしょう。では、支出項目を順にみていきましょうか。まず、会場使用料からです。山川さんはこれを「不動産」に格付けしていますが、どうしてですか？

山川：はい、会場が展示場なので、何となく不動産賃貸料のような気がしたのです。

田畑：これは限られた用途で限られた期間だけ借りる施設の使用料ですから、ビルのテナントや賃貸マンションのような長期の賃貸を対象としている「不動産賃貸業」を想定してはいけません。

施設使用料の産業格付けでは、ある期間ある目的のために施設を借りる場合、

その施設がどういう産業に属するかで判断します。この場合は民間が運営する展示場を借りるので「8519-099その他の対事業所サービス」となります。

　イベントで、公共の会館を借りる場合は、公民館の場合「8213-021社会教育（非営利）」に、県民会館や公会堂などの場合「8411-021対家計民間非営利団体」に該当します。ただし、公共の場合でも、体育館や野球場などのスポーツ施設を借りる場合「8611-051スポーツ施設提供業」となります。

　　山川：一口に施設使用料といっても、ケースバイケースでずいぶん違うのですね。
　　田畑：そうです。では同様に、以後の項目も基本分類で割り振ってください。
　　山川：わかりました。会場設営費は、内容が備品のレンタルなので「8512-015その他の物品賃貸業」に該当します。催事運営費は、内容が事務請負や警備関係の委託なので「8519-099その他の対事業所サービス」に、広告宣伝費は「8511-012新聞・雑誌・その他の広告」に該当すると思います。
　　田畑：そのとおりです。そうすると、ここまでの項目は、先の会場使用料も含め、大分類で格付けしてしまうと「31対事業所サービス」に該当してしまい、かなり大ざっぱになってしまいますね。次の印刷製本費はどうですか？
　　山川：「1911-011印刷・製版・製本」です。基本分類だとすぐにみつかります。
　　田畑：とくに、工業製品は、基本分類で調べないとみつけにくいと思います。大分類にすると、印刷製本費は、プラスチック製品やゴム製品、スポーツ用品、玩具などとともに一括して「18その他の製造工業製品」に含まれてしまいます。
　　山川：ところで、報償費のタオルを卸問屋から一括して買い入れましたが「商業」に割り振ってよかったのでしょうか？
　　田畑：ちょっと待ってください。これは重要な箇所です。2つのポイントとなる点がありますので、よくメモを取ってください。

（3）工業製品の格付けは最終製品で判断する

　<u>産業格付けには"最終製品で格付けしなければならない"という大原則</u>があります。産業連関分析の出発点としての直接効果が、あくまで外生部門である最終需要でなければならないからです。

　ここでの報償費の内容はタオルの買い付けになっていますが、最終製品はタオルそのものです。ですから、タオルは「1529-099その他の繊維既製品」に格付けしなければなりません。仮にタオルの製造にあたって、原材料として抗菌加工を施すた

めに薬品を使用したとして「医薬品」にも格付けすべきではないかと考えてはいけません。経済波及効果を計算する目的自体が、最終製品の需要から原材料への生産波及の程度を計算することですから、そもそも原材料が最終需要になることは原理的におかしいのです。

（4）商業マージンを剥ぎ取る

　そして、もう1つのポイントは、商業マージンの取り扱いに関するものです。支出計画には、そのタオルは卸売業者を介して買い付けるとありますから、卸売業者の懐にマージンが入っています。このマージンは原材料と違って、れっきとした最終需要です。そして、産業連関分析では、流通段階で発生するマージンについて、それを商業マージンと運輸マージンに分割して、それぞれ商業部門と運輸部門の生産額として計上する（これを"マージンを剥ぎ取る"といいます）決まりになっています。
　さてこれら2点のポイントを踏まえ、報償費の産業格付けを行うとすると、どうなるでしょうか？

　　山川：タオルが生産地から運送業者と卸売業者によって消費者であるわれわれの手元に届けられたとすると、報償費は「1529-099その他の繊維既製品」「22商業」「25運輸」の3つの産業部門に格付けされることになりますね。
　　田畑：そのとおり、商業と運輸はマージンですから大分類でOKですね。

　それでは、それら3つの部門への配分比率を考えてみましょう。一般に、消費者がタオルのような工業製品を購入するときの値段のことを購入者価格と呼んでおり、この購入者価格は、生産者価格に流通マージンを上乗せしたものになります。そして、購入者価格に対するマージンの割合は、マージン率と呼ばれています。国の産業連関表では、取引表のなかに、購入者価格と生産者価格の両方が記載されており、それらの差額である流通マージン（商業マージンと運賃）の金額も同時に記載されています。

　　山川：そうすると、マージン率は産業別に、マージン／購入者価格で求められるわけですか。
　　田畑：はい、そうです。
　　山川：でも、Y市の産業連関表は生産者価格表しか出ていませんね。
　　田畑：国以外で購入者価格評価表を公開している都道府県や政令市はほとんど

ないですね。ですから、マージン率は国の数字を参考にするしかありません。

（5）マージン率の計算方法

では、具体的に国の産業連関表でマージン率を求めてみましょう。

総務省の2005（平成17）年産業連関表の取引基本表の投入表（基本分類表）には、列コード×行コード別に、生産者価格、各種マージン（卸から倉庫まで）、購入者価格の順で数値が並んでいます。

そこでまず、基本分類コード表から、行コードとして「その他の繊維既製品」、列コードとして「家計消費支出」のコード番号を入手します。この２つのコードによって、その他の繊維既製品の家計消費支出における各種マージンの金額と購入者価格がわかります。通常、マージンはこのように家計消費支出の数字を適用します。もし、大口取引による中間財需要としてのマージンを知りたければ、列コードに需要側の産業を指定します。

さて、基本分類コード表をみますと、図５-１のように「その他の繊維既製品」の行コードは1529-099になります。「家計消費支出」の列コードは9121-00です。

そして、投入表（基本分類表）に戻って、列コード9121-00・行コード1529-099の行を探すと、図５-２のように、生産者価格342,175、商業マージン259,839（卸売106,302＋小売153,537）、運輸マージン22,138（鉄道から倉庫までの合計）、購入者価格624,152がみつかるはずです（単位はいずれも百万円）。

これらの数値から、その他の繊維既製品の家計消費支出におけるマージン率を計算しますと、商業マージンが0.4163、運輸マージンが0.0355となります。

こうして、報償費の産業格付けは、報償費全体を100とすると、「その他の繊維既製品」に55、「商業」に42、「運輸」に３の割合で割り振られることになります。

　　山川：ありがとうございました。
　　田畑：いやいや、実はまだ終わってはいませんよ。
　　山川：えっ、消耗品費は「事務用品」ではないのですか！
　　田畑：はい。ほとんどの人は、ボールペンやクリップ、糊、コピー用紙などの文房具を「事務用品」部門に割り振ってしまいますが、それは間違いです。

（6）事務用品の取り扱い

実は、産業連関表の「事務用品」という産業部門は、作表にあたって便宜上設けられた仮設部門なのです。事務用品というアクティビティを作り出す産業部門はい

	A	B	C	D	E	F	G	H	I	J	K
1	平成17年(2005年)産業連関表　部門分類・コード表（基本分類・統合分類・特殊分類)										
2											
3	内　生　部　門										
4	1　基本分類（ 行 520×列 407 ）					2　統　合　分　類					
5						統合小分類 (190部門)		統合中分類 (108部門)		統合大分類 (34部門)	
6	分類コード				部　門　名	コード	部　門　名	コード	部　門　名	コード	部　門　名
7	列コード		行コード								
139	1511	-01	1511	-011	紡績糸	1511	紡績	013	繊維工業製品	04	繊維製品
140	1512	-01	1512	-011	綿・スフ織物(含合繊短繊維織物)	1512	織物				
141	1512	-02	1512	-021	絹・人絹織物(含合繊長繊維織物)						
142	1512	-03	1512	-031	毛織物・麻織物・その他の織物						
143	1513	-01	1513	-011	ニット生地	1513	ニット生地				
144	1514	-01	1514	-011	染色整理	1514	染色整理				
145	1519	-01	1519	-011	網・網	1519	その他の繊維工業製品				
146	1519	-02	1519	-021	じゅうたん・床敷物						
147	1519	-03	1519	-031	繊維製衛生材料						
148	1519	-09	1519	-099	その他の繊維工業製品						
149	1521	-01	1521	-011	織物製衣服	1521	衣服	014	衣服・その他の繊維既製品		
150	1521	-02	1521	-021	ニット製衣服						
151	1522	-09	1522	-099	その他の衣服・身の回り品	1522	その他の衣服・身の回り品				
152	1529	-01	1529	-011	寝具	1529	その他の繊維既製品				
153	1529	-09	**1529**	**-099**	**その他の繊維既製品**						
154	1611	-01	1611	-011	製材	1611	製材・合板・チップ	015	製材・木製品	05	パルプ・紙・木製品
155	1611	-02	1611	-021	合板						

【図5－1】総務省表の基本分類コード（一部抜粋）

	A	B	C	D	E	F	G	H	I	J	K	L	M	N	O	P
1						平成17年(2005年)産業連関表　投入表（基本分類表）(その2)								(単位:100万円)		
2	列コード	行コード	殊	生産者価格	投入係数(	輸入(内数	卸	小売	鉄道	道路	沿海	港湾	航空	利用運送	倉庫	購入者価格
253	912100	1511011		5,891	0.000021	55	1,305	2,468	3	208	0	0	0	8	48	9,931
254	912100	1512011		6,175	0.000022	2,015	1,511	2,001	0	109	0	0	0	0	0	9,796
255	912100	1512021		8,620	0.000031	743	2,285	3,421	0	236	0	0	0	0	52	14,614
256	912100	1512031		7,776	0.000028	1,712	2,091	3,029	0	117	0	0	0	0	3	13,016
257	912100	1513011		1,361	0.000005	162	188	686	0	35	0	0	0	0	1	2,271
258	912100	1519011		2,018	0.000007	1,111	641	695	0	31	0	0	0	1	13	3,399
259	912100	1519021		61,565	0.000224	22,968	19,590	39,757	6	2,081	0	45	6	77	138	123,265
260	912100	1519031		21,549	0.000078	1,417	2,648	13,338	2	2,682	71	18	2	99	565	40,974
261	912100	1519099		71,968	0.000262	6,766	8,505	33,187	3	1,031	0	58	4	20	835	115,611
262	912100	1521011		1,301,133	0.004734	1,274,314	330,921	1,209,046	96	58,016	1	809	489	2,269	1,194	2,903,974
263	912100	1521021		1,301,549	0.004735	1,196,203	535,418	1,121,894	78	54,345	16	1,728	1,171	2,616	7,988	3,026,803
264	912100	1522099		461,014	0.001677	329,511	229,702	226,819	23	21,701	2	331	207	802	547	941,148
265	912100	1529011		194,394	0.000707	146,679	66,203	205,477	10	8,799	1	144	85	355	290	475,758
266	912100	1529099		342,175	0.001245	96,006	106,302	153,537	21	20,160	1	253	189	803	711	624,152
267	912100	1619091		111	0.000000	0	23	29	0	6	0	0	0	0	0	169
268	912100	1619099		43,817	0.000159	35,998	8,315	33,290	24	3,772	72	42	17	154	227	89,730
269	912100	1711011		203,610	0.000741	135,502	90,615	151,676	39	5,309	0	168	47	224	385	452,073
270	912100	1711031		18,805	0.000068	12,548	10,075	12,383	4	484	0	13	3	21	39	41,827
271	912100	1811021	3	-90,718	-0.000330	0	0	0	0	0	0	0	0	0	0	-90,718

【図5－2】総務省表の投入表（基本分類から抜粋）

ろいろな産業にまたがっていて、たとえばコピー用紙ならば「紙・板紙」というれっきとした産業部門のアクティビティです。

山川：では、なぜ文房具は、産業連関表にれっきとした産業部門があるのに、事務用品という仮設部門に入るのですか。もしかして、文房具は二重計上になっていませんか。

田畑：おかしな話ですが、企業が消耗品として需要する文房具は二重計上、つ

まり、それぞれの産業部門と事務用品部門からダブルで投入され、カウントされています。

事務用品は、どの産業部門の企業も必ず使用し、その需要額は金額的にもさほど大きくなく、産業ごとにあまり変動がありません。それに、それらは企業経理で消耗品費として一括計上されているので、まとめて把握しやすいという利点があります。実のところ、作表上の手間を省くという観点から、仮設部門として取り上げられたといっても過言ではありません。

ここで注意したいのですが、事務用品部門の需要先は中間需要だけです。最終需要はありません。そして、仮設部門である事務用品部門には、粗付加価値部門からの投入がありません。付加価値を生まない部門という想定になっています。イベントやプロジェクトの支出項目は最終需要ですから、その意味からも、イベントで支出される消耗品費を「事務用品」に格付けすることはできないのです。

　山川：なるほど、消耗品費は「事務用品」ではなく「3919-031筆記具・文具」なのですね。よくわかりました。
　田畑：では、報償費と同様に、工業製品に格付けした印刷製本費と消耗品費も、それぞれマージンの剥ぎ取りを行って、産業格付けを完成させてください。

こうして、プロジェクトZの支出項目について、山川さんは、最終的に田畑さんの助言で次のような産業格付け表を作成することになりました。

【表5-3】田畑さんの助言で作成されたプロジェクトZの格付け表

（　）内は割合を示す(%)

項目名	正しい産業格付け
会場使用料	その他の事業所サービス（100）
会場設営費	物品賃貸業（100）
催事運営費	その他の事業所サービス（100）
広告宣伝費	広告（100）
印刷製本費	印刷・製版・製本（60）、商業（38）、運輸（2）
報償費	その他の繊維既製品（55）、商業（42）、運輸（3）
消耗品費	その他の製造工業製品（44）、商業（50）、運輸（6）

（7）分析対象によって異なる最終需要の与え方と産業格付け

さて、いまみてきたプロジェクトZの例は、イベントへの支出を最終需要の発

生とみなして、それがY市にもたらす経済波及効果を調べるというパターンでした。このパターンでは、直接効果がイベントによって発生する最終需要額となり、それらは、イベントの支出項目と産業連関表の産業部門を対応させること（それが産業格付けです）によってはじめて、産業連関表の枠組みのなかで分析が可能になります。本章で展開した産業格付けの基本的手法をもとに、次章では分析対象によってパターンの異なる最終需要の与え方や産業格付けの方法を学びます。

注
1）第3章の注1）を参照。
2）Excel2003では行数が52を超える正方行列の逆行列は計算できませんでしたが、Excel2007では計算可能になっています。

参考文献
総務省統計局［2009］『平成17年（2005年）産業連関表総合解説編』。

第 6 章

産業格付けの応用
―――自給率(漏れの評価)の設定や消費費目からの産業格付け

前川　知史

　本章では、第5章で説明した経済波及効果算出のプロセスと産業格付けの基本を理解した読者が、次のステップとして具体例をもとに最終需要をどのように与え、産業格付けを行い、そのうえで第5章の(5-3)式あるいは(5-4)式に、その最終需要を代入して生産誘発効果を計算すればよいかをケースごとに詳述します。

1 観光入込客の消費効果
―――「直接効果」を複数の産業部門に格付けする

　本節では、最終需要を与えるべき部門が産業連関表に存在し、しかも多岐にわたるケースを説明します。その実例として、観光入込客の消費に関する経済波及効果をみてみることにしましょう。

　いまやほとんどの地域自治体には観光資源が存在し、そこに域外から観光客を呼び込むことによって地域の活性化を図ろうとしています。国もインバウンド観光に力を入れるべく観光庁[1]のような新しい組織を立ち上げています。それにつれて、観光が地域にもたらす経済効果の試算を行う地域自治体も増えています。本節では、そうした流れを受けて、地域経済活性化の起爆剤として期待されている観光入込客の消費効果について、その効果分析の定型となるようなフレームワークを構築します。

　はじめに、観光入込客による消費効果の試算に関する本フレームの特徴および手順を図6-1にまとめてみました。

第Ⅱ部　手法編

　本フレームの第1の特徴は、当該地域の市町村をベースにして経済効果を計ることにあります。そのために市町村の産業連関表の作成を推奨します。その作成方法は本書の第7章に詳述しています。本節では参考事例として、兵庫県S市を例に、市独自の産業連関表を使った消費効果と兵庫県産業連関表を使った消費効果とを比較して、どのような相違点があるかを検討します。

　本フレームの第2の特徴は、できるだけ統一した観点からのデータの使用を心がけている点です。その1つが観光庁の旅行消費調査データの活用です。観光庁の旅行消費のデータは毎年更新されるものですが、そこで使われている費目分類（とくに土産物代や施設利用料に関する費目）は変わらないため、それと産業連関表の産業部門との対応関係をベースにして、本フレームで統一的に使用します。

　本フレームによる観光消費の効果算定の概略は、図6-1の手順概略①から⑤にまとめています。以下ではこれを順にみていきます。

（1）観光客入込数の確定

　最初に効果試算のベースとなる観光客入込数を確定させます。利用するデータは、都道府県が実施している観光客動態調査の市町村別観光客入込数です。データは、表6-1のように宿泊客と日帰り客を区分し、さらに利用交通機関別、利用宿泊施設別、観光目的別の入込客数を把握します。ここまでが手順①です。

（2）観光客1人当たりの観光消費額の確定

　次に観光客1人当たりの観光消費額を確定させます。ここでのデータは、市町村独自に観光客動態調査を実施したものがあればそれを使います。もし市町村独自の観光客動態調査を実施していないのであれば、都道府県の観光客動態調査や観光庁の「旅行・観光消費動向調査」で得られる1人当たりの観光消費額を使います。また、市町村独自の観光客動態調査を実施していても、土産代や入場料・施設利用料の詳細な費目は把握が難しいはずです。そうした場合は都道府県の観光客動態調査や観光庁の「旅行・観光消費動向調査」のデータを利用します。そのとき、観光庁のデータは全国ベースの数字ですので、宿泊費や交通費でやや大きめの数字になっていますから、これらの費目については都道府県の観光客動態調査を利用するほうがよいでしょう。一方、土産代や入場料・施設利用料の費目については観光庁のデータを使うほうが、後になって消費費目を産業連関表の部門に対応させる段階で便利です。

　本例で取り上げた兵庫県S市においては、市独自の観光アンケート調査を実施

第6章　産業格付けの応用

主な特徴　・市町村独自の産業連関表で効果を算出する
　　　　　　・使用する統計データ等に統一性を持たせる

手順概略　①都道府県の観光客動態調査によって年間の観光客入込数を確定する
　　　　　　②1人当たり観光消費額を独自調査あるいは観光庁の費目別消費単価データ等で確定させる
　　　　　　③観光客入込数×1人当たり観光消費額を計算して、入込客合計の観光消費額を費目別に確定させる
　　　　　　④費目別に確定した消費額を費目・部門対応表に基づき産業連関表の各部門に配置する
　　　　　　⑤配置された部門別消費額を最終需要増加額Δfとして、生産誘発額算出式から消費効果を算出する

手順詳細フローチャート

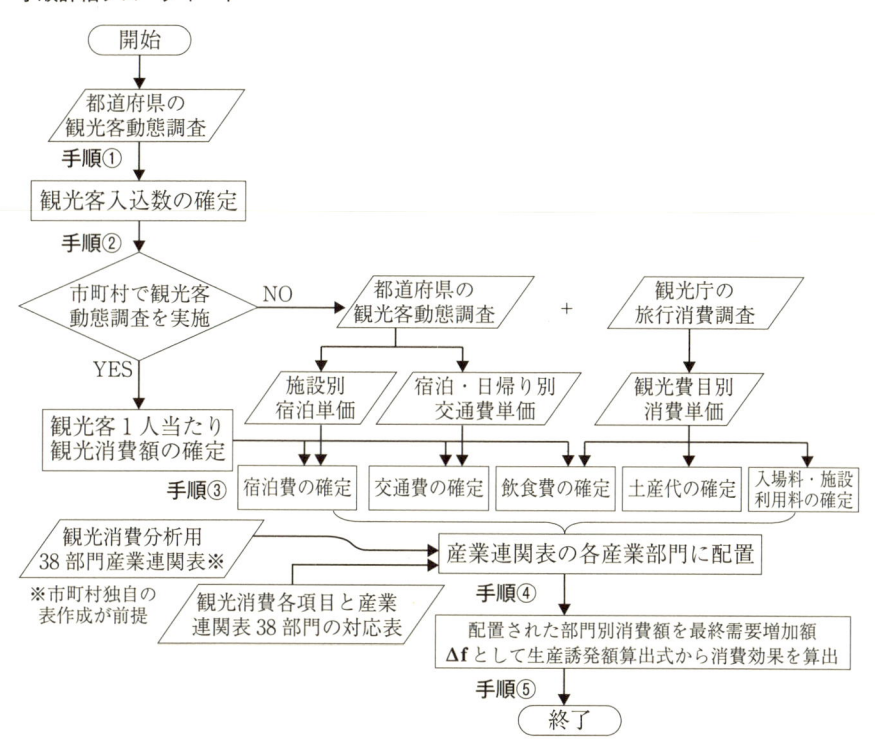

```
                    ┌──────┐
                    │ 開始 │
                    └──┬───┘
                       ▼
              ┌──────────────┐
              │ 都道府県の   │
              │ 観光客動態調査│
              └──────┬───────┘
            手順①   ▼
              ┌──────────────┐
              │ 観光客入込数の確定 │
              └──────┬───────┘
            手順②   ▼
    ┌──────────┐ NO  ┌──────────┐     ┌──────────┐
    │市町村で観光客├────→│都道府県の│  +  │観光庁の  │
    │動態調査を実施│     │観光客動態│     │旅行消費  │
    └─────┬────┘     │  調査    │     │  調査    │
          │YES        └────┬─────┘     └────┬─────┘
          ▼                ▼                ▼
    ┌──────────┐  ┌────────┬────────┐  ┌──────────┐
    │観光客1人当り│  │施設別  │宿泊・日│  │観光費目別│
    │観光消費額の │  │宿泊単価│帰り別  │  │消費単価  │
    │   確定     │  │        │交通費単価│  │          │
    └─────┬────┘  └───┬────┴───┬────┘  └────┬─────┘
            手順③  ▼        ▼                ▼
          ┌──────┬──────┬──────┬──────┬──────────┐
          │宿泊費│交通費│飲食費│土産代│入場料・施設│
          │の確定│の確定│の確定│の確定│利用料の確定│
          └──┬───┴──┬───┴──┬───┴──┬───┴──┬───────┘
    ┌──────────┐  ▼      ▼      ▼      ▼      ▼
    │観光消費分析用│─→┌──────────────────────┐
    │38部門産業連関│  │産業連関表の各産業部門に配置│
    │    表※      │  └──────────┬───────────┘
    └──────────┘        手順④   ▼
    ※市町村独自の        ┌──────────────────────┐
    表作成が前提  ┌──→│配置された部門別消費額を│
         ┌──────────┐ │最終需要増加額$\Delta f$として│
         │観光消費各項│ │生産誘発額算出式から消費│
         │目と産業連関│ │効果を算出              │
         │表38部門の  │ └──────────┬───────────┘
         │対応表      │       手順⑤   ▼
         └──────────┘        ┌──────┐
                              │ 終了 │
                              └──────┘
```

【図6-1】市町村の観光入込客の消費効果算定フレーム

【表6-1】兵庫県S市の観光客入込数

平成17年度		（単位：千人）
総入込客数		3,133
利用交通機関別	JR、私鉄、バス	450
	貸切バス	1,121
	自家用車	1,542
	その他	20
日帰り客		2,993
宿泊客		140
利用施設別内訳	ホテル	14
	旅館	15
	民宿・ペンション	2
	公的宿泊施設	21
	ユースホステル	0
	寮・保養所	59
	その他	29
1人当たりの宿泊日数		1.54日
1人当たりの訪問場所		1.35所

平成17年度		（単位：千人）
総入込客数		3,133
目的別入込数	自然鑑賞	4
	社寺参拝	21
	まつり	632
	史跡鑑賞	204
	温泉	503
	公園・遊園地	105
	施設見学	215
	登山・キャンプ・ハイキング	32
	ゴルフ・テニスなど	490
	釣り・潮干狩り	13
	観光農園	10
	コンベンション	106
	グリーン・ツーリズム	171
	エコ・ツーリズム	33
	産業博物館	68
	その他	526

していますが、本例ではインターネットで検索可能な兵庫県観光客動態調査および観光庁の旅行・観光消費動向調査から1人当たりの観光消費額を確定させます。

（3）入込客数と観光消費単価から費目別観光消費額を確定

　1人当たりの観光消費額（観光消費単価）が入手できたならば、続いて図6-1の手順③に進みます。手順③では、観光客入込数と観光消費単価をかけ合わせて、費目別に観光消費額の算出を行います。費目の分類は、観光客を宿泊客と日帰り客に2分し、さらに彼らの消費を、宿泊費、交通費、飲食費、土産代、入場料・施設利用料の5項目に分けて考えることにします。

　さて、兵庫県観光客動態調査によると、1人当たりの観光消費額は表6-2のようになっています。このデータをそのまま使うこともできますが、費目別に少し検討を加えてみます。

　表6-2の宿泊費は、兵庫県でもS市のような小都市では少し高いと思われます。県の観光客動態調査には、市町村別・施設別宿泊単価も載せていますので、そちらのほうを使います。表6-3がそのS市の施設別宿泊単価になります。そして宿泊費の合計は（施設別宿泊客数）×（施設別宿泊単価）で求められます。

【表6-2】1人当たりの観光消費額

（個人観光のみの数字、単位：円）

	宿泊客	日帰り客
総額	37,210	7,800
宿泊費	13,850	–
交通費	10,180	2,440
土産代	5,410	2,200
飲食費その他	7,770	3,160

【表6-3】施設別宿泊単価

（単位：円）

ホテル	10,500
旅館	12,794
民宿・ペンション	7,698
公的宿泊施設	7,815
ユースホステル	8,254
寮・保養所	6,135
その他	3,468

（4）交通費はガソリン代とそれ以外に分別する

　表6-2の交通費は金額的にみて妥当な水準と思われますので、交通費の単価として使います。ただし、この表からは交通費の内訳が判別しません。そこで、観光庁の旅行・観光消費動向調査をみてみます。

　観光庁のHPから、観光庁ホーム＞情報・資料＞統計情報＞旅行・観光消費動向調査に移動して、PDFファイル「旅行・観光産業の経済効果に関する調査研究（6）」（2005年度版）を開きます。その中の表-6．購入者単価および表-8．全体単価が参照すべきデータになります。本例では産業連関表公表年である平成17年のデータで分析していますので注意してください。表6-4にその観光庁の購入者単価および全体単価を抜粋しています。

　さて、観光庁の消費単価の数字をみますと、交通費の利用機関別内訳があります。その内訳の中で「ガソリン代」は後に行う産業格付けに際してほかの交通機関費用とは分別しなければなりません。そのため、ここで交通費全体単価合計に占めるガソリン代の割合を求めておきます。

　そうしたうえで、交通費の合計について、たとえば宿泊客のガソリン代は（宿泊客1人当たりの交通費）×｛(宿泊客数)／（1人当たりの宿泊日数)｝×（交通費全体単価合計に占めるガソリン代の割合）で求めます。この式の1人当たりの交通費は表6-2の県の観光客動態調査の数字です。また県の観光客動態調査では、宿泊客数が宿泊延べ日数でカウントされていることにも注意が必要です。日帰り客のガソリン代は（日帰り客1人当たりの交通費）×｛(日帰り客数)／（1人当たりの訪問箇所の数)｝×（交通費全体単価合計に占めるガソリン代の割合）で求めます。日帰り客の場合、今度は日帰り客数が訪問目的地別に延べ回数でカウントされていることに注意しなければなりません。あと引き続いて、宿泊客のガソリン代以外の交通費に

第Ⅱ部　手法編

【表6-4】観光費目別消費単価

		国内宿泊旅行			日帰り旅行		
		購入者単価	全体単価	購入率	購入者単価	全体単価	購入率
交通費	飛行機	37,260	3,926	0.10537	35,485	372	0.01048
	新幹線	19,777	5,067	0.25621	16,098	2,822	0.17530
	鉄道(新幹線を除く)	5,083	1,885	0.37084	3,219	937	0.29108
	バス	3,208	643	0.20044	3,341	388	0.11613
	タクシー	3,404	602	0.17685	2,422	246	0.10157
	船舶	6,414	332	0.05176	2,482	28	0.01128
	レンタカー	11,677	456	0.03905	5,053	63	0.01247
	ガソリン代	5,377	3,322	0.61782	3,564	2,358	0.66162
	駐車場・有料道路料金	6,354	2,373	0.37347	3,245	1,306	0.40247
	小計	98,554	18,606		74,909	8,520	
飲食費	食事・喫茶・飲酒	7,046	6,074	0.86205	2,976	1,921	0.64550
土産代	農産物	2,725	336	0.12330	2,267	239	0.10543
	農産加工品	2,803	238	0.08491	1,975	107	0.05418
	菓子類	3,771	2,010	0.53302	2,414	759	0.31442
	お弁当・飲料ほか	2,983	1,238	0.41502	1,720	536	0.31163
	繊維製品	13,701	813	0.05934	11,786	352	0.02987
	靴・カバン類	23,892	370	0.01549	14,075	113	0.00803
	陶磁器・ガラス製品	4,359	155	0.03556	9,226	103	0.01116
	絵はがき・雑誌など	1,423	85	0.05973	1,165	38	0.03262
	木製小物など	5,285	107	0.02025	2,149	21	0.00977
	医薬品・化粧品など	1,788	61	0.03412	1,359	16	0.01177
	フィルム	1,215	39	0.03210	993	19	0.01913
	電気製品・電池	10,394	119	0.01145	2,468	16	0.00648
	カメラ・時計・眼鏡	15,621	91	0.00583	8,563	17	0.00199
	玩具・文具など	6,802	367	0.05395	1,991	73	0.03666
	小計	96,762	6,029		62,151	2,409	
入場料・施設利用料	立寄温泉・エステなど	2,449	244	0.09963	1,481	160	0.10804
	遊園地・博覧会など	3,847	458	0.11905	3,306	297	0.08984
	美術館・博物館・資料館など	1,876	322	0.17164	1,281	115	0.08977
	ゴルフ場・テニスコートなど	14,641	377	0.02575	13,919	336	0.02414
	展示会・コンベンションなど	19,721	277	0.01405	6,518	48	0.00736
	観光農園	1,874	23	0.01227	1,613	19	0.01178
	遊漁船(釣りなど)	5,472	76	0.01389	3,961	27	0.00682
	小計	49,880	1,777		32,079	1,002	
	その他	25,952	575	0.02216	19,971	285	0.01427

出所）観光庁「旅行・観光産業の経済効果に関する調査研究(6)」(2005年度版)

第 6 章　産業格付けの応用

ついても同様の計算式で算出します。

（5）土産代や入場料・施設利用料は品目別に算出する

　表6-2の土産代は宿泊客、日帰り客ともに、表6-4の観光庁の土産代全体単価と比べてそれほど差がありません。よって、本例では土産の品目内訳がわかる観光庁の全体単価を使います。

　宿泊客の土産代の合計は、Σ（宿泊客の土産代の品目別全体単価）×｛（宿泊客数）／（1人当たりの宿泊日数）｝で、日帰り客の土産代の合計は、Σ（日帰り客の土産代の品目別全体単価）×｛（日帰り客数）／（1人当たりの訪問箇所の数）｝で求められます。

　表6-2の飲食費はその他と合算されています。よって、本例では飲食費については観光庁の全体単価を使います。その他としては、観光庁の入場料・施設利用料の購入者単価を使います。この場合だけ購入者単価を使うのは、入場料・施設利用料がその目的のために100％使われる（つまり購入率100％）と考えられるからです[2]。飲食費、入場料・施設利用料ともに土産代のときと同じように入込客の合計額を計算します。

　表6-5は宿泊費から入場料・施設利用料まで、S市の観光入込客すべての消費額を計算したものです。これが2005（平成17）年のS市の観光消費額とその内訳となります（次節から、それぞれの費目に対応する連関表ベースの産業格付けと市内自給率を考慮して（図6-1の手順④）、観光消費によって生じる市内最終需要の増加額が計算され、さらにレオンチェフ逆行列を介して（図6-1の手順⑤）、観光消費の波及効果が最終的に計算されます）。

（6）観光消費の産業格付け

　表6-5から、2005（平成17）年のS市の入込客の観光消費額は約67億1000万円と算出されたわけですが、次に、それと同額の最終需要 f が直接効果としてS市のどの産業部門に生じるかが問題です。そこで、S市の産業連関表の部門数を、いま観光消費分析のために38部門としましょう。その部門の内訳は表6-6のとおりです。これは、S市の属する兵庫県の産業連関表の統合大分類36部門に2部門すなわち飲食店と宿泊業を追加しています。

　この38部門に、表6-5の観光消費の各費目およびその細目を、表6-6の産業連関表の産業部門に関連付ける作業が産業格付けです。表6-7は観光消費の産業格付けですが、産業格付けの基本方針として第5章で述べたとおり、この格付け表か

73

【表6-5】S市の観光消費額の計算結果

(単位：千円)

		宿泊客	日帰り客	合計
宿泊費		980,958	0	980,958
交通費	ガソリン代※	165,656	2,396,440	2,562,096
	ガソリン代以外の交通費	759,798	3,013,131	3,772,929
	小計	925,454	5,409,571	6,335,025
飲食費		552,182	4,258,928	4,811,110
土産代	農産物	30,545	529,872	560,417
	農産加工品	21,636	237,223	258,859
	菓子類	182,727	1,682,731	1,865,458
	お弁当・飲料ほか	112,545	1,188,332	1,300,877
	繊維製品	73,909	780,397	854,306
	靴・カバン類	33,636	250,525	284,161
	陶磁器・ガラス製品	14,091	228,355	242,446
	絵はがき・雑誌など	7,727	84,247	91,974
	木製小物など	9,727	46,558	56,285
	医薬品・化粧品など	5,545	35,473	41,018
	フィルム	3,545	42,124	45,669
	電気製品・電池	10,818	35,473	46,291
	カメラ・時計・眼鏡	8,273	37,690	45,963
	玩具・文具など	33,364	161,844	195,208
	小計	548,088	5,340,844	5,888,932
入場料・施設利用料	立寄温泉・エステなど	35,844	528,633	564,477
	遊園地・博覧会など	11,891	249,204	261,095
	美術館・博物館・資料館など	3,758	258,442	262,200
	ゴルフ場・テニスコートなど	207,636	4,813,994	5,021,630
	展示会・コンベンションなど	60,956	491,322	552,278
	観光農園	511	10,728	11,239
	遊漁船(釣りなど)	1,990	35,127	37,117
	小計	322,586	6,387,450	6,710,036

※交通費全体単価合計に占めるガソリン代の割合

宿泊客	日帰り客
0.179	0.443

らさらに商業部門および運輸部門のマージンを剥ぎ取る作業が必要です（剥ぎ取った商業マージンは商業部門へ、運輸マージンは運輸部門へ格付けすることを忘れないように）。そこで、参考までに、2005（平成17）年の総務省表から商業マージン

第6章　産業格付けの応用

【表6-6】観光消費分析用産業連関表の38部門

01	農業
02	林業
03	漁業
04	鉱業
05	飲食料品
06	繊維製品
07	パルプ・紙・木製品
08	化学製品
09	石油・石炭製品
10	窯業・土石製品
11	鉄鋼
12	非鉄金属
13	金属製品
14	一般機械
15	電気機械
16	情報・通信機器
17	電子部品
18	輸送機械
19	精密機械
20	その他の製造工業製品
21	建設
22	電力・ガス・熱供給
23	水道・廃棄物処理
24	商業
25	金融・保険
26	不動産
27	運輸
28	情報通信
29	公務
30	教育・研究
31	医療・保健・社会保障・介護
32	その他の公共サービス
33	対事業所サービス
34	飲食店
35	宿泊業
36	その他の対個人サービス
37	事務用品
38	分類不明

【表6-7】観光消費の産業格付け

観光消費の費目		産業連関表の産業部門
宿泊費		宿泊業
交通費	ガソリン代	石油・石炭製品
	ガソリン代以外の交通費	運輸
飲食費		飲食店
土産代	農産物	農業
	農産加工品	飲食料品
	菓子類	飲食料品
	お弁当・飲料ほか	飲食料品
	繊維製品	繊維製品
	靴・カバン類	その他の製造工業製品
	陶磁器・ガラス製品	窯業・土石製品
	絵はがき・雑誌など	その他の製造工業製品
	木製小物など	パルプ・紙・木製品
	医薬品・化粧品など	化学製品
	フィルム	化学製品
	電気製品・電池	情報・通信機器
	カメラ・時計・眼鏡	精密機械
	玩具・文具など	その他の製造工業製品
入場料・施設利用料	立寄温泉・エステなど	その他の対個人サービス
	遊園地・博覧会など	その他の対個人サービス
	美術館・博物館・資料館など	教育・研究
	ゴルフ場・テニスコートなど	その他の対個人サービス
	展示会・コンベンションなど	その他の公共サービス
	観光農園	農業
	遊漁船(釣りなど)	その他の対個人サービス

率と運輸マージン率を計算し、表6-8にその結果を掲げました。

産業格付けを行って、マージンを剥ぎ取る作業が終わると、観光消費額は産業連

第Ⅱ部 手法編

[表6-8] 商業マージン率・運輸マージン率

		商業マージン率			運輸マージン率							計
		卸売	小売	計	鉄道	道路	沿海	港湾	航空	利用運送	倉庫	計
01	農業	0.21401	0.16003	0.37404	0.00087	0.03718	0.00184	0.00077	0.00111	0.00224	0.00401	0.04802
02	林業	0.20362	0.16678	0.37040	0.00011	0.00541	0.00421	0.00617	0.00054	0.00090	0.00588	0.02322
03	漁業	0.24448	0.24850	0.49298	0.00001	0.01644	0.00000	0.00046	0.00268	0.00107	0.00320	0.02386
04	鉱業	0.02795	0.63011	0.65806	0.00000	0.03871	0.00000	0.00215	0.00000	0.00000	0.01505	0.05591
05	飲食料品	0.16599	0.18639	0.35238	0.00031	0.02472	0.00016	0.00032	0.00014	0.00108	0.00283	0.02956
06	繊維製品	0.15742	0.36309	0.52051	0.00003	0.02041	0.00001	0.00041	0.00026	0.00085	0.00149	0.02346
07	パルプ・紙・木製品	0.16106	0.31007	0.47113	0.00080	0.03111	0.00059	0.00145	0.00006	0.00148	0.00322	0.03871
08	化学製品	0.17033	0.32685	0.49718	0.00018	0.01106	0.00009	0.00034	0.00005	0.00050	0.00105	0.01327
09	石油・石炭製品	0.17509	0.18129	0.35638	0.00053	0.00663	0.00491	0.00023	0.00000	0.00086	0.00174	0.01490
10	窯業・土石製品	0.12302	0.24451	0.36753	0.00012	0.02921	0.00123	0.00176	0.00006	0.00115	0.00204	0.03557
11	鉄鋼	0.02198	0.13187	0.15385	0.00000	0.02198	0.00000	0.01099	0.00000	0.00000	0.00000	0.03297
12	非鉄金属	0.06190	0.33091	0.39281	0.00007	0.01265	0.00008	0.00083	0.00002	0.00041	0.00349	0.01755
13	金属製品	0.12366	0.27341	0.39707	0.00022	0.02087	0.00089	0.00035	0.00003	0.00088	0.00301	0.02625
14	一般機械	0.21068	0.26164	0.47232	0.00001	0.00833	0.00003	0.00025	0.00003	0.00028	0.00066	0.00959
15	電気機械	0.19143	0.30823	0.49966	0.00007	0.00516	0.00003	0.00020	0.00004	0.00024	0.00061	0.00635
16	情報・通信機器	0.20784	0.27750	0.48534	0.00002	0.00719	0.00004	0.00033	0.00007	0.00030	0.00074	0.00869
17	電子部品	0.15917	0.21073	0.36990	0.00000	0.01187	0.00005	0.00041	0.00011	0.00067	0.00157	0.01468
18	輸送機械	0.16398	0.28723	0.45121	0.00001	0.01245	0.00050	0.00160	0.00004	0.00047	0.00072	0.01575
19	精密機械	0.12598	0.28701	0.41299	0.00007	0.00811	0.00003	0.00023	0.00009	0.00031	0.00058	0.00935
20	その他の製造工業製品	0.15657	0.33810	0.49467	0.00006	0.02684	0.00020	0.00036	0.00013	0.00102	0.00128	0.02989
21	建設	0.00000	0.00000	0.00000	0.00000	0.00000	0.00000	0.00000	0.00000	0.00000	0.00000	0.00000
22	電力・ガス・熱供給	0.00000	0.00000	0.00000	0.00000	0.00000	0.00000	0.00000	0.00000	0.00000	0.00000	0.00000
23	水道・廃棄物処理	0.00000	0.00000	0.00000	0.00000	0.00000	0.00000	0.00000	0.00000	0.00000	0.00000	0.00000
24	商業	0.00000	0.00000	0.00000	0.00000	0.00000	0.00000	0.00000	0.00000	0.00000	0.00000	0.00000
25	金融・保険	0.00000	0.00000	0.00000	0.00000	0.00000	0.00000	0.00000	0.00000	0.00000	0.00000	0.00000
26	不動産	0.00000	0.00000	0.00000	0.00000	0.00000	0.00000	0.00000	0.00000	0.00000	0.00000	0.00000
27	運輸	0.00000	0.00000	0.00000	0.00000	0.00000	0.00000	0.00000	0.00000	0.00000	0.00000	0.00000
28	情報通信	0.01934	0.11588	0.13522	0.00005	0.00808	0.00000	0.00001	0.00005	0.00032	0.00086	0.00937
29	公務	0.00000	0.00000	0.00000	0.00000	0.00000	0.00000	0.00000	0.00000	0.00000	0.00000	0.00000
30	教育・研究	0.00000	0.00000	0.00000	0.00000	0.00000	0.00000	0.00000	0.00000	0.00000	0.00000	0.00000
31	医療・保健・社会保障・介護	0.00000	0.00000	0.00000	0.00000	0.00000	0.00000	0.00000	0.00000	0.00000	0.00000	0.00000
32	その他の公共サービス	0.00000	0.02318	0.03162	0.00000	0.00057	0.00000	0.00002	0.00002	0.00005	0.00007	0.00073
33	対事業所サービス	0.00844	0.02318	0.03162	0.00000	0.00057	0.00000	0.00002	0.00002	0.00005	0.00007	0.00073
34	対個人サービス	0.00000	0.00000	0.00000	0.00000	0.00000	0.00000	0.00000	0.00000	0.00000	0.00000	0.00000
35	飲食店	0.00000	0.00000	0.00000	0.00000	0.00000	0.00000	0.00000	0.00000	0.00000	0.00000	0.00000
36	宿泊業	0.00000	0.00000	0.00000	0.00000	0.00000	0.00000	0.00000	0.00000	0.00000	0.00000	0.00000
37	事務用品	0.00000	0.00000	0.00000	0.00000	0.00000	0.00000	0.00000	0.00000	0.00000	0.00000	0.00000
38	分類不明	0.01148	0.00602	0.01750	0.00067	0.00262	0.00096	0.00114	0.00019	0.00074	0.00428	0.01060

出所：平成17年産業連関表（総務省統計局公表）により算出

関分析の俎上に乗せることのできる、生産者価格ベースの最終需要額になります。さらに、この最終需要額に部門別自給率を乗じることによって、純粋に市内に発生する需要額が確定します。

2 観光における自給率の評価

(1) 観光消費の域内自給率

ところで、最終需要額に乗じる部門別自給率ですが、これは観光消費の費目ごとに検討しなければなりません。自給率は当該市町村に落ちるおカネが何割あるかを示すもので、その大きさによって経済波及効果も変わってきます。

産業連関分析で普通に使われている自給率の概念は、産業連関表の中のデータから計算されるもので、(1－移輸入額計／市内需要合計) で求められます。観光消費では、宿泊費や飲食費、施設利用料のような、旅行者が必ず当地の施設にておカネを落とすとみなしてよい場合は、自給率を100％に設定してもよいでしょう。しかし、そうでないものの自給率は上記の計算式を適用すべきです。なお、土産代における当地の特産品や地産地消の品に関しては、自給率を100％とみなすことができます。また、当地で販売された土産物に関する商業マージンは地元商店に落ちるので、その自給率は100％とみなしてかまいません。

さて、表6-9は、以上の手順に基づき産業格付けから自給率の乗算まで、一連の作業を経て求められる「観光消費による需要増加額」を示しています。

(2) 観光消費による直接の需要増加と間接波及効果

表6-9で観光消費によって直接生じる市内需要増加額が確定しました。これを38部門に並べ替えたものが表6-10になります。ここから、産業連関分析の生産誘発効果を表した第5章の(5-3)式が必要で、その式を再掲しておきます。

$$\text{生産誘発額} = \underbrace{\Delta f}_{\text{直接効果}} + \underbrace{[I-(I-M)A]^{-1}(I-M)A\Delta f}_{\text{間接一次効果}} \quad (6\text{-}1)$$

第5章では、上式の第1項 Δf は直接効果を表し、第2項のほうは間接効果を表すと述べました。しかし、実務上、この間接効果を間接一次効果と呼ぶ慣わしになっていますので、以下ではそれに従います。そして、さらに間接二次効果なるものを計算することが多いのですが、それについては項を改めて説明しましょう。ここでは、間接一次効果までの計算手順をみます。

第Ⅱ部　手法編

【表6-9】観光消費によるS市の需要増加額

(単位：千円)

		最終需要額購入者価格	うち商業マージン	運輸マージン	最終需要額生産者価格	市内自給率	市内需要増加額	産業連関表の対応部門
宿泊費		980,958			980,958	1.00000	980,958	宿泊業
交通費	ガソリン代	2,562,096	913,080	38,175	1,610,841	0.00000		石油・石炭製品
	ガソリン代以外の交通費	3,772,929			3,772,929	0.36044	1,359,915	運輸
飲食費		4,811,110			4,811,110	1.00000	4,811,110	飲食店
土産代	農産物	560,417	209,618	26,911	323,888	1.00000	323,888	農業
	農産加工品	258,859	91,217	7,652	159,990	1.00000	159,990	飲食料品
	菓子類	1,865,458	657,350	55,143	1,152,965	0.18810	216,873	飲食料品
	お弁当・飲料ほか	1,300,877	458,403	38,454	804,020	0.18810	151,236	飲食料品
	繊維製品	854,306	444,675	20,042	389,589	0.01293	5,037	繊維製品
	靴・カバン類	284,161	140,566	8,494	135,101	0.13395	18,097	その他の製造工業製品
	陶磁器・ガラス製品	242,446	89,106	8,624	144,716	0.28337	41,008	窯業・土石製品
	絵はがき・雑誌など	91,974	45,497	2,749	43,728	0.13395	5,857	その他の製造工業製品
	木製小物など	56,285	26,518	2,179	27,588	0.04689	1,294	パルプ・紙・木製品
	医薬品・化粧品など	41,018	20,393	544	20,081	0.04907	985	化学製品
	フィルム	45,669	22,706	606	22,357	0.04907	1,097	化学製品
	電気製品・電池	46,291	22,467	402	23,422	0.01542	361	情報・通信機器
	カメラ・時計・眼鏡	45,963	18,982	430	26,551	0.00325	86	精密機械
	玩具・文具など	195,208	96,564	5,835	92,809	0.13395	12,432	その他の製造工業製品
入場料・施設利用料	立寄温泉・エステなど	564,477			564,477	1.00000	564,477	その他の対個人サービス
	遊園地・博覧会など	261,095			261,095	1.00000	261,095	その他の対個人サービス
	美術館・博物館・資料館など	262,200			262,200	1.00000	262,200	教育・研究
	ゴルフ場・テニスコートなど	5,021,630			5,021,630	1.00000	5,021,630	その他の対個人サービス
	展示会・コンベンションなど	552,278			552,278	1.00000	552,278	その他の公共サービス
	観光農園	11,239	4,204	540	6,495	1.00000	6,495	農業
	遊漁船(釣り)など	37,117			37,117	1.00000	37,117	その他の対個人サービス
マージン	商業マージン(ガソリン代)				913,080	0.23679	216,208	商業
	商業マージン(土産代ほか)				2,348,266	1.00000	2,348,266	商業
	運輸マージン				216,780	0.36044	78,136	運輸
合計		24,726,061	3,261,346	216,780	24,726,061		17,438,126	

78

第6章 産業格付けの応用

【表6-10】観光消費による直接効果

(単位：千円)

		直接効果 Δf 市内需要増加額
01	農業	330,383
02	林業	0
03	漁業	0
04	鉱業	0
05	飲食料品	528,099
06	繊維製品	5,037
07	パルプ・紙・木製品	1,294
08	化学製品	2,082
09	石油・石炭製品	0
10	窯業・土石製品	41,008
11	鉄鋼	0
12	非鉄金属	0
13	金属製品	0
14	一般機械	0
15	電気機械	0
16	情報・通信機器	361
17	電子部品	0
18	輸送機械	0
19	精密機械	86
20	その他の製造工業製品	36,386
21	建設	0
22	電力・ガス・熱供給	0
23	水道・廃棄物処理	0
24	商業	2,564,474
25	金融・保険	0
26	不動産	0
27	運輸	1,438,051
28	情報通信	0
29	公務	0
30	教育・研究	262,200
31	医療・保健・社会保障・介護	0
32	その他の公共サービス	552,278
33	対事業所サービス	0
34	飲食店	4,811,110
35	宿泊業	980,958
36	その他の対個人サービス	5,884,319
37	事務用品	0
38	分類不明	0
	合計	17,438,126

　観光消費額による間接波及効果を求めるには、まず観光消費によって生じる市内需要増加額を Δf として、上式に代入します。第2項は行列の積になっているため Excel 関数の「MMULT」を使って計算します。

　行列の積は、$A\Delta f$ をまず計算します。最初に関数 MMULT をクリックすると、下の図のようなボックスが現れます。

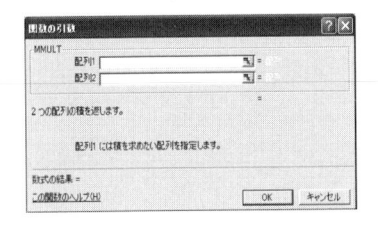

　配列1に投入係数行列 A を範囲指定し、配列2に列ベクトル Δf を範囲指定します。配列の順序を間違えると計算結果が変わるため、注意してください。そのあと、Ctrl と Shift を同時に押しながら OK をクリックします。さらに行列の積 $(I-M)A\Delta f$ を同様に計算し、そのうえで $[I-(I-M)A]^{-1}(I-M)A\Delta f$ を計算します。

　表6-11は(6-1)式の行列の積を Excel で計算し、間接一次効果までをまとめた表です。

【表6-11】S市の観光消費による直接効果と間接一次効果

(単位：千円)

観光分析用統合分類(38部門)	直接効果 〈表6-10〉 市内需要増加額 Δf	間接一次効果			直接効果+間接一次効果
		間接一次効果計算過程		結果	
		AΔf	(I-M) AΔf	[I-(I-M) A]$^{-1}$ (I-M) AΔf	
01 農業	330,383	278,231	104,832	122,581	452,964
02 林業	0	9,204	5,106	5,301	5,301
03 漁業	0	65,284	0	0	0
04 鉱業	0	2,957	310	7,232	7,232
05 飲食料品	528,099	1,276,950	240,193	248,382	776,481
06 繊維製品	5,037	63,557	822	926	5,963
07 パルプ・紙・木製品	1,294	120,028	5,628	8,095	9,389
08 化学製品	2,082	102,054	5,008	6,444	8,526
09 石油・石炭製品	0	207,698	0	0	0
10 窯業・土石製品	41,008	36,323	10,293	13,935	54,943
11 鉄鋼	0	597	19	264	264
12 非鉄金属	0	6,705	17	27	27
13 金属製品	0	48,007	5,578	8,234	8,234
14 一般機械	0	10,135	824	2,806	2,806
15 電気機械	0	4,964	292	681	681
16 情報・通信機器	361	1,748	27	54	415
17 電子部品	0	755	46	632	632
18 輸送機械	0	44,575	1,472	2,559	2,559
19 精密機械	86	8,473	28	30	116
20 その他の製造工業製品	36,386	236,894	31,733	40,384	76,770
21 建設	0	86,723	86,723	114,552	114,552
22 電力・ガス・熱供給	0	408,646	186,934	206,985	206,985
23 水道・廃棄物処理	0	295,100	272,898	288,076	288,076
24 商業	2,564,474	923,312	218,635	240,169	2,804,643
25 金融・保険	0	441,890	305,621	411,197	411,197
26 不動産	0	284,226	270,458	299,530	299,530
27 運輸	1,438,051	362,449	130,643	155,974	1,594,025
28 情報通信	0	481,673	125,871	146,481	146,481
29 公務	0	0	0	16,567	16,567
30 教育・研究	262,200	25,482	20,577	31,957	294,157
31 医療・保健・社会保障・介護	0	92	92	128	128
32 その他の公共サービス	552,278	58,629	53,642	58,511	610,789
33 対事業所サービス	0	810,054	306,519	377,584	377,584
34 飲食店	4,811,110	0	0	0	4,811,110
35 宿泊業	980,958	0	0	0	980,958
36 その他の対個人サービス	5,884,319	159,437	125,207	128,884	6,013,203
37 事務用品	0	36,853	36,853	42,521	42,521
38 分類不明	0	62,404	48,264	58,864	58,864
合計	17,438,126	6,962,109	2,601,162	3,046,548	20,484,673

3 観光における「間接二次効果」

（1）「間接二次効果」とは何か

前節で、間接効果は一次効果と二次効果を分けて計算すると述べました。一次効果のほうは(6-1)式で求められますが、二次効果はどのようにして求めるかがこの項の主題です。その前に、間接二次効果とは何かを説明しましょう。

繰り返しになりますが、間接一次効果というのは、直接効果によって市内の各産業部門に発生した需要額が、産業連関を通じてそれぞれ新たに各産業部門の生産をどれだけ誘発させるかを計測したものでした。それに対して、この直接効果および間接一次効果によって誘発される生産増加は、同時に雇用者所得や企業所得のような付加価値を生み出すことが産業連関表上で確認できますし、付加価値の創造は地域にとって重要な政策課題でもあります。間接二次効果は、この流れをとらえて、直接効果と間接一次効果によってもたらされる付加価値の、しかも雇用者所得に着目するものです。雇用者所得の増加は個人消費を誘発します。つまり間接二次効果は、この個人消費の増加が引き起こす各産業部門への生産誘発をとらえようというものです。

（2）間接二次効果の求め方

雇用者所得の増加額は、直接効果と間接一次効果によって生じる生産増加額に「雇用者所得係数」を乗じて計算することができます。雇用者所得係数は、産業部門別に雇用者所得÷生産額で求められ、生産額が1単位増加すると雇用者所得が何単位増加するかを示すものです。雇用者所得の数値は、産業連関表の付加価値部門のヨコ行に部門別に配置されていますが、より厳密にいえば、雇用者所得の中の「賃金・俸給」を使うようにしたいものです。雇用者所得の中には「社会保険料」のように雇用主である企業が負担するものが含まれているからです。

次に雇用者所得の増加が個人消費を誘発する効果を計算します。雇用者所得の増加は個人消費を誘発しますが、それがどれくらいかという割合は一般に「消費性向」と呼ばれ、可処分所得に対する消費支出の割合で示されます。産業連関分析では、その割合として、総務省の家計調査に基づいて勤労者世帯の消費支出を実収入で割った値を使い、これを「消費転換係数」と呼びます。市町村ベースの消費転換係数の算出に使うデータは、家計調査年報の「都市階級・地方別一世帯当たり一か月間の収入と支出（勤労者世帯）」です。都市階級は、政令指定都市および東京都

区部が大都市に相当し、それ以外の都市は、人口15万以上の中都市、人口5万以上15万未満の小都市A、人口5万未満の小都市Bの3階級に分かれています。ちなみに2005（平成17）年の消費転換係数を求めると、大都市0.634、中都市0.630、小都市A0.604、小都市B0.595となります。

　さて雇用者所得の増加が個人消費を誘発する効果は、雇用者所得増加額×消費転換係数で求められますが、それは当該地域世帯全体の消費の増加分ですから、続いて、これを各産業部門に按分します。按分には産業連関表の民間消費支出における各部門の構成比を用います。この按分によって、各部門に振り分けられた消費の増加額が間接二次効果を引き起こします。それは一次効果のときと同じように、自給率$(I-M)$を乗じて市内需要増加分に換算し、それに逆行列$[I-(I-M)A]^{-1}$を乗じて求められます。こうして求められた間接二次効果をまとめたものが、表6-12です。表の右端に総合効果を示しています。普通、経済波及効果といえば、直接効果から間接二次効果までを合計した、この総合効果のことを指します。

　ではここで、S市の観光消費効果を総括しておきましょう。2005（平成17）年のS市の観光入込客約313万人（日帰り客299万人、宿泊客14万人）の観光消費額は兵庫県観光客動態調査や観光庁の旅行・観光消費動向調査に基づき推計すると、総額247億2606万1000円となります。そのうち市内に落ちる分は174億3812万6000円ですが、これがS市の観光消費による直接効果となります。この直接効果が市の産業連関を通して市内各産業部門に波及し、その結果間接一次効果として30億4654万8000円の生産額を誘発します。さらに、直接効果と合わせた約205億円の市内生産の増加は雇用者所得を増加させ、それによって誘発される個人消費が新たに市内各産業部門の生産に波及し、間接二次効果として19億3281万円の生産額を生み出します。それらの結果、直接効果から間接二次効果まで、観光消費によってS市内の各部門に合計224億1748万1000円の生産増加が見込まれることになります。これは、当初の観光消費額の約0.9倍に当たります。

（3）市独自の産業連関表で推計した場合と県表で推計した場合の比較

　最後に、S市の観光入込客の消費による総合効果をS市独自の産業連関表を使って計算したものと兵庫県の産業連関表を使って計算したものを比較しておきましょう。現在多くの市町村では、いまだ市町村独自の産業連関表を作成していないため、市町村に生じる効果の算出に都道府県表を使うケースがほとんどです。しかし、それでは算出された生産誘発効果は金額の大きさが異なるだけでなく、その効果を産業部門別にみた場合、市町村の産業構造を反映したものになりません。兵庫

第6章 産業格付けの応用

[表6−12] S市の観光消費による間接二次効果

(単位:千円)

観光分析用統合分類(38部門)		直接効果+間接一次効果	雇用者所得係数	雇用者所得誘発額	間接二次効果計算過程					間接二次効果 $(I-M)A)^{-1}(I-M)\Delta f'$	総合効果 (直接+間接一次+間接二次)
					消費転換係数	地域世帯全体の消費増加額	民間消費支出構成比	消費による部門別需要増加額 $\Delta f'$	消費による市内需要増加額 $(I-M)\Delta f'$		
01	農業	452,964	0.0941	42,610			0.0108	35,300	13,300	18,193	471,157
02	林業	5,301	0.1497	794			0.0006	1,965	1,090	1,200	6,501
03	漁業	0	0.0000	0			0.0013	4,355	0	0	0
04	鉱業	7,232	0.1379	998			0.0000	0	0	1,606	8,838
05	飲食料品	776,481	0.1195	92,797			0.0983	321,892	60,547	65,653	842,134
06	繊維製品	5,963	0.1925	1,148			0.0133	43,683	565	618	6,581
07	パルプ・紙・木製品	9,389	0.1620	1,521			0.0023	7,368	345	925	10,314
08	化学製品	8,526	0.1073	914			0.0092	29,962	1,470	2,420	10,946
09	石油・石炭製品	0	0.0000	0			0.0187	61,104	0	0	0
10	窯業・土石製品	54,943	0.1935	10,630			0.0009	3,078	872	1,922	56,865
11	鉄鋼	264	0.1481	39			0.0000	0	0	49	313
12	非鉄金属	27	0.1321	4			0.0004	1,244	3	6	33
13	金属製品	8,234	0.2395	1,972	0.595	3,274,586	0.0012	3,962	460	1,236	9,470
14	一般機械	2,806	0.1878	527			0.0004	1,179	96	373	3,179
15	電気機械	681	0.1549	105			0.0114	37,396	2,201	2,286	2,967
16	情報・通信機器	415	0.1001	42			0.0136	44,665	689	694	1,109
17	電子部品	632	0.1004	63			0.0008	2,685	163	273	905
18	輸送機械	2,559	0.1190	305			0.0190	62,119	2,051	2,269	4,828
19	精密機械	116	0.2266	26			0.0038	12,542	41	45	161
20	その他の製造工業製品	76,770	0.1673	12,846			0.0131	42,832	5,737	8,920	85,690
21	建設	114,552	0.3061	35,060			0.0000	0	0	30,561	145,113
22	電力・ガス・熱供給	206,985	0.0981	20,301			0.0258	84,353	38,587	48,208	255,193
23	水道・廃棄物処理	288,076	0.4424	127,439			0.0082	26,819	24,801	35,560	323,636
24	商業	2,804,643	0.3919	1,099,168			0.1475	483,001	114,372	124,171	2,928,814
25	金融・保険	411,197	0.2264	93,099			0.0428	140,218	96,978	157,097	568,294
26	不動産	299,530	0.2598	93,099			0.2347	768,447	731,223	750,324	1,049,854
27	運輸	1,594,025	0.2951	470,461			0.0522	171,032	61,648	70,696	1,664,721
28	情報通信	146,481	0.2095	30,680			0.0383	125,318	32,748	42,741	189,222
29	公務	16,567	0.3207	5,313			0.0022	7,270	8,843	25,410
30	教育・研究	294,157	0.5034	148,085			0.0225	73,744	59,550	62,695	356,852
31	医療・保健・社会保障・介護	128	0.4147	53			0.0286	93,719	93,719	95,385	95,513
32	その他の公共サービス	610,789	0.4828	294,889			0.0179	58,615	53,628	56,502	667,291
33	対事業所サービス	377,584	0.2918	110,194			0.0132	43,061	16,294	47,653	425,237
34	対個人サービス	4,811,110	0.2598	1,249,686			0.0504	165,137	56,224	56,224	4,867,334
35	飲食店	980,958	0.2267	222,344			0.0176	57,764	20,331	20,331	1,001,289
36	宿泊業	6,013,203	0.2369	1,424,227			0.0789	258,496	202,998	208,625	6,221,828
37	事務用品	42,521	0.0000	0			0.0000	0	0	2,913	45,434
38	分類不明	58,864	0.0216	1,269			0.0001	293	227	5,591	64,455
	合計	20,484,673		5,503,506		3,274,586	1.0000	3,274,618	1,700,230	1,932,810	22,417,481

83

県の小都市S市を例に、県表を使った場合との数値の違いを実感してください。表6-13をみると、その違いが浮き彫りになります。

この表で総合効果の合計値を比較すると、県表を使用したほうが約1割大きくなっています。これはS市の自給率が県の自給率に比べて小さいことがその要因と考えられます。この現象は都市規模が小さくなるほど顕著になると思われます。部門別にみると、総合効果の違いがさらにはっきりします。S市に存在しない産業部門が2つありますが、県表を使用するとそれらの部門にも生産波及が出てしまいます。また、非常に生産ウエイトの小さい部門では10倍以上の格差が生じてしまいます。

こうした比較を通してわかることは、市町村で観光の効果などを検討するとき、やむをえず県表を使用する場合は、その効果の合計や部門別の数値に対して、十分な検討が必要だということです。

4 建設事業の効果
——「直接効果」を1つの産業部門だけに格付けする

本節では、建設事業や公共事業が地域経済に与える経済波及効果を算定する場合のように、最終需要を与えるべき部門がただ1つの部門に限られるケースを取り上げます。ただし、この建設部門にのみ格付けする場合でも、道路を作る、橋を架ける、鉄骨の住宅を建てるというように、建設・土木事業の工事種類や構造がはっきり判明している場合と、建設・土木事業の工事種類や構造が判明していない場合では経済効果算定の方法が少し異なります。

どのように異なるかといえば、経済波及効果の算出式の適用が異なってきます。建設・土木事業の工事種類や構造が判明している場合には、第5章の(5-3)式を使います。(5-3)式の間接効果のところで Af を計算する際、その行列 A には、建設・土木事業の工事種別に国土交通省が作成している建設部門分析用産業連関表の投入係数を使って計算することになります。建設部門分析用産業連関表の計数は、国土交通省のHPから入って、e-Statの「平成17年建設部門分析用産業連関表」＞第3部係数編＞C 一般分類表（建設部門表）（108×70）をダウンロードすれば入手できます。ところが、建設・土木事業の工事種類や構造が判明していない場合には、(5-4)式を使って、直接効果と間接効果をまとめて計算します。その場合は f として、建設部門一本に格付けされた事業費を代入することになります。

(5-3)式と(5-4)式のどちらを使うにしても、最終需要 f は建設業に格付けを行います。また商業マージンや運輸マージンも発生しません。なぜ建設業だけに直接効

【表6-13】S市の観光消費の総合効果を県の連関表で算出したときの相違

(単位:千円)

観光分析用統合分類(38部門)		(1) S市の産業連関表で計算した総合効果	(2) 兵庫県の産業連関表で計算した総合効果	格差:(2)/(1)
01	農業	471,157	457,080	0.970
02	林業	6,501	7,498	1.153
03	漁業	* 0	43,693	－
04	鉱業	8,838	9,424	1.066
05	飲食料品	842,134	1,033,744	1.228
06	繊維製品	6,581	8,816	1.340
07	パルプ・紙・木製品	10,314	46,536	4.512
08	化学製品	10,946	33,960	3.103
09	石油・石炭製品	* 0	29,582	－
10	窯業・土石製品	56,865	58,765	1.033
11	鉄鋼	** 313	6,623	21.160
12	非鉄金属	** 33	993	30.091
13	金属製品	9,470	17,309	1.828
14	一般機械	3,179	6,560	2.064
15	電気機械	2,967	10,985	3.702
16	情報・通信機器	1,109	10,142	9.145
17	電子部品	905	2,463	2.722
18	輸送機械	4,828	19,358	4.010
19	精密機械	161	448	2.783
20	その他の製造工業製品	85,690	103,503	1.208
21	建設	145,113	158,756	1.094
22	電力・ガス・熱供給	255,193	505,739	1.982
23	水道・廃棄物処理	323,636	381,500	1.179
24	商業	2,928,814	3,142,234	1.073
25	金融・保険	568,294	846,575	1.490
26	不動産	1,049,854	1,201,884	1.145
27	運輸	1,664,721	1,956,689	1.175
28	情報通信	189,222	362,339	1.915
29	公務	25,410	29,909	1.177
30	教育・研究	356,852	410,007	1.149
31	医療・保健・社会保障・介護	95,513	160,649	1.682
32	その他の公共サービス	667,291	669,884	1.004
33	対事業所サービス	425,237	822,501	1.934
34	飲食店	4,867,334	4,971,774	1.021
35	宿泊業	1,001,289	1,005,820	1.005
36	その他の対個人サービス	6,221,828	6,283,150	1.010
37	事務用品	45,434	49,989	1.100
38	分類不明	64,455	82,105	1.274
	合計	22,417,481	24,948,986	1.113

* そもそも当該部門がS市に存在しない
** 格差が10倍以上の部門

果を格付けするのかについては、それなりの根拠があります。通常、建築工事の施工は、小規模な施工ならば工務店に、大規模な施工ならばゼネコンに依頼します。そして、工務店やゼネコンから、各工事が発注され、原材料需要が派生していきます。工務店やゼネコンは建設業に属する業者です。よって、建築工事や土木工事は、直接効果がすべて建設業部門に格付けされるわけです。

　ここで、注意すべき点があります。それは工事費の全額が直接効果になるかどうかです。建設効果は地域外に漏れはないのでしょうか。戸建の住宅建築で施工を市内地元の工務店に依頼する場合は、工事費全額を直接効果に与えても問題ありませんが、大手ゼネコンが一括して工事を請け負うような大規模な工事では、ゼネコンそのものが市内に営業拠点がない場合があります。そうした場合は、工事費の全額を直接効果に入れることはできません。そういう場合はできるだけ、ゼネコン等の市外の施工業者が受け取る工事代金の割合を聞き取りし、最初から市外に漏れる工事代金を差し引いて、直接効果を計算しなければなりません。しかし、現実にはその計算はかなり難しいといえましょう。そのため、工事費総額を全額地域内に発生する直接効果とすることが多いのです。

5　地域居住者の消費効果
――家計費目の産業格付けと買物域内購入率の設定方法

　本節では産業格付けや自給率の設定において、いままでの方法よりもさらにひと工夫を要するケースを紹介しましょう。事例として、Ａ市での宅地開発プロジェクトＺで新規に入居した居住者の消費による波及効果についてみてみます。

（1）経済効果の漏れをどのように推計するか

　まず、居住者の消費効果を考えるにあたって、経済効果の漏れという問題をみてみましょう。いまプロジェクトＺで入居した居住者が全員他市からの転入者であると仮定したとして、彼らの家計消費によってもたらされる需要は、Ａ市にとっては100％新規需要であり、その全額が市内の経済効果であるように考えがちです。しかし、これはいわゆる「経済効果の漏れ」を考慮していません。では、この場合純粋に市内へ還流する効果をどのようにとらえたらよいでしょうか。

　図6-2は地域居住者による消費の観点からみた生産と流通の産業連関を表しています。図はＡ市に住む市民が加工食品を消費した場合の波及効果を図式化したものです。矢印が財・サービスのフローを示していますが、矢印の塗り方によって3通りの波及が考えられます。図では純粋にＡ市内へ還流する効果を白の矢印で

表しています。それ以外にも黒の矢印とグレーの矢印があって、それらはA市内から漏れ出る効果です。

図をみると、地域居住者の消費という観点から経済効果を推計するには、連関表から計算される自給率（$I-M$）によって経済効果の漏れをとらえるだけでは不十分なことがわかります。具体的にいえば、A市にあるメーカーGが生産した製品は近隣商店だけでなく、ほかの市町村に立地する百貨店のような広域の消費圏をもつ大型店や専門店にも卸されています。この場合、他市町村の大型店や専門店に落ちる商業マージンなどはA市内に還流しません。また、A市民が他市町村で行う消費活動は産業連関表上では移出として計上されます。したがって、市外の大型店・専門店から市民が購入した分は、居住者消費として純粋に市内へ還流する効果にはカウントしないほうが無難です。ただし同じ大型店でも市内に立地する店舗の売上はカウントしても大丈夫です。

こうしてみると、地域消費の観点から経済効果をみるには、<u>市民の買い物行動をとらえることができるデータを使って、品目別に市内購入率を推計することによって、より正確な市内還流効果が推計できる</u>と考えられます。

例：A市の市民が加工食品を消費する場合

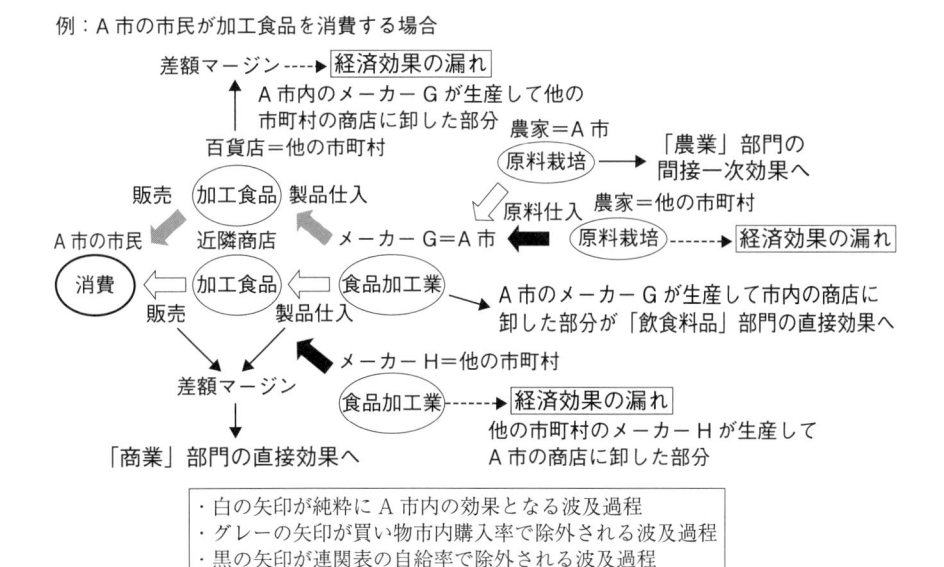

・白の矢印が純粋にA市内の効果となる波及過程
・グレーの矢印が買い物市内購入率で除外される波及過程
・黒の矢印が連関表の自給率で除外される波及過程

【図6-2】地域居住者による消費の観点からみた生産と流通の産業連関

（2）市内購入率の推計

　消費物品・サービスの市内購入率はどのようにして算出すればよいでしょうか。まず、市町村や商工会議所が独自に「買い物に関するアンケート調査」のようなものを実施しているところもありますから、それらの既存資料を活用するようにします。買い物調査によっては市内購入率を市内滞留率と呼んだりしています。それらは品目別に調査されているので、実際に産業連関分析に使用するときには、産業格付けのための部門対応表を作らなければなりません。そのあたりの具体的なことは後述します。

　次に市町村独自の買い物調査を活用するとしても、産業連関表に対応するすべての品目が判明するわけではありません。買い物調査の項目にない産業連関表の部門については個別に市内購入率を推定しなければなりません。市内購入率を個別に推定するに際しては日常生活における消費の近隣性に基づいて行います。たとえば、自動車・自転車などの購入率は非日常的なものなので買い物調査の対象外になっていますが、中規模以上の都市ならば販売店の集積状況などを勘案すると市内購入率を100％に設定しても問題ないでしょう。理美容サービスや医療も、実情からみて100％に設定して差し支えありません。逆に、放送、通信、電気・ガスなど供給企業が域内にない場合は市内購入率を０％に設定します。こうした個別推計では、推計のもとになる資料が集められるものは極力集めるようにします。たとえば、教育関係のデータが入手できれば、市内の高校の進学率、通学率などから、授業料や入学金の額を推定して市内購入率が推計できます。また市営バスを運行している市がある場合にはパーソントリップ調査などを入手して市民の利用率データから個別に市内購入率を推計します。

（3）家計調査の項目と産業連関表の産業格付け

　地域居住者による消費の効果を産業連関分析で推計するということは、最終需要としての家計消費支出の増加がもたらす生産誘発効果を推計することにほかなりません。したがって、これまでのようにまず直接効果の産業格付けという手順を踏みますが、該当する産業部門が産業連関表上でただちに見つかるというものではありません。そのためにまず、家計調査の各費目が産業連関表のどの部門に対応するかを割り当てるという作業をしておかなければなりません。この対応関係を確定するには、産業連関表の各部門に属するどの品目が家計調査のどの費目に属するかを個別に照らし合わせるしか方法がありません。ここでは、筆者が作成した対応表を表6‐14に掲載しましたので参考にしてください。

第6章　産業格付けの応用

[表6－14] 家計調査費目・品目と産業連関表部門分類の対応表

	家計調査費目の消費支出費目・品目分類（勤労者世帯）				産業連関表の部門分類			
コード	費目	大項目	小項目	品目	コード	統合大分類(34部門)	コード	統合小分類(190部門)
1.1.1	食料	穀類		米	03	飲食料品	1114	精穀・製粉
1.1.2				パン			1115	めん・パン・菓子類
1.1.3				めん類			1115	めん・パン・菓子類
1.1.4				他の穀類			1114	精穀・製粉
1.2		魚介類			03	飲食料品	1113	水産食料品
1.3.1		肉類		生鮮肉	03	飲食料品	1111	と畜
1.3.2				加工肉			1112	畜産食料品
1.4.1		乳卵類		牛乳	03	飲食料品	1112	畜産食料品
1.4.2				乳製品			1112	畜産食料品
1.4.3				卵	01	農林水産業	0121	畜産
1.5.1		野菜・海藻		生鮮野菜	01	農林水産業	0113	野菜
1.5.2				乾物・海藻	03	飲食料品	1116	農産保存食料品
1.5.3				大豆加工品			1119	その他の食料品
1.5.4				他の野菜・海藻加工品			1116	農産保存食料品
1.6.1		果物		生鮮果物	01	農林水産業	0114	果実
1.6.2				果物加工品	03	飲食料品	1116	農産保存食料品
1.7		油脂・調味料			03	飲食料品	1117	砂糖・油脂・調味料類
1.8		菓子類			03	飲食料品	1115	めん・パン・菓子類
1.9		調理食品			03	飲食料品	1119	その他の食料品
1.10		飲料			03	飲食料品	1129	その他の飲料
1.11		酒類			03	飲食料品	1121	酒類
1.12.1		外食	一般外食		32	対個人サービス	8612	飲食店
1.12.2			学校給食		03	飲食料品	1119	その他の食料品
2.1	住居	家賃地代			24	不動産	6421	住宅賃貸
2.2		設備修繕・維持			19	建設	4121	建設補修
3.1	光熱・水道	電気代			20	電力・ガス・熱供給	5111	電力
3.2		ガス代			20	電力・ガス・熱供給	5121	都市ガス
3.3		他の光熱費			07	石油・石炭製品	2111	石油製品
3.4		上下水道料			21	水道・廃棄物処理	5211	水道

第Ⅱ部　手法編

家計調査の消費支出費目・品目分類(勤労者世帯)					産業連関表の部門分類			
コード	費目	大項目	小項目	コード	統合大分類(34部門)	コード	統合小分類(190部門)
4.1.1	家具・家事用品	家庭用耐久財	家事用耐久財	13	電気機械	3251	民生用電気機器
4.1.2			冷暖房用器具	13	電気機械	3251	民生用電気機器
4.1.3			一般家具	05	パルプ・紙・木製品	1711	家具・装備品
4.2			室内装備・装飾品(インテリア製品など※1)	05	パルプ・紙・木製品	1711	家具・装備品
4.3			寝具類	04	繊維製品	1529	その他の繊維既製品
4.4			家事雑貨	18	その他の製造工業製品	2211	プラスチック製品
4.5			家事用消耗品(家庭用紙製品など※2)	05	パルプ・紙・木製品	1829	その他の紙加工品
4.6			家事サービス	32	対個人サービス	8614	洗濯・理容・美容・浴場業
5.1	被服及び履物		和服	04	繊維製品	1521	衣服
5.2			洋服	04	繊維製品	1521	衣服
5.3			シャツ・セーター類	04	繊維製品	1521	衣服
5.4			下着類	04	繊維製品	1512	織物
5.5			生地・糸類	04	繊維製品	1522	その他の衣服・身の回り品
5.6			他の被服	04	繊維製品	2411	革製履物
5.7			履物類	18	その他の製造工業製品	8614	洗濯・理容・美容・浴場業
5.8			被服関連サービス	32	対個人サービス	2061	医薬品
6.1	保健医療		医薬品	06	化学製品	1119	その他の食料品
6.2			健康保持用摂取品	03	飲食料品	3711	光学機械
6.3			保健医療用品・器具(眼鏡など※3)	17	精密機械	8311	医療
6.4			保健医療サービス	29	医療・保健・社会保障・介護	7111	鉄道旅客輸送など
7.1	交通・通信		交通※4	25	運輸	3511	乗用車
7.2.1		自動車等関係費	自動車等購入	16	輸送機械	3629	その他の輸送機械
7.2.2			自転車等購入	16	輸送機械	2111	石油製品
7.2.3			自動車等維持(ガソリンなど※5)	07	石油・石炭製品	7312	電気通信
7.3			通信	26	情報通信	8211	学校教育
8.1	教育		授業料等	28	教育・研究	7351	映像・文字情報制作
8.2			教科書・学習参考教材	26	情報通信	8619	その他の対個人サービス
8.3			補習教育	32	対個人サービス		

第 6 章　産業格付けの応用

家計調査の消費支出費目・品目分類（勤労者世帯）			産業連関表の部門分類			
コード	費目	大項目	小項目・品目分類（190部門）	コード	統合大分類（34部門）	コード	統合小分類（190部門）

コード	費目	大項目	小項目	コード	統合大分類（34部門）	コード	統合小分類（190部門）
9.1	教養娯楽	教養娯楽用耐久財（テレビなど※6）		14	情報・通信機器	3311	民生用電子機器
9.2		教養娯楽用品（運動用具・おもちゃなど※7）		18	その他の製造工業製品	3911	がん具・運動用品
9.3		書籍・他の印刷物		26	情報通信	7351	映像・文字情報制作
9.4.1		教養娯楽サービス	宿泊料	32	対個人サービス	8613	宿泊業
9.4.2			パック旅行費	25	運輸	7189	その他の運輸付帯サービス
9.4.3			月謝類	32	対個人サービス	8619	その他の対個人サービス
9.4.4			他の教養娯楽サービス※8	32	対個人サービス	8611	娯楽サービス
10.1.1	諸雑費		理美容サービス	32	対個人サービス	8614	洗濯・理容・美容・浴場業
10.1.2			理美容用品	06	化学製品	2071	石けん・界面活性剤・化粧品
10.1.3			身の回り用品（かばんなど※9）	18	その他の製造工業製品	2412	なめし革・毛皮・その他の革製品
10.1.4			たばこ	03	飲食料品	1141	たばこ
10.1.5			その他の諸雑費（非貯蓄型保険料など※10）	23	金融・保険	6212	保険
10.2		こづかい（使途不明）		32	対個人サービス	8612	飲食店
10.3.1	その他の消費支出	交際費	食料	03	飲食料品		
10.3.2			家具・家事用品	05	パルプ・紙・木製品		
10.3.3			被服及び履物	04	繊維製品		
10.3.4			教養娯楽	32	対個人サービス		
10.3.5			他の物品サービス	32	対個人サービス		
10.3.6			贈与金	（移転支出なので格付けなし）			
10.3.7			他の交際費	32	対個人サービス		
10.4		仕送り金		（移転支出なので格付けなし）			

※1　この項目の品目は標記のインテリア製品以外にも、照明器具が「3241 その他の家庭用照明器具」、たとえば床敷物が「1519 その他の繊維工業製品」、カーテンが「1529 その他の繊維既製品」、掛・置時計が「3712 時計」、電気機器が「3241 その他の電気機械」に格付けされる。
※2　この項目の品目は標記の家庭用紙製品以外にも、たとえば洗剤が「2071 石けん・界面活性剤」に格付けされる。
※3　この項目の品目は標記の眼鏡だけでなく、紙おむつが「1829 その他の紙加工品」に格付けされる。
※4　この項目の統合小分類は、利用する交通機関ごとに鉄道、道路、海運、航空に格付けする。
※5　この項目の品目は標記のガソリンだけでなく、ほかにも、自動車整備費が「8514 自動車修理」に格付けされる。
※6　この項目の品目は標記のテレビだけでなく、ほかにも、パソコンが「3331 電子計算機・同付属装置」、カメラが「3711 光学機械」に格付けされる。
※7　この項目の品目には、娯楽サービスのほかに、放送受信料やインターネット接続料が「2619 情報通信」に格付けされる。
※8　この項目の品目は標記のかばん以外にも、たとえば装身具が「3919 その他の製造工業製品」、切花が「0116 非食用作物」に格付けされる。
※9　この項目の品目は標記の保険以外にも、たとえば冠婚葬祭費が「8619 その他の対個人サービス」に格付けされる。
※10　この項目の品目は標記の保険以外にも、たとえば冠婚葬祭費が「8619 その他の対個人サービス」に格付けされる。

第Ⅱ部　手法編

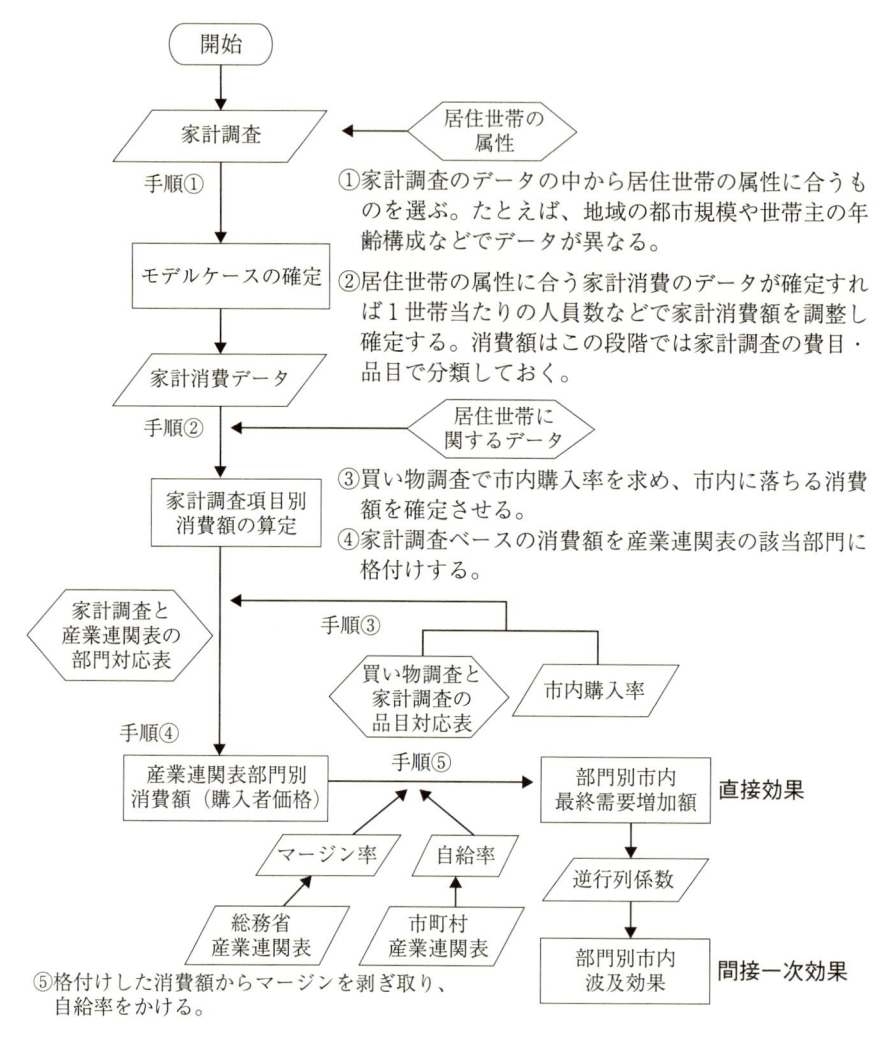

```
                開始
                 │
                 ▼
              家計調査  ◀──── 居住世帯の属性
        手順①
                          ①家計調査のデータの中から居住世帯の属性に合うも
                           のを選ぶ。たとえば、地域の都市規模や世帯主の年
                           齢構成などでデータが異なる。
           モデルケースの確定
                          ②居住世帯の属性に合う家計消費のデータが確定すれ
                           ば1世帯当たりの人員数などで家計消費額を調整し
                           確定する。消費額はこの段階では家計調査の費目・
           家計消費データ      品目で分類しておく。

        手順②           ◀──── 居住世帯に関するデータ

         家計調査項目別      ③買い物調査で市内購入率を求め、市内に落ちる消費
          消費額の算定       額を確定させる。
                          ④家計調査ベースの消費額を産業連関表の該当部門に
                           格付けする。
  家計調査と
  産業連関表の      手順③
  部門対応表       ┌────┴────┐
               買い物調査と    市内購入率
               家計調査の
               品目対応表
     手順④
   産業連関表部門別    手順⑤    部門別市内
   消費額（購入者価格）  ────▶  最終需要増加額    直接効果
         ▲  ▲
         │  │              逆行列係数
      マージン率  自給率
         ▲  ▲              部門別市内
         │  │               波及効果      間接一次効果
       総務省   市町村
      産業連関表  産業連関表
```

⑤格付けした消費額からマージンを剥ぎ取り、
　自給率をかける。

【図6-3】居住者消費による波及効果の算定プロセス

（4）居住者の消費による波及効果推計手順

　前記の表6-14をもとに、家計調査の項目と産業連関表の部門の対応関係が確定できたならば、A市の居住者消費による波及効果は図6-3に示した手順で推計することができます。なお、この手順に従って居住者消費を具体的に推計した事例が本書の第9章にあります。そちらも合わせてご参照ください。

注

1) 観光庁は2008（平成20）年10月1日、わが国の観光立国としての推進体制を強化するため、国土交通省の外局として発足しました。
2) 全体単価＝購入者単価×購入率で計算されます。

参考文献

国土交通省旅行振興課（現・観光庁）[2006]『旅行・観光産業の経済効果に関する調査研究(6)（2005年度版）』。
総務省統計局[2006]『家計調査年報（平成17年）「都市階級・地方別一世帯当たり一か月間の収入と支出（勤労者世帯）」』。
土居英二他編著[1996]『はじめよう地域産業連関分析』日本評論社。
兵庫県観光政策課[2007]『平成17年度兵庫県観光客動態調査報告書』。
兵庫県統計課[2010]『平成17年（2005年）兵庫県産業連関表』。

第 7 章

市町村表の作成
―― 都道府県の産業連関表を活用する簡便推計法

前川　知史

1 地域レベルの産業連関表

　産業連関表は、統計のジャンルでいうと「加工統計」になります。加工の対象となる統計には、既存のあらゆる経済統計が該当するといっても過言ではありません。国民所得統計、生産統計（鉱工業生産、商業統計、サービス統計など）、消費統計、販売統計、貿易統計、人口統計、勤労統計、税務統計、建設統計、物流統計……それこそ数え切れないほど多くの統計が加工されています。そのせいでしょうか、国の産業連関表の作成には、最低 3 年もの年月が費やされています。さらに、そうして出来上がった非常に精緻な国の産業連関表をもとにして、地域の産業連関表というものが加工されてブレークダウンされています。ここではまず、産業連関表のこうした性格を知っておいてください。

（1）都道府県表作成の概略

　地域の産業連関表は、国レベル→経済産業局レベル→都道府県レベル→政令指定都市レベルといった具合に、どんどん地域を限定して小地域化していくことができます。もちろんそのつど、加工の精度は粗くなります。加工に使用できる統計の数や統計の専門知識をもった人材が減っていくからです。そうした統計加工のノウハウの減耗を防止するため、国の産業連関表作成を管轄する総務省統計局では、とく

に国レベル→都道府県レベルの産業連関表作成に関して詳細なマニュアルを作成し、各都道府県の統計課などに配布し、適宜指導も行っています。

この都道府県に配布されている産業連関表作成マニュアルによると、都道府県表作成の概略はだいたい次のような手順になっています。

(a) 産業連関表の部門分類の設定
(b) 部門別の県内生産額の推計

この部門別の県内生産額のことを「コントロールトータル（CT）」といいます。産業連関表作成でもっとも基本的な作業は、このCTの推計です。CTは、産業連関表の内生部門（中間需要と粗付加価値）にあるタテ列（この列のことを投入表といいます）の列和であり、また内生部門（中間需要）と外生部門（最終需要）にわたるヨコ行（この行のことを産出表といいます）の行和でもあり、これらは同じ産業部門ならば一致しなければなりません。言い換えれば、産業連関表の推計作業とは、CTに一致するようにタテ列とヨコ行の数字を作成し調整することにほかなりません。

(c) 中間投入額（原材料や粗付加価値の細目を表す内生部門のタテ列）の推計

主に既存の各種生産統計や鉱工業投入調査等の特別調査、県民経済計算の推計結果などを使って、列部門ごとに県内生産額（CT）の内訳を推計し、内生部門を完成させます。統計資料に制約がある場合は、県内生産額（CT）に対して、国の産業連関表の投入係数をそのまま用いて内生部門の各行に按分することもあります。

(d) 最終需要部門（外生部門のタテ列）の推計

県民経済計算の支出項目の推計結果などから、最終需要項目（列）ごとに、部門（行）別の推計を行い、外生部門を完成させます。(c)と同様、統計資料に制約がある場合は、最終需要項目の計を先に求め、これを国の産業連関表の最終需要項目別の構成比率で按分することもあります。

(e) 投入表と産出表のバランス調整

投入・産出の各数値は、推計のもとになる統計や推計方法などが異なるため、(d)の段階では別々になっています。そのため、これをタテ、ヨコ、およびすべての部門について調整し、一致させなければなりません。このバランス調整では、数値の精度が高い投入側を先に固定させ、産出側の数値（とくに最終需要部門）で調整するのが主流です。ただし産出側の数値で調整できない場合には、投入側の数値で調整することもあります。こうして、投入表と産出表の各産業部門

の列和＝行和となれば、産業連関表は内生部門と外生部門がバランスして完成となります。

（2）市町村の産業連関表作成の現状

　地域の産業連関表は、国レベル→都道府県レベル→市町村レベルのように、地域をブレークダウンしていきますが、都道府県レベル→市町村レベルの組み換えは、都道府県レベルのようなマニュアルがありません。ですから、政令指定都市をはじめ、都市の産業連関表を作成する自治体は、都道府県のマニュアルを参考に、学識経験者や経済産業省の専門家の意見を聞きながら独自の推計方式をとっています。
　このように、市町村の産業連関表の作成にあたって、標準的な推計方法が確立していないのには、いろいろな理由が考えられます。もっとも大きな理由は、精度の高い投入表が統計の制約から作れないというものです。たとえば、先の都道府県のケース(c)で触れた、内生部門のタテとヨコを決めるための各種生産統計の生産費調査や鉱工業投入調査等の特別調査ですが、これは市町村をまたぐ企業単位などで集計される属人主義で行われていて、市町村単位の属地主義でないという点も大きな制約条件になっています。そのうえ、財やサービスの域外移動を測るための移入や移出に関するデータが、市町村レベルではまったくといってよいほど入手できないために、産出表の確定が極めて難しく、産出側の数値から投入側を推計するという方法も取れません。
　こうした理由から、市町村の産業連関表は、やや粗いものにならざるをえません。しかし、精度という面で多少の犠牲を払ってでも、市町村単位で産業連関表を作成する意義は十分あると考えられます。それは、昨今地域経済の疲弊や空洞化が大きな経済問題になり、市町村で企画される産業振興策は、地元の経済活性化が大命題になっている現状からも察することができます。また、観光立国を目指して観光資源の掘り起こしに躍起となっている市町村は多く、観光の経済波及効果を算出するところも見受けられます。そのほか、平成の大合併等によって新しくできた市町村では、自分たちの立ち位置がどうなっているのかを再確認したいというニーズも見られます。これらに対する適切な回答を見出すためにも市町村レベルで産業連関表を作成することが求められるでしょう。
　そこで、本章では都道府県の産業連関表から市町村の産業連関表を作成する方法を詳述することにします。そしてその市町村の産業連関表を使った試算の事例として、第6章で市町村での観光消費の経済波及効果の求め方を説明しましたが、第Ⅲ部の第9章や第13章も参考にしていただきたいと思います。

（3）市町村の産業連関表の大枠

　一般に産業連関表の枠組みは、図7-1のようにいくつかの部分から成り立っています。図のタテ列の表②、③、①は、ひとまとめにして「投入表」と呼んでいます。また、図のヨコ行の表②、④、①は、ひとまとめにして「産出表」と呼んでいます。新しく市町村の産業連関表を作成する手順としては、この図7-1の①から順に作業を行い、投入表を先に作ります。その後、産出表を作って、全体のバランスを調整していきます。図7-2に、都道府県表から市町村表を作成する手順のうち、産出表の作成までのプロセスを図示しました。この図をもとに、より詳細な手順や留意点を次節から順次みていきましょう。

	中間需要	最終需要	生産額
中間投入	②	④	①
粗付加価値	③		
生産額	①		

②+③+①のタテ列を投入表と呼んでいます
②+④+①のヨコ行を産出表と呼んでいます
①の部分を<u>コントロールトータル</u>と呼んでいます

【図7-1】産業連関表の枠組み

2　コントロールトータルCTの作成

　図7-2の①に、産業部門別の生産額の合計額を配置します。この部分をCT（コントロールトータル）と呼んでいます。ここに配置される産業部門の並び方は、都道府県表と同じく、第1次産業（農林水産業）からはじまって、第2次産業（鉱業、製造業、建設業）、第3次産業（電気ガス水道業、商業、……、サービス業）と続きます。

　コントロールトータルCTは、一般に産業連関表の枠組みでは連関表のタテ列、すなわち投入表の合計（図7-1左下の①）と連関表のヨコ行、すなわち産出表の合計（図7-1右端の①）の2箇所にありますが、どちらも同じ産業配列にしたが

第Ⅱ部　手法編

って同じ数字が配置されます。そのため、どちらか一方の配列を先に作成します。通常CTは、次に②と③の推計を行うために、図7-1や図7-2の左下の①、つまり産業連関表の投入表の合計から先に作成することになります。

（1）産業部門数の決定

　生産額の合計を産業部門別に求めるにあたって、はじめに、作成しようとする市

◆　市町村の産業連関表作成プロセス

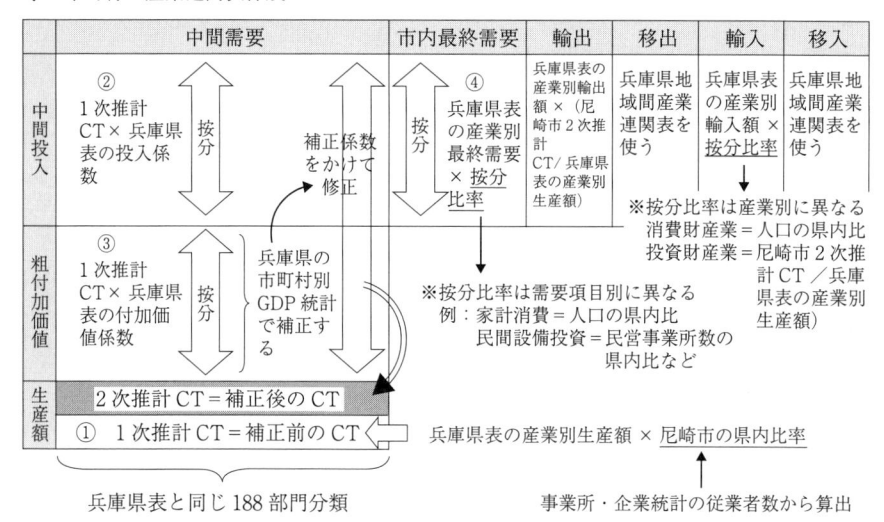

	中間需要		市内最終需要	輸出	移出	輸入	移入
中間投入	② 1次推計 CT×兵庫県表の投入係数	按分 ⇔ 補正係数をかけて修正	④ 兵庫県表の産業別最終需要×按分比率	兵庫県表の産業別輸出額×（尼崎市2次推計CT/兵庫県表の産業別生産額）	兵庫県地域間産業連関表を使う	兵庫県表の産業別輸入額×按分比率	兵庫県地域間産業連関表を使う
粗付加価値	③ 1次推計 CT×兵庫県表の付加価値係数	按分 ⇔ 兵庫県の市町村別GDP統計で補正する			※按分比率は産業別に異なる 消費財産業＝人口の県内比 投資財産業＝尼崎市2次推計CT／兵庫県表の産業別生産額		
生産額	2次推計CT＝補正後のCT						
	①　1次推計CT＝補正前のCT ⇐			兵庫県表の産業別生産額 × 尼崎市の県内比率			

※按分比率は需要項目別に異なる
例：家計消費＝人口の県内比
　　民間設備投資＝民営事業所数の県内比　など

兵庫県表と同じ188部門分類

事業所・企業統計の従業者数から算出

◆　参考に使う県の産業連関表

	中間需要	県内最終需要	輸出	移出	輸入	移入
中間投入	兵庫県表の投入係数	兵庫県表の産業別最終需要	兵庫県表の産業別輸出額	兵庫県地域間産業連関表に展開	兵庫県表の産業別輸入額	兵庫県地域間産業連関表に展開
粗付加価値	兵庫県表の付加価値係数					
生産額	兵庫県表の産業別生産額					

【図7-2】市町村（事例は尼崎市）の産業連関表作成の流れ

町村表の産業部門数を決めなければなりません。市町村の産業連関表を作成するためには、当該市町村が属する都道府県の産業連関表を必ず使用することになりますので、産業部門数を都道府県と合わせておくのが普通です。そのため、まず作成しようとする年度の当該都道府県の産業連関表がどのような産業部門分類になっているかを確認します。

　通常、産業連関分析に使われる産業部門の数は、作成される年度によって若干変わってきます。また、都道府県の産業連関表の産業部門数は、国の産業連関表（以降は総務省表と略記）に準拠しています。念のために、総務省表に何部門の表があるかということを確認しておくとよいでしょう。総務省統計局のHPから政府統計の総合窓口にアクセスし、2005（平成17）年の産業連関表に関するダウンロードのページをみますと、基本分類表、190部門表、108部門表、34部門表の4つの表の存在が確認できます。それだけを確認して、次に当該都道府県のHPから、2005（平成17）年の産業連関表に関するダウンロードのページにアクセスしてみてください。ほとんどの都道府県で、上記のうち基本分類表を除く3種類の分類表が記載されていることがわかります。

　そこで、産業連関表を使ってどのような分析を行うかによって、どの産業部門数を選ぶかを決めることになります。経済効果の計算のために産業連関表を使うのであれば、市町村の場合、34部門程度でよいと思います。ただ、後で説明しますが、市町村表の推計作業には、それより細かい190部門を使います。正確にいえば、自家輸送部門を含まない188部門表を使います。そのため、当該都道府県の産業連関表では、34部門表と190部門表の2種類の表をダウンロードします。そして、市町村の産業連関表としては、最終的に34部門の表を作成することにします。なお、都道府県によって、190部門が188部門に、34部門が35〜37部門になっていたりしますが、これは都道府県の独自の判断でそうした部門分類を行っています。そうした理由を知るためには、あらかじめHPで都道府県の産業連関表作成方針を確認しておいたほうがよいでしょう。

（2）産業部門別CTの推計から始める

　いよいよここから、具体的な市町村について、その産業連関表の作成手順をみていくことにします。この章で作成するのは、2005（平成17）年の兵庫県尼崎市の産業連関表です。

　では、図7-2の①のCTの推計からはじめます。最初に尼崎市の産業連関表の産業部門を決定します。先に述べたように、市町村の産業連関表を作成するには当

該市町村が属する都道府県の産業連関表を必ず使用しますので、産業部門を都道府県と合わせておきます。尼崎市の場合は兵庫県の産業連関表の産業部門に合わせて188部門を基本表として作成し、それを統合したものとして36部門表を作成します。

　188部門表を基本表としたのは、市町村の産業特性や経済効果の分析対象に応じて、後からさまざまな部門統合ができるようにしておきたいからです。幸い兵庫県では、基本表として188部門表を公表していますから、これを尼崎市のCTの推計に使用します。さらに、最初から36部門のような統合大分類で推計しない理由はほかにもあります。それは、投入表の推計方法です。というのは、後に詳細を述べますが、市町村の産業部門別CTを、都道府県の投入係数を用いて按分する（合計を一定の割合でもとの内訳に分割することを「按分する」といいます）という方法で投入表のタテ列を埋めていきます。つまり、本来は投入構造が異なるはずですが、地理的あるいは歴史的にみて互いに近い関係にある市町村と当該都道府県の投入構造はとりあえず同じであると仮定するわけです。しかし、これは仕方のないことで、当該市町村の産業間の投入産出構造を知るための手がかりがあまりにも少なく、その正確な把握が困難だからです。というわけで、都道府県の投入係数をそのまま用いて市町村のCTを按分するわけですが、そのためにはできるだけ細かい産業分類で按分して、推計の精度を高めるようにする必要があるのです。

（3）事業所・企業統計の産業別従業者数の県内比率による按分

　さて、市町村の産業別生産額の合計であるCTは、直接それを推計できる資料のない場合がほとんどです。そのため、都道府県における産業別生産額の合計を各市町村に按分するというかたちで間接的に求めることになります（またも「按分」という言葉が出てきましたね！　産業連関表の作成には、この按分という方法がひっきりなしに出てきますので早く慣れましょう）。

　その按分のために使用するデータですが、製造業における工業統計表などのように、直接に生産額がわかるものもありますが、ここでは『事業所・企業統計調査』[1]を用いることにします。この事業所・企業統計からは、直接に生産額を知ることができませんが、それは何よりも全数調査であり、またすべての産業に同じ基準が適用できるという利点があります。ただし、周知のとおり、全数調査は隔年しか実施されません（全数調査の代表例である国勢調査は5年に一度という頻度でしか実施されない）。そのため、作成しようとする産業連関表の基準年にぴたりと当てはまる年には、事業所・企業統計調査がないという欠点があります。

　事業所・企業統計調査を使って按分するには、当該市町村と都道府県の双方の事

業所・企業統計調査に載っている産業別の従業者数のデータを用います。この従業者数のデータから当該市町村の県内比率（市町村／都道府県、％）を産業別に算出し、この比率を都道府県の産業連関表の各産業の生産額合計に乗じます。その結果が市町村の産業連関表の産業別のCTとなります。

（4）事業所・企業統計と産業連関表の産業分類比較表が必要

　このとき、留意すべき点が2つあります。1つは、先に述べたように、隔年実施の『事業所・企業統計調査』が、産業連関表の作成基準年（西暦で末尾が0または5の年）に合うとは限りません。平成17年の都道府県の産業連関表をもとにして、市町村表を作成する場合、利用できそうな事業所・企業統計調査は2006（平成18）年ということになります。その前の調査は2001（平成13）年のものです（平成16年にも事業所・企業統計調査が行われていますが、それは民営事業所のみの調査で全数調査ではありません）。ということで、2005（平成17）年に合わせて従業者数を求めようと思えば、2001（平成13）年と2006（平成18）年の従業者数のデータから、何らかの方法で推計するほかありません。その方法としてよく利用されているのが直線補間法ですが、5年間の変化を直線で表すということに少なからず抵抗を感じます。

　また直線補間をするとしても、2001（平成13）年の調査データと2006（平成18）年の調査データの間に、産業分類の改訂が行われていて、それを補正する必要があります。事業所・企業統計調査で使用される産業分類は、日本標準産業分類という分類法に準拠しています。これが2002（平成14）年に改訂されているのです。したがって、そのままでは2001（平成13）年と2006（平成18）年の調査データの間で比較できない産業が出てきます。実は産業分類の補正にはかなりの作業を伴います。以上のことから、ここでは、煩雑な手続きをできるだけ省くために、2006（平成18）年の事業所・企業統計調査の従業者数データを用いて、市町村の県内シェアを算出することにします。たかだか1年で市町村のシェアが大きく変化しないと仮定するわけです[2]。

　留意すべき第2の点は、産業連関表と事業所・企業統計の産業分類の比較の問題です。いまからCTを推計しようという尼崎市の産業連関表は188部門表ですが、これにぴたりと対応する事業所・企業統計の産業分類はありません。事業所・企業統計調査には大（1桁コード）・中（2桁コード）・小（3桁コード）の3つの産業分類があります。ここでは、もっとも細かい小分類を使用します。これは日本標準産業分類の小分類に準拠しています（日本標準産業分類には大・中・小・細の4つ

の産業分類があります)。

日本標準産業分類の細分類と産業連関表の基本分類との対応表は公表されていて、総務省統計局のHPからダウンロードできます。しかし、それは日本標準産業分類の細分類と産業連関表の基本分類との対応表ですので、本書では読者の参考のために「産業連関表の統合小分類——事業所・企業統計調査の小分類の産業部門対応表」を作成し、表7-1で活用しています。

(5) CTの作成プロセスと仮設部門の取り扱い

本章では、尼崎市の産業連関表作成をモデルケースとしています。したがって、尼崎市の『事業所・企業統計調査』の小分類表をもとに、まず従業者数の対兵庫県比率を求めます。これを産業連関表と事業所・企業統計調査の部門対応表をもとにして、産業連関表の188部門別にCTを作成していきます。このようにして作成した尼崎市のデータを表7-1に示しています。表では、右端にある市内生産額推計のタテ列が、尼崎市産業連関表のCTになります。

ところで、表7-1のなかに、産業連関表にはあるが事業所・企業統計調査にない産業部門があります。表7-1の事業所統計・産業小分類のタテの欄に「対象外」と記された産業がそれに相当します。これらは産業連関表で特殊な取り扱いがなされている仮設の産業部門で、「鉄屑」「非鉄金属屑」「企業内研究開発」「事務用品」の4つの部門があります。これらの産業は独立した1つの産業ではありませんが、産業連関表の作成上、便宜的に設けられています。なぜ、こうした仮設部門が採用されているのかについては、総務省編『平成17年(2005年)産業連関表総合解説編』の「産業連関表の概要——特殊な扱いをする部門」(総務省統計局のHPからも閲覧可)を参照してください。

仮設部門のCTは、兵庫県の鉄屑と非鉄金属屑の生産額がゼロですので、尼崎市もゼロとします。企業研究開発は、研究開発が主に製造業で行われているとして、製造業の従業者数の小計をもとに尼崎市に按分しています。事務用品は、すべての産業に関係するとして、全産業の従業者数の合計で按分しています。

(6) 農林水産業だけは事業所・企業統計が使えない

なおここで、注意すべき点が2つあります。1つは、農林水産業に属する部門のCTの按分に関することです。先ほどからの事業所・企業統計調査によるCTの按分では、従業者数を用いると述べましたが、そもそも農林水産業には、企業組織や事業所形態を取らない生産者が多いという産業特性があります。したがって、事

業所・企業統計による按分では、それらに表れない産業従事者の存在を無視することになってしまいます。そのため、作物調査などの農水省管轄の統計を使って、農林水産業の部門だけはCTを按分するようにします。

本章のモデル都市である尼崎市では、林業と水産業はそのまま事業所・企業統計の従業者数でCTを按分しますが、農業部門の一部は表7-2のように、各部門の県内生産比率を算出して、それを事業所・企業統計の従業者数の県内比率に代わる按分比率として使用しています。

（7）住宅賃貸料（帰属家賃）部門に注意

注意点の2つ目は、不動産部門における住宅賃貸料（帰属家賃）という細部門です。住宅賃貸料（帰属家賃）部門の生産額には、持ち家の帰属家賃や住宅ローンの帰属利子が含まれていることに注意してください。帰属家賃や帰属利子という概念は、産業連関表に適用されている特殊な概念ですので注意が必要です。産業連関表では、たとえ持ち家であっても、その住宅はすべて「住宅賃貸料（帰属家賃）」という産業部門から借りているという設定で、税金や修繕費、ローン利子などを帰属計算する仕組みになっています。これが帰属家賃の考え方です。

また、金融機関に発生した貸付金利子と預貯金利子の差額は、内生部門のヨコ行に金融（帰属利子）という細部門を設けて、金融利子の恩恵を受けた産業を産出先として、内生部門のタテ列に計上する仕組みになっています。これが帰属利子の考え方です。ですから、これら2つの概念を考え合わせると、産業連関表でなぜ住宅ローンの帰属利子が「住宅賃貸料（帰属家賃）」に計上されているのかが理解できると思います。

住宅賃貸料（帰属家賃）部門のCTは、上記のように持ち家の帰属家賃であるという性格を考慮して、事業所・企業統計の代わりに『住宅・土地統計調査』を利用して、当該市町村の持ち家比率を計算し、それを都道府県からの按分比率として使用することにします。本例の尼崎市の場合では、2008（平成20）年の住宅・土地統計調査から、尼崎市の持ち家比率が0.069と計算され、それを兵庫県からの按分比率として使用します。

第Ⅱ部 手法編

[表7-1] 兵庫県の事業所・企業統計から尼崎市産業連関表のCTを推計する

兵庫県の事業所・企業統計（平成18年）							兵庫県の産業連関表（平成17年）				尼崎市の産業連関表推計 188部門		
事業所統計・産業小分類			データ 従業者数（人）				産業連関表・基本分類（188部門）					事業所統計 県内比率※1	市内生産額 推計 (百万円)
			兵庫県	尼崎市						県内生産額 (百万円)			
コード	部門名		実数	実数	県内比率	コード	部門名						
011	耕 種 農 業		1,457	-	0.000	0111	穀 類			49,851	0.001	50
						0112	い も ・ 豆 類			4,159	0.020	83
						0113	野 菜			36,937	0.015	554
						0114	果 実			3,243	0.000	0
						0115	そ の 他 の 食 用 作 物			175	0.000	0
						0116	非 食 用 作 物			8,674	0.002	17
012	畜 産 業		815	-	0.000	0121	畜 産			57,068	0.000	0
013	農 業 サ ー ビ ス 業		1,166	-	0.000	0131	農 業 サ ー ビ ス			34,335	0.067	2,300
804	獣 医 業		1,719	193	0.112							
021	育 林 業		194	1	0.005	0211	育 林			16,026	0.005	80
022	素 材 生 産 業		7	-	0.000	0212	素 材			1,723	0.000	0
024	林 業 サ ー ビ ス 業		60	-	0.000							
023	特 用 林 産 物 生 産 業		-	-	0.000	0213	特 用 林 産 物			1,007	0.000	0
029	そ の 他 の 林 業		-	-	0.000							
031	海 面 漁 業		304	-	0.000	0311	海 面 漁 業			48,308	0.000	0
041	海 面 養 殖 業		61	-	0.000							
032	内 水 面 漁 業		34	-	0.000	0312	内 水 面 漁 業			993	0.000	0
042	内 水 面 養 殖 業		-	-	0.000							
051	金 属 鉱 業		-	-	0.000	0611	金 属 鉱 物			0	0.000	0
055	窯 業 原 料 用 鉱 物 鉱 業		63	50	0.794	0621	窯 業 原 料 鉱 物			1,226	0.794	973
054	採石業、砂利・玉石採取業		475	-	0.000	0622	砂 利 ・ 砕 石			37,745	0.000	0
059	そ の 他 の 鉱 業		55	-	0.000	0629	そ の 他 の 非 金 属 鉱 物			395	0.000	0
052	石 炭 ・ 亜 炭 鉱 業		-	-	0.000	0711	石 炭 ・ 原 油 ・ 天 然 ガ ス			0	0.000	0
053	原 油 ・ 天 然 ガ ス 鉱 業		-	-	0.000							
932	と 畜 場		47	-	0.000	1111	と 畜			62,040	0.000	0
091	畜 産 食 料 品 製 造 業		6,931	10	0.001	1112	畜 産 食 料 品			150,885	0.001	151
092	水 産 食 料 品 製 造 業		9,679	234	0.024	1113	水 産 食 料 品			90,111	0.024	2,163

104

番号	分類名				コード	分類名				
096	精穀・製粉業	1,255	8	0.006	1114	精穀・製粉	224,346		0.006	1,346
097	パン・菓子等製造業	14,280	1,465	0.103	1115	パン・菓子類	284,221		0.103	29,275
093	野菜缶詰等製造業	2,234	32	0.014	1116	農産保存食料品	18,535		0.014	259
094	調味料製造業	3,054	56	0.018	1117	調味料	194,686		0.061	11,876
095	糖類製造業	142	73	0.514		砂糖・油脂				
098	動植物油脂製造業	1,282	142	0.111						
099	その他の食料品製造業	23,652	794	0.034	1119	その他の食料品	280,715		0.034	9,544
102	酒類製造業	3,079	-	0.000	1121	酒類	330,855		0.000	0
101	清涼飲料製造業	1,318	-	0.000	1129	その他の飲料	260,900		0.001	130
103	茶・コーヒー製造業	779	1	0.001						
104	製氷業	56	-	0.000						
106	飼料・有機質肥料製造業	843	8	0.009	1131	飼料・有機質肥料(別掲を除く)	49,531		0.009	446
105	たばこ製造業	-	-	0.000	1141	たばこ	0		0.000	0
111	製糸業	5	-	0.000	1511	紡績	3,458		0.000	0
112	紡績業	352	-	0.000						
113	ねん糸製造業	403	-	0.000						
114	織物業	2,115	-	0.000	1512	織物	12,511		0.000	0
115	ニット生地製造業	65	3	0.046	1513	ニット生地	504		0.046	23
116	染色整理業	1,159	-	0.000	1514	染色整理	14,563		0.000	0
117	綱・網製造業	139	17	0.122	1519	その他の繊維工業製品	35,985		0.025	900
118	レース・繊維雑品製造業	207	12	0.058						
119	その他の繊維製品製造業	1,791	25	0.014	1521	衣服	34,646		0.035	1,213
121	織物製外衣・シャツ製造業	2,344	134	0.057						
122	ニット製外衣・シャツ製造業	530	10	0.019						
123	下着類製造業	1,895	23	0.012						
124	和装製品・足袋等製造業	125	11	0.088	1522	その他の衣服・身の回り品	19,432		0.022	428
125	その他の衣服製造業	2,210	41	0.019						
129	その他の繊維製品製造業	2,620	106	0.040	1529	その他の繊維既製品	13,576		0.040	543
131	製材・木製品製造業	2,209	61	0.028	1611	製材・合板・チップ	10,214		0.022	225
132	造作材・合板等製造業(竹、とうを含む)	821	6	0.007						
133	木製容器製造業	566	39	0.069	1619	その他の木製品	25,663		0.037	950
139	その他の木製品製造業	581	3	0.005						

第Ⅱ部　手法編

事業所統計（平成18年）					兵庫県の産業連関表（平成17年）			尼崎市の産業連関表推計			
兵庫県の事業所・企業統計（平成18年）データ					産業連関表・基本分類（188部門）			188部門		
産業小分類		兵庫県	尼崎市		部門名	コード	県内生産額	事業所統計		市内生産額
コード	部門名	実数	実数	県内シェア			（百万円）	県内シェア	県シェア計	推計（百万円）
141	家具製造業	2,488	175	0.070	家具・装備品	1711	67,105	0.065		4,362
142	宗教用具製造業	201	3	0.015						
143	建具製造業	1,343	80	0.060						
149	その他の家具・装備品製造業	594	43	0.072						
151	パルプ製造業	229	9	0.039	パルプ	1811	7,110	0.039		277
152	紙製造業	1,170	157	0.134	板紙・紙	1812	67,538	0.134		9,050
153	加工紙製造業	2,166	788	0.364	加工紙	1813	98,117	0.364		35,715
155	紙容器製造業	4,462	408	0.091	紙製容器	1821	100,470	0.091		9,143
154	紙製品製造業	616	88	0.143	その他の紙加工品	1829	98,265	0.191		18,769
159	その他のパルプ等製造業	878	198	0.226						
161	印刷業	9,303	629	0.068	印刷・製版・製本	1911	210,661	0.085		17,906
162	製版業	420	14	0.033						
163	製本業、印刷物加工業	1,103	223	0.202						
169	印刷関連サービス業	83	56	0.675						
171	化学肥料製造業	437	92	0.211	化学肥料	2011	8,183	0.211		1,727
172	無機化学工業製品製造業	3,326	635	0.191	ソーダ工業製品	2021	14,979	0.191		2,861
					その他の無機化学工業製品	2029	79,499	0.191		15,184
173	有機化学工業製品製造業	5,945	204	0.034	石油化学基礎製品	2031	5,599	0.034		190
					脂肪族中間物・環式中間物	2032	121,112	0.034		4,118
					合成ゴム	2033	2,402	0.034		82
					その他の有機化学工業製品	2039	97,677	0.034		3,321
					合成樹脂	2041	96,747	0.034		3,289
174	化学繊維製造業	222	-	0.000	化学繊維	2051	33,568	0.000		0
176	医薬品製造業	4,806	1,297	0.270	医薬品	2061	313,377	0.270		84,612
175	油脂加工製品・石けん・塗料等製造業（1/2）	3,631	1,315	0.362	石けん・界面活性剤・化粧品	2071	37,354	0.252		9,413
177	油脂加工製品・石けん・塗料等製造業（2/2）	1,687	27	0.016	塗料・印刷インキ	2072	90,506	0.362		32,763
					写真感光材料	2073	4,842	0.088		426
					農薬	2074	14,725	0.088		1,296
179	その他の化学工業	3,241	286	0.088	その他の化学最終製品	2079	217,991	0.088		19,183

106

第7章 市町村表の作成

181	石油精製業	140	62	0.443		32,798	0.179	5,871
182	潤滑油・グリース製造業	304	-	0.000				
189	その他の石油製品・石炭製品製造業(1/2)	103	36	0.350				
183	コークス製造業	412	47	0.114		64,523	0.105	6,775
184	舗装材料製造業	272	-	0.000				
189	その他の石油製品・石炭製品製造業(2/2)							
191	プラスチック板・棒・管等製造業	1,514	83	0.055	プラスチック製品	381,218	0.108	41,172
192	プラスチックフィルム等製造業	4,127	882	0.214				
193	工業用プラスチック製品製造業	2,042	84	0.041				
194	発泡・強化プラスチック製品製造業	1,816	197	0.108				
195	プラスチック成形材料製造業	879	82	0.093				
199	その他のプラスチック製品製造業	4,022	224	0.056				
201	タイヤ・チューブ製造業	1,778	-	0.000	タイヤ・チューブ	13,656	0.000	0
202	ゴム製・プラスチック製履物等製造業	3,853	-	0.000	その他のゴム製品	121,247	0.014	1,697
203	工業用ゴム製品製造業	5,159	97	0.019				
209	その他のゴム製品製造業	1,021	43	0.042				
213	革製履物用材料・同附属品製造業	379	-	0.000	革製履物	34,582	0.002	69
214	革製履物製造業	1,843	5	0.003				
211	なめし革製造業	2,161	-	0.000	なめし革・毛皮・革製品	53,077	0.003	159
212	工業用革製品製造業(手袋を除く)	3	-	0.000				
215	革製手袋製造業	184	-	0.000				
216	かばん製造業	1,731	6	0.003				
217	袋物製造業	200	8	0.040				
218	毛皮製造業	18	-	0.000				
219	その他のなめし革製品製造業	125	-	0.000				
221	ガラス・同製品製造業	2,668	732	0.274	板ガラス・安全ガラス	31,373	0.274	8,596
					ガラス繊維・同製品	441	0.274	121
					その他のガラス製品	51,556	0.274	14,126
222	セメント・同製品製造業	4,079	279	0.068	セメント	17,199	0.068	1,170
					生コンクリート	54,663	0.068	3,717
					セメント製品	41,627	0.068	2,831

コード	品目名
2111	石油製品
2121	石炭製品
2211	プラスチック製品
2311	タイヤ・チューブ
2319	その他のゴム製品
2411	革製履物
2412	なめし革・毛皮・革製品
2511	板ガラス・安全ガラス
2512	ガラス繊維・同製品
2519	その他のガラス製品
2521	セメント
2522	生コンクリート
2523	セメント製品

第Ⅱ部 手法編

兵庫県の事業所・企業統計（平成18年）					兵庫県の産業連関表（平成17年）			尼崎市の産業連関表推計		
事業所統計・産業小分類		データ			産業連関表・基本分類（188部門）			188部門		
		従業者数（人）						事業所統計		
		兵庫県	尼崎市				県内生産額（百万円）	県内シェア	市内生産額推計（百万円）
コード	部門名	実数	実数	県内シェア	コード	部門名				
224	陶磁器・同関連製品製造業	578	6	0.010	2531	陶磁器	2,644	0.010	26
223	建設用粘土製品製造業	1,238	6	0.005	2599	その他の窯業・土石製品	81,099	0.032	2,595
225	耐火物製造業	860	-	0.000					
226	炭素・黒鉛製品製造業	93	44	0.473					
227	研磨材・同製品製造業	264	22	0.083					
228	骨材・石工品等製造業	871	38	0.044					
229	その他の窯業・土石製品製造業	503	13	0.026					
231	製鉄業	4,329	2	0.000	2611	銑鉄・粗鋼	511,200	0.012	6,134
232	製鋼・製鋼圧延業（1／4）	7,163	132	0.018	2612	フェロアロイ	0	0	0
232	製鋼・製鋼圧延業（2／4）対象外				2621	熱間圧延鋼材	603,074	0.14	84,430
233	製鋼を行わない鋼材製造業（1／3）	3,007	1,296	0.431					
232	製鋼・製鋼圧延業（3／4）				2622	鋼管	165,731	0.14	23,202
233	製鋼を行わない鋼材製造業（2／3）								
232	製鋼・製鋼圧延業（4／4）				2623	冷延・めっき鋼材	607,942	0.19	115,509
233	製鋼を行わない鋼材製造業（3／3）								
234	表面処理鋼材製造業	1,243	740	0.595	2631	鋳鍛造	118,423	0.220	26,053
235	鉄素形材製造業	2,531	556	0.220	2649	その他の鉄鋼製品	150,671	0.246	37,065
239	その他の鉄鋼業	4,152	1,022	0.246	2711	非鉄金属製錬・精製	88,839	0.362	32,160
241	非鉄金属第1次製錬・精製業	1,042	580	0.557	2712	非鉄金属ケーブル	0	0	0
242	非鉄金属第2次製錬・精製業 対象外	834	100	0.120					
244	電線・ケーブル製造業	1,405	591	0.421	2721	電線・ケーブル	15,379	0.421	6,475
243	非鉄金属・同合金圧延業	531	356	0.670	2722	その他の非鉄金属製品	137,135	0.204	27,976
245	非鉄金属素形材製造業	1,942	206	0.106					
249	その他の非鉄金属製造業	394	22	0.056					
254	建設用・建築用金属製品製造業	12,971	2,338	0.180	2811	建設用金属製品	140,606	0.180	25,309
					2812	建築用金属製品	59,654	0.180	10,738
253	暖房装置・配管工事用附属品製造業	3,858	299	0.078	2891	ガス・石油機器及び暖房機器	157,827	0.078	12,311
251	めっき板等製品製造業	934	183	0.196	2899	その他の金属製品	394,248	0.164	64,657

第7章 市町村表の作成

番号	産業名				部門コード	部門名			
252	洋食器・刃物・手道具・金物類製造業	4,310	87	0.020					1,851
255	金属素形材製品製造業	3,386	581	0.172					9,830
256	金属被覆・彫刻業, 熱処理業	4,795	1,100	0.229					949
257	金属線製品製造業（ねじ類を除く）	1,691	281	0.166					51,644
258	ボルト・ナット・リベット等製造業	1,813	200	0.110					3,440
259	その他の金属製品製造業	4,733	1,131	0.239					15,511
261	ボイラ・原動機製造業	10,160	40	0.004	3011	原動機・ボイラ	462,792	0.004	5,858
267	一般産業用機械・装置製造業(1/3)	18,452	2,574	0.139	3012	運搬機械	70,719	0.139	42,525
					3013	冷凍機・温湿調整装置	6,824	0.139	43,955
267	一般産業用機械・装置製造業(2/3)				3019	その他の一般産業機械	371,540	0.139	18,667
263	建設機械・鉱山機械製造業	5,434	64	0.012	3021	建設・鉱山機械	286,691	0.012	12,668
267	一般産業用機械・装置製造業(3/3)				3022	化学機械	111,587	0.139	20,145
					3023	産業用ロボット	42,144	0.139	88,333
264	金属加工機械製造業	7,740	2,662	0.344	3024	金属加工・工作機械	123,618	0.344	713
262	農業用機械製造業	1,610	659	0.409	3029	その他の特殊産業用機械	187,843	0.234	18,524
265	繊維機械製造業	1,409	115	0.082					10,572
266	特殊産業用機械製造業	3,493	748	0.214					2,116
269	その他の機械・同部分品製造業	8,528	1,351	0.158	3031	その他の一般機械機器及び部品	118,144	0.158	3,561
268	事務用・サービス用等機械器具製造業	6,166	1,224	0.199	3111	事務用機械	63,656	0.199	76,091
					3112	サービス用機器	101,232	0.199	6,442
271	発電用・送電用等電気機械器具製造業	19,405	2,452	0.126	3211	産業用電気機器	701,055	0.126	16,765
274	電子応用装置製造業	2,158	82	0.038	3221	電子応用装置	18,773	0.038	67,380
275	電気計測器製造業	1,051	462	0.440	3231	電気計測器	42,100	0.440	
273	電球・電気照明器具製造業	4,734	32	0.007	3241	その他の電気機器	320,352	0.033	
279	その他の電気機械器具製造業	7,743	379	0.049					
272	民生用電気機械器具製造業	2,906	47	0.016	3251	民生用電気機器	132,237	0.016	
					3311	民生用電子機器	222,536	0.016	
281	通信機械器具・同関連機械器具製造業	12,454	3,300	0.265	3321	通信機械	174,118	0.265	
282	電子計算機・同附属装置製造業	2,202	82	0.037	3331	電子計算機・同付属装置	156,680	0.037	
291	電子部品・デバイス製造業	16,335	1,750	0.107	3411	半導体素子・集積回路	629,720	0.107	
					3421	その他の電子部品		0.107	

第Ⅱ部 手法編

	兵庫県の事業所・企業統計（平成18年）				兵庫県の産業連関表（平成17年）		尼崎市の産業連関表推計		
事業所統計・産業小分類		データ			産業連関表・基本分類（188部門）		188部門		
		従業者数（人）						事業所統計	市内生産額
		兵庫県	尼崎市				県内生産額	県内シェア	推計
コード	部門名	実数	実数	県内シェア	コード	部門名	（百万円）		（百万円）
301	自動車・同附属品製造業	19,407	580	0.030	3511	乗用車		0	0
					3521	トラック・バス・その他の自動車	22,871	0.030	686
					3531	二輪自動車	109,338	0.030	3,280
					3541	自動車部品・同付属品	385,298	0.030	11,559
303	船舶製造・修理業・舶用機関製造業	6,739	694	0.103	3611	船舶・同修理	289,486	0.103	29,817
302	鉄道車両・同部分品製造業	3,069	51	0.017	3621	鉄道車両・同修理	177,638	0.017	3,020
304	航空機・同附属品製造業	2,183	907	0.415	3622	航空機・同修理	115,492	0.415	47,929
305	産業用運搬車両・同部分品等製造業	5	-	0.000	3629	その他の輸送機械	47,732	0.000	0
309	その他の輸送用機械器具製造業	499	-	0.000					
315	光学機械製造業・レンズ製造業	250	32	0.128	3711	光学機械	3,907	0.126	492
316	眼鏡製造業（枠を含む）	3	-	0.000					
317	時計・同部分品製造業	48	-	0.000	3712	時計	16	0.000	0
311	計量器・測定器・分析機器等製造業	2,521	275	0.109	3719	その他の精密機械	49,072	0.103	5,054
312	測量機械器具製造業	245	89	0.363					
313	医療用機械器具・医療用品製造業	1,727	101	0.058					
314	理化学機械器具製造業	28	-	0.000					
323	がん具・運動用具製造業	3,058	22	0.007	3911	がん具・運動用品	90,040	0.007	630
321	貴金属・宝石製品製造業	1,417	6	0.004	3919	その他の製造工業製品	151,974	0.052	7,903
322	楽器製造業	2	-	0.000					
324	ペン・鉛筆等事務用品製造業	287	6	0.021					
325	装身具・装飾具等製造業	264	13	0.049					
326	漆器製造業	7	-	0.000					
327	畳・繊維等生活雑貨製品製造業	1,015	80	0.079					
328	武器製造業	1	-	0.000					
329	他に分類されない製造業	4,726	297	0.063					
412	音声情報制作業	18	1	0.056					
524	再生資源卸売業	2,396	310	0.129	3921	再生資源回収・加工処理	87,776	0.129	11,323

110

第 7 章　市町村表の作成

↑	06～08に属する小分類をすべて合算	137,288	11,964	0.087	4111	住宅建築業	779,534	0.087	67,819
					4112	住宅非住宅建築業	488,228	0.087	42,476
					4121	建設補修業	245,617	0.087	21,369
					4131	公共事業	519,571	0.087	45,203
					4132	その他の土木建設	256,153	0.087	22,285
331	電気業	4,112	476	0.116	5111	電力	586,097	0.116	67,987
341	ガス業	1,013	135	0.133	5121	都市ガス	160,883	0.133	21,397
351	熱供給業	72	-	0.000	5122	熱供給	5,357	0.000	0
361	上水道業	3,336	278	0.083	5211	水道	211,651	0.081	17,144
362	工業用水道業	47	-	0.000					
363	下水道業	1,800	142	0.079					
851	一般廃棄物処理業	7,793	670	0.086	5212	廃棄物処理	136,192	0.091	12,393
852	産業廃棄物処理業	3,929	392	0.100					
859	その他の廃棄物処理業	64	6	0.094					
↑	49～54に属する小分類のうち524をのぞき、すべてを合算	116,698	7,920	0.068	6111	卸売	1,315,922	0.068	89,483
↑	55～60に属する小分類のうち642をのぞき、すべてを合算	360,799	28,456	0.079	6112	小売	1,429,572	0.079	112,936
↑	61～66に属する小分類のうち642をのぞき、すべてを合算	26,221	2,188	0.083	6211	金融	1,025,756	0.083	85,138
↑	67に属する小分類をすべて合算	17,079	1,074	0.063	6212	保険	455,003	0.063	28,665
681	建物売買業, 土地売買業	4,851	605	0.125	6411	不動産仲介及び賃貸	354,835	0.119	42,225
682	不動産代理業・仲介業	8,816	968	0.110					
691	不動産賃貸業	6,748	1,180	0.175					
694	不動産管理業	8,787	710	0.081					
692	貸家業・貸間業	8,070	745	0.092	6421	住宅賃貸料	484,324	0.092	44,558
					6422	住宅賃貸料(帰属家賃)※2	1,939,919	0.069	133,854
421	鉄道	7,796	442	0.057	7111	鉄道旅客輸送	275,218	0.057	15,687
					7112	鉄道貨物輸送	2,860	0.057	163
	道対象外				7121	道路旅客輸送	133,632	0.111	14,833
431	一般乗合旅客自動車運送業	5,679	701	0.123					
432	一般乗用旅客自動車運送業	14,465	1,626	0.112					
433	一般貸切旅客自動車運送業	1,062	39	0.037					
439	その他の道路旅客運送業	35	-	0.000					

111

第Ⅱ部 手法編

兵庫県の事業所・企業統計(平成18年)						兵庫県の産業連関表(平成17年)			尼崎市の産業連関表推計 188部門		
事業所統計・産業小分類		従業者数(人)				産業連関表・基本分類(188部門)		県内生産額(百万円)	事業所統計県内シェア	市内生産額推計(百万円)	
コード	部門名	兵庫県実数	尼崎市実数	県内シェア		コード	部門名				
441	一般貨物自動車運送業	46,576	4,043	0.087		7122	道路貨物輸送	523,157	0.084	43,945	
442	特定貨物自動車運送業	8,915	815	0.091							
443	貨物軽自動車運送業	1,727	12	0.007							
449	その他の道路貨物運送業	1,573	47	0.030							
451	外航海運業	151	-	0.000		7141	外洋輸送	117,551	0.000	0	
452	沿海海運業	2,353	8	0.003		7142	沿海・内水面輸送	45,896	0.005	229	
453	内陸水運業	280	6	0.021							
481	港湾運送業	7,730	143	0.018		7143	港湾運送	102,452	0.018	1,844	
461	航空運輸業	765	-	0.000		7151	航空輸送	59,142	0.000	0	
462	航空機使用業(航空運送業を除く)	13	-	0.000							
444	集配利用運送業	591	31	0.052		7161	貨物利用運送	17,700	0.066	1,168	
482	貨物運送取扱業	959	72	0.075							
471	倉庫業(冷蔵倉庫業を除く)	7,246	868	0.120		7171	倉庫	98,120	0.114	11,186	
472	冷蔵倉庫業	1,189	92	0.077							
484	こん包業	4,441	469	0.106		7181	こん包	50,027	0.106	5,303	
483	運輸施設提供業	833	24	0.029		7189	その他の運輸付帯サービス	312,423	0.072	22,494	
485	運輸に附帯するサービス業	1,268	62	0.049							
489	その他の運輸に附帯するサービス業	7,569	702	0.093							
693	駐車場業	4,084	255	0.062							
831	旅行業	2,288	112	0.049							
371	信書送達業	2,259	568	0.251		7311	郵便・信書便	65,971	0.079	5,212	
781	郵便局	14,403	748	0.052							
372	固定電気通信業	955	2	0.002		7312	電気通信	391,427	0.002	783	
373	移動電気通信業	219	-	0.000							
374	電気通信に附帯するサービス業	3,806	188	0.049		7319	その他の通信サービス	3,262	0.046	150	
782	郵便局受託業	265	-	0.000							
381	公共放送業(有線放送業を除く)	21	-	0.000		7321	放送	49,923	0.098	4,892	
382	民間放送業(有線放送業を除く)	364	6	0.016							
383	有線放送業	584	89	0.152							

112

第7章 市町村表の作成

コード	産業分類						
391	ソフトウェア業	12,911	1,704	0.132	7331	情報サービス	181,087	0.099	17,928
392	情報処理・提供サービス業	4,467	21	0.005					
401	インターネット附随サービス業	558	4	0.007	7341	インターネット付随サービス	16,676	0.007	117
411	映像情報制作・配給業	450	24	0.053	7351	映像・文字情報制作	68,065	0.025	1,702
413	新聞業	917	-	0.000					
414	出版業	713	19	0.027					
41A	ニュース供給業	276	20	0.072					
80K	興信所	138	-	0.000					
951	公立法人機関	-	-	0.000	8111	公務（中央）	322,599	0.043	13,872
952	司法人機関	823	123	0.149					
953	行政機関	13,745	500	0.036					
961	都道府県機関	18,836	1193	0.063	8112	公務（地方）	967,614	0.065	62,895
962	市町村機関	31,833	2078	0.065					
→	76に属する小分類をすべて合算	83,011	5,108	0.062	8211	学校教育	888,746	0.062	55,102
771	社会教育	4,695	156	0.033	8213	社会教育・その他の教育	97,699	0.064	6,253
772	職業・教育支援施設	1,733	103	0.059					
779	他に分類されない教育、学習支援業	2,905	338	0.116					
811	自然科学研究所	10,743	3,267	0.304	8221	学術研究機関	68,801	0.297	20,434
812	人文・社会科学研究所	417	46	0.110					
→	対象外								
→	73に属する小分類をすべて合算	143,558	12,424	0.087	8222	企業内研究開発※3	494,154	0.107	52,874
→	74に属する小分類をすべて合算	4,364	256	0.059	8311	医療	1,427,750	0.087	124,214
→	75に属する小分類を合算（75C,75Dを除く）	73,823	6,132	0.083	8312	保健	39,816	0.059	2,349
					8313	社会保障	256,117	0.083	21,258
75C	特別養護老人ホーム	16,131	1,072	0.066	8314	介護	266,934	0.068	18,152
75D	介護老人保健施設	8,820	630	0.071					
791	農林水産業協同組合	8,283	118	0.014	8411	その他の公共サービス	221,793	0.049	10,868
792	事業協同組合	1,873	251	0.134					
911	経済団体	2,371	147	0.062					
912	労働団体	792	56	0.071					
913	学術・文化団体	255	-	0.000					
914	政治団体	151	9	0.060					
919	他に分類されない非営利的団体	4,535	226	0.050					
→	92に属する小分類をすべて合算	13,700	689	0.050					
931	集会場	1,286	117	0.091					

第Ⅱ部 手法編

兵庫県の事業所・企業統計（平成18年）						兵庫県の産業連関表（平成17年）			尼崎市の産業連関表推計		
事業所統計・産業小分類			データ			産業連関表・基本分類（188部門）			188部門		
			従業者数（人）						事業所統計		市内生産額
			兵庫県	尼崎市				県内生産額	県内シェア		推計
コード	部門名		実数	実数	県内シェア	コード	部門名	（百万円）			（百万円）
891	広告代理業		1,750	49	0.028	8511	広告	85,147	0.052		4,428
899	その他の広告業		483	66	0.137						
881	各種物品賃貸業		586	109	0.186	8512	物品賃貸業（除自動車賃貸業）	158,276	0.091		14,403
882	産業用機械器具賃貸業		2,810	295	0.105						
883	事務用機械器具賃貸業		280	-	0.000						
885	スポーツ・娯楽用品賃貸業		108	13	0.120						
889	その他の物品賃貸業		4,507	334	0.074						
884	自動車賃貸業		1,137	86	0.076	8513	貸自動車業	15,633	0.076		1,188
861	自動車整備業		10,334	815	0.079	8514	自動車修理	192,591	0.079		15,215
871	機械修理業（電気機械器具を除く）		5,523	871	0.158	8515	機械修理	179,766	0.197		35,414
872	電気機械器具修理業		2,572	724	0.281						
41B	その他情報等制作に附帯するサービス業		110	13	0.118	8519	その他の対事業所サービス	803,685	0.079		63,491
801	法律事務所、特許事務所		1,163	93	0.080						
802	公証人役場、司法書士事務所		1,758	122	0.069						
803	公認会計士事務所、税理士事務所		5,285	447	0.085						
805	土木建築サービス業		12,442	849	0.068						
806	デザイン・機械設計		9,630	935	0.097						
80L	他に分類されない専門サービス業		6,762	342	0.051						
901	速記・ワープロ入力・複写業		1,374	64	0.047						
902	商品検査業		1,206	122	0.101						
903	計量証明業		1,102	73	0.066						
904	建物サービス業		26,129	2,647	0.101						
905	民営職業紹介業		1,341	125	0.093						
906	警備業		15,693	1,248	0.080						
90A	労働者派遣業		24,780	1,459	0.059						
90B	分類されない事業サービス業		18,925	1,514	0.080						
807	著述・芸術家業		60	5	0.083	8611	娯楽サービス	471,648	0.089		41,977
841	映画館		652	25	0.038						

114

第7章　市町村表の作成

842	興行場（別掲を除く）、興行団	1,859	26	0.014			
843	競輪・競馬等の競走場、競技団	1,623	1,090	0.672			
844	スポーツ施設提供業	15,551	610	0.039			
845	公園、遊園地	1,856	38	0.020			
846	遊戯場	13,418	1,455	0.108			
849	その他の娯楽業	3,699	207	0.056			
→	70に属する小分類をすべて合算	135,552	11,437	0.084			
→	71に属する小分類をすべて合算	45,445	3,980	0.088			
→	72に属する小分類をすべて合算	28,780	861	0.030	8612	飲食店	894,683	0.085	76,048
821	洗濯業	15,637	1,234	0.079	8613	宿泊業	230,337	0.030	6,910
822	理容業	8,859	764	0.086	8614	洗濯・理容・美容・浴場業	265,324	0.084	22,287
823	美容業	19,264	1,510	0.078			
824	公衆浴場業	1,301	278	0.214			
825	特殊浴場業	3,294	361	0.110			
829	その他の洗濯・理容・美容・浴場業	3,466	209	0.060			
773	学習塾	17,558	1,258	0.072	8619	その他の個人サービス	417,897	0.077	32,178
774	教養・技能教授業	15,179	1,046	0.069			
808	写真業	1,967	103	0.052			
014	園芸サービス業	1,107	330	0.298			
833	衣服裁縫修理業	1,325	178	0.134			
834	物品預り業	963	103	0.107			
835	火葬・墓地管理業	296	1	0.003			
836	冠婚葬祭業	4,503	343	0.076			
839	他に分類されない生活関連サービス業	5,558	306	0.055			
873	表具業	304	26	0.086			
879	その他の修理業	1,210	164	0.136			
	対象外				8900	事務用品 ※4	52,753	0.085	4,484
454	船舶	489	7	0.014	9000	分類不明	134,562	0.05	6,728
642	賃貸	314	37	0.118			
939	他に分類されないサービス業	442	18	0.041			
		2,286,149	194,906	0.085	9099	内生部門計	36,365,164		3,252,983

※1 農業部門は作物別の出荷額推計値で県内シェアを算出した
※2 住宅賃料（帰属家賃）は持ち家住宅数の県内シェアで按分した
※3 企業内研究開発は製造業計の県内シェアで按分した
※4 事務用品は全産業事務用品の県内シェアで按分した

115

第Ⅱ部　手法編

[表7-2] 農業部門出荷額の推計

兵庫県基本分類 (188部門)				該当する作物など		作況調査より 作物収穫量、出荷量 (野菜と果樹) (t)		農業物価統計より 兵庫県農産物販売価格 (10kg 当たり、円)	Σ出荷量 × 販売価格 出荷額 (百万円)		県内比率 で算出
コード	部	門	名			兵庫県	尼崎市		兵庫県	尼崎市	県内比率
0111	穀		類	水稲		207,762	271	2,217	46,054	60	0.001
				小麦		3,548	0	1,318	468	0	0
				六条大麦		1,073	0	1,358	146	0	0.001
				小計					46,668	60	0.001
0112	い	も・豆	類	かんしょ		5,255	33	818	430	3	0.007
				ばれいしょ		906	6	1,027	93	1	0.011
				大豆		3,010	94	2,032	612	19	0.031
				小計					1,135	23	0.02
0113	野		菜	だいこん	春	1,339	7	619	83	0	0
					夏	1,576	0	655	103	0	0
					秋冬	6,499	9	839	545	1	0.002
				にんじん	春夏	2,054	4	830	170	0	0
					秋	9	0	1,100	1	0	0
					冬	118	0	1,100	13	0	0
				れんこん		705	0	2,278	161	0	0
				さといも		285	0	3,258	93	0	0
				やまのいも		737	0	7,670	565	0	0
				はくさい	春	112	0	988	11	0	0
					夏	5	0	233	0	0	0
					秋冬	17,175	6	933	1,602	1	0.001
				こまつな		3,232	330	2,750	889	91	0.102
				キャベツ	春	15,512	27	1,027	1,593	3	0.002
					夏秋	919	1	570	52	0	0
					冬	12,499	9	658	822	1	0.001
				ちんげんさい		1,093	5	2,765	302	1	0.003
				ほうれんそう		3,154	259	3,053	963	79	0.082
				しゅんぎく		1,721	196	3,563	613	70	0.114
				ブロッコリー		646	0	3,005	194	0	0
				レタス	冬	11,884	0	1,782	2,118	0	0
					春	23,008	0	2,487	5,722	0	0
				ねぎ	春	851	87	3,244	276	28	0.101
					夏	579	52	2,768	160	14	0.088
					秋冬	2,312	271	4,786	1,107	130	0.117

116

第7章　市町村表の作成

コード	分類		品目	区分						
			にら			146	3,832	56	0	0
			たまねぎ			87,935	893	7,853	0	0
			きゅうり	冬春	3	449	1,826	82	1	0.012
				夏秋	3	1,183	2,000	237	1	0.004
			なす		1	1,645	2,282	375	0	0
			トマト	冬春	48	2,859	2,995	856	14	0.016
				夏秋	5	1,984	1,940	385	1	0.003
			ピーマン		0	1,267	2,717	344	0	0
			スイートコーン		3	542	1,581	86	0	0
			えだまめ		7	917	5,800	532	2	0.004
			いちご		0	1,038	10,200	1,059	7	0.007
			すいか		0	758	2,502	190	0	0
			小計					30,213	445	0.015
0114	果実		みかん		0	1,582	952	151	0	0
			日本梨		0	1,691	4,800	812	0	0
			柿		0	294	3,320	98	0	0
			びわ		0	116	7,794	90	0	0
			桃		0	222	3,218	71	0	0
			梅		0	48	3,345	16	0	0
			ぶどう		0	2,535	5,115	1,297	0	0
			栗		0	295	7,620	225	0	0
			小計					2,760	0	0
0115	その他の食用作物		茶（生葉）		0	916	2,212	203	0	0
			雑穀（そば）		0	155	-	-	-	-
			小計					203	0	0
0116	非食用作物		飼料作物（牧草）		0	62,145	62	385	0	0
			飼料作物（青刈りとうもろこし）		0	10,865	53	58	0	0
			飼料作物（ソルゴー）		0	56,022	41	230	0	0
			花き・花木類（露地）		165	39,075	1,284	5,017	21	0.004
			花き・花木類（施設）		0	10,331	3,032	3,132	21	0.002
			小計					8,822	21	0.002
0121	畜産		酪農（飼育頭数、1頭当たり収入・千円）		20	24,640	0.895	22,053	18	0.001
			肉用牛（飼育頭数、1頭当たり収入・千円）		0	59,130	0.749	44,288	0	0
			豚（飼育頭数、1頭当たり収入・千円）		100	12,150	0.033	401	3	0.007
			鶏卵（飼育羽数、百羽当たり収入・千円）		0	21,970	0.297	6,525	0	0
			肉用鶏（飼育羽数、千羽当たり収入・千円）		0	2,852	0.659	1,879	0	0
			小計					75,146	21	0

3 | 中間需要および付加価値の作成

上記のように、市町村の産業別 CT（188部門）が推計できれば、次に、図7-2の②の中間需要と③の付加価値に数値を配置して、投入表を作成します。この配置には、単純に都道府県表の投入係数と付加価値係数を使用して、2節で求めた市町村の産業別 CT を按分するという方法を採用します。つまり、この按分方法を採用する前提には、同じ産業部門ならば市町村と都道府県の間に、投入構造や付加価値構造の違いはほとんどないと仮定します。この仮定は、市町村レベルで投入構造を産業ごとに推計することが困難な現状を反映しています。

（1）投入表の作成

ここでは、尼崎市の産業連関表作成を例に、投入表の具体的な作表プロセスをみてみましょう。まず、図7-3のように、兵庫県の産業連関表から188部門の投入係数表を準備します。この投入係数表は兵庫県の HP からダウンロードしたものです。次に、兵庫県の188部門表とまったく同じ産業部門の並びで、図7-2の②中間需要と③付加価値の数字を配置するための枠組みを作成します。そして、その枠組みの最下段に、表7-1の尼崎市 CT の数値を配置します。この尼崎市 CT を、兵庫県表の投入係数と付加価値係数を使って、産業別に按分します。それを行ったものが、図7-4の尼崎市投入表試算表（一部抜粋）です。

図7-4には、尼崎市投入表試算表の飲食店から分類不明までの産業部門と内生部門計が示されています。表の最下段は、市内総生産になっていて、表7-1のCT の数値を転記しています。たとえば、飲食店の CT は76,048となっています。表7-1と図7-4から確認してください。この飲食店を例にとって、按分の計算がどうなっているかをみると、広告からの中間投入額811は、図7-3の兵庫県の広告から飲食店への投入係数0.010667を使って、＝Round(76048*0.010667,0)と入力することで求められます。同様に飲食店の賃金・俸給19780は、図7-3の飲食店の賃金・俸給の付加価値係数0.260102を使って、＝Round(76048*0.260102,0)と入力することで求められます。なお、上の式中の Round は、指定した桁数で四捨五入を自動で行ってくれる関数で、産業連関表の作成上しばしば使用されています。

（2）産業連関表の粗付加価値と市内総生産の関係

都道府県表の投入係数と付加価値係数を使用して、市町村の産業別 CT を按分す

第7章　市町村表の作成

	A	B	C	GD	GE	GF	GG	GH	GI	GJ
1	平成17年兵庫県産業連関表									
2	投入係数表									
3				183	184	185	186	187	188	189
4			基本分類(188部門)	8612	8613	8614	8619	8900	9000	9099
				飲食店	宿泊業	洗濯・理容・美容・浴場業	その他の対個人サービス	事務用品	分類不明	内生部門計
5										
179	174	8314	介護	0.000000	0.000000	0.000000	0.000000	0.000000	0.000000	0.000000
180	175	8411	その他の公共サービス	0.001415	0.001059	0.001406	0.002063	0.000000	0.002386	0.001259
181	176	8511	広告	0.010667	0.004077	0.009302	0.016073	0.000000	0.002549	0.008829
182	177	8512	物品賃貸業(除自動車)	0.017280	0.001619	0.001617	0.005047	0.000000	0.005143	0.009981
183	178	8513	貸自動車業	0.000122	0.001055	0.001459	0.001979	0.000000	0.000691	0.001249
184	179	8514	自動車修理	0.000383	0.003113	0.001689	0.004738	0.000000	0.004741	0.002437
185	180	8515	機械修理	0.002927	0.001142	0.006328	0.001759	0.000000	0.002987	0.004810
186	181	8519	その他の対事業所サービス	0.011251	0.009048	0.018219	0.013561	0.000000	0.012871	0.024216
187	182	8611	娯楽サービス	0.000196	0.001823	0.000000	0.000876	0.000000	0.000372	0.000425
188	183	8612	飲食店	0.000000	0.000000	0.000000	0.000000	0.000000	0.000000	0.000000
189	184	8613	宿泊業	0.003218	0.010841	0.021502	0.000294	0.000000	0.002720	0.001098
190	185	8614	洗濯・理容・美容・浴場業	0.000444	0.002344	0.001805	0.008236	0.000000	0.000609	0.000580
191	186	8619	その他の対個人サービス	0.000918	0.002227	0.003577	0.003297	0.000000	0.000282	0.001451
192	187	8900	事務用品	0.005372	0.000690	0.003173	0.000921	0.000000	0.000000	0.004384
193	188	9000	分類不明	0.552630	0.512002	0.268660	0.248305	1.000000	1.161747	0.490056
194	189	9099	内生部門計	0.019129	0.020626	0.034810	0.021618	0.000000	0.004444	0.017201
195	190	9110	家計外消費支出(行)	0.260102	0.226612	0.300519	0.292720	0.000000	0.022815	0.220582
196	191	9311	賃金・俸給	0.020841	0.022984	0.027498	0.032606	0.000000	0.002259	0.024339
197	192	9312	社会(保険料(雇用主負担)	0.006662	0.016880	0.008872	0.014705	0.000000	0.001836	0.015546
198	193	9313	その他の給与及び手当	0.061853	0.064258	0.244712	0.187920	0.000000	-0.314004	0.100960
199	194	9401	営業余剰	0.054783	0.093376	0.067129	0.083944	0.000000	0.109771	0.083671
200	195	9402	資本減耗引当	0.024033	0.037219	0.047926	0.000000	0.000000	0.011288	0.014370
201	196	9403	資本減耗引当(社会資本減耗分)	-0.000032	-0.000113	-0.000128	0.118302	0.000000	-0.000156	0.037154
202	197	9404	間接税(除関税)	0.443370	0.487998	0.731340	-0.000120	0.000000	-0.161747	-0.003879
203	198	9405	(控除)補助金				0.751695	0.000000		0.509944
204	199	9500	粗付加価値部門計							

【図7-3】兵庫県表の投入係数表（一部抜粋）

119

	A	B	C	GD	GE	GF	GG	GH	GI	GJ
1	平成17年尼崎市産業連関表								(金額単位:百万円)	
2				183	184	185	186	187	188	189
3				8612	8613	8614	8619	8900	9000	9099
4			基本分類(188部門)	飲食店	宿泊業	洗濯・理容・美容・浴場業	その他の対個人サービス	事務用品	分類不明	内生部門計
5										
179	174	8314	介護	0	0	0	0	0	0	0
180	175	8411	その他の公共サービス	108	7	31	66	0	16	4,428
181	176	8511	広告	811	28	207	517	0	17	29,950
182	177	8512	物品賃貸業(除貸自動車業)	131	11	36	162	0	35	33,414
183	178	8513	貸自動車業	9	7	33	64	0	5	3,435
184	179	8514	自動車修理	29	23	38	152	0	32	7,155
185	180	8515	機械修理	223	8	141	57	0	20	18,014
186	181	8519	その他の対事業所サービス	856	63	406	436	0	87	76,578
187	182	8611	娯楽サービス	15	13	0	28	0	2	1,281
188	183	8612	飲食店	0	0	0	0	0	0	0
189	184	8613	宿泊業	0	0	0	0	0	0	0
190	185	8614	洗濯・理容・美容・浴場業	245	75	479	9	0	18	3,197
191	186	8619	その他の対個人サービス	34	16	40	265	0	4	1,804
192	187	8900	事務用品	70	15	80	106	0	2	4,487
193	188	9000	分類不明	409	5	71	30	0	0	13,919
194	189	9099	内生部門計	42,023	3,534	5,987	7,980	4,484	7,814	1,092,964
195	190	9110	家計外消費支出(行)	1,455	143	776	696	0	30	53,502
196	191	9311	賃金・俸給	19,780	1,567	6,698	9,419	0	153	694,956
197	192	9312	社会保険料(雇用主負担)	1,585	159	613	1,049	0	15	76,336
198	193	9313	その他の給与及び手当	507	117	198	473	0	12	49,901
199	194	9401	営業余剰	4,706	447	5,454	6,057	0	-2,110	298,564
200	195	9402	資本減耗引当	4,166	687	1,496	2,701	0	739	258,629
201	196	9403	資本減耗引当(社会資本減耗分)	0	0	0	0	0	0	33,006
202	197	9404	間接税(除関税)	1,828	257	1,068	3,807	0	76	106,209
203	198	9405	(控除)補助金	-2	-1	-3	-4	0	-1	-11,092
204	199	9500	粗付加価値部門計	34,025	3,376	16,300	24,198	0	-1,086	1,560,011
205	200	9700	市内生産額	76,048	6,910	22,287	32,178	4,484	6,728	3,252,983

【図7-4】尼崎市表の投入表試算表(一部抜粋)

第7章　市町村表の作成

れば、産業部門ごとの中間需要額と粗付加価値額が同時に求められますが、これで投入表が完成したわけではありません。次のステップとして、粗付加価値額の補正が必要になってきます。というのは、産業連関表の粗付加価値額といえども、それは市町村が1年間に生み出した付加価値の合計ですから、理論的にみて、市町村内総生産（名目）と整合性のとれた金額でなければなりません。

　ちなみに、図7-4の段階で作成された尼崎市の投入表試算表の粗付加価値の産業部門計は1560011（百万円）です。図7-4で確認してください。別途、兵庫県の産業連関表取引基本表をみてみますと、兵庫県表の粗付加価値の産業部門計は18544181（百万円）となっています。よって、尼崎市の対兵庫県シェアを計算しますと、0.08412になります。この数値を、GDP統計から算出される兵庫県の県内総生産に占める尼崎市の市内総生産の割合と比較してみるとどうなっているでしょうか。

　比較の対象年次を合わせるために、2004（平成16）年度と2005（平成17）年度の兵庫県の県内総生産および尼崎市の市内総生産（いずれも名目）の数字から、2005（平成17）暦年ベースの兵庫県の県内総生産および尼崎市の市内総生産を推計して比較してみます。ここでその計算式までは示しませんが、結果は、平成17暦年で尼崎市の市内総生産の対兵庫県シェアが0.08030となりました。産業連関表の粗付加価値から求められた県内シェアのほうが大きくなっています。

（3）粗付加価値額の補正

　図7-4の時点で推計される市町村の投入表試算表での粗付加価値額を、粗付加価値額の1次推計値と呼ぶことにしましょう（図7-2では③の枠の左側）。すると、粗付加価値額の1次推計値は、これまでの手順でわかるとおり、事業所・企業統計の従業者数を使って都道府県表の生産額を按分したCTを、さらに都道府県表の付加価値係数で按分した数字です。それに対して、産業連関表の都道府県表にある産業別粗付加価値額を、名目GDPにおける都道府県と市町村の比で按分したものを計算することができます。これを、ここでは粗付加価値額の2次推計値と呼ぶことにします。ここで1次と2次の区別は、便宜上のものです。最初に推計したほうを1次と名付けているにすぎません。先に述べたように、最終的に市町村の産業連関表における粗付加価値額は、2次推計値のほうを採用します。

　それならなぜはじめから、この2次推計値を先に計算しなかったのかという疑問が出てくると思います。それに関していえば、最初からGDP統計を使って投入表を作成すれば、利用可能な市町村のGDP統計の産業区分が大分類しか公表されて

121

いないので、産業分類が非常に粗いものになってしまいます。最初に推計する投入表は、できるだけ細かな産業分類でCTを作成することによって、市町村の産業構造を如実に反映させる必要があります。

(4) 補正係数の求め方

さて、1次推計値は188部門で推計したのに対して、2次推計値は利用可能な市町村のGDP統計の産業分類が25部門しかありません。そのため、粗付加価値額の補正の手順としては、まず188部門で推計した1次推計値を、GDP統計の産業区分にしたがって25部門にくくり直します。2次推計値は、都道府県表の粗付加価値額に対して、市町村の25部門のGDPにおける対都道府県シェアをかけて求めます。こうして求められる粗付加価値額の2次推計値と、先にくくり直した25部門の1次推計値を比較します。

図7－5は、ここまでの粗付加価値額の補正を、本例の尼崎市において行った一覧表です。左端の部門名はGDP統計の産業区分にしたがう25部門です。対応コードは、その25部門に対応している産業連関表の188部門を表しています。市内総生産・GDPの項は、産業連関表の対象年次に合わせるため、2004（平成16）年度と2005（平成17）年度の兵庫県の県内総生産および尼崎市の市内総生産（いずれも名目）の数字から、2005（平成17）暦年の兵庫県の県内総生産および尼崎市の市内総生産を推計したものです。補正の項は、1次推計値から2次推計値を引いた誤差、1次推計値の評価、さらには1次推計値を2次推計値に合わせるための補正係数が記載されています。なお、補正係数は、表の数値から2次推計値／1次推計値で求めています。

さて、図7－5の補正の項の1次推計値の評価をみてください。『事業所・企業統計』による従業者数の比率で按分した粗付加価値の1次推計値がGDP統計による2次推計値よりも大きく推計された（補正係数が1より小さい）ならば、その産業は従業者1人当たりの粗付加価値が過大推計されたということになります。逆に、事業所・企業統計による粗付加価値の1次推計値がGDP統計による2次推計の数字よりも小さく推計された（補正係数が1より大きい）ならば、その産業は従業者1人当たりの粗付加価値が過小推計されたということになります。

なお、GDP統計によって粗付加価値額の1次推計値を補正することに関して、その理由の一端として付け加えておくならば、GDP統計は毎年公表される統計であるという点にあります。1次推計値が、5年に一度しか実施されず、産業連関表の基準年でない年次（今回は2006（平成18）年）の事業所・企業統計を利用しなけ

第7章 市町村表の作成

			産連ベース 粗付加価値額		市内総生産・GDP			産連ベース 粗付加価値額 尼崎市 2次推計②	誤差 (①-②)	補正		補正係数
	部門名	対応コード	兵庫県	尼崎市 1次推計①	兵庫県	尼崎市実数				事業所統計による1次推計		
農業		0111～0131	90,804	1,942	70,854	334		428	1,514	過大評価		0.22
林業		0211～0213	15,570	75	6,998	0		0	75	過大評価		0
水産業		0311～0312	29,522	0	27,108	0		0	-	-		-
鉱業		0611～0711	16,932	478	53,286	1,423		452	26	過小評価		0.946
食料品		1111～1141	718,105	20,463	710,712	41,985		42,422	-21,959	過小評価		2.073
繊維		1511～1529	40,619	978	25,294	256		411	567	過大評価		0.42
パルプ・紙		1811～1829	120,185	22,408	114,241	18,859		19,840	2,568	過大評価		0.885
化学		2011～2079	341,342	59,777	317,574	21,475		23,082	36,695	過大評価		0.386
石油・石炭製品		2111～2121	21,912	3,045	17,945	0		0	3,045	過大評価		0
窯業・土石製品		2511～2599	120,319	14,591	104,950	10,061		11,534	3,057	過大評価		0.79
一次金属		2611～2722	574,768	87,240	629,669	112,141		102,363	-15,123	過小評価		1.173
金属製品		2811～2899	291,072	46,547	343,800	52,864		44,756	1,791	過大評価		0.962
一般機械		3011～3112	686,607	83,964	880,516	58,170		45,360	38,604	過大評価		0.54
電気機械		3211～3421	656,890	73,995	704,853	92,563		86,264	-12,269	過小評価		1.166
輸送用機械		3511～3629	309,945	30,755	352,836	31,547		27,712	3,043	過大評価		0.901
精密機械		3711～3719	20,734	2,160	25,053	2,056		1,702	458	過大評価		0.788
その他の製造業		1611～1711,1911, 2211～2412,3911～3919	408,753	26,341	493,749	25,242		20,897	5,444	過大評価		0.793
建設業		4111～4132	1,064,060	92,579	953,502	95,460		106,529	-13,950	過小評価		1.151
電気,ガス・水道業		5111～5212	487,417	50,673	885,353	73,737		40,595	10,078	過大評価		0.801
卸売・小売業		6111～6212	1,859,666	136,892	2,121,107	133,147		116,736	20,156	過大評価		0.853
金融・保険業		6211～6212	943,660	72,315	1,104,659	94,407		80,648	-8,333	過小評価		1.115
不動産業		6411～6422	2,411,561	188,456	2,712,559	159,831		142,095	46,361	過大評価		0.754
運輸・通信業		7111～7189,7311～7319	1,396,467	84,182	1,365,294	107,910		110,374	-26,192	過小評価		1.311
サービス業		残りすべて	4,943,715	401,296	4,811,049	399,058		410,062	-8,766	過小評価		1.022
公務		8111～8112	973,556	58,859	993,228	59,622		58,441	418	過大評価		0.993
計			18,544,181	1,560,011	19,826,189	1,592,148		1,492,703	67,308			

【図7-5】粗付加価値額の補正

123

ればならないことを考え合わせると、産業連関表の基準年における市町村のGDP統計が利用できる粗付加価値額の2次推計のメリットは、案外大きいといえます。

(5) 投入表の完成

さて、前述した粗付加価値額の補正に関してですが、尼崎市の産業連関表作成例で具体的な作表プロセスをみてみましょう。補正するのは、図7-4の投入表試算表における粗付加価値額ですが、この補正によって、粗付加価値額が補正されるだけでなく、それによって市内生産額が補正されるので、投入係数を通じて中間投入額が変化します。したがって、図7-5に挙げた補正係数を使って、タテ列の産業ごとに、中間投入額の内訳、粗付加価値額の内訳、市内生産額を補正していきます。その結果は図7-6のようになります。

図7-6には、便宜上、図7-4と同じ産業部門の表を掲載しました。飲食店から分類不明まで、いずれも図7-4の試算表のタテ列の各数値に、サービス業の補正係数1.022をかけて補正しています。事務用品と分類不明は本来サービス業ではありませんが、補正係数を算出する図7-5の対応コードの列をみてわかるように、事務用品と分類不明はGDP統計のサービス業に対応していることに注意してください。最後列の内生部門計は、188部門にわたって、おのおの対応する補正係数をかけて補正したすべての列の数値をヨコに合計したものです。

なお、ここで細かい点に言及しますが、粗付加価値部門の雇用者所得に関して、賃金・俸給と社会保険等雇用主負担とを区別して計上しています。産業連関表を使った経済波及効果では、その間接二次効果として、所得増加からの消費需要の派生を算出するのが普通です。このとき、雇用者所得の数値をそのまま使うと効果が過大に出てしまいます。したがって、経済波及効果での間接二次効果の計算には、雇用者所得から社会保険等雇用主負担を差し引いた「賃金・俸給」を使ったほうが正確な間接二次効果が得られます。そのため、この投入表作成の段階で、賃金・俸給を雇用者所得から独立させておくことをお勧めします。

4 最終需要項目の推計

上記3節までの作業で、粗付加価値の補正が終わって投入表が出来上がりました。図7-2の市町村産業連関表の作成手順でいえば、②の中間需要（中間投入）と③の粗付加価値に、数字が配置されて、市町村の188部門の産業連関表のタテ列が出来上がりました。次は、残されたヨコ行の推計、つまり産出表の作成に移りま

第7章 市町村表の作成

	A	B	C	GD	GE	GF	GG	GH	GI	GJ
1	平成17年尼崎市産業連関表								(金額単位:百万円)	
2				183	184	185	186	187	188	189
3				8612	8613	8614	8619	8900	9000	9099
4				飲食店	宿泊業	洗濯・理容・美容・浴場業	その他の対個人サービス	事務用品	分類不明	内生部門計
5			基本分類(188部門)							
180	175	8411	その他の公共サービス	110	7	32	67	0	16	4,160
181	176	8511	広告	829	29	212	528	0	17	26,779
182	177	8512	物品賃貸業(除貸自動車業)	134	11	37	166	0	36	32,550
183	178	8513	貸自動車業	9	7	34	65	0	5	3,360
184	179	8514	自動車修理	30	24	39	155	0	33	7,730
185	180	8515	機械修理	228	8	144	58	0	20	17,042
186	181	8519	その他の対事業所サービス	875	64	415	446	0	89	75,545
187	182	8611	娯楽サービス	15	13	0	29	0	2	1,307
188	183	8612	飲食店	0	0	0	0	0	0	0
189	184	8613	宿泊業	0	0	0	0	0	0	0
190	185	8614	洗濯・理容・美容・浴場業	250	77	490	9	0	18	3,266
191	186	8619	その他の対個人サービス	35	16	41	271	0	4	1,751
192	187	8900	事務用品	72	15	82	108	0	2	4,393
193	188	9000	分類不明	418	5	73	31	0	0	14,190
194	189	9099	内生部門計	42,947	3,605	6,118	8,145	4,393	7,982	1,623,531
195	190	9110	家計外消費支出(行)	1,487	146	793	711	0	31	50,911
196	191	9311	賃金・俸給	20,215	1,601	6,845	9,626	0	156	685,679
197	192	9312	社会保険料(雇用主負担)	1,620	162	626	1,072	0	15	75,288
198	193	9313	その他の給与及び手当	518	120	202	483	0	12	48,921
199	194	9401	営業余剰	4,810	457	5,574	6,190	0	-2,156	270,404
200	195	9402	資本減耗引当	4,258	702	1,529	2,760	0	755	233,859
201	196	9403	資本減耗引当(社会資本減耗分)	0	0	0	0	0	0	32,876
202	197	9404	間接税(除関税)	1,868	263	1,091	3,891	0	78	99,604
203	198	9405	(控除)補助金	-2	-1	-3	-4	0	-1	-11,783
204	199	9500	粗付加価値部門計	34,774	3,450	16,657	24,729	0	-1,110	1,485,759
205	200	9700	市内生産額	77,721	7,055	22,775	32,874	4,393	6,872	3,109,290
206			市町村所得統計による補正係数	1.022	1.022	1.022	1.022	1.022	1.022	

【図7-6】尼崎市表の投入表補正表（一部抜粋）

125

す。ヨコ行の推計も188部門で行います。

（1）産出表の作成

産出表の作成は、市町村の最終需要を推計することが主な作業となります。

順序としては、まず図7-2の④に移輸出入以外の最終需要項目、つまり市内最終需要を配置し、次いで輸出、移出、輸入、移入の順に配置を行います。ここでは、輸移出入以外の市内最終需要について、その項目ごとの推計方法を説明します。推計のために使用する原データは、都道府県表の各最終需要項目のデータです。ここでも基本的には、都道府県表の数値を市町村に按分します。按分の方法は以下のようにします。

（2）家計外消費支出の按分

最終需要項目における「家計外消費支出」は、粗付加価値の内訳項目である家計外消費支出と一致しなければなりません。そもそも、この両者は同じものだからです。よって、最終需要項目の家計外消費支出は、2節で推計した市町村表の粗付加価値のなかの家計外消費支出の合計額をコントロールトータルCTとして、都道府県表の家計外消費支出のタテ列の産業部門別内訳構成比で按分します。

（3）家計消費支出の推計と按分

最終需要項目でもっとも大きな項目が民間消費支出です。ここでは、その民間消費支出を、「家計消費支出」と「対家計民間非営利団体消費支出」に分けて推計します。

通常、都道府県の場合、県民経済計算で民間消費や設備投資などの最終需要項目のデータが公表されますが、市町村民所得には、最終需要項目のデータが公開されていません。そのため、都道府県から市町村単位に、産業連関表の最終需要項目を按分推計するためには別の統計を使用します。どのような統計を使用すればよいかは、最終需要項目によって異なります。家計消費支出の場合は、人口比で按分する方法がよく使われます。

そこで、人口比で按分するには、まず『国勢調査』をもとに、当該市町村と都道府県の人口比を計算しておきます。次に、都道府県表の家計消費支出の合計に市町村の人口比をかけて、当該市町村の家計消費支出の総額を求めます。あとは、この家計消費支出の総額をコントロールトータルCTとして、都道府県表の家計消費支出の産業部門別内訳構成比で按分します（この産業部門別内訳の按分をより精密に

行うには、総務省統計局の全国消費実態調査から市町村別のデータを取り出して使うことができます)。

本例の尼崎市の場合を示しましょう。2005 (平成17) 年の国勢調査から、尼崎市と兵庫県の人口比を計算します。尼崎市の人口総数は46万2647(人)、兵庫県の人口総数は559万601(人)ですから、尼崎市の対兵庫県人口比は0.083となります。この人口比と兵庫県188部門表の家計消費支出合計額から、尼崎市の家計消費支出合計額885,984(百万円)が計算されます。さらにこれをコントロールトータル CT として、兵庫県188部門表の家計消費支出の産業部門別構成比を用いて按分し、尼崎市の家計消費支出を産業部門別に求めます。このとき、按分した後の産業計を sum 関数で検算しておきます。コントロールトータル CT とこの検算結果が合わない場合は、分類不明部門の数字で調整します。

図7-7は sum 関数による検算までを示しています。尼崎市の人口比から計算された家計消費支出合計とその按分結果の合計に7(百万円)の差額が生じることがわかります。よって、分類不明部門の73(百万円)を80(百万円)に増額して調整することになります。

(4) 対家計民間非営利団体消費支出の推計と按分

対家計民間非営利団体は、営利を目的とせず公共的なサービスを家計に提供する団体を指しています。対家計民間非営利団体には、労働組合、政党、経済団体、宗教団体、私立学校、社会福祉法人などの限られた団体しか含まれないため、それらの団体の消費支出は、産業連関表の特定の産業にしか計上されません。ちなみに総務省表の190部門表の「対家計民間非営利団体消費支出」に数値が計上されている産業部門は、8211学校教育、8213社会教育・その他の教育、8221学術研究機関、8313社会保障、8411その他の公共サービス、の5つです。そこで、市町村の対家計民間非営利団体消費支出は、家計消費支出と同じように当該市町村の人口比を用いて都道府県表の数値を按分しますが、対象がこの5つの産業部門に絞られますから、部門ごとに個別に按分します。図7-8は尼崎市の例を示しています。

(5) 一般政府消費支出の推計と按分

「一般政府消費支出」には、義務教育、消防、警察、国防など政府が提供するサービスに対して、そのコストの支払いが特定できるものを除き、政府が自己消費したとみなして計上されるものと、医療費のように、家計が納付する保険料や医療機関窓口での一部負担で十分賄い切れない分に対して、政府が負担しているものとが

第Ⅱ部　手法編

	A	B	C	D	E	F	G	H	I
1	平成17年尼崎市産業連関表								
2	産出表								
3				190	191	192	193	194	195
4				9110	9121	9122	9131	9132	9141
5			基本分類(188部門)	家計外消費支出	家計消費支出	対家計民間非営利団体消費支出	一般政府消費支出	一般政府消費支出(社会消費成移分)	県内総固定資本形成(公的)
172	167	8211	学校教育	0	17,055				
173	168	8213	社会教育・その他の教育	0	1,875	兵			
174	169	8221	学術研究機関	0	0	庫			
175	170	8222	企業内研究開発	1,002	22,593	県			
176	171	8311	医療	486	223	1			
177	172	8312	保健	6	4,411	8			
178	173	8313	社会保障	0	2,276	8			
179	174	8314	介護	0	9,836	部門表と同じ産業構成比で按分			
180	175	8411	その他の公共サービス	0	15				
181	176	8511	広告	105	1,630				
182	177	8512	物品賃貸業(除自動車業)	0	374				
183	178	8513	貸自動車業	0	8,631				
184	179	8514	自動車修理	0	397				
185	180	8515	機械修理	60	2,617				
186	181	8519	その他の対事業所サービス	3,548	26,193				
187	182	8611	娯楽サービス	21,870	45,534				
188	183	8612	飲食店	6,079	15,805				
189	184	8613	宿泊業	73	15,958				
190	185	8614	洗濯・理容・美容・浴場業	247	25,313				
191	186	8619	その他の対個人サービス	0	0				
192	187	8900	事務用品	0	73				
193	188	9000	分類不明	50,911	885,984				
194	189	9099	内生部門計		885,977				
195			SUM関数による検算						

兵庫県188部門表の家計消費支出合計
×尼崎市の対兵庫県人口比 0.083

この差額は「分類不明」で調整する → 73+7

【図7-7】尼崎市表の家計消費支出の推計（一部抜粋）

第7章　市町村表の作成

	A	B	C	D	E	F	G	H	I	J
1	平成17年尼崎市産業連関表									
2	産出表									
3									9141	9142
4					9121	9122	9131	9132	195	196
				9110	191	192	193	194	県内総固定資本形成（公的）	県内総固定資本形成（民間）
5			基本分類(188部門)	家計外消費支出	家計消費支出	対家計民間非営利団体消費支出		一般政府消費支出（社会消費支出（公的）耗分）		
				190						
169	164	7351	映像・文字情報制作	54	4,813	0				
170	165	8111	公務(中央)	0	202	0				
171	166	8112	公務(地方)	0	1,809	0				
172	167	8211	学校教育	0	17,055	2,365		兵庫県188部門表（学校教育）×尼崎市の私立学校学生数の対兵庫県比	
173	168	8213	社会教育・その他の教育	0	1,875	606			
174	169	8221	学術研究機関	0	0	3,074		兵庫県188部門表（学術研究機関）×尼崎市の事業所従業者数の対兵庫県比	
175	170	8222	企業内研究開発	0	0	0			
176	171	8311	医療	1,002	22,593	0			
177	172	8312	保健	486	223	0			
178	173	8313	社会保障	6	4,411	10,343		兵庫県188部門表（社会保障）×尼崎市の65歳以上人口の対兵庫県比	
179	174	8314	介護	0	2,276	0			
180	175	8411	その他の公共サービス	0	9,836	5,746			
181	176	8511	広告	0	15	0			
182	177	8512	物品賃貸業（除自動車業）	105	1,630	0			
183	178	8513	自動車業	0	374	0			
184	179	8514	機械修理	0	8,631	0			
185	180	8515	その他の対事業所サービス	0	397	0			
186	181	8519	娯楽サービス	60	2,617	0			
187	182	8611	飲食店	3,548	26,193	0			
188	183	8612	宿泊業	21,870	45,534	0			
189	184	8613	洗濯・理容・美容・浴場業	6,079	15,805	0			
190	185	8614	その他の対個人サービス	73	15,958	0			
191	186	8619	事務用品	247	25,313	0			
192	187	8900	分類不明	0	0	0			
193	188	9000	内生部門計	0	80	0			
194	189	9099		50,911	885,984	22,134				

【図7-8】尼崎市表の対家計民間非営利団体消費支出の推計（一部抜粋）

あります。こうした政府サービスがいくらであるかを推計するに際してほかに有効な方法がないので、公務員の給与などのコストを積算し、サービス価額とするのが通例です。

ここでも、市町村の一般政府消費支出の推計にあたっては、都道府県表の数値を按分しますが、按分の方法は産業部門ごとに異なります。尼崎市の産業連関表作成例では、「公務」関連は、『事業所・企業統計』から公務に従事する従業者数の対兵庫県比を算出し、それを用いて按分しています。「教育・研究」関連は、『学校基本調査』から国公立の小・中・高等学校の学校数合計の対兵庫県比を用います。「医療・保健・社会保障・介護」関連を含むその他の部門は、『国勢調査』から世帯数の対兵庫県比を用いています。

(6) 市内総固定資本形成（公的）の推計と按分

市町村の「域内総固定資本形成（公的）」を推計するには、当該市町村の歳出決算額をもとに、歳出内訳の項目の1つである投資的経費のデータを用いて、都道府県表の総固定資本形成（公的）を比例按分するという方法を採用します。

具体的には、まず当該年度の投資的経費における市町村と都道府県の比を計算します。尼崎市の産業連関表作成例では、兵庫県の「市町村決算カード」を参考にして、2005（平成17）年度の投資的経費における尼崎市と兵庫県の比を計算します。「市町村決算カード」は、総務省のHP上にPDFファイルで公表されています。市町村の決算内容がコンパクトにまとめられていて、ほかの市町村との比較などに便利です。次に、その比率（対兵庫県比）と都道府県表の総固定資本形成（公的）から、市町村の域内総固定資本形成（公的）のコントロールトータルCTを計算します。最後にこれを都道府県表と同じ産業部門別内訳構成比で按分します。

(7) 市内総固定資本形成（民間）および在庫純増の推計と按分

市町村の「域内総固定資本形成（民間）」および「在庫純増」を推計するには、当該市町村の産業別生産額の対都道府県比率を用いて、都道府県表の総固定資本形成（民間）および在庫純増の数値を按分するという方法を採用します。市町村の産業別生産額の対都道府県比率とは、2節のコントロールトータルCTの作成において推計された、投入表のタテ列計である市町村の産業部門別生産額と都道府県表の投入表の産業部門別生産額との比のことです。尼崎市の例では、推計された188部門の投入表から産業別生産額の対兵庫県比を計算しています。この比率を用いて、都道府県表の総固定資本形成（民間）および在庫純増の産業部門別数値を按分します。

5 移輸出入の推計

　最後に残った推計項目は、市域外にまたがって生じる移輸出入です。移出は国内のほかの市町村から、輸出は外国から、それぞれ当該市町村の生産物に対して生じる需要です。移入は国内のほかの市町村の生産物に対して、輸入は外国の生産物に対してそれぞれ生じる需要です。なかでも移出と移入は地域産業連関表で大きなウエイトを占める需要項目ですが、その推計は、とくに市町村のような小地域の場合、従来からもっとも難しい項目であるとされています。

（1）移出入の推計上の留意点

　市町村の移出入の推計がなぜ困難かといえば、市町村間の財やサービスの取引状況を把握できるデータがほとんどないからです。都道府県間における財やサービスの取引きおよび流動状況は、貨物流動調査や観光入込客動態調査によって、ある程度は把握可能ですが、市町村のような狭い地域では、観光客の入込調査を除き、確たる統計調査がありません。

　1）したがって、市町村間の財やサービスの取引状況を把握しようと思えば、特別にアンケートによる商品流動調査を実施するぐらいしか方法がないといえます。このアンケートを用いた商品流動調査を併用して、移出入を推計する方法を「サーベイ・アプローチ」と呼んでいます。このサーベイ・アプローチで用いられるアンケート調査は、商工会議所などに依頼して、市内事業所の主力製品における販売先の業種と地域、およびそれらの割合を聞くことが多いようです。

　2）一方、サーベイ・アプローチに対して、都道府県表の移出入などの数値を手掛かりに、既存の統計データだけを使って市町村の移出入を推計する方法が「ノンサーベイ・アプローチ」と呼ばれている方法です。近年になって、兵庫県のように後述の簡易推計法によって「地域間産業連関表」を作成・公表する都道府県が出てきました。そうした動きを受けて、都道府県の「地域間産業連関表」を簡易推計法で作成し、それを用いて市町村の移出入を推計する方法を試行的に行ったのが本節でこれから説明する移出入の推計法です。

（2）輸出と輸入の推計

　まず、市町村の輸出入について考えます。市町村と海外の取引額をサーベイ・アプローチで調査することができないわけではありませんが、ここでは移出入と同様

にノンサーベイ・アプローチを取ります。

輸出は市町村が供給側になりますから、市町村の生産比率と同じ割合だけ輸出が行われるものと仮定します。そうすると、都道府県表にある既知の産業別輸出額に、市町村の当該産業の県内生産比率をかけるという按分の仕方で、市町村の産業別輸出額が計算できます。

輸入では市町村が需要側になります。とりあえず需要側の産業特性に応じて、按分の方法を二分します。消費財やサービスの輸入需要は地域の人口に依存すると考えられますし、投資財や対事業所サービスの輸入需要は法人が主な顧客ですから、地域の中間需要に依存すると考えられます。したがって、消費財産業およびサービス産業部門(対事業所サービスを除く)は、都道府県表の輸入額を当該市町村の人口比で按分し、投資財産業および対事業所サービス部門は、都道府県表の輸入額を先に推計された当該市町村の投入表の生産額の対都道府県比で按分することにします。尼崎市の産業連関表の作成例では、鉱業、繊維(衣服除く)、化学、鉄鋼、非鉄金属、一般機械、電気機械、情報通信、電子部品、対事業所サービスなどに属する部門を投資財産業としています。

次に市町村の移出入についてですが、前述の理由から、ノンサーベイ・アプローチで推計することにします。それには、都道府県の地域間産業連関表が必要になります。そこで、地域間産業連関表の枠組みを簡単にみておきましょう。

(3)「地域間産業連関表」の枠組みと簡易推計法

図7-9は兵庫県を例に都道府県の地域間産業連関表の枠組みを図式化したものです。

地域内表では1つの列ベクトルで表されている移入や移出が、地域間表ではそれぞれ中間需要と最終需要に分別されて記載されます。つまり、地域内表の移入は⑦と⑨に行列形式で配置され、同様に移出が②と④に行列形式で配置されます。このとき移入を例に、地域内表の移入を地域間表に行列形式で配置する際の配分方法を説明すると、まず県内需要合計に対する中間需要の産業別割合をもとに、移入を比例按分すれば⑦の行列が出来上がり、次に県内需要合計に対する最終需要の項目別割合をもとに、移入を比例按分すれば⑨の行列が出来上がるという具合です。移出の場合も同様に配置されます。

県の地域内のみの中間財取引を表す①の行列は、地域内表の中間財取引(図7-1の②)から中間財移入を表す⑦を差し引いたものになります。他地域同士の中間財取引を表す⑧の行列は、総務省表から①+②+⑦を差し引くことで算出されま

第7章 市町村表の作成

		中間需要		最終重要		輸出	輸入	生産額
		自地域	他地域	自地域	他地域			
中間投入	自地域	①兵庫県内取引	②兵庫の移出	③兵庫県内取引	④兵庫の移出	⑤兵庫の輸出	⑥兵庫の輸入	兵庫県表
	他地域	⑦兵庫の移入	⑧全国ー兵庫	⑨兵庫の移入	⑩全国ー兵庫	⑪全国の輸出ー兵庫の輸出	⑫全国の輸入ー兵庫の輸入	全国ー兵庫
粗付加価値		⑬兵庫県内取引	⑭全国ー兵庫					
生産額		兵庫県表	全国ー兵庫					

【図7-9】地域間産業連関表の枠組み・兵庫県の例

す。最終需要の部分も同じ要領で、地域内のみの最終財取引を表す③の行列は、地域内表の最終財取引（図7-1の④）から最終財移入を表す⑨を差し引いたものになります。他地域同士の最終財取引を表す⑩の行列は、総務省表から③＋④＋⑨を差し引くことで算出されます。

（4）都道府県の地域間表と市町村の移出入の関係

　前項で都道府県の地域間表の枠組みをみたので、それをもとに市町村の移出入がどのような位置関係にあるかを考えてみましょう。それには図示したほうがわかりやすいので、図7-10のような模式図を描きました。
　図は例として、尼崎市の移出入が兵庫県の地域間表においてどのような位置にあるかを示しています。そこには、AからHまで、尼崎市に関係する部分を明示しています。図のA～Dは尼崎市の移出を、E～Gは尼崎市の移入を表しています。とくに、兵庫県域×兵庫県域の取引部分にある尼崎市のパートA、E、C、Fがどうなっているのかについて、図7-11と図7-12に詳細な拡大図を描いてみました。
　さて、本例の尼崎市の移出入は、図7-10のA～Hの部分の計算によって求められます。表7-3は、計算の概略を示しています。順にみていきましょう。

（5）移出の計算方法

　図7-10のAは尼崎から兵庫県内の他市町村へ移出される中間財の生産を表しています。図7-11の斜線部の移出がそれに該当する部分です。図7-11は図7-9

		中間需要			最終需要		
		尼崎	兵庫県内	兵庫県外	尼崎	兵庫県内	兵庫県外
中間投入	尼崎		A	B		C	D
	兵庫県内	E			F		
	兵庫県外	G			H		

　　　　　　　尼崎の移入　　　　尼崎の移出

【図 7 - 10】 兵庫県地域間表における尼崎市の移入と移出

【表 7 - 3】 尼崎市移出入の計算方法

図7-10の部分	移出入の計算方法
A	図7-11の移出計算式で計算される正値（負値はゼロとする）
B	（図7-9 ②の要素）× 尼崎の投入側の該当産業財生産の県内比率 s^a_i
C	図7-12の移出計算式で計算される正値（負値はゼロとする）
D	（図7-9 ④の要素）× 尼崎の投入側の該当産業財生産の県内比率 s^a_i
E	図7-11の移入計算式で計算される正値（負値はゼロとする）
F	図7-12の移入計算式で計算される正値（負値はゼロとする）
G	（図7-9 ⑦の要素）× 尼崎の需要側の該当産業財生産の県内比率 s^a_j
H	（図7-9 ⑨の要素）× 尼崎の該当する最終需要項目の県内比率 f^a_j

の兵庫県地域間表の①のエレメントに着目しています。①のエレメントは兵庫県の第 j 産業の中間需要に投入される兵庫県の第 i 財生産額、つまり X_{ij} で表されます。このうち、尼崎市の生産が尼崎市の需要を上回る額が兵庫県の他市町村へ移出されます。したがって、マイナスの計算値は移出ゼロとします。

　図 7 - 10 の C は尼崎から兵庫県内の他市町村へ移出される最終財の生産を表しています。図 7 - 12 の斜線部の移出がそれに該当する部分です。図 7 - 12 は図 7 - 9 の兵庫県地域間表の③のエレメントに着目しています。③のエレメントは兵庫県の第 j 項目の最終需要に投入される兵庫県の第 i 財生産額、つまり F_{ij} で表されます。このうち、尼崎市の生産が尼崎市の需要を上回る額が兵庫県の他市町村へ移出されま

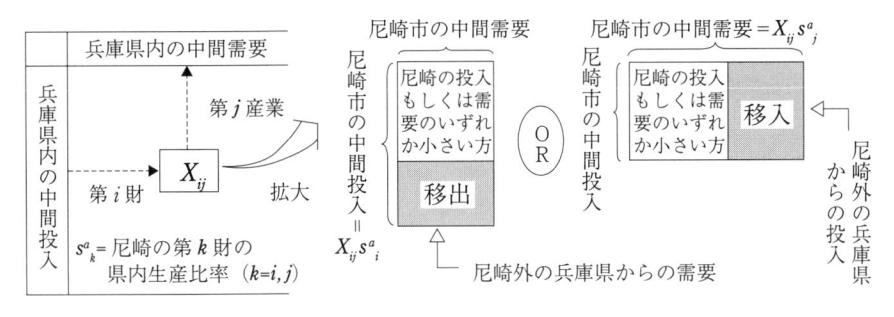

第7章 市町村表の作成

【図7-11】中間財の移入と移出（兵庫県内の市域間取引）

尼崎市にとって　兵庫県の第j産業の中間需要に投入される
第i財の県内での ＝ 兵庫県の第i財生産額、つまりX_{ij}のうち ＝ $X_{ij}s^a_j - X_{ij}s^a_i$
中間財移入額　　尼崎市の需要が尼崎市の生産を上回る額

尼崎市にとって　兵庫県の第j産業の中間需要に投入される
第i財の県内での ＝ 兵庫県の第i財生産額、つまりX_{ij}のうち ＝ $X_{ij}s^a_i - X_{ij}s^a_j$
中間財移出額　　尼崎市の生産が尼崎市の需要を上回る額

図中：
兵庫県内の中間需要／兵庫県内の中間投入／第j産業／第i財／X_{ij}／拡大
s^a_k＝尼崎の第k財の県内生産比率（$k=i,j$）
尼崎市の中間需要／尼崎市の中間投入＝$X_{ij}s^a_i$
尼崎の投入もしくは需要のいずれか小さい方／移出
尼崎外の兵庫県からの需要
OR
尼崎市の中間需要＝$X_{ij}s^a_j$
尼崎の投入もしくは需要のいずれか小さい方／移入
尼崎外の兵庫県からの投入

【図7-12】最終財の移入と移出（兵庫県内の市域間取引）

尼崎市にとって　兵庫県の第j項目の最終需要に投入される
第i財の県内での ＝ 兵庫県の第i財生産額、つまりF_{ij}のうち ＝ $F_{ij}f^a_j - F_{ij}s^a_i$
最終財移入額　　尼崎市の需要が尼崎市の生産を上回る額

尼崎市にとって　兵庫県の第j項目の最終需要に投入される
第i財の県内での ＝ 兵庫県の第i財生産額、つまりF_{ij}のうち ＝ $F_{ij}s^a_i - F_{ij}f^a_j$
最終財移出額　　尼崎市の生産が尼崎市の需要を上回る額

図中：
兵庫県内の最終需要／兵庫県内の投入／第j項目／第i財／F_{ij}／拡大
f^a_k＝尼崎の第k財の県内需要比率（$k=j$）
尼崎市の最終需要／尼崎市の投入＝$F_{ij}s^a_i$
尼崎の投入もしくは需要のいずれか小さい方／移出
尼崎外の兵庫県からの需要
OR
尼崎市の最終需要＝$F_{ij}f^a_j$
尼崎の投入もしくは需要のいずれか小さい方／移入
尼崎外の兵庫県からの投入

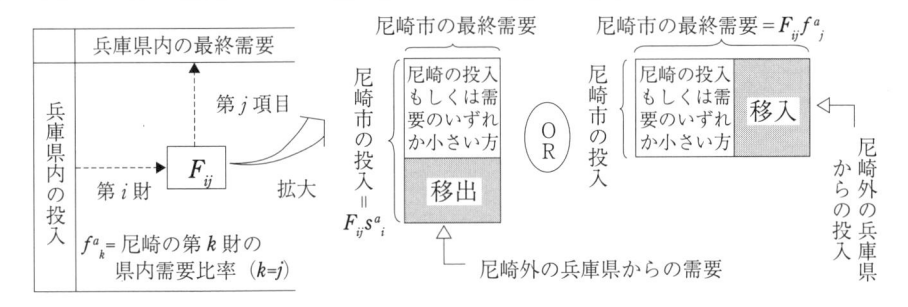

す。ここでも、マイナスの計算値は移出ゼロとします。

　図7-10のB、Dはそれぞれ尼崎から兵庫県外へ移出される中間財、最終財の生産を表しています。Bは図7-9の兵庫県地域間表の②、Dは④のエレメントに着目し、各エレメントに尼崎市の投入側の該当産業財生産の県内比率をかけて求められます。

（6）移入の計算方法

　図7-10のEは兵庫県内の他市町村から尼崎市へ移入される中間財の生産を表しています。図7-11の斜線部の移入がそれに該当する部分です。移出の項で説明したように、図7-11は図7-9の兵庫県地域間表の①のエレメントに着目しています。①のエレメントをもとにして、尼崎市の需要が尼崎市の生産を上回る額が兵庫県の他市町村から移入されます。なお図7-11をみると、移出と移入は逆のパターンになっていることに気がつくはずです。

　図7-10のFは兵庫県内の他市町村から尼崎市へ移入される最終財の生産を表しています。図7-12の斜線部の移入がそれに該当する部分です。移出の項でも説明したように、図7-12は図7-9の兵庫県地域間表の③のエレメントに着目しています。③のエレメントをもとにして、尼崎市の需要が尼崎市の生産を上回る額が兵庫県の他市町村から移入されます。図7-12をみると、やはり移出と移入は逆のパターンになっていることに気がつくはずです。

　図7-10のG、Hはそれぞれ兵庫県外から尼崎市へ移入される中間財、最終財の生産を表しています。Gは図7-9の兵庫県地域間表の⑦のエレメントに着目し、それらに尼崎市の需要側の該当産業財生産の県内比率をかけて求められます。一方、Hは地域間表の⑨のエレメントに着目し、それらに尼崎市の該当する最終需要項目の県内比率（たとえば家計消費支出ならば人口比）をかけて求められます。

（7）188部門で兵庫県の地域間産業連関表を作っておく

　前項までで兵庫県の地域間表から尼崎市の移出入を推計する方法の説明を終わりますが、本例は188部門で尼崎市表を作ろうとしています。ですから、尼崎市の移出入の推計に使用する兵庫県の地域間表も188部門表が必要になってきます。ただ残念ながら、兵庫県では地域間産業連関表は36部門までしか公表していません。面倒ですが、図7-9の都道府県地域間表の枠組みと簡易推計法の説明に沿って行列の配置を行い、ぜひとも188部門の地域間表を作ることにチャレンジしてください。

（8）産出表が出来上がり投入表と結合する

ここまできて、ようやく市町村表の産出表が出来上がります。産出表はタテ列に最終需要項目が並び、ヨコ行に188部門の投入額が並びます。移出入の推計では、図7-10のA～Hのように移出、移入それぞれ4つに分割して計算されたものを合計して、産業部門別にタテ列1本の移出と移入にして推計を終えます。こうしてすべての最終需要項目の推計が完了しますと、産出表が出来上がります。

産出表が出来上がりますと、いよいよ投入表と結合させて、市町村の産業連関表が仮完成します。投入表と産出表の結合は、図7-2のように、投入表の内生部門計の右列に産出表を付加します。最後にヨコ行をすべて合算して、図7-1の①に当たる生産額の列を付加して終了です。

6 ┃ バランス調整と産業連関表の完成

5節までの手順で仮完成した尼崎市の産業連関表でしたが、産業連関表の基本として、部門別生産額はタテ列とヨコ行で必ず一致しなければなりません。しかし、投入表と産出表を結合させて最終的にヨコ行で計算された産業部門別生産額が、図7-6の投入表のタテ列の部門別生産額と一致する保証はありません。むしろ乖離があって当然です。したがって、その乖離の補正が市町村の産業連関表作成にとって最後の関門になります。この乖離の補正は、列和と行和のバランス調整と呼ばれています。バランス調整は、第一に産出表の数値を修正することで行います。それでも補正できない場合に限り、投入表に立ち返って修正します。投入表の修正を頻繁に行うのだけは避けなければなりません。なぜなら、それは投入係数を変化させ、ひいては逆行列係数に多大な影響を及ぼすからです。

（1）列和と行和の乖離を計算する

バランス調整は、まず産出表の数値を修正することによって行います。これは言い換えると産業連関表の列和を基準にして、行和のほうを調整するということです。ですから、投入表の列和を行和の右に移して行和との乖離を計算します。本例の尼崎市の場合、その補正前の列和と行和の乖離は図7-13の右から2列目のようになっています。乖離幅は、部門によっては大きな値となっています。

図7-13には、0111穀類から1121酒類までの部門について、市内需要合計から市内生産額（行和）までの表と、残り3列にはバランス調整のための項が示されています。この図をもとに、乖離補正の考え方について述べてみましょう。

第Ⅱ部 手法編

	A	B	C	GT	GU	GV	GW	GX	GY	GZ	HA	HB	HC	HD	HE	HF
1	平成17年尼崎市産業連関表															(金額単位:百万円)
2	取引基本表(生産者価格表)															
3				9210	9211	9230	9300	9350	9411	9440	9450	9500	9700		行和ー列和(バランス調整)	
4			基本分類(188部門)	199 市内需要合計	200 輸出	204 移出	205 最終需要計	206 需要合計	207 (控除)輸入	212 (控除)移入	213 (控除)移輸入計	214 最終需要部門計	215 市内生産額(行和)Ⓐ	投入表列和(列和)Ⓑ	差額(Ⓐ-Ⓑ)	市内需要合計ー移輸入計
5																
6	1	0111	穀類	2,073	0	0	36	2,073	-1,496	-1,973	-3,469	-3,433	-1,396	7	-1,403	-1,396
7	2	0112	いも・豆類	3,924	0	5	403	3,929	-2,005	-3,754	-5,759	-5,356	-1,830	14	-1,844	-1,835
8	3	0113	野菜	6,955	0	44	4,701	6,999	-334	-6,872	-7,206	-2,505	-207	120	-327	-251
9	4	0114	果実	2,982	0	0	1,966	2,982	-794	-2,980	-3,774	-1,808	-792	0	-792	-792
10	5	0115	その他の食用作物	3,346	0	0	32	3,346	-3,416	-3,314	-6,730	-6,698	-3,384	0	-3,384	-3,384
11	6	0116	非食用作物	1,956	0	0	1,127	1,956	-819	-1,972	-2,791	-1,664	-835	1	-836	-835
12	7	0121	畜産	2,269	0	0	914	2,269	-135	-2,247	-2,382	-1,468	-113	0	-113	-113
13	8	0131	農業サービス	1,123	0	304	1,253	1,427	0	-777	-777	476	650	502	148	346
14	9	0211	育林	1,275	0	0	1,275	1,275	0	-1	-1	1,274	1,274	0	1,274	1,274
15	10	0212	素材	70	0	0	-3	70	-127	-72	-199	-202	-129	0	-129	-129
16	11	0213	特用林産物	805	0	0	543	805	-159	-802	-961	-418	-156	0	-156	-156
17	12	0311	海面漁業	3,197	0	0	1,062	3,197	-810	-3,195	-4,005	-2,943	-808	0	-808	-808
18	13	0312	内水面漁業	457	0	0	192	457	-152	-459	-611	-419	-154	0	-154	-154
19	14	0611	金属鉱物	11,643	0	0	0	11,643	0	-11,647	-11,647	-11,647	-4	0	-4	-4
20	15	0621	窯業原料鉱物	1,107	151	3,542	3,632	4,800	-2,874	-1,011	-3,885	-253	915	923	-8	-2,778
21	16	0622	砂利・砕石	3,149	0	29	979	3,178	0	-2,232	-2,232	-1,253	946	0	946	917
22	17	0629	その他の非金属鉱物	290	0	0	9	290	0	-279	-279	-270	11	0	11	11
23	18	0711	石炭・原油・天然ガス	18,059	0	0	0	18,059	0	-18,093	-18,093	-18,093	-34	0	-34	-34
24	19	1111	と畜	8,991	0	0	4,979	8,991	-5,689	-8,339	-14,628	-9,649	-5,637	0	-5,637	-5,637
25	20	1112	畜産食料品	11,396	0	226	7,150	11,622	-1,472	-11,246	-12,718	-5,568	-1,096	310	-1,406	-1,322
26	21	1113	水産食料品	14,200	110	3,663	13,907	17,973	-4,719	-10,506	-15,225	-1,318	2,748	4,480	-1,732	-1,025
27	22	1114	精穀・製粉	14,534	11	1,564	7,168	16,109	-173	-13,311	-13,484	-6,316	2,625	2,785	-160	1,050
28	23	1115	めん・パン・菓子類	17,333	409	56,606	72,097	74,348	-595	-11,969	-12,564	59,533	61,784	60,690	1,094	4,769
29	24	1116	農産保存食料品	3,829	6	460	2,804	4,295	-1,796	-3,109	-4,905	-2,101	-610	534	-1,144	-1,076
30	25	1117	砂糖・油脂・調味料類	12,700	307	22,718	26,689	35,725	-1,445	-8,948	-10,393	16,296	25,332	24,620	712	2,307
31	26	1119	その他の食料品	20,919	103	12,403	27,252	33,425	-912	-12,978	-13,890	13,362	19,535	19,784	-249	7,029
32	27	1121	酒類	14,002	0	0	10,048	14,002	-1,252	-13,699	-14,951	-4,903	-949	0	-949	-949

【図7－13】バランス調整前の作表状況（尼崎市産業連関表）

（2） 自給率が0％以上になるよう補正する

　図7-13のバランス調整の項ですが、真ん中に乖離の数値が並んでいます。その右列に「市内需要合計－移輸入計」が計算されています。乖離を補正するにあたって、まずこの「市内需要合計－移輸入計」に着目します。この数値は、市内需要合計が移輸入計に等しいならば、その部門の自給率がゼロであることを表しています。そうすると、自給率がゼロ以下となることはありえませんから、市内需要合計は必ず移輸入計より大きい数値になります。つまり、「市内需要合計－移輸入計」の項は正の値になるように補正しなければならないというわけです。図7-13のこの項が負の値を示す部門は、これが正の値になるよう補正します。それらは多くの場合、乖離の数値と連動しているため、乖離の数値に相当する金額の移入あるいは輸入を減額修正します。このとき、乖離の数値と「市内需要合計－移輸入計」の数値が同じ値を示す部門があることに気がつくと思います。それらの部門は投入表の列和がゼロ、すなわち市内では生産が行われていません。つまり自給率が0％というわけです。したがって、乖離の数値に相当する金額の移入あるいは輸入を減額修正すれば「市内需要合計－移輸入計」が自動的にゼロになります。

　さて、図7-13には「市内需要合計－移輸入計」の数値が乖離の数値と連動していない部門もあります。0621窯業原料鉱物という部門の乖離をみると、「市内需要合計－移輸入計」の数値が大きくマイナスですが、乖離はごく小さいことがわかります。このような場合は、乖離の数値に相当する金額の移入あるいは輸入を減額修正しても「市内需要合計－移輸入計」の負の値は解消できません。この部門の生産額は列和で923となっています。そして、輸出151と移出3542を合わせて3693となり、生産額を大きく上回る移輸出になっています。つまり、その差額3693－923＝2770だけ移輸出が過大となっています。こういうケースでは、まず過大評価になっている移輸出のほうを先に減額修正します。そうすると乖離が－2778に増えますので、今度はその乖離分を移輸入のほうで減額修正することになります。

（3） 移出入をカウントしてはいけない部門に注意

　産業部門の性格上、移出入がゼロでなければならない部門があります。建設、公共事業、住宅賃貸料、放送、公務、介護、自動車修理などの部門がそれらに相当します（とくに建設、公共事業は現場主義で生産額が計上されるため、地元に建設業者がない場合でも、建設現場が地元にあれば連関表の地域内需要額に計上されますので注意してください）。こうした部門にもバランス調整の段階で、移出入の項に数字が上がってくる場合があります。それらは、最終需要項目を修正することによ

（4）いよいよ部門統合を行って産業連関表が完成

最後に、事務用品や分類不明などの特殊な部門の調整を行って、188部門の尼崎市産業連関表は完成となります。

各種経済効果の算出にあたっては、その目的に応じて188部門表の産業部門数を適当な数に統合しましょう。188部門は細かすぎて扱いにくい面が多く、本書の応用編等で扱われる産業連関表も、部門数が36前後のものが中心です。

部門統合は、各都道府県で産業連関表の公表に際して作成される「部門分類表」をもとに行います。本例の尼崎市産業連関表では、188部門表を36部門表に統合します。兵庫県の産業連関表における基本分類188と統合大分類36の間の対応関係をもとに統合を行います。

（5）部門統合の方法

産業連関表のデータがExcelのワークシート上にあれば、部門の統合はそれほど難しい作業ではありません。Excelのデータ・タブから「統合」というツールを使うと便利です。その方法は、資料編の❷部門統合の方法で具体的に説明していますので参考にしてください。

さて、少し手間はかかりますが、Excelのデータ統合ツールを使って統合作業を行い、最後に内生部門、外生部門ともにタテ列の部門計が、部門の統合前と統合後で一致することを確認すれば、作業は終了です。

7 サーベイ・アプローチの方法

前節までの方法によって、ノンサーベイ・アプローチによる市町村の産業連関表が一応出来上がりました。これでも市町村の産業連関表としては、政策効果の検討など庁内での実用に十分耐えうると思いますが、前にも述べたように、この方法で推計された移輸出入は必ずしも精度が高いとはいえません。そこで外部に連関表を公表するという場合には「サーベイ・アプローチ」による調整作業が必要です。

<u>サーベイ・アプローチは、市町村における移輸出入の推計部分をアンケート調査等で補強して、当該市町村の実態にできるだけ即し推計しよう</u>というものです。サーベイ・アプローチを行って連関表の精度を上げるにはそれ相応のコストや時間がかかるので、できるだけ手際良く調査を行うことが肝要です。

第7章　市町村表の作成

（1）サーベイ・アプローチを行う部門と調査対象先を特定する

　ここまで相当な手間をかけ作成されたノンサーベイ・アプローチでの産業連関表があるのですから、そのすべての部門を見直す必要はありません。

　まず、当該市町村の基盤となる産業や生産額の大きな部門を重点的にサーベイすることにし、その部門に属する事業所の中からアンケート調査の対象先を抽出します。アンケート調査は回収率が高くないので、重要な事業所に対しては聞き取り調査で補強することを忘れないでください。

（2）調査項目を絞り込む

　調査の目的が産業連関表の移輸出入の推計に必要なデータを入手するということなので、調査で聞く項目をあらかじめ準備しておきます。次のような項目を聞くのがよいでしょう。

　ⓐ最終需要財の売上高とそれらの輸出を含む域外販売比率、ⓑ原材料や商品の仕入れ額とそれらの輸入を含む域外調達比率、ⓒ製品や部品の加工における海外生産を含む外注比率、ⓓサービス支出額とその委託先や外注比率、などです。

（3）調査結果を産業連関表に反映させる

　ここが難しいところですが、上記の調査項目で得られたデータをどのように産業連関表に反映させればよいでしょうか。どこまで細かい作業をするかによりますが、要点を挙げれば次のようになります。

　まず、調査対象先の売上高や出荷額をもとに、それらと上記ⓐの調査データから、最終需要部門の輸出と移出の数値を調整します。

　次いで、調査対象先の売上高や出荷額と上記ⓑⓒⓓの調査データを突き合わせて、調査対象先を含む部門間の非競争移入型産業連関表を作成します。非競争移入型というのは、中間投入を表すマトリックスを（図7-1では②の部分）、移輸入による投入と域内からの投入に分けて表示したものです。この方法によって、移輸入による中間投入額が推計できます。

　こうして推計された移輸入による中間投入額を、もとの競争移入型表の輸入・移入に移行して、元表の最終需要部門の輸入と移入の数値を調整します。

　最後に、サーベイ・アプローチで調整したすべての部門の取引額が、元表の数値とタテ列・ヨコ行のすべてで整合性が取れているかどうかを確認して、サーベイ・アプローチによる補正が完了します。

注
1）「事業所・企業統計調査」は2006（平成18）年を最後に、2009（平成21）年の調査から「経済センサス調査」へ移行します。
2）ただし、この1年の間の当該市町村において、大きな事業所の増減が明らかに認められる場合（大規模企業の域内誘致や域外への移転など）は、個別に考慮する必要があります。

参考文献
土居英二他編著［1996］『はじめよう地域産業連関分析』日本評論社。

統計
総務省統計局［2006］『平成17年国勢調査』。
総務省統計局［2007］『平成18年事業所・企業統計調査』。
総務省自治財政局［2007］『平成17年度都道府県及び市町村決算カード』。
総務省統計局［2009a］『平成17年（2005年）産業連関表』。
総務省統計局［2009b］『平成17年（2005年）産業連関表基本分類――日本標準産業分類細分類対比表』。
総務省統計局［2010］『平成20年住宅・土地統計調査都道府県編』。
農林水産省［2006a］『平成17年作況調査・市町村別データ』。
農林水産省［2006b］『平成17年農業物価統計調査』。
兵庫県統計課［2007］『平成17年度市町民経済計算』。
兵庫県統計課［2009］『平成17年（2005年）兵庫県産業連関表』。
兵庫県統計課［2010］『平成17年（2005年）兵庫県地域間産業連関表』。
文部科学省［2006］『平成18年度学校基本調査』。

第 8 章

産業連関表に新部門を創設する方法

前川　知史

　本章では、これまでのケースと違って、波及効果分析の対象にすべき内生部門がそもそも既存の産業連関表にない場合はどうしたらよいかを考えてみましょう。

　現在、わが国の経済社会は成熟化・複雑化する過程にあり、人々のライフスタイルや価値観は大きく変化してきました。それに伴って、人々の公共サービスに対するニーズも多様化・高度化しています。つまり、画一的かつ一元的な公共サービスでは、社会のニーズを満たすことは困難となっています。そこで、注目されているのが、地域の特性にあったかたちで事業活動が行える、NPO法人（特定非営利活動法人）です。NPO法人には、これまで政府や行政あるいは民間の営利企業が効率的に供給することのできなかった公共サービスなどを補う重要な役割が期待されています。

　このように現在さまざまな分野で活躍しているNPO法人ですが、その活動は、既存の産業連関表ではっきり捕捉することができません。その一部は「対家計民間非営利サービス生産者」の分類に属し、ほかの公益法人などとともに合算されて推計されているようですが、標準的な産業連関表の基本分類には見当たりません。

　本章では、既存の産業連関表にない部門の活動に関する経済波及効果として、NPO法人の活動を取り上げ、その算出に必要な最終需要の与え方や産業格付けの方法を説明したいと思います。また、そのための具体的な応用として後章でNPO法人「KOBE鉄人PROJECT」の活動による経済波及効果をみていきます。

1 NPO部門を産業連関表に取り込むための準備作業

　NPO部門を産業連関表に取り込むためには、まず分析対象であるNPO法人に関する決算情報を入手しなければなりません。そのNPOの決算情報ですが、NPOは、法人格の認証を受けている都道府県に対して事業報告の義務がありますから、認証先の都道府県で決算資料を入手することができます。ただし、その資料自体は簡略化されたものが多いですから、決算内容に関する詳細な項目およびその内容をNPO法人の担当者から聞き出して、その項目が産業連関表のどの産業部門に対応するかを確定させることになります。

　この節では、NPO法人のデータを産業連関表に取り込む際に必要な準備作業について詳述します。

（1）事業内容を定款等で確認する

　最初にすべきことは、NPO法人の行っている事業の内容を定款等で把握することです。事業内容を確認することによって、事業収入や支出の各項目の内容に関する理解が深まり、格付けの際に役立ちます。実施日時、場所、従事者の人数、受益対象者など事業の実施に関する事項も十分に確認します。

（2）事業の投入構成を確認し、中間投入か粗付加価値かを判別する

　事業の投入構成を確認するためにまず行うことは、<u>会計収支計算書あるいは収支明細書の支出項目</u>をチェックすることです。支出項目はNPOの活動や存続に必要な経費の類ですから、必ずその出自として財・サービスの購入先が存在するはずです。それが「粗付加価値」に該当するのか、それともNPOの生産活動のための「中間投入」に該当するのかによって、NPO部門の投入構造、ひいてはNPO部門の経済波及効果を左右する逆行列係数等に大きく影響してきます。

　<u>粗付加価値に該当する部門は、家計外消費支出、雇用者所得、営業余剰、資本減耗引当、間接税、経常補助金</u>のいずれかです。NPOの事業項目の中で、それらに該当する項目を先にみつけて割り当てします。たとえば、従業員に支払う給与や雇主の負担する社会保険料は「雇用者所得」に、減価償却引当金は「資本減耗引当」に、福利厚生費は「家計外消費支出」に割り当てます。補助金は「（控除）経常補助金」に割り当て、負の値に転換します。

　このように<u>順序としては先に粗付加価値に当たる支出項目を割り当て、あと残り</u>

を中間投入とするのが普通です。そのほうが作業的にみて効率的だからです。

（3）無償労働や無償賃貸を有償化する

　粗付加価値に割り当てる「雇用者所得」ですが、留意しなければならないのは、NPO の生産活動に欠かせないボランティアなどの無償労働を有償化して取り込まなければ、NPO の現実の活動状況を正確に反映しないという点です。NPO 法人の会計報告書にはもちろん無償労働の対価は記載できませんから、ボランティア従事者の人数や活動状況をヒアリングなどで補足しておくことが大切です。

　無償労働を有償化するには、まずボランティア従事者の活動延べ人日を把握します。次に日給を求めますが、それには、有償労働者に支払われた給与から日給を逆算するか、あるいは世間的にみて標準的な 1 日当たりの労働時間と時給から計算するかの、二通りの方法があります。

　同じことは無償賃貸の推計にも当てはまります。NPO 法人が無償で借りている土地や建物の賃借料があれば、それらを有償評価します。

（4）事業の産出構成を確認し、中間需要か最終需要かを判別する

　産出構成の確認には会計収支報告書あるいは収支明細書の収入の項目をチェックします。NPO 法人の収入の大きな柱は、入会金を含む会費収入、受託収入などの事業収入、そして寄付金や補助金収入などです。

　さてこれらの取り扱いですが、まず受託収入などの事業収入は、受益者による「最終需要」とみなすことができます。したがって、受益者が個人ならば家計消費支出に、自治体ならば政府消費支出にそれぞれ配分します。ここで注意点ですが、NPO の会計収支報告の事業収入の中には、収益事業としての売上収入が計上されている場合があるということです。しかしながら、収益事業の売上分を NPO 部門の産出構成から除外することは実際上難しいため、それらを含め NPO 部門の事業収入とみなさざるをえません。

　次に寄付金については、単に所得が個人や企業から NPO へ移転するだけであり、またそれによる波及効果も期待できないので、NPO 部門に取り込むことはできません。会費収入については意見が分かれるところですが、NPO 法人の会費は、通常業務の運営に要する費用に充当する目的で会員に対して負担させている性格のものと考えられるため、NPO 部門の中間投入構造を通じて波及効果が期待できます。よって、本書では会費収入を「最終需要」に含めることにします。

　NPO 部門が内生部門のほかの産業から中間需要として需要されて、それによる

収入がある場合は「中間需要」に計上し、需要先の産業部門に格付けします。もしも、NPO部門が内生部門のどの産業からも中間需要として需要されない場合にはNPO部門の産出構成は最終需要のみとなります。

2 NPO部門を取り込んだ産業連関表の作成

　前節のような方法で、NPO法人の会計報告に基づいて投入構成と産出構成を確認し、それらを産業連関表の既存の産業部門に割り当てる準備ができたならば、既存の産業連関表の行と列にそれぞれNPO部門を新たに作ります。

　ここでは例として、兵庫県神戸市のNPO法人「KOBE鉄人PROJECT」の活動を取り込んだ神戸市の地域内産業連関表を作成します。なお、このNPO法人の事業活動が及ぼす経済波及効果の算出に関しては、KOBE鉄人PROJECTの活動を取り込んだかたちの神戸市の地域間産業連関表を試算し、それをもとに章を改めて詳述します。

(1) NPO法人KOBE鉄人PROJECTを例に考える

　KOBE鉄人PROJECTは2007年9月20日に神戸市長田区で設立されたNPO法人で、神戸出身の漫画家、故横山光輝氏の功績をたたえ、名作「鉄人28号」の巨大モニュメントの制作と設置、「三国志」をテーマとした施設整備などによって地域の活性化を図ることを主な事業として発足しました。鉄人28号のモニュメントは阪神淡路大震災からの復興のシンボルとしてだけでなく、神戸の新たな観光資源となっており、モニュメントのある新長田界隈は完成直後の2009年10月からの8カ月間に240万人が訪れるほどの人気スポットになっています。

　さて、KOBE鉄人PROJECTの事業収支計算書は、兵庫県民局の資料収集および当NPO法人への聞き取り調査の結果、表8-1のような構成になっています。

(2) 支出項目から産業連関表に中間投入の新しいタテ列を加える

　表8-1はNPO法人KOBE鉄人PROJECTの設立から3カ年分の収支を記載しています。通常の産業連関表は、1年間の取引計数を載せるのですが、ここで新たに作成する神戸市の産業連関表はこれまでのKOBE鉄人PROJECTの事業活動の効果をみるのが目的ですから、あえて3カ年合計の収支をカウントしています。

　ではまず支出の項目からみていきましょう。支出の金額は産業連関表の中間投入の列に割り当てます。表8-1の右端にその格付け対象と考えられる産業部門が挙

第8章　産業連関表に新部門を創設する方法

[表8-1]「KOBE鉄人PROJECT」の事業収支計算

(単位：円)

		H19年度	H20年度	H21年度	3カ年計	産業連関表の格付け先
支出	文化振興事業 ※1	184,420	25,649,448	25,833,868		対事業所サービス (12百万円)、その他の製造工業製品 (14百万円)
	雑イベント	210			210	その他の製造工業製品
	モニュメント	2,625,000	54,603,300	70,536,700	135,074,975	90%直接経費 (121百万円、他地域の鉄鋼)、10%間接経費 (14百万円、自地域の対事業所サービス)
	(意匠原型製作・実施設計 ※2)	7,309,975				
	減価償却費 ※3		6,515,918		6,515,918	資本減耗引当
	広告費		2,068,893		2,068,893	対事業所サービス
	自販機地代			1,202,939	1,202,939	飲食料品
	消耗品		67,725		67,725	その他の製造工業製品
	振込手数料		2,100		2,100	金融
	給与 ※4			3,505,400	3,505,400	雇用者所得
	法定福利費			12,000	12,000	家計外消費支出
	福利厚生費			179,940	179,940	家計外消費支出
	旅費交通費			70,800	70,800	運輸
	支払手数料			34,975	34,975	金融
	賃借料			45,000	45,000	不動産賃貸業
	租税公課			35,505	35,505	間接税
計		9,935,185	54,857,545	109,857,518	174,650,248	
収入	事業収入 (委託) ※5	2,625,000	649,000	22,353,768	25,627,768	民間消費、政府消費 (緊急雇用事業分5百万円)
	販売収入 ※6			15,900,560	15,900,560	民間消費
	自販機収入			7,020,209	7,020,209	民間消費
	入会金	100,000	187,000	675,000	962,000	民間消費
	会費	30,000	8,592,000	15,232,500	23,854,500	民間消費
	寄付金	104,335	481,316	3,347,718	3,933,369	＊資金の性格上産業連関表には計上しない
	協賛金			757,125	757,125	＊資金の性格上産業連関表には計上しない
	受取利息	74	784	2,531	3,389	＊資金の性格上産業連関表には計上しない
	前受金			31,020,000	31,020,000	＊資金の性格上産業連関表には計上しない
	借入金		9,376,500		9,376,500	＊資金の性格上産業連関表には計上しない
	支払一時補填金			8,022,449	8,022,449	＊資金の性格上産業連関表には計上しない
	実行委員会負担額	7,309,975			7,309,975	＊資金の性格上産業連関表には計上しない
	補助金 ※7		45,000,000		45,000,000	経常補助金
計		10,169,384	64,286,600	104,331,860	178,787,844	
収支差額		234,199	9,429,055	-5,525,658	4,137,596	

(注) ※1 サイン整備費、三国志館整備費、イベントオフィス整備費など　※2 意匠原型製作・実施設計は実行委員会負担　※3 モニュメント維持費　※4 ギャラリーの人件費　※5 委託収入、広告収入、視察収入など　※6 グッズ販売収入、ギャラリー収入、商店街委託販売収入など　※7 神戸市からの補助金
※ 19年度、20年度は兵庫県公表資料。21年度は当NPO法人からの聞き取り調査による
(出所) 19年度、20年度は兵庫県公表資料、21年度は当NPO法人からの聞き取り調査による

げられています。

　NPO法人KOBE鉄人PROJECTの事業の大きな柱が文化振興事業です。地元出身の漫画家が生み出したアニメ文化の魅力を発信し、それによって地域のまちづくりを推進するのが目的です。そのためのイベントや施設の整備に約2600万円が支出されています。その整備内容などから、「対事業所サービス」と「その他の製造工業製品」に産業格付けを行いました。

　PROJECTのシンボルともいえるモニュメントの建造には、2008（平成20）年度の神戸市の補助金をはじめ建造費として合計1億3500万円が支出されています。この金額は、聞き取り調査の段階で総工費の総額として把握できたにとどまり、そのため表では建造にかかる材料費等の直接経費分を90％、維持管理等の間接経費分を10％と見積もっています。なお、モニュメントの制作は大阪の鉄工所へ依頼しているため、材料費等の直接経費分は神戸市の地域内産業連関表へ計上できない点に留意してください。そのため、この大がかりなモニュメント建造にかかる経済波及効果は、第11章で神戸市の地域間産業連関表を作成する際に検討することにします。

　残りの支出項目では、金額が100万円を超す項目だけを産業連関表に計上することにします。理由は神戸市の産業連関表の単位が100万円単位だからです。そうすると、産業連関表へ新たに組み込まれるKOBE鉄人PROJECT部門の中間投入の列はどうなるでしょうか。

　図8-1の下図点線部分のタテの1列がそれに該当します。図は作業に関係する部門のみを表した簡略表になっています。では表8-1の支出項目からKOBE鉄人PROJECT部門の中間投入に該当するものを順にみていきましょう。

　飲料メーカーへ支払われた自販機地代の100万円が「その他の食料品」に格付けされます。「その他の製品工業製品」には、文化振興事業への投入額として1400万円が計上されます。「対事業所サービス」には、文化振興事業の残り1200万円とモニュメント建造に関わる間接経費分1400万円、それに広告費の200万円を加えた計2800万円が計上されています。以上がNPO部門への中間投入となり、その合計は4300万円となります。

　もともとNPOの活動は、従前の産業連関表では「その他の公共サービス」に包含されています。ですから、KOBE鉄人PROJECT部門の新設に伴って、同部門の列に計上した4300万円は、それぞれの部門別にその他の公共サービス部門からNPO部門へ移しかえます。図8-1の上図と下図のその他の公共サービスの列を見比べて、2部門の間でバランスが取れていることを確認してください。

（3）粗付加価値に関する支出項目を割り当てる

同様にして、粗付加価値に関係する支出項目をみていきます。表8-1の項目で粗付加価値に関係するのは、まずモニュメントの維持費である減価償却費の650万円が挙げられます。これを「資本減耗引当」に割り当てます。次に給与350万円は「雇用者所得」になります。ただし、ここで留意すべき点は前節でも指摘しているとおり、NPO法人の会計報告に記される給与は実際に支給された金額だけで、ボランティアとして参加した人や無報酬のNPO法人の役員分は含まれないということです。しかし、それらの無償労働も何らかの経済的価値をもたらしているわけですから、それを貨幣価値に換算して雇用者所得に加算することで、実態を反映したNPO部門の生産額を推計することができます。KOBE鉄人PROJECTの設立以降現在までの事業やイベントに従事した人の無償労働は、会場設営や式典出席等の短期の支援活動が中心になっています。その労働対価は聞き取り調査などから（延べ人日×日給）による積み上げ計算により推計すると概算で約700万円になります。これに事業収支計算書記載の前記給与350万円を合算し四捨五入した1100万円を雇用者所得として計上します。あとは福利厚生費が「家計外消費支出」に、租税公課が「間接税」に割り当てされますが、金額が100万円未満なので省略しています。

（4）収入項目から産業連関表にヨコの新しい行を加える

次に収入の項目をみていきましょう。収入の金額は産業連関表の産出側の行、すなわち図8-1の下図点線部分のヨコ行に割り当てます。KOBE鉄人PROJECTの活動成果をほかの産業部門が利用することはありませんから、「中間需要」の各産業の欄はゼロです。したがって「内生部門計」もゼロになります。そして、KOBE鉄人PROJECTの活動成果はすべて受益者である一般市民のものとなりますから、格付け先は「外生部門である最終需要部門」の「民間消費支出」か「一般政府消費支出」ということになります。KOBE鉄人PROJECTでは緊急雇用対策の資金で受託した事業がありますので、その収入500万円を政府消費に計上しています。残りの事業収入2000万円と販売収入1600万円、自販機収入700万円、入会金100万円、会費2400万円の計6800万円が民間消費支出となります。

寄付金、協賛金、受取利息、前受金、借入金の各項目は資金授受の性格上、財サービスの生産を伴わない単なる所得の移転に当たるなどの理由から産業連関表には計上しないことになっています。収入項目の最後は補助金です。補助金は政府部門から民間部門への給付ですから所得の移転と考えられますが、財サービスの価格等に影響を及ぼすため、産業連関表上はマイナスの粗付加価値に計上することになっ

第Ⅱ部 手法編

上が34部門表、下がNPO鉄人PROJECTを行と列に加えた35部門表

取引基本表（生産者価格評価表）
（単位：百万円）

	A	B	C	D	E	F	G	H	I	J	K	L	M	N	O
1															
2															
3															
4				01	…	27	28	…	35	…	38	39	…	50	部門
5			部　門	農林業		その他の公共サービス	対事業所サービス		内生部門計		民間消費支出	一般政府消費支出		市内生産額	
6	01	農林業		2,730	…	571	10	…	138,832	…	36,794	0	…	17,702	01
7	:	……		…	…	…	…	…	…	…	…	…	…	…	:
8	03	その他の食料品		69	…	155	7	…	190,148	…	229,611	3,124	…	512,316	03
9	:	……		…	…	…	…	…	…	…	…	…	…	…	:
10	17	その他の製造工業製品		1,632	…	21,456	11,487	…	442,264	…	88,715	0	…	245,936	17
11	:	……		…	…	…	…	…	…	…	…	…	…	…	:
12	27	その他の公共サービス		9	…	1,753	2,914	…	162,380	…	225,704	218,274	…	605,613	27
13	28	対事業所サービス		383	…	31,376	65,269	…	654,549	…	25,211	0	…	672,095	28
14	:	……		…	…	…	…	…	…	…	…	…	…	…	:
15	34	分類不明		199	…	6,859	2,703	…	57,035	…	183	0	…	56,827	34
16	35	内生部門計		8,438	…	154,298	259,157	…	4,878,236	…	3,427,762	1,126,253	…	10,928,828	35
17		家計外消費支出(行)		70	…	8,227	13,741	…	227,754						
18	38	雇用者所得		2,493	…	369,754	238,276	…	3,192,791						
19	39	営業余剰		4,022	…	2,354	61,195	…	1,072,028						
20	40	資本減耗引当		1,903	…	66,443	80,093	…	1,176,240						
21	41	間接税		909	…	7,293	20,157	…	439,617						
22	42	(控除)経常補助金		−133	…	−2,756	−524	…	−57,838						
23	49	粗付加価値部門計		9,264	…	451,315	412,938	…	6,050,592						
24	50	市内生産額		17,702	…	605,613	672,095	…	10,928,828						
25															

第8章 産業連関表に新部門を創設する方法

	01 農林業	…	27 その他の公共サービス	28 NPO鉄人PROJECT	29 対事業所サービス	…	36 内生部門計	…	38 民間消費支出	39 一般政府消費支出	…	50 市内生産額	部門
取引基本表（生産者価格評価表）（単位：百万円）													
01 農林業	2,730	…	571	0	10	…	138,832	…	36,794	0	…	17,702	01
…													
03 その他の食料品	69	…	154	1	7	…	190,148	…	229,611	3,124	…	512,316	03
17 その他の製造工業製品	1,632	…	21,442	14	11,487	…	442,264	…	88,715	0	…	245,936	17
27 その他の公共サービス	9	…	1,753	0	2,914	…	162,380	…	225,636	218,269	…	605,540	27
28 NPO鉄人PROJECT	0	…	0	0	0	…	68	…	0	5	…	73	28
29 対事業所サービス	383	…	31,348	28	65,269	…	654,549	…	25,211	0	…	672,095	29
…													
34 分類不明	199	…	6,859	0	2,703	…	57,035	…	183	0	…	56,827	34
36 内生部門計	8,438	…	154,255	43	259,157	…	4,878,236	…	3,427,762	1,126,253	…	10,928,828	35
37 家計外消費支出(行)	70	…	8,227	0	13,741	…	227,754						
38 雇用者所得	2,493	…	369,743	11	238,276	…	3,192,791						
39 営業余剰	4,022	…	2,297	57	61,195	…	1,072,028						
40 資本減耗引当	1,903	…	66,436	7	80,093	…	1,176,240						
41 間接税	909	…	7,293	0	20,157	…	439,617						
42 (控除)経常補助金	−133	…	−2,711	−45	−524	…	−57,838						
49 粗付加価値部門計	9,264	…	451,285	30	412,938	…	6,050,592						
50 市内生産額	17,702	…	605,540	73	672,095	…	10,928,828						

(出所) 神戸市企画調整局総合計画課「平成17年神戸市産業連関表」をもとに加工

[図8−1] 2005（平成17）年神戸市地域内産業連関表（簡略表）

ています。
　こうして、神戸市の産業連関表に新設されたNPO法人KOBE鉄人PROJECT部門の点線部分のヨコ行はすべて数字が埋まったので、同NPO法人の生産額は行和から求められて、7300万円ということになります。

（5）最後に産業連関表のタテ・バランスを調整する

　以上の説明で、表8-1の支出と収入の各項目100万円以上の金額は産業連関表に割り当てできましたが、図8-1の下の産業連関表の点線部分のタテ列は粗付加価値部門の営業余剰がまだ確定していません。しかし、産業連関表のタテ列とヨコ行は同じ部門であれば互いに合計が一致する（列和＝行和）はずです。このことから、粗付加価値部門の営業余剰は残差として計算し、5700万円となります。
　なお、本来非営利団体であるべきNPO法人に営業余剰が発生するのはおかしいではないかという意見があるかと思います。実際問題として、産業連関表の作成過程では営業余剰がタテの投入バランスの調整項になっているケースが多く見受けられます。ここでのNPO部門の営業余剰はバランス調整のための仮の数値だと受け止めてください。とくにKOBE鉄人PROJECTの場合は、補助金の額が大きいために、営業余剰の計上額が膨らんでいます。

3 | NPO部門が創設された産業連関表による波及効果の推計

　ここからは、NPO法人KOBE鉄人PROJECTの事業活動が神戸市内に及ぼす経済波及効果の測定に移りましょう。
　前節で、NPO法人KOBE鉄人PROJECTを新部門に追加した神戸市産業連関表の取引基本表（図8-1の下図）が完成しました。ですから、ここではそれを使って第5章や第6章で示された産業連関分析の手法とまったく同じ方法で、NPO法人KOBE鉄人PROJECTの生産誘発額（直接効果プラス第一次間接効果）を求めてみましょう。

（1）生産誘発額の求め方

　まず生産誘発額の計算には、第5章の(5-3)式、第6章の(6-1)式を適用していました。それをもう一度再掲しますと、

$$\text{生産誘発額} = [\mathbf{I} - (\mathbf{I} - \mathbf{M})\mathbf{A}]^{-1} \cdot \Delta \mathbf{f} \qquad (8\text{-}1)$$

$$\underbrace{\phantom{[\mathbf{I} - (\mathbf{I} - \mathbf{M})\mathbf{A}]^{-1}}}_{\text{レオンチェフ逆行列}} \times \underbrace{\phantom{\Delta \mathbf{f}}}_{\text{最終需要の増分（ベクトル）}}$$

第8章　産業連関表に新部門を創設する方法

NPO法人 KOBE 鉄人 PROJECT の生産波及の大きさ ＝ 1.402
地域の全産業平均の生産波及の大きさ ＝ 1.309

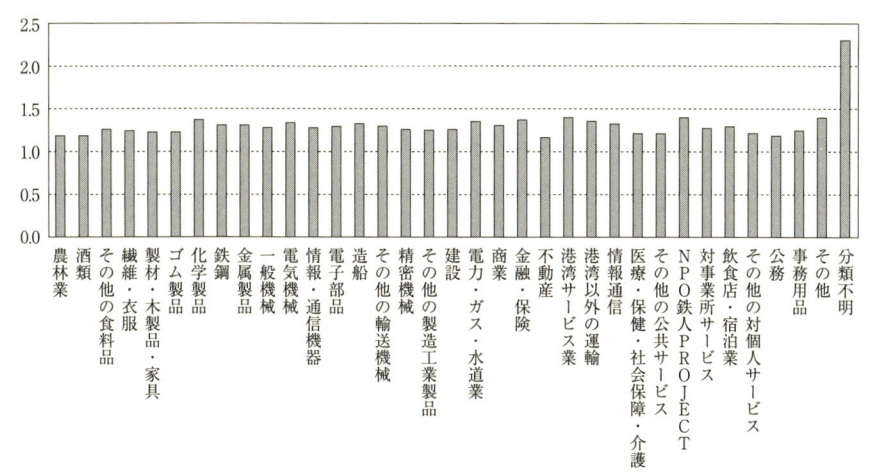

【図8-2】NPO法人を含む各産業の生産波及の大きさ（逆行列係数の列和）

という式でした。

そして、この式を解くには行列の演算が必要でした。

ですから、新規作成された取引表をもとにして、まず投入係数行列 A と自給率行列 $(I-M)$ を、表計算ソフトを使って計算しましょう。I は単位行列、M は移輸入係数行列です。

投入係数行列は投入係数の定義から簡単に作成できます。

移輸入係数行列の作り方は、資料編❸を参考にしてください。自給率行列は単位行列と移輸入係数行列の引き算で求めます。

レオンチェフ逆行列は自給率行列と投入係数行列の積を先に計算しておいてから順番に求めます。表計算ソフトで行列同士の積を求めるには資料編❸を、逆行列の計算にはやはり資料編❸を参考にしてください。

上式の最終需要の増分 Δf には、NPO法人 KOBE 鉄人 PROJECT の事業活動で新たに生じる最終需要の金額が該当します。これは前節でみたように、設立時から現在までの事業収入等の合計7300万円が該当します。つまり、新たに作成した産業連関表の NPO法人 KOBE 鉄人 PROJECT の最終需要部門の金額です。そして、この額が NPO法人 KOBE 鉄人 PROJECT の直接効果でもあります。

153

第Ⅱ部　手法編

NPO法人KOBE鉄人PROJECTの生産誘発額合計＝1億200万円
図にデータの出力のない産業が25部門あり、それらの生産誘発額は合計100万円

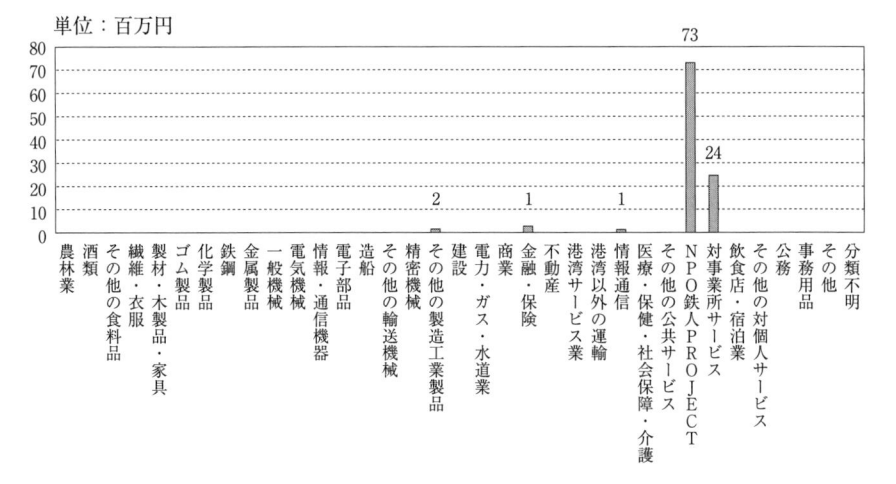

単位：百万円

```
80                                                          73
70
60
50
40
30                                                             24
20
10      2           1      1
 0
```

農林業／酒類／その他の食料品／繊維・衣服／その他／製材・木製品・家具／ゴム製品／化学製品／鉄鋼／金属製品／一般機械／電気機械／情報・通信機器／電子部品／造船／その他の輸送機械／その他の製造工業製品／精密機械／建設／電力・ガス・水道業／商業／金融・保険／不動産／港湾サービス業／港湾以外の運輸／情報通信／医療・保健・社会保障・介護／その他の公共サービス／NPO鉄人PROJECT／対事業所サービス／飲食店・宿泊業／その他の対個人サービス／公務／事務用品／その他／分類不明

【図8-3】NPO法人KOBE鉄人PROJECTの生産誘発額

（2）逆行列の列和を比べる

図8-2は、NPO法人KOBE鉄人PROJECT部門を組み込んだ神戸市産業連関表から計算されたレオンチェフ逆行列の列和を産業部門ごとに棒グラフで示したものです。逆行列係数の列和が何を表しているかといえば、各部門の需要が1単位生じたとき自産業を含め地域の全産業に誘発される生産の割合を表しています。つまり、それぞれの産業部門の生産波及の大きさを示すものです。これによると、NPO法人KOBE鉄人PROJECTの生産波及の大きさは1.402で、これは地域の全産業平均の生産波及の大きさ1.309と比べて高い結果となっています。理由はいくつか考えられますが、大きな要因として、中間投入の割合が大きく粗付加価値の割合が小さいことが挙げられます。図をみると分類不明の数値が大きくなっていますが、これは分類不明の部門で粗付加価値がマイナスになっている（産業連関表作成時のバランス調整が原因）ためです。また、域外からNPO部門に対する需要が小さい（移輸出がほとんどない）ことも影響しています。

（3）NPO法人KOBE鉄人PROJECTの生産誘発額

さて、(8-1)式に基づいて、NPO法人KOBE鉄人PROJECTの生産誘発額を求めると、図8-3のようになります。

すなわち、NPO法人の設立時から現在までの事業収入等の合計7300万円が産業連関を通して他産業の生産を誘発します。その額は合計1億200万円で、内訳として自産業7300万円、対事業所サービス2400万円、その他の製造工業製品200万円、金融・保険100万円、情報通信100万円の生産を誘発します。百万円単位で算出していますので、それ未満の産業部門が25部門で計100万円となっています。

参考文献
神戸市企画調整局総合計画課［2010］『平成17年神戸市産業連関表』。

第Ⅲ部　分析・応用編

A．都市開発に対する経済効果
第9章　市立中学校跡地の活用による経済効果の測定
第10章　都市開発における多機能型複合施設の経済効果の分析
第11章　「KOBE 鉄人 PROJECT」の経済波及効果

B．産業誘致の経済効果
第12章　電気自動車の生産がもたらす地域経済への波及効果分析

C．イベントに関する経済効果
第13章　マラソン・イベントの経済波及効果
第14章　コンテンツの経済波及効果の分析
- 特論　医療集客都市とその集客効果
- コラム　観光入込客数の推計——奈良町を事例に

D．景観・文化・環境のまちづくりに関する経済効果
第15章　非市場財の経済効果をどう測るか
第16章　伝建地区や大正ロマンのまちづくり

第 9 章

市立中学校跡地の活用による経済効果の測定

山本　敏史

1 廃校敷地活用のプロセス

（1）年少人口の減少と廃校の発生

　年少人口の減少により全国的に小・中学校などの廃校が発生しています。こうした廃校の活用事例としてはこれまで郊外部や観光都市での公共的利用や観光施設へのユニークな転用事例が多く紹介されてきました。しかし住宅地を中心とする一般的な市街地では人口の減少により公共施設は余り気味で、またとりたてて観光資源にも恵まれない都市ではこうした「ユニーク」な転用は難しいのではないでしょうか。また市民も交えた検討では、歴史的な経過や地域住民の学校への思いが議論の中心となりやすく、とくに民間へ売却することには強い抵抗があります。その結果、「地域の要望」によって運動場や体育館の地域開放やコミュニティ活動の拠点などとして利用されている事例が数多くみられます。

　民間に売却することについてはいろいろな視点から考える必要があります。

　とくに市街化された都市においては小・中学校のような大規模な敷地はそれだけでも貴重な空間であり、いったん売却してしまうとふたたび公共用地としてその規模の土地を取得することはまず不可能です。本章では兵庫県尼崎市において市立中学校敷地を民間に売却した事例とその効果を紹介していますが、売却を決断するまでには将来の人口動向や公共施設の統廃合、更新なども展望した行政需要について

判断することはもちろん、地域防災の観点から避難地など大規模用地としての必要性、さらに周辺環境の保全の視点から民間が活用する場合の用途の検討や市財政も含めた経済効果など、「総合的」な視点から検討する必要があります。なお地域の意見を聞きながら進めていく必要があることはいうまでもありません。

　廃校の活用について行政内部で所管する部署は自治体によってさまざまですが、地域活力の向上や自治体財政への貢献など、総合的な「都市政策」として検討する必要があると考えます。

（2）尼崎市立明倫中学校の跡地活用

　明倫中学校は阪神工業地帯である尼崎市の臨海部に近接した地域に1952年に設置されました。近辺では戦後の急速な経済成長とともに労働力として他都市からの人口流入がはじまり、地域の人口は急激に増加しました。しかしその後の産業構造の転換や公害問題もあいまって経済活動が停滞し、人口流出や少子・高齢化により児童・生徒数がピーク時の半数以下になるなか、教育環境の維持のために2005年に他の中学校と統合され廃校となりました。

　尼崎市企画財政局は市教育委員会が2002年に公表した廃止決定を受けて跡地活用案の策定のため、2004年に近隣自治会の代表や明倫中学校関係者、育友会、まちづくりの専門家、公募市民で構成した「明倫中学校跡地活用方策検討懇話会」を設置しました。

　懇話会では、地域が抱えるさまざまな課題の解決のため、多様な視点からの論議を重ね、これまで生産年齢層を中心とした人口流出や少子・高齢化などが著しいといった実態を認識し地域課題を共有しました。その解決のためには、民間による集合住宅の建設によって若年世帯が定住し、安心して子育てができる環境を整えることや学校の歴史や思い出を継承するため学校敷地の既存植栽や記念碑をできるだけ残すこと、隣接地にある老朽化し危険な市営住宅の建替え用地として敷地の一部を活用すること、などをまとめた報告書が尼崎市長に提出されました。

　市は懇話会からの報告書を受け、民間による住宅開発のコンセプトや、防災の観点も含めた新設公園の機能、周辺の既存コミュニティとの調和や、学校敷地内で豊かに成長した140本の樹木や、創立以来の周年記念碑の保存なども含めた土地利用の方針を2005年に「パブリックコメント」を経て策定しています。

　こうした方針に基づいた民間開発事業者の募集にあたってはいわゆる「コンペ方式」で選定することとしました。

　コンペのための事業者の募集要項は、その後のまちづくりや経済効果にも大きく

影響することとなる非常に重要なものです。

　地域からの多様な要望やその実現のための厳格すぎる規制は民間事業者のコンペへの参加意欲を低下させます。反対に民間の経済原理だけにまかせた開発は地域の既存環境との不調和や計画的まちづくりの「失敗」を招きかねません。

　こうしたことから募集要項の策定にあたっては、地域の貴重な財産である学校跡地を最適活用するための専門的な検討が必要です。事例では学識経験者などで構成する審査委員会を設置し、コンペ時の審査だけでなく、そのための事業者募集要項、すなわち行政としての土地利用計画案も策定しています。

　コンペの実施を事業者に知らせるためには、市報などの公報紙や自治体のホームページが「公的な」情報提供媒体ですが、尼崎市では跡地売却代金にかかる市議会での予算案議決以後の早い時期に建設関係の専門紙などにその時点でできるかぎりの情報提供に努めています。大規模用地を購入しさらに大規模な住宅が建設されるわけですから事業者としてはコンペ資料の作成だけでなく資金の段取り、企業連合体の結成など費用と時間がかかることから、なるべく早く情報提供することが事業者の参加意欲を高めることとなります。その結果、多数の参加者による競争原理から経済的効果も高められ、もちろん優秀な提案も採用できることとなります。

　次に問題となるのがコンペの審査方法です。

　コンペにあたっては、一般的には事業計画の提案と買受金額についても提示され、事業計画案と買受金額の2つの要素を個別に評価し、その合計点をもって買受者を決定するいわゆる「総合評価方式」[1]が採用される場合が多いようですが、明倫中学校跡地では総合評価方式を採用しませんでした。

　尼崎市が採用した評価方法は、「二段階方式」と呼んでいますが、まず事業計画案について専門委員会で審査・採点します。

　そして事業計画案の審査における最高得点者の得点と比較して80％以上の得点者についても合格としています。また配点を100点とした場合、50点未満は「足きり」として失格としています。最高得点者のみを合格者としなかったのはやはり審査員それぞれに主観があり、それによる得点の合計や平均値は「絶対的な数値」として表されますが、その実は絶対的なものとはいえないからです。

　次に合格者だけに集まってもらい、全員の目前で買受金額を記した文書（入札書）を開封し、最高額を提示していた者をコンペ最優秀者としています。なお入札書は事業計画案の提出と同時に提出を求め、市の会計室の金庫に保管しておきます。また不合格者の入札書は開封せずに返却しています。

　こうした方法をとるのは、やはりまちづくり効果とともに経済効果を高めたいか

らです。経済効果はなにも土地売却代金だけではありません。それよりも土地活用による継続的な税収や経済効果が重要です。コンペにあたっては全般にわたってそうした意識が必要と思います。

こうして民間に売却した敷地を含めた明倫中学校跡地の活用の概要は次のとおりです。

①敷地全体面積　3万3160㎡　　②民間への売却面積　1万5608㎡
③民間マンション戸数　389戸　　④市営住宅敷地面積　9700㎡（一部未供用）
⑤市営住宅戸数　186戸　　　　　⑥民間社会福祉施設敷地　1300㎡
⑦公園　1400㎡　　　　　　　　⑧その他道路用地　5152㎡

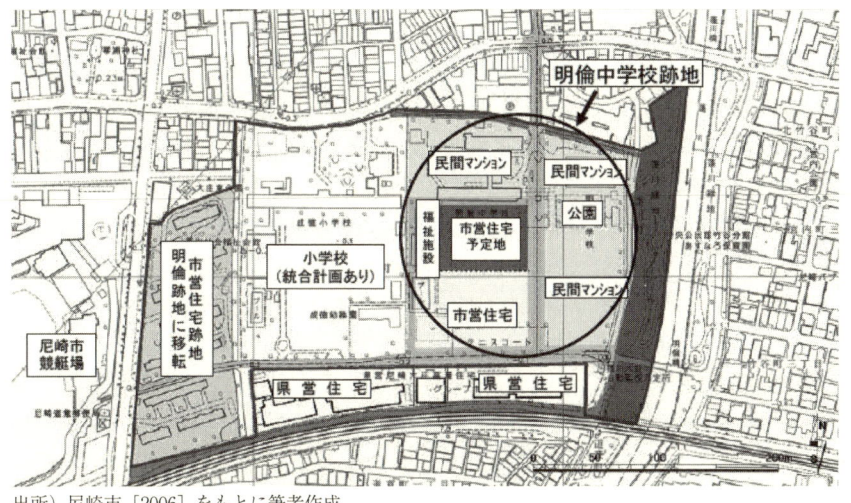

出所）尼崎市［2006］をもとに筆者作成。

【図9-1】明倫中学校跡地活用の概要

2　自治体所有データによる効果測定

（1）土地売却収入

大規模公有地の活用はさまざまな効果を発生させます。事例では民間事業者による住宅開発による効果だけでなく、老朽化した市営住宅の建替えによる住民の安全性と居住環境の向上、公園の機能向上や道路アクセスの改良による交通や防災機能の向上など利用転換の効果は経済効果以外にも多面的です。

公有地を売却した場合、土地売却代金については関心を寄せられるものの、それ以外の効果については目が向けられることはあまりありません。行政側もアウトプットまでは頑張るもののその後の構造的、継続的なアウトカムはあまり測定しているようではありません。せいぜい固定資産税の増加額くらいだと思います。なお現実には地方財政制度上、土地売却収入や税収の増額は地方交付税額の算定の際、基準財政収入額として一定割合が算入されるので増収額すべてが自治体財政の効果額として反映されるものではありません。こうした点も認識しておく必要があります。

しかし、やはり一番わかりやすいのが土地売却収入です。

行政としては財政への貢献という面からはなるべく高値で買ってもらいたいのですが、マイナス評価となる可能性のある土地の履歴の説明や周辺環境についても客観的に詳細に説明することが必要です。

近年は土壌汚染に対して法令も厳しくなり、また世間的にも関心が高いことからとくに念入りな調査と説明が必要です。また一般的なイメージと現実の立地環境にギャップがある場合もあることから、現場での説明や一般的に認知されていない長所があればそのアピールも重要なポイントです。こうしたことを入念に行って事業者が安心して参加できるような環境を整えることが肝要です。

また民間への売却以外に、敷地の一部をほかの公共施設の移転や集約用地として活用した場合、移転・集約した公共施設の「従前の」敷地の売却見込額を効果額として算定することができます。とくに小・中学校は地域の思いも強く、学校跡地「そのもの」の売却には強く反対される場合が想定されます。学校跡地へ移転・集約した公園など公共施設の従前敷地はたいていの場合、学校敷地よりは小規模です。また学校敷地のような広大地ほど単位当たりの土地評価額は低くなる傾向があることから、それより小規模な従前の公共施設敷地の売却はより効果的です。

(2) 税収効果

公有地が私有地となることにより非課税地が課税地となり、さらに住宅が建設されることにより固定資産税や都市計画税が発生します。

土地売却収入は自治体財政にとっては一時的な収入ですが固定資産税等は建物についての減価償却はあるものの継続的な歳入となります。こうした土地建物から発生する固定資産税等の収入額は税務部門による評価額から算定することができます。

さらに建設された住宅に人々が移り住むことで人口が増加し、とくに市外からの

流入による居住者は新たな市税の納付者となります。市民税をはじめとする税額の把握については、近年個人情報の保護の観点から行政内部間でもデータの取扱いは慎重です。こうした場合は税務部門の統計データなどから根拠となる金額をモデル的に求めることができます。

　また基礎的自治体による課税以外に、不動産取得税などの都道府県税、所得税など国税が発生します。こうした税収も「市民≦県民≦国民」という関係から最終的には「住民」に還流しているはずです。

（3）人口効果

　人口は経済とともに自治体のもっとも基礎的で重要な構成要素のひとつです。人口の動向を調べるのは自治体内部の作業になります。

　自治体の統計担当に住民データが存在します。住宅が立地した住所を特定し、転入が完了したと考えられる時点での世帯ごとの住人の年齢、従前の住所地を調査します。このとき世帯主を特定しておくことも必要です。個人名は当然不要です。男女別も必要ではないでしょう。従前の住所地も同一市内での区別が分かればさらに詳細な人口移動が把握できます。別の事例ではこうしたデータ分析の結果、市内間の移転がおよそ9割であり、そのうち8割が「ご近所」からの転入ということがわかりました。この場合にはおそらく「玉突き」的に従前居住していた住宅の更新やそこへの新たな入居も発生するものと考えられます。なお尼崎市では複数の事例分析から、「駅に近い住宅開発ほど市外からの流入率が高い」という結果が分析されています[2]。また他都市からの移転の場合、それ以前にその市内に住んでいたケースも考えられます。つまりいったん、地元を離れ別の都市で生活し、その後Uターンして戻ってきたケースも考えられますがこの方法では把握できません。

　また大規模マンションなどではデータ数は何百から千を超えると思いますので、住所地が数字でコード化されている場合は文字に変換できる関数[3]を使えば便利です。

　こうして集計したデータにより1世帯当たり人数、世帯主の年齢、市外からの流入率がわかります。このデータと全市でのそれぞれの平均値と比較することも有意義です。なお1戸の住宅に2世帯が入居している場合もあることにも留意してください。また複数の事例分析からは、新築のマンションには若年世帯の入居率が高いことから数年内に出生がかなり多く発生すると思います。ひととおりの入居が完了した数年後、再度データを取って分析することも重要なポイントです。事例では402世帯の入居後2年内に75人の出生がありました。図9-2は尼崎市の年齢分布の

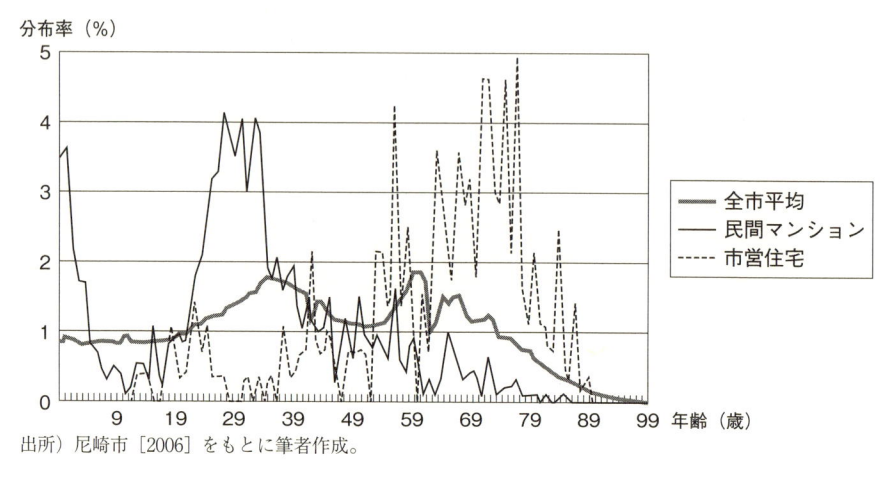

第Ⅲ部　分析・応用編──A. 都市開発に対する経済効果

【図9-2】明倫中学校跡地における民間マンションと市営住宅の年齢分布

出所）尼崎市［2006］をもとに筆者作成。

平均と同じ明倫中学校跡地に建設された民間マンションと市営住宅の年齢分布を示しています。

尼崎市の全市平均と比べると民間マンションは20～30歳台と5歳以下の分布が極端に多く老年人口は少なくなっています。一方、新築された市営住宅への入居は従前入居者の移転であり、従前の市営住宅建設当時（昭和20年代後半から30年代）からの居住者が多いことから高齢化傾向が全市平均と比べても著しく高いことがわかります。

3　産業連関表による地域経済への波及効果の測定

（1）建設工事による効果

　公有地を民間に売却し住宅が建設されることによりさまざまな経済効果が発生します。とくに学校跡地は敷地が大規模であることから投資される金額は莫大なものとなります。事例ではこうしたハード的な経済効果は、民間マンションや市営住宅などの建設、それに道路や公園などのインフラ整備などから発生しています。

　まず民間マンションの建設による効果額ですが、これはなかなか企業秘密でもあり具体的な金額を把握することは困難です。今回は民間マンションの建設費の試算として財団法人建設物価調査会の資料により鉄筋コンクリート造の建物としておよそ1㎡当たり20万円として試算しています。延べ面積はコンペの資料や販売の「チ

ラシ」にも記載されています。

　市営住宅の建設費や道路、公園の整備、従前の校舎の除却や整地なども同様に試算することができますが、明倫中学校跡地を含む一帯は国土交通省の「まちづくり交付金」事業の適用を受けていたため、国庫補助金の申請書類からその金額を把握しています。

　住宅建設による経済効果で注意が必要なのは、事例のように大規模なマンション建設ではその経済効果は現実には地元に表れるものとは限りません。通例、産業連関表では「建設」部門は自給率が100％とされています（移出入がゼロです）。しかし現実には東京や大阪などを拠点とする大手デベロッパーが大手ゼネコンに発注することにより建設します。下請け、孫請け……などにより地元にも波及するかもしれませんが経済効果の判定としては一考の余地があると考えられます。また「戸建住宅」の場合、近年の「パワービルダー」は別として、開発規模により地元の「工務店」が請け負えば地元への経済効果は表れるのではと思います。いずれにしても建設工事による地域への経済効果を期待するのであれば、コンペの際の募集要項や契約書に地元業者の活用を求めておくことが賢明です。

（2）消費活動による経済効果分析

　地域に人々が住まい生活することで消費活動が発生します。毎日の消費活動は、地域経済にはもっとも密接で大きな影響と持続的な効果をもたらします。

　明倫中学校跡地の近接地であり、また最寄りの駅前では1990年に再開発ビルがオープンし、核テナントとしてスーパーが出店していました。しかし、その後2005年にスーパーが閉店して以来、長らく空き店舗のままでしたが、2007年に明倫中学校跡地に建設されたマンションや市営住宅への入居がはじまったその半年後に別のスーパーが再開発ビルに出店しています。またその翌年にも近接地に別のスーパーが出店しています。住宅立地とスーパーの出店の関係については絶対的な関係性は示すことはできませんが、その近接性や時期、周辺のほかの住宅立地の動向からは明倫中学校跡地での住宅建設の効果によるものと考えてよいと思います。

　こうした「目に見える」経済効果は体験的に感じることができますが、「体感し難い」のが住宅開発による人口増加がもたらす消費活動による近隣の商店や関連業界、さらには従事者の所得やさらにその再消費などによる経済効果です。その分析のためにはやはり産業連関表を活用します。

（3） 経済効果の分析手順

人口効果の検証で活用した住民データをベースとして経済効果を測定します。

入居世帯の消費額はそれぞれの世帯人員や年齢、収入や嗜好など個人ごとに異なり、また物価や気候なども影響し地方によっても異なります。さらにその時々の経済情勢で変化するものであり一定ではありませんが、こうした状況を前提としたうえで、可能な限り得られるデータを収集し、また地域特性による消費効果をより正確に測定するため地域の産業連関表を作成して地域内への経済波及効果を測定しました。

そのために必要なデータや作業は次のとおりです。

① 世帯数、世帯人員数、世帯主年齢、市外からの人口流入率
② 世帯当たり消費額の算定
③ 消費額の産業別分類
④ 産業連関表へのあてはめ
⑤ 市内需要増加額の算定

以下、順次この作業手順に則って、その概略を説明します。

①については「人口効果」の項で説明したとおりですが、本事例ではデータは市役所の情報統計担当から（正確には市民課の住民基本台帳登録者と外国人登録者データを、電算部門を通じて提供してもらう）テキストファイルでもらい、それをエクセルのファイル形式に変換しています。

（4） 世帯当たり消費額の算定

②の世帯当たりの消費額の算定は重要な作業です。

世帯当たりの消費額は、総務省の「家計調査」を利用してモデル算定により求めます。家計調査は都市や世帯の特性に応じて、調査結果を異なる視点から多様な種類の調査票に分類してまとめられています。

本事例では類型別の家計調査票の選択について、人口によって区分されている「都市階級」としては「中都市」の調査票を、また住宅入居者データによる年齢層や構成から「勤労者世帯」の調査票を選んでいます。また入居者の住民基本台帳データから世帯人員数は、「2人以上」の区分を、世帯主年齢については、「40～44歳」の区分のデータを採用しました。世帯主年齢については、単純平均年齢を採用しましたが、高齢世帯主の多い場合は年齢と消費額は比例しない場合もあることなどから「ヒストグラム」を作成するなどして世帯主年齢の「度数」分布を確認しておく必要があり、場合によっては「最頻値」を採用するなど分布の状況をよく吟味

する必要があります。また世帯人員により消費額は変わるはずです。家計調査の「世帯人員別」の調査票では2人から6人以上のそれぞれの消費額データがあり、本事例では1世帯当たり2.5人でしたので、回帰直線（エクセルでグラフを作成し「近似曲線の追加」から簡単にできます）により人員数2.5人に対応する消費額を求めます。

家計調査にはそのほか、さまざまな調査票がありますが、本事例では次の調査票を利用しています。

① 都市階級・地方・都道府県庁所在地別（2人以上の世帯、勤労者世帯）
② 世帯人員別（2人以上の世帯、勤労者世帯）
③ 世帯主の年齢階級別（2人以上の世帯、勤労者世帯）

なお、家計調査をはじめ統計には「年」と「年度」により調査票の種類が違う場合があり、家計調査では「年」の調査票が充実しています。

（5）消費額の産業別分類

家計調査の調査票では消費の内訳はおよそ60項目に分類されています。最初にすべき基本的な作業は、世帯当たりの消費額を家計調査の項目ごとに按分して割り付けることです。こうして割り付けたそれぞれの項目を今度は産業連関表の取引基本表に割り付け直します（本事例では産業部門数34の産業連関表を使用します）。

産業連関表の分類に集約し直す理由は、産業連関表は取引基本表以外にも投入係数表と逆行列表がセットとなっており、これらがエクセルの関数計算によって反映されることにより、自動的に経済波及効果額が算定されるからです。

またこの事例では兵庫県の産業連関表をそのまま使わずに第5章で説明されているように尼崎市独自の産業連関表を作成して分析しています。これはとくに尼崎市の位置が兵庫県の東南端に位置し、大阪府と隣接していることや大都市である大阪市と神戸市の間に近接して位置し、両都市をつなぐ3社の鉄道が市内を横断していることなど、「移入・移出」、つまり尼崎市民の他都市での消費や他都市の市民による尼崎市内での消費を考慮する必要性が高い地理的かつ交通要因を考慮する必要があるからです。

（6）市内需要増加額の算定

家計調査から求めた世帯当たりの消費額を産業連関表に割り付け直した時点で世帯当たりの経済効果が算定できます。しかし住民の消費活動は住んでいる自治体だけで行われるものではないことからこの時点での産業連関表の数字は、その自治体

内に限定した効果額を表したものではありません。しかし自治体の担当者としては、「市内」における経済効果額を把握しておきたいところです。

そのための作業に使えるような統計は全国的に統一されたものはありません。事例地の尼崎市では以前に市や市の産業系外郭団体が実施した「買い物アンケート」により市内での購入率を調査したものがありました。

しかしこのアンケートでは食料品や衣料など限定した品目についての調査であり、産業連関表の項目のすべてに該当するものとはなっていません。こうしたことからアンケートの項目にない産業連関表項目については個別に市内購入率を推定する必要があります。

推定の方法は日常の体験による消費の近隣性から推定したことから100％または0％として判断したものが多くなりましたが、この場合、ひとりで作業せずたくさんの人の意見を聞きながら決定していくとより客観性が高まると思います。

個別には「授業料」など全体の消費額に占める割合が高いものについてはより慎重な検討が必要です。事例では国勢調査の常住地による従業・通学市区町村のデータや総務省の「小売物価統計調査」の高等学校・中学校授業料のデータなどを活用しています。しかし尼崎市についてのデータがなかったので近接市のデータを準用して算定しています。

また「交通」については尼崎市には市営バスがあることから尼崎市が2000年に実施した「パーソントリップ調査」をもとに「市内〜市外移動」、「市内〜市内移動」における尼崎市民の利用率データから算定しています。

こうした推定方法は例示であり、ほかに個別にデータが把握できるものがあれば、できる限り実証データから市内購入率を算定してください。

（7）商業・運輸マージンの控除

ここまでの過程で算定された消費額は、市内における「売上高ベース」の消費額でありその内容は「原価＋利益」なので、そのまま純粋なその地域の経済効果となるものではありません。売上高ベースの消費額から、仕入れ原価や人件費などを控除したいわゆる「儲け」の部分が実際の地域への経済効果となります。

そのためには少々ややこしいのですが、消費額から商業マージンと運輸マージンを差し引いて、その額を産業連関表の項目である「商業」と「運輸」に振り替えます。つまり産業連関表内で金額の振替えを行います。これは品目によっては「流通」が価格形成に関わっているからです。仲卸業者や運輸業は直接、製品を製造するのではなく流通のみに関わっている業種だからです。

それぞれの品目の商業と運輸の各マージン率は総務省の産業連関表による「商業マージン表」と「国内貨物運賃表」により求めます。

（8）家計調査項目から産業連関表への格付け
　以上の手順を経ることによって、表9−1に示すように、消費効果は産業連関表に合うよう市内需要増加額に変換できました。

（9）産業連関表活用による消費の波及効果
　表9−1で示した市内需要増加額は、産業連関分析では「直接効果」と呼ばれるものです。本事例で取り上げる消費効果には、住宅居住者の消費活動がさらに関連産業の生産を誘発する「間接一次効果」と、それによって関連産業の従業者の所得が増加し、彼らが再消費を行うことによって誘発される「間接二次効果」まで考慮する必要があります。そのために産業連関表を活用するわけです。
　表9−2は、住宅居住者の消費活動から誘発される間接波及効果までを含めた総合的な効果をみたものです。

4　測定結果の活用

（1）効果の概要
　こうした手順を経て、本事例における効果をまとめると、表9−3のとおりとなりました。前記の開発の概要の数値を参照しながら比較してみてください。
　民間マンションの入居者は若年世帯が多く、その後の出生率の高さは前にも述べたとおりです。税収はそれぞれの市により減免規定が異なっているかもしれません。消費効果額は市内を対象とした額ですので「近隣」の商店やスーパーに波及する額はそれぞれのケースで異なるものと思われます。土地売却収入は金額が大きいことや大規模用地の需要はとくに近年、変動しやすいことから要注意です。建設による効果額は先にも述べたように産業連関表のルールによる自給率と実態には乖離を生じる場合があります。
　自治体の担当者としては、こうした事例分析を積み重ね、公有地に民間の住宅が建った場合の1㎡当たりの市税収入や大規模用地に建設されるマンションの戸数（容積率200％の区域ではだいたい1戸当たり40㎡の敷地が必要）また戸建住宅では2階建てと3階建ての境界となる敷地面積の目安、1世帯当たりの人数など「だいたい」の数値の感覚を備えておくことも実務には役に立ちます。

第Ⅲ部　分析・応用編——A．都市開発に対する経済効果

[表9-1] 家計調査、産業連関表、買い物アンケート項目の格付け（項目は抜粋）

使用データ等	「家計調査」分類	「産業連関表」分類	「家計調査」・中都市・世帯主40-44歳・1世帯3.8人 323,873円（単位:円）	・2.5人/世帯に調整した額 300,000円	「アンケート」市内購入率（%）	「産業連関表」商業マージン率（%）	運輸マージン率（%）	市内自給率（%）	市内需要増加額（商業・運輸マージン以外）（円）	市内需要増加額（商業マージン）（円）	市内需要増加額（運輸マージン）（円）
卵	農業	755	699	96	40	4	1.7	6	267	26
生鮮果物	農業	1,685	1,561	97	40	4	1.7	14	603	59
米	食料品	2,207	2,044	94	35	2	21.8	260	682	48
牛乳	食料品	1,474	1,365	96	35	2	21.8	177	465	33
乾物・海藻	食料品	572	530	96	35	2	21.8	69	181	13
菓子類	食料品	6,232	5,773	96	35	2	21.8	749	1,967	138
茶類	食料品	791	733	96	35	2	21.8	95	250	18
酒類	食料品	2,859	2,648	96	35	2	21.8	344	902	63
学校給食	食料品	3,208	2,972	100	35	2	21.8	402	1,055	74
健康保持用摂取品	食料品	645	597	96	35	2	21.8	77	203	14
たばこ	食料品	1,010	936	96	35	2	21.8	121	319	22
寝具類	繊維製品	693	642	70	51	3	2.8	6	230	14
婦人用シャツ・セーター類	繊維製品	1,668	1,545	76	51	3	2.8	15	600	35
被服及び履物	繊維製品	475	440	64	51	3	2.8	4	144	9
生地・糸類	繊維製品	170	157	64	51	3	2.8	1	51	3
一般家具	パルプ・紙・木製品	616	571	70	50	3	30.8	58	199	12
家事用消耗品（紙製品）	パルプ・紙・木製品	1,180	1,093	84	50	3	30.8	133	457	28
家具・家事用品	パルプ・紙・木製品	240	222	71	50	3	30.8	23	78	5
室内装備・装飾品	パルプ・紙・木製品	759	703	70	50	3	30.8	71	245	15
医薬品	化学製品	1,361	1,261	89	47	1	14.0	81	530	15
理美容用品	化学製品	4,279	3,964	89	47	1	14.0	254	1,667	46
家事用耐久財	電気機械	1,720	1,593	84	40	1	39.4	314	533	9

第9章　市立中学校跡地の活用による経済効果の測定

冷暖房用器具	電気機械	957	886	84	40	1	39.4	174	297	5
教養娯楽用耐久財	電気機械	3,759	3,482	84	40	1	39.4	685	1,166	21
自動車等購入	輸送機械	6,388	5,917	100	41	1	13.4	461	2,401	74
自転車購入	輸送機械	464	430	100	41	1	13.4	34	174	5
家具雑貨	その他の製造工業製品	2,443	2,263	85	46	3	14.9	146	880	62
家事用消耗品（プラスチック製品）	その他の製造工業製品	1,179	1,092	71	46	3	14.9	59	355	25
履物類	その他の製造工業製品	2,241	2,076	64	46	3	14.9	101	608	43
保健医療用品・器具	その他の製造工業製品	2,329	2,157	71	46	3	14.9	116	700	49
教科書・学習参考教材	その他の製造工業製品	788	730	84	46	3	14.9	47	280	20
教養娯楽用品	その他の製造工業製品	8,281	7,671	74	46	3	14.9	432	2,596	182
身の回り用品	その他の製造工業製品	1,921	1,779	64	46	3	14.9	87	521	37
設備材料	建設	1,793	1,661	100	0	0	100.0	1,661	0	0
電気代	電力・ガス・熱供給	9,289	8,604	0	0	0	81.2	0	0	0
上下水道料	水道・廃棄物処理	5,223	4,838	100	0	0	99.0	4,790	0	0
家賃地代	不動産	14,543	13,471	100	0	0	97.8	13,175	0	0
交通	運輸	6,995	6,479	16	0	0	60.1	623	0	0
パック旅行費	運輸	3,684	3,412	50	0	0	60.1	1,026	0	0
通信	通信・放送	14,843	13,749	0	0	0	56.2	0	0	0
授業料等	教育・研究	17,947	16,624	57	0	0	95.9	9,089	0	0
保健医療サービス	医療・保険・社会保障	5,901	5,466	100	0	0	100.0	5,466	0	0
自動車等維持	対事業所サービス	20,201	18,712	100	0	0	56.2	10,514	0	0
一般外食	対個人サービス	14,514	13,444	59	0	0	85.7	6,795	0	0
宿泊料	対個人サービス	1,648	1,527	0	0	0	85.7	0	0	0
月謝類	対個人サービス	7,908	7,325	100	0	0	85.7	6,275	0	0
その他の諸雑費	対個人サービス	11,336	10,500	100	0	0	85.7	8,995	0	0
こづかい（使途不明）	対個人サービス	16,717	15,485	50	0	0	85.7	6,633	0	0
教養娯楽費	対個人サービス	765	709	50	0	0	85.7	303	0	0
贈与金	(移転支出：格付けなし)	5,793	5,366							
仕送り金	(移転支出：格付けなし)	2,335	2,163							

出所：「家計調査」、「産業連関表」、「尼崎市買い物アンケート調査結果」から筆者作成

第Ⅲ部　分析・応用編——A．都市開発に対する経済効果

[表9-2] 産業連関表活用による明倫中学校跡地民間住宅居住者の消費効果額

（単位:円）　　これより右（単位:百万円）

	居住世帯主年齢区分 40-44歳 世帯人員 2.5人 世帯数 402世帯	家計消費による1世帯当たり1カ月の市内需要増加額	入居世帯合計の家計消費による年間市内需要増加額	直接効果+間接一次効果額	雇用者所得率	雇用者所得誘発額	民間消費支出構成比	民間消費支出増加額 消費転換率 0.743	民間消費支出増加額 産業配分 256	市内自給率(%)	市内需要増加額	間接二次効果額	効果合計
01	農業	60	0	0	0.06029	0	0.01327		3	1.7	0	0	0
02	林業	0	0	0	0.00000	0	0.00079		0	0.0	0	0	0
03	漁業	0	0	0	0.00000	0	0.00172		0	0.0	0	0	0
04	鉱業	0	0	0	0.12679	0	-0.00002		0	9.5	0	0	0
05	食料品	6,739	33	40	0.17040	7	0.11656		30	21.8	7	8	48
06	繊維製品	97	0	0	0.23297	0	0.02023		5	2.8	0	0	1
07	パルプ・紙・木製品	285	1	5	0.14669	1	0.00394		1	30.8	0	0	5
08	化学製品	335	2	3	0.13238	0	0.01094		3	14.0	0	0	3
09	石油・石炭製品	0	0	0	0.00000	0	0.01342		3	0.0	0	0	0
10	窯業・土石製品	0	0	1	0.20254	0	0.00094		0	35.8	0	0	1
11	鉄鋼	0	0	1	0.14667	0	-0.00005		0	55.4	0	0	1
12	非鉄金属	0	0	0	0.18448	0	0.00006		0	19.1	0	0	0
13	金属製品	0	0	1	0.28460	0	0.00176		0	17.1	0	0	1
14	一般機械	0	0	2	0.25544	0	0.00037		0	18.2	0	0	2
15	電気機械	1,173	6	9	0.16052	1	0.03224		8	39.4	3	4	13
16	輸送機械	495	2	3	0.28115	1	0.02056		5	13.4	1	1	4
17	精密機械	0	0	0	0.30252	0	0.00403		1	5.9	0	0	0
18	その他の製造工業製品	1,278	6	9	0.19316	2	0.02154		6	14.9	1	1	11
19	建設	3,700	18	26	0.34785	9	0.00000		0	100.0	0	3	29
20	電力・ガス・熱供給	0	0	13	0.11447	2	0.02590		7	81.2	6	8	21

172

第9章　市立中学校跡地の活用による経済効果の測定

	部門名											
21	水道・廃棄物処理	4,838	23	33	0.35957	12	0.01163	3	99.0	3	4	37
22	商業	39,944	193	203	0.50406	103	0.15418	39	28.9	11	13	216
23	金融・保険	0	0	31	0.33071	10	0.04417	11	95.4	10	16	47
24	不動産	13,471	65	82	0.04415	4	0.15815	40	97.8	39	42	124
25	運輸	5,259	25	36	0.44613	16	0.06317	16	60.1	10	12	48
26	通信・放送	0	0	8	0.31517	3	0.03008	8	56.2	4	5	14
27	公務	0	0	0	0.46129	0	0.00261	1	100.0	1	1	1
28	教育・研究	9,476	46	49	0.65407	32	0.01730	4	95.9	4	5	53
29	医療・保健・社会保障・介護	5,466	26	27	0.46924	13	0.03616	9	100.0	9	9	36
30	その他の公共サービス	0	0	2	0.52770	1	0.00542	1	90.0	1	1	3
31	対事業所サービス	18,712	90	128	0.34282	44	0.02301	6	56.2	3	9	137
32	対個人サービス	57,786	279	285	0.29479	84	0.16579	42	85.7	36	37	322
33	事務用品	0	0	2	0.00000	0	0.00000	0	100.0	0	0	3
34	分類不明	0	0	2	0.06448	0	0.00013	0	45.3	0	0	2
35	内生部門計	169,114	816	1,002		345		252		149	182	1,184

出所：「家計調査」，「産業連関表」，「尼崎市買い物アンケート調査結果」から筆者作成

【表9-3】明倫中学校跡地活用による効果の概要

項　目	数　値	算定方法、データ等
民間マンション入居者（市内間移動含む）	946人	住民基本台帳データ
上記の市外流入者数	433人	
固定資産税・都市計画税（土地）	600万円／年	税務部署による評価
固定資産税・都市計画税（建物）	6000万円／年	税務統計データからの試算
個人市民税（増加額※）	2200万円／年	事例の建物は新築後5年間は条例により1/2に減額される。
軽自動車税、市たばこ税（増加額※）	200万円／年	左の数値は減額前の額である。
消費効果額（増加額※）	5.5億円／年	産業連関表による直接効果額、1次～2次波及効果額の合計
土地売却収入（民間への売却部分）	34億円	実績値
土地売却収入（集約市住従前敷地評価額）	38億円	評価額による推定
建設事業効果額 （民間住宅、市営住宅、公園等）	157億円	民間住宅は建設物価データからの推定
		市営住宅、公園等は「まちづくり交付金」申請書類の実績額
		産業連関表による直接効果額、1次～2次波及効果額の合計

出所）尼崎市［2006］をもとに筆者作成。
※「増加額」は市外からの流入率（46％）にかかる額である。

（2）「アウトカム」の分析と活用

　尼崎市を含め多くの自治体では公有地の土地利用転換について、売却や公共施設用地としての利用を進めてきたと思います。しかし「アウトプット」まではやるもののその後の「アウトカム」を追跡して測定することはあまり行われていないように思います。とくに民間へ売却する場合は土地の売却額だけに関心が集まり、固定資産税の増収額すら検証されていないのではと思います。

　また大規模開発事業では事前に「費用便益分析」を行う場合もありますが、その場合の経済効果額は行政側の「期待効果額」の説明である、という指摘もあります。それに事前の作業であることから実績値によるものではありません。事例ではできるだけ実績値に基づいた、人口、税収、地域経済波及効果を測定していることから行政内部や市民、市議会からもこれまでにない情報として関心と評価がありました。

　いまや、多くの自治体では人口や経済の縮小により行政需要は減少しています。
　一方、高度成長期や人口のピーク時に設置された公共施設は、老朽化により建替えや耐震性の向上が喫緊の課題となっています。また利用率の低下により存続を問い直す必要のある公共施設が数多く現存します。こうした公共施設を、一様に財政

第9章　市立中学校跡地の活用による経済効果の測定

【写真9-1】学校敷地の植栽をそのまま活用した公園と開発された住宅（筆者撮影）

難に陥っている自治体としてどうするのか、というのも共通の課題です。

　公共施設が用途廃止された後の大規模公有地の活用は、民間活用による経済効果の発現だけでなく、こうした自治体にとってさまざまな問題を解決する手段ともなります。

　「持続可能なまちづくり」のためには、産業連関表を活用した経済効果の分析が政策判断に大いに活用され、客観的に説明責任を果たしていくことが今後の行政としてはとくに重要になってくるものと考えます。

注
1）土地買受金額と事業計画を含む提案内容を総合的に評価する方式。金額も評価要素のひとつとなっていることから、低額でも計画案が優秀であれば採用されることもあり、高額を提示しても計画案の評価が低い場合は採用されないこととなります。
2）尼崎市におけるおよそ3000㎡から3haまでの10の開発事例を調査し、開発位置による住民の状況、とくに市外からの流入の傾向に着目して調査した結果、$x=$「駅からの（道路）距離」、$y=$「市外からの入居率」とすると、回帰分析から、

$$y = 0.598 - 0.000459 \cdot x \quad (R^2 = 0.645)$$

という負の関係となり、駅から離れるにしたがって市外からの人口流入率は逓減していることがわかります。

175

3）特定の数字を特定の文字に変換するには"CHOOSE"関数を応用しました。また、何桁かある数字の左端の数字を特定するには"LEFT"関数があります。

参考文献

尼崎市［1988］［1991］『買い物に関する市民アンケート調査結果報告書』。
尼崎市［2006］『明倫中学校跡地のまちづくり』。
尼崎市［2007］『尼崎市人口月報』（2007年12月から2009年12月）。
尼崎市［2008］『平成19年度尼崎市大庄中部大規模公有地活用検討業務』。
尼崎市［2009a］『尼崎市統計書』。
尼崎市［2009b］『大庄中部大規模公有地活用検討業務平成20年度報告書』。
尼崎市［2009c］『平成21年度税務統計』。
尼崎市教育委員会［2002］『尼崎市立小・中学校適正規模・適正配置推進計画』。
小長谷一之［2005］『都市経済再生のまちづくり』古今書院。
小長谷一之・永田潤子［2007］「廃校利用とマネジメント」塩沢由典・小長谷一之編『創造都市への戦略』晃洋書房。
財団法人尼崎市産業振興協会［1994］『買い物に関する市民アンケート調査結果報告書』。
佐野修久［2009］『公有資産改革』ぎょうせい。
佐野修久［2010］「尼崎市におけるPPPにおける公有地の利活用——明倫中学校跡地の活用を中心に」『地域開発』vol.544、一般財団法人日本地域開発センター。
塩沢由典・小長谷一之編［2007］『創造都市への戦略』晃洋書房。
塩沢由典・小長谷一之編［2008］『まちづくりと創造都市』晃洋書房。
塩沢由典・小長谷一之編［2009］『まちづくりと創造都市2』晃洋書房。
株式会社日本総合研究所地域経営戦略グループ［2009］『自治体不動産の有効活用』学陽書房。
前川知史［2007］「ロボカップ2005の経済効果の計測」『創造都市研究』第3巻第1号（通巻3号）。
明倫中学校跡地活用方策検討懇話会［2005］『明倫中学校跡地のまちづくりの方針について』尼崎市。
文部科学省［2003］『廃校施設の実態及び有効活用状況等調査研究報告書』。
安田秀穂［2008］『自治体の経済効果波及の算出』学陽書房。
矢作弘［2009］『「都市縮小」の時代』角川書店。
山本敏史［2008a］「まちづくり自治体——尼崎市の南部再生」『都市研究』第8巻。
山本敏史［2008b］「市街地における公共施設の更新と既存植栽の保存に関する研究」『21世紀型まちづくり研究会報告書08』大阪市立大学大学院創造都市研究科21世紀型まちづくり研究会。
山本敏史他［2009］「創造都市への息吹——常滑・尼崎——」塩沢由典・小長谷一之編『まちづくりと創造都市2』晃洋書房。
山本敏史・小長谷一之［2010］「公有地の利用転換とその効果——工業都市における地域

活性化のための学校跡地活用を事例として――」『都市住宅学』68号。
若江直生・吉田哲他［2006］「大規模工場の移転にともなう土地利用転換の変化による経済波及効果の研究」『(社)日本都市計画学会都市計画論文集』No.41-43。

第 10 章

都市開発における多機能型複合施設の経済効果の分析

寺西　厚志

1 はじめに

　本書の第Ⅲ部 A では「都市開発の経済効果」が主たるテーマとなっています。そのなかでも、本章は、都市部において多機能な大規模複合ビルが建設された場合の経済効果に関する分析事例を取り上げます。

　都市開発における多機能な大規模複合ビルの事例は全国各地にありますが、ここでの分析では、地域自治体が出資して開発に参画した案件で、建設着工時点から完成後の事業運営に至るまでの全過程がわかり、またそれらに関連したデータがある程度入手可能な物件というものを選定し、その経済波及効果を算出することを主目的としています。そのため、ここでの分析には、90年代半ばに大阪湾ベイエリアに位置する大阪南港に建設され、その後事業が完結していったん当初の事業主体が撤退した、大阪ワールドトレードセンタービルディングを取り上げることにします。

　大阪ワールドトレードセンタービルディング（WTC コスモタワー、以下では WTC ビルという）は、大阪南港にある咲洲コスモスクエア地区[1]の中核施設として1995（平成 7）年 4 月に開業した、地上高256メートルのランドマークタワービルです。オフィスビルとしての機能のほか、展望台、レストラン街、全天候型イベント広場を備えており、大阪ベイエリアの観光施設のひとつともなっています。

　事業会社は、大阪市、日本開発銀行（現・株式会社日本政策投資銀行）および民

第10章　都市開発における多機能型複合施設の経済効果の分析

【基本的データ】
◎事業会社　株式会社大阪ワールドトレードセンタービルディング
◎所在地　　大阪市住之江区南港北1-14-16
◎建築概要
　　敷地面積：20,000㎡
　　建築面積：10,000㎡
　　延床面積：150,000㎡
　　階数：地上55階、地下3階
　　最高部：地上高256m
◎沿革
　○1989（平成元）年4月：株式会社大阪ワールドトレードセンタービルディング設立
　○1991（平成3）年3月：建設工事着工
　○1995（平成7）年2月：竣工
　　　　　　　　　4月：開業
　○2003（平成15）年6月：特定調停の申立て
　○2004（平成16）年2月：特定調停が成立
　○2009（平成21）年3月：会社更生法の申立て
　○2010（平成22）年5月：WTCビル売却にかかる契約が成立
　　　　　　　　　6月：大阪府へ所有権が移転
　　　　　　　　　7月：株式会社大阪ワールドトレードセンタービルディング解散
　○2011（平成23）年3月：株式会社大阪ワールドトレードセンタービルディング精算結了

【図10-1】大阪ワールドトレードセンタービルディング（WTCコスモタワー）

179

間13社の出資による第三セクター方式の株式会社大阪ワールドトレードセンタービルディング（以下ではWTC社という）で、1989（平成元）年4月に設立されました。

しかし、施設の開業までの間にバブル経済が崩壊し経済状況が変化したにもかかわらず、経営や事業の採算性の観点からの事業計画および財務構造の見直しをすることなく開業し、コスモスクエア地区の開発は一定進んだものの、当初考えていたような開発には至らなかったため、オフィス需要の創出につながらず、入居率は低迷しました。その後、大阪港咲洲トンネルによる道路や地下鉄の開通といった市内中心部からのアクセスの向上や、大阪市関連部局の入居などがあったものの、経営状況は依然厳しく、2003（平成15）年6月には特定調停の申立て（2004（平成16）年2月に成立）を行い経営再建に取り組みましたが、2009（平成21）年3月に会社更生法の申立て（2010（平成22）年3月認可決定）に至りました。更生計画に基づき、WTCビルは大阪府に売却され、WTC社は2010（平成22）年7月31日に解散となりました。

以下の節では、このWTCビルが建設から事業会社の解散に至るまでの間に、地域にどのくらいの経済効果を創出したのかを分析します。

2　経済効果の算出

（1）経済効果の分類

WTCビルの経済効果には、大きく分けて2つの効果が考えられます。

1つは「建設によるイニシャル効果【A】」です。もう1つは「消費によるランニング効果【B】」です。

さらにこの「消費によるランニング効果【B】」は、WTCビルの機能から考えられる以下の4つの効果が考えられます。

まず、WTCビルそのものにかかる開業後の設備投資による効果【B1】です。

次に考えられるのがオフィスビルとしての機能から考えられる、就業者の増加による効果【B2】です。

さらに、観光地としての機能から、観光客の増加による効果【B3】もあります。

そして、飲食店等の入居店舗テナントの売上げによる効果【B4】です。

以上を合わせると、効果は、以下の図10-2のような5つに分類できます。

これら5つの効果を、それぞれ産業連関表を用いて間接二次効果まで算出し、合計することで、WTCビルのこれまでの経済効果を求めます。

第10章　都市開発における多機能型複合施設の経済効果の分析

```
┌─────────────────────────────────┐
│      建設による効果【A】          │
├─────────────────────────────────┤
│  WTCビル設備投資による効果【B1】  │
├─────────────────────────────────┤
│   就業者の増加による効果【B2】    │
├─────────────────────────────────┤
│   観光客の増加による効果【B3】    │
├─────────────────────────────────┤
│入居店舗テナントの売上による効果【B4】│
└─────────────────────────────────┘
```

【図10-2】建設以後の経済効果の5分類

　なお、WTCビルの建設は1991（平成3）年～1995（平成7）年にかけて行われましたが、イニシャル効果には、WTCビルが完成した1995（平成7）年の産業連関表を使用し、ランニング効果については、WTCビルが開業した1995（平成7）年度～2009（平成21）年度までの15年間を対象とし、産業連関表はその中間である2003（平成15）年のものを使用しました。

　産業連関表については、大きな自治体や企業では数値をデータシステム化して使用できるようにしているところもあるようですが、長い期間の経済効果を算出する場合などにおいて古い分のデータがなかったり、個々の事情に沿った経済効果を算出するためには、産業連関表からエクセルなどを使い、表計算を行う必要があります。

　本章の経済効果の算出においても、大阪市計画調整局から紙ベースで提供してもらった産業連関表をエクセルに打ち込み、逆行列表を作成し、それを使用してそれぞれの効果を算出しました。

（2）建設によるイニシャル効果【A】

　建設によるイニシャル効果は、総事業費から用地取得費と諸税利子等を除いた建設費から算出しました（表10-1）。

　総事業費1193億円のうち、建設費である950億円が「直接効果」になります。なお、直接効果は建設業者にもたらされますが、全国規模の大手企業であれば、実際はすべてが大阪市内への効果にはなりません。しかし、今回の事例では、大阪市に本店機能を有する株式会社大林組[2]を代表とする共同企業体（JV）による建設であり、市外への効果の流出はないものとして取り扱いました。

　次に、「間接一次効果」について、WTCビルの構造は鉄骨造一部鉄骨鉄筋コン

第Ⅲ部　分析・応用編——A．都市開発に対する経済効果

[表10-1] 経済効果算出表（[A]建設）

(百万円)

		直接効果	産業別需要増加額	大阪市内需要増加	間接一次効果	一次効果+直接効果	雇用者所得誘発額	民間消費増加額	民間消費による大阪市内需要増加	間接二次効果	総合効果
		A	$B=A×$建設産連投入係数	$C=B×$大阪市内自給率	$D=C×$逆行列係数	$E=A+D$	$F=E×$雇用者所得率	$G=F×$消費転換率×民間消費構成比	$H=G×$大阪市内自給率	$I=H×$逆行列係数	$J=A+D+I$
1	農林水産業		69	1	1	1	0	11	0	2	4
2	鉱業		161	2	3	3	0	11	0	1	3
3	食料品		0	0	5	5	1	790	181	324	329
4	繊維製品		380	108	137	137	38	257	73	98	235
5	パルプ・紙・木製品		2,124	381	442	442	88	59	11	55	497
6	化学製品		438	34	56	56	8	39	3	19	75
7	石油・石炭製品		162	1	2	2	0	2	0	1	2
8	窯業・土石製品		1,184	226	237	237	49	15	3	14	251
9	鉄鋼		5,430	1,162	1,339	1,339	209	6	1	9	1,348
10	非鉄金属		1,627	196	213	213	27	4	0	3	216
11	金属製品		283	149	216	216	59	69	37	89	304
12	一般機械		16,750	1,211	1,229	1,229	316	2	0	3	1,232
13	電気機械		1,569	56	62	62	12	24	1	2	64
14	輸送機械		1,457	157	177	177	43	68	7	13	189
15	精密機械		0	0	0	0	0	11	1	2	3
16	その他の製造工業製品		11	6	6	6	130	520	263	517	959
17	建設	95,000	125	125	319	95,319	31,663	291	291	576	95,895
18	電力・ガス・熱供給		507	365	608	608	82	750	541	763	1,371
19	水道・廃棄物処理		93	69	128	128	37	259	193	301	428
20	商業		6,719	3,275	3,551	3,551	1,692	4,562	2,224	2,523	6,074
21	金融・保険		816	765	1,930	1,930	725	1,818	1,704	2,472	4,402
22	不動産		342	300	831	831	80	4,448	3,909	4,515	5,346
23	運輸		5,280	2,983	3,523	3,523	1,166	1,190	672	1,021	4,544
24	通信・放送		122	109	746	746	244	756	672	1,029	1,774
25	公務		0	0	0	0	0	65	65	65	65
26	教育・研究		488	287	367	367	241	530	311	346	713
27	医療・保健・社会保障		0	0	0	0	0	703	516	526	526
28	その他の公共サービス		69	61	94	94	50	375	331	364	458
29	対事業所サービス		7,160	6,681	8,518	8,518	2,637	1,515	1,413	2,670	11,188
30	対個人サービス		34	30	137	137	42	4,519	4,075	4,216	4,353
31	事務用品		32	28	90	90	0	56	49	101	190
32	分類不明		212	88	162	162	5	68	28	91	253
	内生部門計	95,000	53,645	18,857	25,566	120,566	39,643	23,786	17,577	22,728	143,294

182

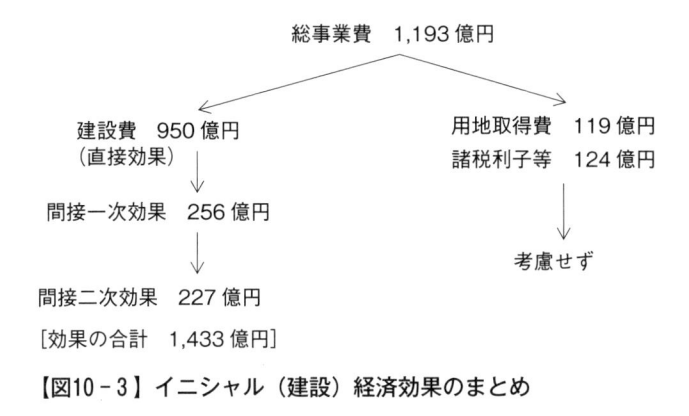

第10章　都市開発における多機能型複合施設の経済効果の分析

```
                    総事業費　1,193 億円
           ┌─────────────┴─────────────┐
           ↓                           ↓
  建設費　950 億円              用地取得費　119 億円
   （直接効果）                  諸税利子等　124 億円
       ↓                               ↓
  間接一次効果　256 億円              考慮せず
       ↓
  間接二次効果　227 億円
  ［効果の合計　1,433 億円］
```

【図10-3】イニシャル（建設）経済効果のまとめ

クリート造となっていますが、その内訳が分からないので、鉄骨造として、950億円を平成7年建設部門投入係数表の「S（鉄骨造）事務所」に基づき32部門への産業別割振りを行い、各部門の大阪市内自給率をかけることで最終需要額を算出し、そこへ逆行列表をかけ合わせることで255億6600万円が求められました。

さらに、この「直接効果」と「間接一次効果」によって生み出される雇用者所得による消費の増加である「間接二次効果」についてですが、まず、「直接効果」と「間接一次効果」を足した1205億6600万円の各部門に雇用者所得率をかけ「雇用者所得誘発額」を算出し、そこへ家計の消費支出の割合である「消費転換率（0.60）」をかけ、家計消費増加額237億8600万円が算出されました。さらに、これを「民間最終消費支出率（産業連関表取引基本表の民間消費支出における各部門の割合）」で各部門へ振り分け、市内自給率をかけることで最終需要額を算出し、そこへ逆行列表をかけ合わせることで227億2800万円が求められました。

ここで、直接効果や間接一次効果に算入しなかった用地取得費は、通常、間接二次効果へ算入する必要がありますが、ここでは、用地購入先は大阪市であるため、これは考慮していません。

こうして求められた直接効果、間接一次効果、間接二次効果の合計で、建設によるイニシャル効果【A】1432億9400万円が算出されました。

(3) 消費によるランニング効果1（WTCビル設備投資による効果【B1】）

次に、消費によるランニング効果を順にみていきます。

1つ目は、開業後のWTCビルへの設備投資に伴う効果についてですが、リニュ

ーアル工事や内装工事は表10-2のとおり1996（平成8）年度～2007（平成19）年度までほぼ毎年行われています。

　これらをその内容から、どの部門に分類するか紐付け作業を行いました。分類方法としては、日本標準産業分類の細分類を基に、リフォームなど建物の改造は「建築」、内装工事は「対事業者サービス」、システムや機器等の投入は「電気機械」、水回りは「水道・廃棄物処理」、システムの更新は「対事業者サービス」とし、7億800万円を分類しました。

　これを、その分類に基づき、表10-3のとおり、「建設によるイニシャル効果【A】」の算定と同様に、直接効果とそこから「間接一次効果」、「間接二次効果」を算出しました。

　「建設によるイニシャル効果【A】」と異なる点は、投入係数表に2003（平成15）年大阪市投入係数表を使用したほか、消費転換率が0.63であることなど、各種データに2003（平成15）年のものを使用している点のみとなっています。

　このようにして、消費によるランニング効果1（WTCビル設備投資による効果【B1】）として、直接効果7億800万円、間接一次効果2億1300万円、間接二次効果4300万円、合計9億6400万円が算出されました。

（4）ランニング効果2（就業者の増加による効果【B2】）

　ランニング効果の2つ目として、就業者の増加に伴う効果をみていきます。

　就業者の増加に伴う効果としては、就業者の通勤にかかる交通費と昼食代をみていきますが、その前に、WTCビルで働く就業者数について公表されていませんので、これを算出する必要があります。

　公表されている数字があったのは、2008（平成20）年度のWTCビル内で働く大阪市職員の数が約2000人ということのみでしたので、これとWTCビルのオフィス部分全体の入居率と大阪市の入居率から、表10-4のとおり、各年度のWTCビルの就業者数を算出すると、平均して約3000人の就業者がいることになります。

　なお、大阪市を例にすると、WTCに入居している部局が移転前に入居していたオフィスには次の入居者がいることから、この就業者については新たな雇用が創出されたものと考えます。

　この就業者数を基に、交通費については、コスモスクエアへの地下鉄・ニュートラムの開通や地下鉄料金の改定の時期[3]に分けて、市内三大ターミナルである梅田、難波、天王寺からの6カ月定期代平均の2枚分の料金から次のとおり算出しました。

第10章　都市開発における多機能型複合施設の経済効果の分析

【表10-2】 WTCビル開業後の設備投資

(単位：百万円)

年度	内　容	日本標準産業分類 細分類		投入係数部門	費用
8	直営店内装工事	0782	内装工事業	対事業所サービス	94
9	内装工事	0782	内装工事業	対事業所サービス	25
12	食堂新設	0661	建築リフォーム工事業	建設	90
	案内板設置工事	0782	内装工事業	対事業所サービス	9
	障害者ブロック設置工事	0781	床工事業	建設	74
	誘導サイン工事	0782	内装工事業	対事業所サービス	12
	OAフロアシステム工事	0812	電気配線工事業	電気機械	20
13	アンテナ設置工事	0821	電気通信工事業	電気機械	37
	両替機改造工事	0841	機械器具設置工事業	電気機械	2
	身障者トイレ改造工事	0833	給排水・衛生設備工事業	建設	7
	案内板設置工事	0772	道路標示・区画線工事業	対事業所サービス	4
14	人工芝敷設工事	0782	内装工事業	対事業所サービス	8
	駐車場管制システム工事	0841	機械器具設置工事業	電気機械	17
	システム開発経費	0812	電気配線工事業	対事業所サービス	94
15	展望台リニューアル工事	0661	建築リフォーム工事業	建設	109
	POSシステム改造工事	0812	電気配線工事業	対事業所サービス	40
16	POS両替機	0841	機械器具設置工事業	電気機械	4
	料金管制装置	0841	機械器具設置工事業	電気機械	3
	発券機	0841	機械器具設置工事業	電気機械	2
	テナント工事	0782	内装工事業	対事業所サービス	2
17	テナント工事	0782	内装工事業	対事業所サービス	2
	展望台リニューアル工事	0661	建築リフォーム工事業	建設	16
18	熱量計バッテリー工事	0841	機械器具設置工事業	電気機械	11
	テナント工事	0782	内装工事業	対事業所サービス	7
	館内装飾	0782	内装工事業	対事業所サービス	3
19	テナント工事	0782	内装工事業	対事業所サービス	5
	温水圧力調整修理工事	0833	給排水・衛生設備工事業	水道・廃棄物処理	3
	アスファルト舗装工事	0631	舗装工事業	建設	7
	自動制御装置工事	0841	機械器具設置工事業	電気機械	1
計					708

電気機械	97
建設	303
水道・廃棄物処理	3
対事業所サービス	305
計	708

第Ⅲ部　分析・応用編——A．都市開発に対する経済効果

[表10-3] 経済効果算出表（[B1]設備投資）

(百万円)

		直接効果	産業別需要増加額	大阪市内需要増加	間接一次効果	一次効果＋直接増加額	雇用者所得誘発額	民間消費による需要増加額	民間消費による大阪市内需要増加	間接二次効果	総合効果
		A	$B=A \times$産連投入係数	$C=B \times$大阪市内自給率	$D=C \times$逆行列係数	$E=A+D$	$F=E \times$雇用者所得率	$G=F \times$消費転換率×民間消費構成比	$H=G \times$大阪市内自給率	$I=H \times$逆行列係数	$J=A+D+N$
1	農林水産業		1	0	0	0	0	0	0	0	0
2	鉱業		2	0	0	0	0	0	0	0	0
3	食料品		0	0	0	0	0	0	0	0	0
4	繊維製品		2	1	1	1	0	3	0	0	1
5	パルプ・紙・木製品		16	4	4	4	0	0	0	0	5
6	化学製品		3	1	2	2	0	0	0	0	2
7	石油・石炭製品		7	0	0	0	0	0	0	0	0
8	窯業・土石製品		17	2	2	2	0	0	0	0	2
9	鉄鋼		8	2	3	3	0	0	0	0	3
10	非鉄金属		6	1	1	1	0	0	0	0	0
11	金属製品		26	9	9	9	1	0	0	0	9
12	一般機械		6	1	1	1	0	0	0	0	1
13	電気機械	97	26	3	3	100	10	1	0	0	100
14	輸送機械		2	0	0	0	0	0	0	0	0
15	精密機械		0	0	0	0	0	0	0	0	0
16	その他の製造工業製品		27	4	5	5	0	1	0	0	5
17	建設	303	1	1	1	304	34	1	1	1	305
18	電力・ガス・熱供給		4	2	4	4	0	1	1	1	4
19	水道・廃棄物処理	3	1	1	2	5	0	0	0	0	5
20	商業		26	7	9	9	0	6	2	2	11
21	金融・保険		22	20	31	31	1	1	1	3	34
22	不動産		5	4	7	7	0	20	19	20	27
23	運輸		20	10	12	12	1	2	1	1	13
24	通信・放送		16	15	21	21	1	2	1	2	24
25	公務		0	0	1	1	0	0	0	0	1
26	教育・研究		8	5	6	6	1	1	1	1	6
27	医療・保健・社会保障		0	0	0	0	0	1	1	1	1
28	その他の公共サービス		1	1	1	1	0	1	0	1	2
29	対事業所サービス	305	64	59	78	383	23	1	1	3	386
30	対個人サービス		4	3	5	5	1	5	5	5	10
31	事務用品		1	1	1	1	0	0	0	0	1
32	分類不明		3	3	4	4	0	0	0	0	4
	内生部門計	708	324	158	213	921	75	47	34	43	964

186

第10章 都市開発における多機能型複合施設の経済効果の分析

【表10-4】WTCビルオフィス部分の入居率と就業者数の算出

年度	7	8	9	10	11	12	13	14
入居率（％）	52	59	64	76	73	92	93	93
就業者数（人）	1,926	2,185	2,370	2,815	2,704	3,407	3,444	3,444

年度	15	16	17	18	19	20	21	平均
入居率（％）	91	89	91	89	86	78	72	79.9
就業者数（人）	3,370	3,296	3,370	3,296	3,185	2,889	2,667	2,958

54　大阪市入居率
2,000　大阪市職員WTC内就業者数

交通費

```
         人数        6カ月通勤定期代
H7～8    4,111  × 52,850 × 2 =   434,532,700
H9       2,370  × 59,300 × 2 =   281,082,000
H10～16  22,480 × 98,070 × 2 = 4,409,227,200
H17～21  15,407 × 56,527 × 2 = 1,741,822,978
                                6,866,664,878 →運輸
```

続いて、昼食代についても、この就業者数と従業人口１人当たりの昼食代、年間平均勤務日数、弁当持参派以外の割合から次のとおり算出しました。

昼食費

```
人数    平均昼食代 平均勤務日数 弁当持参者以外  年数
2,958 ×  670   ×   250    ×   0.79      × 15 = 5,871,260,250 →対個人サービス
```

　この昼食代については、後述の飲食店のテナント活動による効果と一部重複すると考えられますが、WTCビルの就業者には隣接するATC（アジア太平洋トレードセンター）内の飲食店へ昼食を取りに行く人も多く、また、WTCビルのテナント飲食店には高級店が多く、対象を観光客としている店舗も多いことから、ここではこの重複については考慮しないこととしました。

　これら２つの金額から、これまでと同様に経済効果を算出すると、表10-5のとおり、消費によるランニング効果２（就業者の増加による効果【B2】）として、直

第Ⅲ部　分析・応用編――A. 都市開発に対する経済効果

[表10-5] 経済効果算出表（[B2]就業者）

(千円)

		直接効果 A	産業別需要増加額 $B=A\times$産連投入係数	大阪市内需要増加 $C=B\times$大阪市内自給率	間接一次効果 $D=C\times$逆行列係数	一次効果+直接効果 $E=A+D$	雇用者所得誘発額 $F=E\times$雇用者所得率	民間消費による需要増加額 $G=F\times$消費転換率×民間消費構成比	民間消費による大阪市内需要増加 $H=G\times$大阪市内自給率	間接二次効果 $I=H\times$逆行列係数	総合効果 $J=A+D+N$
1	農林水産業		106,488	1,218	1,385	1,385	307	8,955	102	140	1,525
2	鉱業		22		789	789	17	-16	0	68	857
3	食料品		604,167	73,953	77,586	77,586	5,493	55,175	6,754	8,271	85,857
4	繊維製品		33,387	14,043	19,140	19,140	3,989	8,115	3,414	4,320	23,460
5	パルプ・紙・木製品		71,621	17,374	27,021	27,021	2,422	1,401	340	1,441	28,463
6	化学製品		38,370	13,276	19,231	19,231	660	5,756	1,991	3,870	23,100
7	石油・石炭製品		472,778	1,970	2,194	2,194	249	10,127	42	68	2,262
8	窯業・土石製品		14,882	1,828	2,602	2,602	260	636	78	218	2,820
9	鉄鋼		1,197	328	1,791	1,791	68	-54	-15	144	1,935
10	非鉄金属		2,027	234	498	498	66	161	19	60	558
11	金属製品		19,565	6,844	10,464	10,464	1,231	638	223	866	11,329
12	一般機械		2,379	244	1,597	1,597	142	132	14	105	1,701
13	電気機械		6,312	638	1,602	1,602	158	12,835	1,298	1,413	3,016
14	輸送機械		75,898	941	1,111	1,111	90	9,956	123	135	1,246
15	精密機械		1,935	1	2	2	0	1,371	1	1	3
16	その他の製造工業製品		109,767	15,869	32,915	32,915	2,770	11,177	1,616	3,355	36,270
17	建設		52,142	50,201	68,285	68,285	7,576	0	0	11,443	79,728
18	電力・ガス・熱供給		277,737	174,534	202,300	202,300	4,283	18,956	11,912	17,344	219,645
19	水道・廃棄物処理		169,597	136,762	154,854	154,854	7,713	8,632	6,961	10,570	165,424
20	商業		458,004	129,033	150,113	150,113	11,545	131,953	37,175	41,077	191,190
21	金融・保険		813,231	729,009	970,923	970,923	38,735	16,084	14,418	70,256	1,041,179
22	不動産		191,431	183,961	234,437	234,437	4,876	423,619	407,087	418,421	652,858
23	運輸	6,866,665	794,393	377,207	433,044	7,299,709	624,298	37,145	17,638	24,832	7,324,541
24	通信・放送		112,317	103,731	200,015	200,015	3,939	33,856	31,268	43,782	243,797
25	公務		0	0	11,507	11,507	782	1,902	1,902	2,842	14,349
26	教育・研究		23,246	13,140	23,204	23,204	2,178	23,628	13,356	14,725	37,929
27	医療・保健・社会保障		438	300	353	353	33	35,651	24,430	24,714	25,066
28	その他の公共サービス		29,654	22,908	29,078	29,078	5,633	13,080	10,105	11,048	40,127
29	対事業所サービス		826,403	760,846	1,135,116	1,135,116	68,670	17,235	15,868	70,744	1,205,860
30	対個人サービス	5,871,260	132,819	126,660	152,042	6,023,302	773,791	101,890	97,165	102,789	6,126,091
31	事務用品		26,006	19,196	27,457	27,457	0	344	0	1,179	28,636
32	分類不明		47,355	46,655	68,065	68,065	0		339	5,557	73,622
	内生部門計	12,737,925	5,515,569	3,022,907	4,060,722	16,798,647	1,571,974	990,344	705,625	895,799	17,694,446

188

接効果127億3800万円、間接一次効果40億6100万円、間接二次効果8億9600万円、合計176億9400万円となりました。

(5) ランニング効果3（観光客の増加による効果【B3】）

次に、WTCビルのもう1つの機能である観光客の増加による消費効果についてみていきます（表10-6）。

通常、観光による経済効果を算出する場合、「観光動向調査」から日帰り観光消費額の内訳として、飲食代、土産代、入場料、交通費、雑費から算出しますが、ここではWTCビルによる効果のみを対象とするため、入場料と交通費のみから算出しました。

まず、展望台の入場者数については、WTC社が直接営業していた2005（平成17）年度までのデータが公表されています。その後の入場者数については、それまでの平均値を取るには開業時からの減少が大きいため、2005（平成17）年度からの増減がないものと想定し算出しました。これに1人当たり平均入館者収入630円[4]をかけて15年間の入場料収入は29億7400万円となりました。

次に、交通費については、WTCビルの駐車場収入と、大阪市内中心部とコスモスクエア地区を結ぶ「大阪港咲洲トンネル」の通行料、公共交通機関による観光客による乗車料を算出しました。

駐車場収入については、2003（平成15）年度の駐車台数4万2700台から展望台入場者数に応じて各年度の駐車台数を算出し、そこに1台当たりの平均駐車場収入1358円[5]をかけて15年間で11億4000万円と算出しました。

トンネル通行料については、このトンネルが市内中心部からの最短ルートであることから、駐車台数すべての自家用車がトンネルを通行したものとし、1997（平成9）年10月に開通したことから、1998（平成10）年度以降の駐車台数に往復400円をかけて1億8900万円と算出しました。

公共交通機関乗車料については、自家用車による来客を駐車台数1台当たり2.5人と想定して展望台入場者数から除き、残りの人数を公共交通機関利用者と想定しました。そして、乗車料金を就業者の通勤費と同様に、新線開通や地下鉄料金の改定の時期により、市内三大ターミナルである梅田、難波、天王寺からの往復料金から算出し、公共交通機関乗車料を19億1800万円と算出しました。

これらを基に、展望台入場料収入は「対個人サービス」、駐車場収入とトンネル通行料、公共交通機関乗車料を合わせて「運輸」として、経済効果を算出すると、表10-7のとおり、ランニング効果3（観光客の増加による効果【B3】）として、直

[表10-6] 展望台入場者数と観光客による交通費収入

年度	展望台入場者数(人) A	展望台収入(円) $B=A×630円$	駐車台数(台) C	駐車場収入(円) $D=C×1,358円$	トンネル通行料収入(円) $E=C×400円$	自家用車による観光客(人) $F=C×2.5人$	公共交通による観光客(人) $G=A-F$	乗車料金 H	公共交通乗車料収入(円) $I=G×H$	交通費収入(円) $J=D+E+I$
7	1,000,000	630,000,000	177,917	241,611,286	—	444,793	555,207	580円	322,020,060	
8	600,000	378,000,000	106,750	144,966,500	—	266,875	333,125	580円	193,212,500	
9	460,000	289,800,000	81,842	111,141,436	—	204,605	255,395	620円	158,344,900	
10	340,000	214,200,000	60,492	82,148,136	24,196,800	151,230	188,770	960円	181,219,200	
11	340,000	214,200,000	60,492	82,148,136	24,196,800	151,230	188,770	960円	181,219,200	
12	260,000	163,800,000	46,258	62,818,364	18,503,200	115,645	144,355	960円	138,580,800	
13	270,000	170,100,000	48,038	65,235,604	19,215,200	120,095	149,905	960円	143,908,800	
14	220,000	138,600,000	39,142	53,154,836	15,656,800	97,855	122,145	960円	117,259,200	
15	240,000	151,200,000	42,700	57,986,600	17,080,000	106,750	133,250	960円	127,920,000	
16	190,000	119,700,000	33,804	45,905,832	13,521,600	84,510	105,490	960円	101,270,400	
17	160,000	100,800,000	28,467	38,658,186	11,386,800	71,168	88,832	570円	50,634,240	
18	160,000	100,800,000	28,467	38,658,186	11,386,800	71,168	88,832	570円	50,634,240	
19	160,000	100,800,000	28,467	38,658,186	11,386,800	71,168	88,832	570円	50,634,240	
20	160,000	100,800,000	28,467	38,658,186	11,386,800	71,168	88,832	570円	50,634,240	
21	160,000	100,800,000	28,467	38,658,186	11,386,800	71,168	88,832	570円	50,634,240	
計	4,720,000	2,973,600,000	839,770	1,140,407,660	189,304,400	2,099,428	2,620,572	—	1,918,126,260	3,247,838,320

第10章 都市開発における多機能型複合施設の経済効果の分析

[表10-7] 経済効果算出表([B3]観光)

(千円)

		直接効果	産業別需要増加額	大阪市内需要増加	間接一次効果	一次効果+直接効果	雇用者所得誘発額	民間消費による需要増加	民間消費による大阪市内需要増加	間接二次効果	総合効果
		A	$B=A×$産連投入係数	$C=B×$大阪市内自給率	$D=C×$逆行列係数	$E=A+D$	$F=E×$雇用者所得率	$G=F×$民間消費転換率×民間消費構成比	$H=G×$大阪市内自給率	$I=H×$逆行列係数	$J=A+D+I$
1	農林水産業		53,925	617	701	701	156	4,397	50	69	770
2	鉱業		11	0	386	386	8	-8	0	33	420
3	食料品		305,957	37,451	39,281	39,281	2,781	27,092	3,316	4,061	43,342
4	繊維製品		16,439	6,915	9,404	9,404	1,960	3,985	1,676	2,121	11,525
5	パルプ・紙・木製品		35,312	8,566	13,279	13,279	1,190	688	167	708	13,987
6	化学製品		19,372	6,703	9,638	9,638	331	2,826	978	1,900	11,538
7	石油・石炭製品		225,205	939	1,047	1,047	119	4,973	21	33	1,080
8	窯業・土石製品		7,526	924	1,302	1,302	130	312	38	107	1,409
9	鉄鋼		571	156	871	871	33	-27	-7	71	942
10	非鉄金属		1,025	118	248	248	33	79	9	29	277
11	金属製品		9,697	3,392	5,158	5,158	607	313	110	425	5,583
12	一般機械		1,182	121	776	776	69	65	7	51	828
13	電気機械		3,129	317	783	783	77	6,302	638	694	1,477
14	輸送機械		35,907	445	527	527	43	4,889	61	66	593
15	精密機械		975	1	1	1	0	673	0	1	2
16	その他の製造工業製品		54,581	7,891	16,160	16,160	1,360	5,488	793	1,647	17,808
17	建設		25,121	24,186	33,014	33,014	3,663	0	0	5,619	38,633
18	電力・ガス・熱供給		135,920	85,414	98,987	98,987	2,096	9,308	5,849	8,516	107,503
19	水道・廃棄物処理		84,198	67,897	76,787	76,787	3,824	4,239	3,418	5,190	81,977
20	商業		227,715	64,154	74,470	74,470	5,727	64,792	18,254	20,170	94,640
21	金融・保険		389,425	349,094	466,064	466,064	18,593	7,897	7,080	34,497	500,561
22	不動産		93,894	90,230	114,740	114,740	2,387	208,005	199,888	205,453	320,193
23	運輸	3,247,838	380,864	180,848	207,945	3,455,784	295,551	18,239	8,661	12,193	3,467,977
24	通信・放送		55,510	51,267	97,958	97,958	1,929	16,624	15,353	21,498	119,456
25	公務		0	0	5,622	5,622	382	934	934	1,395	7,018
26	教育・研究		11,062	6,253	11,190	11,190	1,050	11,602	6,558	7,230	18,421
27	医療・保健・社会保障		216	148	174	174	16	17,505	11,996	12,135	12,309
28	その他の公共サービス		14,816	11,445	14,447	14,447	2,799	6,423	4,962	5,425	19,872
29	対事業所サービス		398,315	366,717	547,891	547,891	33,145	8,463	7,792	34,737	582,628
30	対個人サービス	2,973,600	67,043	63,935	76,311	3,049,911	391,810	50,030	47,710	50,471	3,100,382
31	事務用品		12,762	9,421	13,422	13,422	0	169	166	579	14,001
32	分類不明		23,197	22,854	33,255	33,255	0			2,728	35,984
	内生部門計	6,221,438	2,690,871	1,468,418	1,971,841	8,193,280	771,871	486,278	346,476	439,855	8,633,135

191

接効果62億2100万円、間接一次効果19億7200万円、間接二次効果4億4000万円、合計86億3300万円となりました。

（6）ランニング効果4（入居店舗テナントの売上げによる効果【B4】）

続いて、飲食店等テナント店舗（診療所等も含みます。以下同じ）による活動に伴う効果についてみていきます。

2003（平成15）年当時の入居店舗は、表10-8のようになっていますが、それぞれの店舗の売上げについてはデータがなく、また、現在は撤退している店舗もあり、実績による分析はできませんでした。そこで、各店舗の面積はわかりませんが、全体の店舗部分貸付面積とWTCビルの図面から各店舗の面積を推定し、中小企業リサーチセンターから出ている『小企業の経営指標』に示されている各業種の単位店舗面積当たりの売上高のデータから各店舗の売上げを推定しました。

また、単位店舗面積当たりの売上げデータが出ていない業種のなかで、従業員数1人当たりの平均売上げが出ていて、かつ従業員数がわかっている店舗は、同じく『小企業の経営指標』のデータの「従業員1人当たり売上高」から各店舗の売上げを推定しました。

さらに、ビル内において類似業種で店舗面積が同一規模の店舗については、同一規模の従業員数として、従業員数1人当たりの平均売上げから推定し、なるべく多くのデータを入れられるようにしましたが、いくつかの業種の店舗については、その売上げを算入できませんでした。

なお、郵便局、銀行、ATMについては経済活動としては取り扱いませんでした。

次に、こうして算出した店舗ごとの売上げを経済効果の各部門に落としていきますが、生花店とコンビニについては、マージンを剥ぎ取る必要があります。

生花店については、国の産業連関表の取引基本表の投入表を基に商業マージンと運輸マージンを剥ぎ取り、それぞれ「商業」「運輸」の部門に入れました。

コンビニについては、経済産業省の商業動態統計の年次別販売額と商品構成から、「ファーストフード及び日配食品」「加工食品」の割合を「食料品」に、「非食品」の割合を「その他の製造工業製品」に、「サービス売上高」は「対個人サービス」に反映させ、さらに、「食料品」と「その他の製造工業製品」は、生花店と同様にマージンを剥ぎ取り、それぞれ「商業」「運輸」の部門に入れました。

ここまで作業を行った後、算出した店舗ごとの売上げを「対個人サービス」、「通信・放送」、「医療・保険・社会保障」、「農林水産業」、「食料品」、「その他の製造工

第10章　都市開発における多機能型複合施設の経済効果の分析

[表10-8] WTCビルの2003（平成15）年度入居店舗テナント

算定方法	店舗	「小企業の経営指標」都市区分別経営指標業種区分	推定店舗面積(m²)	店舗面積3.3m²当たり売上高(千円)	従業員数	従業員1人当たり売上高(千円)	推定平均売上(千円)	投入係数部門
店舗面積から算定	生花店	花・植木小売業	200.0	4,708	—	—	285,333	（マージン算出）
	コンビニ	コンビニエンスストア	200.0	6,124	—	—	371,152	（マージン算出）
	洋食	一般食堂	200.0	1,917	—	—	116,182	対個人サービス
	レストラン	一般食堂	200.0	1,917	—	—	116,182	対個人サービス
	カフェ	喫茶店	200.0	2,066	—	—	125,212	対個人サービス
	ファストフード	食堂・レストラン	200.0	3,015	—	—	182,727	対個人サービス
	そば	そば・うどん店	200.0	2,354	—	—	142,667	対個人サービス
	洋食	一般食堂	200.0	1,917	—	—	116,182	対個人サービス
	ラーメン	中華料理店	200.0	2,340	—	—	141,818	対個人サービス
	弁当屋	弁当仕出屋	200.0	4,973	—	—	301,394	対個人サービス
	カフェ	喫茶店	200.0	2,066	—	—	125,212	対個人サービス
	カフェ	喫茶店	200.0	2,066	—	—	125,212	対個人サービス
	居酒屋	酒場・ビアホール	200.0	2,352	—	—	142,545	対個人サービス
	鉄板焼	西洋料理店	200.0	2,586	—	—	156,727	対個人サービス
	酒屋	酒場・ビアホール	200.0	2,352	—	—	142,545	対個人サービス
	寿司店	すし店	200.0	2,384	—	—	144,485	対個人サービス
	フランス料理	西洋料理店	200.0	2,586	—	—	156,727	対個人サービス
	中華	中華料理店	200.0	2,340	—	—	141,818	対個人サービス
	日本料理	日本料理店	200.0	1,857	—	—	112,545	対個人サービス
従業員数から算定	歯科	歯科診療所	200.0	—	8	11,579	92,632	医療・保険・社会保障
	歯科	歯科診療所	200.0	—	8	11,579	92,632	医療・保険・社会保障
	FM局	ラジオ番組制作業	400.0	—	21	15,066	316,386	通信・放送
	結婚式場	結婚式場業	2,000.0	—	26	15,467	402,142	対個人サービス
類似業種から推定	診療所	一般診療所	400.0	—	—	—	259,280	医療・保険・社会保障
	TVスタジオ	映画・ビデオ・テレビ番組配給業	400.0	—	—	15,916	334,236	通信・放送
その他調査データ使用	スロット	娯楽業	400.0	—	—	—	1,716,408	対個人サービス
	ゲームセンター	娯楽業	1,000.0	—	—	—	598,235	対個人サービス
算定不能	理容	理容業	200.0	—	—	—	—	対個人サービス
	家具屋	その他の生活関連サービス業	200.0	—	—	—	—	対個人サービス
	写真屋	写真業	200.0	—	—	—	—	対個人サービス
	書店	書籍・雑誌小売業	200.0	—	—	—	—	対個人サービス
	貸衣装	その他の生活関連サービス業	200.0	—	—	—	—	対個人サービス

第Ⅲ部 分析・応用編──A. 都市開発に対する経済効果

取り扱わず	ATM	―	―	100.0	金融・保険
	銀行	―	―	400.0	金融・保険
	郵便局	―	―	400.0	通信・放送
	合計			10,700.0	―
				10,691.8	6,958,618
				10,910.0	

(テナント入居率 98%)
貸室面積合計

マージン算出

生花店

	生産者価格	商業マージン	運輸マージン	計(購入者価格)
	50	46	4	100
	142,667 →農林水産業	131,253 →商業	11,413 →運輸	285,333

コンビニ

		食料品				非食品		
	ファストフード 及び日配食品				加工食品		その他の製造工業製品	
	生産者価格	商業マージン	運輸マージン	計(購入者価格)	生産者価格	商業マージン	運輸マージン	計(購入者価格)
	43	24	2	69	12	13	1	26
	158,791 →食料品	90,714 →商業	7,600 →運輸		45,861 →その他の 製造工業製品	47,716 →商業	2,883 →運輸	

サービス売上高		計(購入者価格)
対個人サービス	5	100
対個人サービス	5	100
17,586 →対個人サービス		371,152

(千円)

対個人サービス	5,224,553
通信・放送	650,622
医療・保険・社会保障	444,544
金融・保険	0
農林水産業	142,667
食料品	158,791
その他の製造工業製品	45,861
商業	269,684
運輸	21,897
計	6,958,618

業製品」、「商業」、「運輸」の各部門に割り振り、経済効果を算出すると、表10 - 9 のとおり（次頁）、ランニング効果４（入居店舗テナントの売上げによる効果【B4】）としては、直接効果69億5900万円、間接一次効果19億2900万円、間接二次効果5億1800万円、合計94億500万円となり、これに年数15年をかけて、1410億7200万円と算出されました。

こうして算出してきた「イニシャル効果【A】」と、4つの「ランニング効果【B】」を合計すると、WTCビルの建設、開業からこれまでの経済効果は、約3117億円にも上ると算出できました。

A	建設による効果	1,433億円
B1	WTCビル設備投資による効果	10億円
B2	就業者の増加による効果	177億円
B3	観光客の増加による効果	86億円
B4	入居店舗テナントの売上による効果	1,411億円
	合　　計	3,117億円

3　まとめ

本章では、多機能型複合施設の事例としてWTCビルについて、開業から事業継承までの経済効果について算出しました。その効果の累計額は3117億円に上り、当初の建設にかかる総事業費1193億円の約2.6倍に達するもので、都市における多機能型複合施設の効果の大きさをあらためて再認識することができました。ただ残念なことに、本分析が長期間にわたる生産活動を対象にしたことやWTC社が会社更生手続に入ってしまったことによる公表データの制限などにより、就業者数や入居テナントの売上げなど、正確なデータが入手できなかったものもあり、すべての経済効果を算出できたとはいえません。さらに多くのデータを詳しく算入して細かく分析していけば、ここで算出した以上の経済効果も見込めたかもしれません。しかしながら、WTCビルという多機能型複合ビルの特徴をできる限り多くの角度から分析し、その経済効果をみるという目的は達成できたのではないかと思います。

一方で、WTCビルには、世界貿易センター連合に加盟する「ワールドトレードセンター大阪（WTCO）」の各種施設や「社団法人大阪港振興協会（現・公益社団

第Ⅲ部　分析・応用編——A．都市開発に対する経済効果

[表10-9] 経済効果算出表（[B4]入居店舗テナント）

(千円)

		直接効果 A	産業別需要増加額 $B=A×$ 産連投入係数	大阪市内需要増加 $C=B×$ 大阪市内自給率	間接一次効果 $D=C×$ 逆行列係数	一次効果＋直接効果 $E=A+D$	雇用者所得誘発額 $F=E×$ 雇用者所得率	民間消費による需要増加額 $G=F×$ 消費転換率×民間消費構成比	民間消費による大阪市内需要増加 $H=G×$ 大阪市内自給率	間接二次効果 $I=H×$ 逆行列係数	総合効果 $J=A+D+N$
1	農林水産業	142,667	123,229	1,409	1,568	144,235	31,992	5,173	59	81	144,316
2	鉱業		158	4	407	407	9	−9	0	39	446
3	食料品	158,791	573,093	70,150	73,732	232,523	16,463	31,875	3,902	4,778	237,301
4	繊維製品		21,445	9,020	11,771	11,771	2,453	4,688	1,972	2,496	14,266
5	パルプ・紙・木製品		53,394	12,952	18,443	18,443	1,653	810	196	833	19,275
6	化学製品		98,795	34,182	39,788	39,788	1,367	3,325	1,150	2,235	42,023
7	石油・石炭製品		56,258	234	325	325	37	5,851	24	39	364
8	窯業・土石製品		14,213	1,746	2,158	2,158	215	368	45	126	2,284
9	鉄鋼		474	130	925	925	35	−31	−9	83	1,009
10	非鉄金属		2,716	314	480	480	63	93	11	35	515
11	金属製品		14,444	5,052	6,958	6,958	818	369	129	500	7,458
12	一般機械		1,541	158	759	759	68	76	8	61	820
13	電気機械		5,047	511	943	943	93	7,415	750	817	1,759
14	輸送機械		946	12	72	72	6	5,752	71	78	150
15	精密機械		4,851	3	4	4	1	792	1		
16	その他の製造工業製品	45,861	98,433	14,231	22,200	68,061	5,729	6,457	934	1,938	69,999
17	建設		15,703	15,118	24,514	24,514	2,720	0	0	6,611	31,125
18	電力・ガス・熱供給		140,183	88,093	103,351	103,351	2,188	10,951	6,882	10,020	113,371
19	水道・廃棄物処理		115,106	92,821	104,059	104,059	5,183	4,987	4,021	6,106	110,165
20	商業	269,684	341,391	96,180	108,497	378,181	29,084	76,231	21,476	23,730	401,912
21	金融・保険	0	176,499	158,220	254,122	254,122	10,138	9,292	8,329	40,588	294,709
22	不動産		113,059	108,647	132,630	132,630	2,759	244,729	235,178	241,726	374,356
23	運輸	21,897	184,273	87,500	112,367	134,264	11,483	21,459	10,190	14,346	148,609
24	通信・放送	650,622	144,180	133,158	183,548	834,170	16,426	19,559	18,064	25,293	859,463
25	公務		0	0	6,541	6,541	444	1,099	1,099	1,642	8,182
26	教育・研究		13,795	7,798	16,602	16,602	1,558	13,650	7,716	8,507	25,109
27	医療・保健・社会保障	444,544	7,480	5,126	5,209	449,753	41,920	20,596	14,114	14,277	464,030
28	その他の公共サービス		22,613	17,469	20,512	20,512	3,974	7,557	5,838	6,383	26,895
29	対事業所サービス		332,289	305,929	467,833	467,833	28,302	9,957	9,167	40,870	508,702
30	対個人サービス	5,224,553	144,308	137,616	154,006	5,378,559	690,963	58,863	56,133	59,382	5,437,941
31	事務用品		16,356	12,073	15,660	15,660	0	0	0	681	16,341
32	分類不明		28,983	28,554	38,687	38,687	199	199	196	3,210	41,897
	内生部門計	6,958,619	2,865,255	1,444,410	1,928,668	8,887,287	908,144	572,131	407,646	517,511	9,404,798

×15年＝
141,071,966

196

法人大阪港振興協会)」等の公共テナントも多く、また、WTCビル自体の、コスモスクエア地区におけるランドマークとして開発を促進する機能など、ここでは取り上げ切れない周辺地域への経済効果も果たしてきたといえます。筆者としては、こうした経済効果の定性的な側面も含め、WTCビルは今後も臨海部のまちづくりや活性化に貢献していくであろうと考えています。

最後に、本章での分析が、全国各地で展開されている多機能型複合ビルや施設の、地域経済に及ぼす諸効果の分析に役立つことを願ってやみません。

注
1) 1988(昭和63)年に策定された「テクノポート大阪」計画に基づき、国際交易、先端技術開発、高度情報通信などの高次都市機能を集積する地区として開発されました。
2) 株式会社大林組は2010(平成22)年7月1日付で登記上の本店所在地を大阪市から東京都港区に変更しています。
3) ・1997(平成9)年7月1日、地下鉄料金の改定
・1997(平成9)年12月18日、OTSテクノポート線(地下鉄・ニュートラム)開業(開業前は中ふ頭までの料金、開業後はトレードセンター前までの料金で算出)
・2005(平成17)年7月1日、一体運営によるOTS線通算料金制導入による値下げ
4) 入館料大人800円、小人400円。団体割引や障害者割引、乗車券とのタイアップによる割引等があります。
5) 駐車場料金30分200円、平日1日最大1000円、土日祝1日最大1600円。

参考文献
大阪市 [2001]『平成7年大阪市産業連関表』。
大阪市 [2004a]『大阪市特定団体調査委員会報告書』。
大阪市 [2004b]『平成15年度観光動向調査の結果』。
大阪市 [2007]『大阪みなと観光交流促進基本計画』。
大阪市 [2008]『大阪市特定団体再建検討委員会第1回資料』。
大阪市 [2009a]『平成15年大阪市産業連関表(延長表)』。
大阪市 [2009b]『WTCの特定調停に関する調査報告書』。
大阪市 [2009c]『夢洲・咲洲地区まちづくり推進協議会資料「夢洲・咲洲地区の活性化に向けて～中間とりまとめ～」』。
大阪市 [2010]『㈱大阪ワールドトレードセンタービルディング(WTC社)の会社更生手続について』。
大阪府 [2009]『庁舎移転構想(案)』。
経済産業省 [2003]『平成15年商業販売統計年報』。
国民生活金融公庫総合研究所編 [2004]『小企業の経営指標——卸売業、小売業、飲食店、サービス業、運輸業——2004』。

総務庁統計局［1996］『家計調査年報平成 7 年』。
総務省統計局［2004］『家計調査年報——家計収支編（単身・総世帯）——平成15年』。
安田秀穂［2008］『自治体の経済波及効果の算出』学陽書房。

第 11 章

「KOBE 鉄人 PROJECT」の経済波及効果

前川　知史・小倉　哲也

1 はじめに

　2009年9月末、神戸市新長田に巨大なモニュメントが誕生しました。『鉄人28号』の像[1]です。それは右腕を天高く突き上げ、神戸長田の復興を誇示するかのようにどっしりと立ち、休日ともなるとその前で記念撮影に収まる大勢の人だかりで賑わっています。この新しい神戸の観光スポットにもなった鉄人28号のモニュメントだけでなく、新長田の商店街のあちこちにはアニメ『三国志』の登場人物たちが、ここを訪れる人々を暖かく出迎えてくれます。

　この鉄人28号や三国志を世に生み出したのが、神戸市出身で漫画家の故横山光輝氏です。そして、その横山氏の功績を後世に伝え、長田のまちを優れたアニメ文化の継承と新たなコンテンツ創造の場にしようと

© 光プロ／KOBE 鉄人 PROJECT2010

立ち上げられたのが、NPO法人KOBE鉄人PROJECTです。また、鉄人PROJECTには、震災で大きな被害を受けた長田のまちの復興をアピールしようという狙いもあります。モニュメントの完成はそうしたNPO法人の活動のシンボルであり、長田のまち全体に活力を与えてくれるものといえるでしょう[2]。

　本章では、この鉄人PROJECTがもたらす経済波及効果を3つの側面から測定することにしました。第1は、事業主体であるNPO法人による活動が生み出す経済波及効果です。これは純粋に鉄人PROJECTの事業効果ともいうべきものです。第2は、鉄人PROJECTのシンボルである鉄人28号のモニュメントの見学を主な目的として新長田に来られる来街者の消費活動がもたらす経済波及効果です。第3は、このPROJECTがJR新長田駅前周辺で展開されている関係で多くの人が鉄道を利用するはずですから、そうした来街者の交通費がもたらす経済波及効果をみていきます。

　また、鉄人PROJECTで新長田を訪れる来街者は、京阪神を中心に神戸市外からも数多いので、前記のいずれの効果も神戸市内と神戸市外に生じる効果に分けて分析しています。そのあたりの分析方法も参考にしていただければと思います。

2 神戸・長田と「KOBE鉄人PROJECT」

　神戸市のJR新長田駅から西に向かって歩いて5分ほどのところにある市の公園に鉄人の巨大モニュメントが誕生して以降、ここを訪れる人々の数は「8か月間で240万人を超えた」と地元のマスコミが伝えています[3]。これを単純に割り算しますと、1日当たり1万人の人が新長田に足を運んだことになります。ただし、これだけの賑わいは一挙に達成できたわけではありません。

　エポックメイキングな出来事として鉄人モニュメントが完成したのは2009年9月ですが、それ以前から長田では震災復興のシンボルを模索する動きや、まちの賑わいを取り戻すにはどうすればよいかについての喧々囂々の議論がありました。そんななか、鉄人PROJECTは、新長田まちづくり会社やながたTMOなどの後押しもあって、2006年1月に発起人会が発足しスタートしました。モニュメントの企画は当初からあったようで、そのための募金集めも2006年の6月から始まっています。同時期には「鉄人28号特別展」も開催され、4000人を超す来場者を集めています。当時から鉄人は人気が高かったといえます。

　その後、同じ横山光輝氏の『三国志』をテーマにしたイベント（こちらのほうが鉄人よりも人気は高かったようですが）を続々と打ち出し、徐々に来街者の数も増

えていきます。そして、KOBE 鉄人 PROJECT が NPO 法人として正式に兵庫県知事から認証を受けたのが2007年9月20日です。2008年4月ごろからは鉄人モニュメントの建造計画の本格的な策定に取りかかり、2009年9月29日にモニュメントは完成します。このような地元の努力によって、モニュメント完成から半年で1日平均1万人の来街者を数えるまでに至ったのです。

神戸市は国の緊急雇用創出事業として、モニュメント完成の翌月に、新長田駅前の商業地周辺で2日間にわたって来街者調査(新長田商業地商圏調査、2009年12月)を実施しました。この神戸市の来街者調査(以下では神戸市産業振興局[2009]とします)によると、新長田のメイン商店街である一番街商店街の利用者が以前の3倍以上に増加しており、その多くが鉄人目的の来街者とみています。

このように現在の JR 新長田駅界隈は、鉄人効果とも呼べる来街者の消費拡大効果や交通機関利用者による増収効果が推測されているところです。そこで次節以降では、鉄人モニュメント公開以降6カ月間の経済波及効果を具体的な手順を示しながらみていきます。

なお、KOBE 鉄人 PROJECT の効果を分析するといったとき、将来的には漫画コンテンツを活用した総合的・創造的まちづくりを目指した、アニメの拠点づくり[4]やロボット産業の誘致までもがその範疇に入ってくる可能性があります。しかし、これは現在まだ端緒についたばかりの段階ですから、経済効果うんぬんを議論するには時期尚早といえましょう。

3 │ NPO 法人の事業による生産波及効果とその測定

この項ではまず NPO 法人 KOBE 鉄人 PROJECT の設立から現在までの事業がもたらす経済波及効果(以下では単に事業効果と略します)を調べていきます。

(1) KOBE 鉄人 PROJECT の事業効果の2つの側面

NPO 法人 KOBE 鉄人 PROJECT の事業活動については、NPO 法人の設立認証から丸3年がたち、鉄人 PROJECT の事業規模も年々拡大しています。表11-1にNPO 法人の事業収支計算書を示しましたが、2009年度(平成21年度)分の計算書が兵庫県への提出途中ということで、筆者が NPO 法人にて聞き取り調査を行い、それをもとに補足推計を行い作成したものです。

さてここで、KOBE 鉄人 PROJECT の事業効果を計測するにあたって注意すべき点が2つあります。第1に、NPO 法人の活動は既存の産業連関表上にその独立

第Ⅲ部 分析・応用編──A. 都市開発に対する経済効果

[表11-1] KOBE 鉄人 PROJECT の事業収支計算

(単位：円)

	H19年度	H20年度	H21年度	3カ年計	産業連関表の格付け先
支出					
文化振興事業 ※1	210	184,420	25,649,448	25,833,868	対事業所サービス (12百万円)、その他の製造工業製品 (14百万円)
雑費	2,625,000				210 その他の製造工業製品
モニュメント (意匠原型製作・実施設計 ※2)	7,309,975	54,603,300	70,536,700	135,074,975	90%直接経費 (121百万円、他地域の鉄鋼)、10%間接経費 (14百万円、自地域の対事業所サービス)
減価償却費 ※3			6,515,918	6,515,918	資本減耗引当
広告費			2,068,893	2,068,893	対事業所サービス
自販機地代			1,202,939	1,202,939	飲食料品
消耗品		67,725		67,725	その他の製造工業製品
振込手数料		2,100		2,100	金融
給与 ※4			3,505,400	3,505,400	雇用者所得
法定福利費			12,000	12,000	家計外消費支出
福利厚生費			179,940	179,940	家計外消費支出
旅費交通費			70,800	70,800	運輸
支払手数料			34,975	34,975	金融
賃借料			45,000	45,000	不動産賃貸業
租税公課			35,505	35,505	間接税
計	9,935,185	54,857,545	109,857,518	174,650,248	
収入					
事業収入 (委託) ※5	2,625,000	649,000	22,353,768	25,627,768	民間消費、政府消費 (緊急雇用事業分5百万円)
販売収入 ※6			15,900,560	15,900,560	民間消費
自販機収入			7,020,209	7,020,209	民間消費
入会金	100,000	187,000	675,000	962,000	民間消費
会費	30,000	8,592,000	15,232,500	23,854,500	
寄付金	104,335	481,316	3,347,718	3,933,369	・資金の性格上産業連関表には計上しない
協賛金			757,125	757,125	・資金の性格上産業連関表には計上しない
受取利息	74	784	2,531	3,389	・資金の性格上産業連関表には計上しない
前受金			31,020,000	31,020,000	・資金の性格上産業連関表には計上しない
借入金		9,376,500		9,376,500	・資金の性格上産業連関表には計上しない
支払一時猶予金			8,022,449	8,022,449	・資金の性格上産業連関表には計上しない
実行委員会負担額	7,309,975			7,309,975	・資金の性格上産業連関表には計上しない
補助金 ※7		45,000,000		45,000,000	経常補助金
計	10,169,384	64,286,600	104,331,860	178,787,844	
収支差額	234,199	9,429,055	-5,525,658	4,137,596	

注) ※1 サイン整備費、三国志館整備費、イベントオフィス整備費など　※2 意匠原型製作・実施設計は実行委員会負担　※3 モニュメント維持費　※4 ギャラリーの人件費　※5 委託収入、広告収入、視察収入など　※6 グッズ販売収入、ギャラリー収入、商店街委託販売収入など　※7 神戸市からの補助金
出所) 19年度、20年度は兵庫県公表資料、21年度は当NPO法人からの開示を取り調査による。

した産業部門がないため、本書の第 8 章で取り上げられている方法で、新部門を追加した産業連関表を作成する必要があります。第 2 に、KOBE 鉄人 PROJECT の収支計算書をみて目につくのは、2010 年 9 月現在、モニュメントの建造にかかる事業費の負担が大きいことです。しかも、その建造費はその 9 割方、製作を請け負った大阪府の鉄工所[5]とその関係先に流れたとみられます。そのため、地元神戸から流出したモニュメントの建造にかかる事業費の波及効果をどのようにして把握するかという点です。

上記の 2 点を同時に解決するため、本章では NPO 法人 KOBE 鉄人 PROJECT を新部門として組み込んだ「簡易版・神戸市地域間産業連関表」[6]を作成し、NPO 法人本体の活動による効果とモニュメント建造に関して神戸市外で発生する効果の両方を測定できるようにしました。

手順としてまず、NPO 法人 KOBE 鉄人 PROJECT を組み込んだ簡易版神戸市地域間産業連関表を作成します。神戸市が公表している 2005（平成 17）年度の産業連関表は「地域内産業連関表」ですから、この神戸市地域内産業連関表と総務省の全国産業連関表とを用いて、簡易版神戸市地域間産業連関表を作成します。ちょうど本書の第 7 章に兵庫県の簡易版地域間産業連関表の作成に関する記述があります。さらに、第 8 章 2 節に既存の産業連関表へ新たに NPO 法人 KOBE 鉄人 PROJECT を組み込む場合の方法がすでに述べられています。ですから、これら本書の記述を参考にして、NPO 法人 KOBE 鉄人 PROJECT を組み込んだ簡易版神戸市地域間産業連関表を作成しました。

次に、その簡易版神戸市地域間産業連関表を使った経済波及効果の測定に移りますが、これまでに何度も出てきた分析手法と同様、本章でも経済波及効果を直接効果と間接一次効果、そして間接二次効果に三分し、直接効果と間接一次効果については下の生産誘発額決定式を用いて算出します。

$$\text{生産誘発額} = \underbrace{\mathbf{\Delta f}}_{\text{直接効果}} + \underbrace{[\mathbf{I}-(\mathbf{I}-\mathbf{M})\mathbf{A}]^{-1}(\mathbf{I}-\mathbf{M})\mathbf{A}\mathbf{\Delta f}}_{\text{間接一次効果}} \qquad (11\text{-}1)$$

（2）直接効果の算定

最初に直接効果の算定を行います。直接効果は NPO 法人本体の活動による効果とモニュメント建造に関して神戸市外で発生する効果に分けて算定します。二分する理由は、(11-1) 式で需要増加額（投入係数行列 **A** と最終需要増加額ベクトル **Δf** の積）を求める際に、NPO 法人本体活動の効果とモニュメント建造の効果に分け

ておいたほうが双方の間接一次効果を比較しやすいためです。

　ここでNPO法人KOBE鉄人PROJECTの事業費等について再確認するために、もう一度表11-1のKOBE鉄人PROJECTの事業収支計算をみてください。

　NPO法人本体の活動による直接効果[7]は、事業収入や販売収入、会費収入などの消費需要を喚起するもので、地域内に生じる最終需要です。それらは金額にすれば、計7336万円となります。一方、モニュメント建造による直接効果は、製作にあたった鉄工所が神戸市外の企業なので、神戸市域外に生じる最終需要とします。その金額は、建造費のうち直接経費とみなすことのできる約9割にあたる1億2156万円としました。

（3）間接一次効果の算定

　次に、間接一次効果の算出です。ここで間接一次効果を示す(11-1)式の右辺第2項だけを表記しますと次のような3層構造になっています。

$$[\mathbf{I}-(\mathbf{I}-\mathbf{M})\mathbf{A}]^{-1}\underbrace{\underbrace{(\mathbf{I}-\mathbf{M})\underbrace{\mathbf{A}\Delta\mathbf{f}}_{ⓐ}}_{ⓑ}}_{ⓒ}$$

　直接効果 $\Delta\mathbf{f}$ はまず中間需要に波及して、$\mathbf{A}\Delta\mathbf{f}$ だけ需要を増加させます。これが上式のⓐです。

　その需要増加は中間財生産を $\mathbf{A}\Delta\mathbf{f}$ だけ誘発しますが、そのうち地域内の生産を誘発するのは、自給率行列（$\mathbf{I}-\mathbf{M}$）をかけたⓑになります。

　そして、ⓒは最初に誘発された地域内生産ⓑがさらに中間財生産を呼び起こし、それらが繰り返されて究極的にどれだけの生産が誘発されるかを示す部分です。つまり、ⓒが間接一次効果の全体となるわけです。

　では、間接一次効果を順に求めていきましょう。

　1）最初にⓐの $\mathbf{A}\Delta\mathbf{f}$ です。先に直接効果 $\Delta\mathbf{f}$ を、㋑NPO法人本体の活動による7336万円と、㋺モニュメント建造に関して神戸市外で発生する1億2156万円に分けました。このⓐの $\mathbf{A}\Delta\mathbf{f}$ も㋑と㋺に分けて計算します。

　まず㋑の計算では、NPO法人本体の活動による直接効果 $\Delta\mathbf{f}=7336$万円を神戸市地域間連関表のNPO法人KOBE鉄人PROJECT部門の投入係数をもとにして割り振りますが、そのとき自地域需要における自地域生産物投入比率[8]を別途計算しておいて、それをもって神戸市域（以下では自地域と呼ぶ）に発生する $\mathbf{A}\Delta\mathbf{f}$ と神戸市域外（以下では他地域と呼ぶ）に発生する $\mathbf{A}\Delta\mathbf{f}$ に按分します。

　㋺の計算では、モニュメント建造による直接効果 $\Delta\mathbf{f}=1$億2156万円を、神戸市

地域間連関表の他地域の鉄鋼部門の投入係数をもとにして割り振りますが、このときは他地域需要における自地域生産物投入比率を別途計算しておいて、それをもって自地域に発生する $\mathbf{A}\Delta\mathbf{f}$ と他地域に発生する $\mathbf{A}\Delta\mathbf{f}$ に分けます。実際に計算してみると、他地域の鉄鋼部門の投入係数で割り振った自地域に発生する $\mathbf{A}\Delta\mathbf{f}$ はゼロに限りなく近くなっています。

2）続いて、ⓑの $(\mathbf{I}-\mathbf{M})\mathbf{A}\Delta\mathbf{f}$ を求めます。ここでの $\mathbf{M}$ は地域間産業連関表のとき「輸入係数」になるので注意しましょう。また、2つのケースⓘとⓡとでは計算に使用する自給率行列 $(\mathbf{I}-\mathbf{M})$ が異なることにも注意してください。すなわち、ⓘでは他地域の産業部門の輸入は考慮する必要がないので、他地域に関する自給率（対角行列の要素）は1に固定します。ⓡでは自地域の輸入は考慮する必要がないので、自地域に関する自給率（対角行列の要素）は1に固定します。

3）最後にⓒの計算です。ⓒの $[\mathbf{I}-(\mathbf{I}-\mathbf{M})\mathbf{A}]^{-1}$ のところ（レオンチェフ逆行列と呼ばれるもの）ですが、正確にいえばこの逆行列は地域間産業連関表を使った分析の場合、$[\mathbf{I}-\mathbf{A}+\mathbf{MA}^*]^{-1}$ となります。そして $\mathbf{A}^*$ は、地域内に限定された投入係数行列です。これは通常の投入係数行列 $\mathbf{A}$ で、自地域と他地域との間での地域間取引の投入係数をゼロとした行列です。この点に留意しながらⓒの計算を行います。

（4）間接二次効果の算定

直接効果および間接一次効果で誘発される各産業部門の生産の増加に伴って、それらの部門に従事する雇用者の所得が増加します。所得が増加すると、雇用者は消費を増やそうとします。そうして喚起される消費需要を最終需要の増加として新たな生産が誘発されます。それが間接二次効果です。この間接二次効果の算出方法ですが、本書の手法編で述べられている方法ととくに変わったところはありません。唯一の異なる部分は、算出過程で使用する消費転換係数に神戸市の家計調査データ[9]を使用することぐらいです。

（5）事業効果の総括

以上の手順で算出されたNPO法人KOBE鉄人PROJECTの事業効果を求めると、表11-2のようになります。

表11-2から、KOBE鉄人PROJECTの事業効果を要約しますと、

(a) 全体として、間接二次効果まで含めると5億3959万円の生産が誘発されることがわかります。これは直接効果1億9493万円の2.77倍に相当します。

【表11-2】NPO法人KOBE鉄人PROJECTの事業による経済波及効果

[地域別] (単位:千円)

	神戸市域	その他地域	計（全国）
直接効果 （地域別割合、%）	73,365 (37.6)	121,567 (62.4)	194,932
間接一次効果 （地域別割合、%）	35,331 (13.0)	235,495 (87.0)	270,826
間接二次効果 （地域別割合、%）	16,978 (23.0)	56,859 (77.0)	73,837
計 （地域別割合、%）	125,674 (23.3)	413,921 (76.7)	539,595
生産誘発係数	1.71	3.40	2.77

[事業種別] (単位:千円)

	NPO本体 事業効果	モニュメント 建造効果	計
直接効果 （事業別割合、%）	73,365 (37.6)	121,567 (62.4)	194,932
間接一次効果 （事業別割合、%）	71,279 (26.3)	199,547 (73.7)	270,826
間接二次効果 （事業別割合、%）	29,859 (40.4)	43,978 (59.6)	73,837
計 （事業別割合、%）	174,503 (32.3)	365,092 (67.7)	539,595
生産誘発係数	2.38	3.00	2.77

(b) 地域別にみますと、神戸市域に1億2567万円、その他地域に4億1392万円の生産が誘発されることがわかります。また、生産誘発額全体に占める神戸市域の割合は23.3％になることがわかります。そして、この神戸市域の割合は直接効果では37.6％ありましたが、間接一次効果では13.0％に低下することがわかります。その要因としては、モニュメントの建造費が高く、しかもそれが神戸市外の企業に生産委託されていることも大きく影響しています。

(c) 事業別にみますと、上記のようにモニュメント建造にかかる誘発効果が大きく、その規模はNPO法人の本体の事業効果の約2倍強の3億6509万円になっています。

表11-3は、KOBE鉄人PROJECTの生産誘発効果（間接一次効果まで）を産業別に表しています。

第11章 「KOBE鉄人PROJECT」の経済波及効果

【表11-3】NPO法人KOBE鉄人PROJECTの事業による産業別生産誘発効果
（直接効果＋間接一次効果）

(単位:千円、構成比は%)

		神戸市域		その他地域		計(全国)	
			構成比		構成比		構成比
01	農業	4	0.0	295	0.1	299	0.1
02	林業	0	0.0	66	0.0	66	0.0
03	漁業	9	0.0	84	0.0	93	0.0
04	鉱業	7	0.0	918	0.3	925	0.2
05	飲食料品	172	0.2	918	0.3	1,089	0.2
06	繊維製品	1	0.0	275	0.1	276	0.1
07	パルプ・紙・木製品	14	0.0	2,077	0.6	2,091	0.4
08	化学製品	30	0.0	4,294	1.2	4,324	0.9
09	石油・石炭製品	14	0.0	7,287	2.0	7,301	1.6
10	窯業・土石製品	11	0.0	1,831	0.5	1,842	0.4
11	鉄鋼	1,047	1.0	245,698	68.8	246,745	53.0
12	非鉄金属	20	0.0	2,333	0.7	2,353	0.5
13	金属製品	6	0.0	1,021	0.3	1,028	0.2
14	一般機械	135	0.1	1,633	0.5	1,768	0.4
15	電気機械	40	0.0	384	0.1	424	0.1
16	情報・通信機器	13	0.0	70	0.0	83	0.0
17	電子部品	7	0.0	738	0.2	745	0.2
18	輸送機械	112	0.1	1,892	0.5	2,005	0.4
19	精密機械	3	0.0	44	0.0	47	0.0
20	その他の製造工業製品	2,482	2.3	16,106	4.5	18,588	4.0
21	建設	89	0.1	2,616	0.7	2,704	0.6
22	電力・ガス・熱供給	193	0.2	9,120	2.6	9,313	2.0
23	水道・廃棄物処理	58	0.1	936	0.3	994	0.2
24	商業	490	0.5	14,378	4.0	14,868	3.2
25	金融・保険	1,385	1.3	6,842	1.9	8,227	1.8
26	不動産	228	0.2	1,435	0.4	1,662	0.4
27	運輸	595	0.5	7,382	2.1	7,977	1.7
28	情報通信	1,149	1.1	5,147	1.4	6,296	1.4
29	公務	33	0.0	382	0.1	415	0.1
30	教育・研究	142	0.1	3,264	0.9	3,406	0.7
31	医療・保健・社会保障・介護	0	0.0	2	0.0	3	0.0
32	その他の公共サービス	63	0.1	347	0.1	410	0.1
33	KOBE鉄人プロジェクト	73,365	67.5	0	0.0	73,365	15.8
34	対事業所サービス	26,581	24.5	15,476	4.3	42,057	9.0
35	飲食店	0	0.0	0	0.0	0	0.0
36	その他の対個人サービス	27	0.0	167	0.0	194	0.0
37	事務用品	52	0.0	239	0.1	290	0.1
38	分類不明	118	0.1	1,365	0.4	1,484	0.3
	計	108,696	100.0	357,062	100.0	465,758	100.0

1）神戸市域およびその他地域を合わせた合計で、もっとも大きな生産誘発が見込まれる部門は「鉄鋼」部門の2億4674万円です。これは、モニュメントの建造費1億2156万円に加えて、それが鉄鋼部門の関連素材や加工業に波及する効果が1億2518万円あることを示しています。いずれにせよ、モニュメントの建造による誘発効果は群を抜いています。

2）次いで「NPO法人KOBE鉄人PROJECT」部門の7336万円がランクインしています。これはNPO法人の事業本体の直接効果に当たります。このNPO法人の部門には、事業本体からの間接波及効果はありません。

3）3番目に大きな部門は「対事業所サービス」で、4205万円の生産が誘発されます。この部門の生産誘発額が比較的大きいのは、NPO法人の事業が、各種イベントの開催や準備、販売・広報活動をまちづくり会社などの事業所を通して行っているからです。

4）これらに次ぐ部門には「その他の製造工業製品」の1858万円、「商業」の1486万円がランクインしています。ここまでが誘発額1000万円を超えている部門です。NPO法人が各種事業を行ううえで必要な事務用品や雑貨はその他の製造工業製品ですし、NPO法人が販売するグッズなどもそうです。グッズの販売は商業活動ですから、商業のランクインも納得できるところです。

4 鉄人モニュメントの見学者による消費効果

(1) 見学者の目的別消費額

先にふれたようにJR新長田駅周辺では鉄人モニュメントの完成後半年間で、1日平均1万人の来街者が訪れたとするマスコミの報道がありました。この事実をもとに、本節では、鉄人モニュメント見学者の消費による半年間の生産誘発効果（以下では単に消費効果と略します）を測定します。測定にあたって、まず神戸市産業振興局［2009］の結果を援用しながら、見学者消費の直接効果を算定しましょう。

神戸市産業振興局［2009］にはモニュメントの見学者を対象にした消費額のアンケート結果が示されています。それによると見学者1人1日当たりの平均消費金額は2872円となっています（神戸市産業振興局［2009］p.33）。これを半年間（180日間）に引き延ばすと51億6960万円となります。また、神戸市産業振興局［2009］の別項には、来街者のモニュメント見学のほかにどういう目的があったかという割合が示されています。それによると、「買い物（食品）」目的が全体の34％、「買い物（食品以外）」目的が31.6％、「飲食・喫茶」目的が16.4％、「娯楽その他」目的が

【表11-4】鉄人モニュメント見学者の目的別消費額

モニュメント見学者の消費

平均消費金額（円）	2,872
平均見学者数（人）	10,000
見学者の1日当たりの消費額（円）	28,720,000

鉄人モニュメント完成後　2009年10月～2010年3月　6ヵ月（180日）

2009年10月～2010年3月（日）	180
180日間の見学者の消費額（円）	5,169,600,000

来街目的の比率で振り分け	(%)		（千円）
買い物（食品）	34.0	→	1,757,664
買い物（食品以外）	31.6	→	1,633,594
飲食・喫茶	16.4	→	847,814
娯楽・その他	18.0	→	930,528
	100.0		5,169,600

18％となっています（神戸市産業振興局［2009］p.31）。この目的別割合をもとにすれば、モニュメントの見学者の来街目的別の消費額が計算でき、それは表11-4のようになります。

次に、来街目的別の消費効果を産業連関表で測定するには、どの産業部門に消費が生じるかを同定しなければなりません。目的別では「食品の買い物」、「飲食・喫茶」、「娯楽その他」は、それぞれ「飲食料品」「飲食店」「その他の対個人サービス」に割り当てることができます。しかし、「食品以外の買い物」はどの産業部門に割り当てればよいかが問題です。そこで、本章ではJR新長田駅前商業地周辺の店舗を実際に踏査して、どういう商品を取り扱っているかを145店舗について調べ、それらの年間販売額を経済産業省の2007（平成19）年『商業統計』をもとに推計することにしました。なお、踏査した店舗の所在範囲は、図11-1の地図に点線で囲んだ、次の4地区、ⓐJR新長田駅前のジョイプラザ（大丸入居）、ⓑピフレ新長田およびアスタピア、ⓒ一番街商店街とアスタプラザ、ⓓ大正筋商店街とアスタくにづか1～6号館、です。したがって、本章で取り上げる消費効果は、新長田駅前商業地周辺に限られていることに注意してください。

（2）商業統計を活用した店舗別販売額の推計

さて、店舗別販売額の推計作業を具体的にみていきますと、まずこれら4地区

第Ⅲ部　分析・応用編——A．都市開発に対する経済効果

145店舗の取扱商品を調査します。次にそれがわかれば、各店舗の販売額を商業統計から推計します。そこで使用する商業統計は、2007（平成19）年の商業統計表第4巻・品目編の第2表「区市郡別、商品（小売）別の事業所数及び年間商品販売額」のなかの神戸市長田区のデータです。年間商品販売額を事業所数で割算し、1店舗当たりの年間販売額を商品別に算出します[10]。それらを合計すると4地区145店舗の年間販売額は34億900万円となります。これを表11－4の「食品以外の買い物」金額16億3359万4000円に合わせるために、商品区分別の割合をそのままにして、金額だけを再配分します。さらに、それを商品区分に対応する産業連関表の各部門に同定します。表11－5は、産業連関表の各部門に同定する直前までの結果を

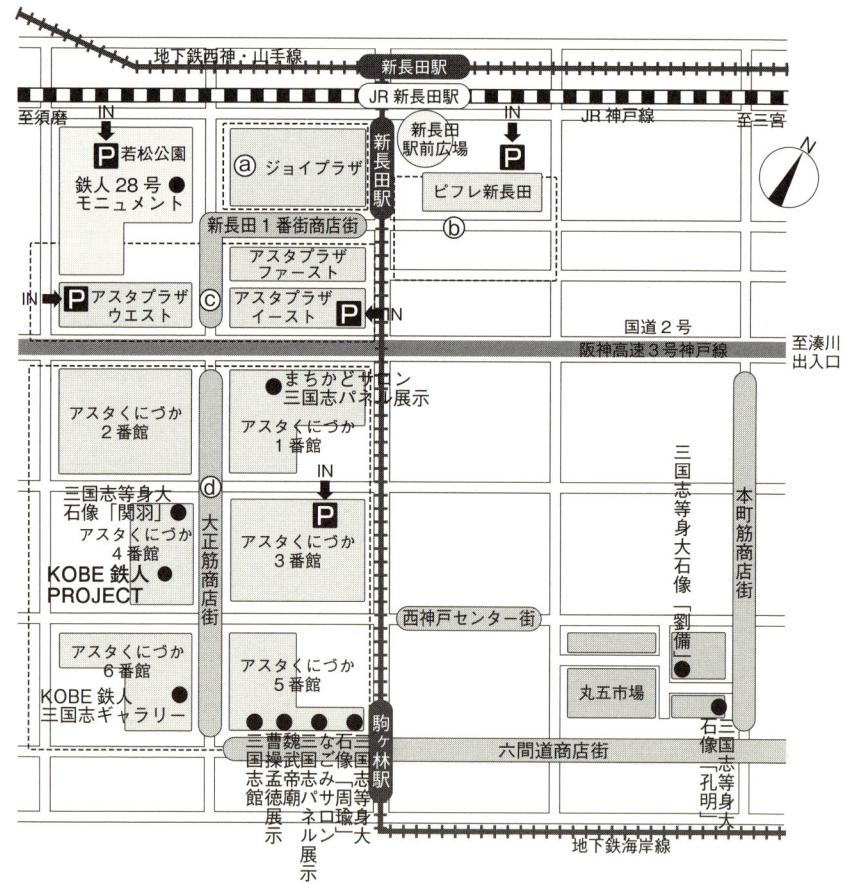

出所）NPO法人 KOBE 鉄人 PROJECT

【図11－1】JR 新長田駅前周辺地図（2010年3月時点）

示したものです。

表11-5で販売額の大きさを商品別に比較しますと、とくに衣料品の販売額が目立ちます。ほかに大きなところでは電化製品、医薬・化粧品、家庭用品があります。

ところで、これらの店舗での販売額は経済効果でいえば、消費として直接生じることから直接効果と呼んでいますが、しかしそのすべてが長田地区に帰するわけではありません。そこで、まず地元商店に帰る商業マージンを計算します。これはすべて地元に落ちます。ついでに運輸マージンも計算しておきましょう。この2つのマージンの計算方法はすでに本書の第5章に詳述しています。本章でもそれと同じ方法で、また同じ総務省の産業連関表のマージン率をもとに計算しています。表11-6は、上記で求めた「食品以外」の消費をはじめ、「食品」、「飲食・喫茶」、「娯楽その他」も含めた、すべてのモニュメント見学者の消費の直接効果を産業連関表の各部門に割り当てたものです。

さて、この2つのマージンを剥ぎ取った後の直接効果はいわゆる原価部分に相当しますが、これはあくまでも商品の生産地に帰する効果です。したがって、原価部分で地元に帰る金額は、マージンを剥ぎ取った後の金額に、さらに自地域需要における自地域生産物投入比率をかけたものとなります。この比率は、本章の3節でNPO法人本体の事業活動による直接効果を神戸市域と神戸市域外に按分する際に使用したものと同じものです。

この按分計算の結果、モニュメント見学者がJR新長田駅周辺の商業施設で行った消費による直接効果51億6960万円は、そのうち神戸市に帰する効果35億9839万円と、その他地域に帰する効果15億7121万円に分別することができました（後述の表11-7参照）。

(3) 消費効果の総括

消費の直接効果が産業別・地域別に同定されると、簡易版神戸市地域間産業連関表の逆行列係数を使って、間接一次効果、間接二次効果を計算することができます。その計算プロセスは、3節で述べたNPO法人本体の活動による間接一次効果および二次効果の求め方と同じですので、ここでは説明を省きます。

さて、消費効果に関する生産誘発効果をまとめると、表11-7のようになります。表11-7から、鉄人見学者の消費による生産誘発効果を要約しますと、

(a) 全体として、間接二次効果まで含めると115億8122万円の生産が誘発されることがわかります。これは直接効果51億6960万円の2.24倍に相当します。この生産

第Ⅲ部 分析・応用編——A. 都市開発に対する経済効果

[表11-5] 商業統計から作成した推計販売額（JR新長田駅前周辺商業地）

商業統計の取扱商品区分	店番	商業施設名	場所	推計年間販売額（百万円）	販売額計（百万円）	産業連関表の部門番号	業種コード	事業所数	年間商品販売額（百万円）	1店舗当たり販売額（同）
呉服・服地小売業	1	A呉服店	くにづか5	9.5	9.5		56111	15	142	9.46
寝具小売業	1	B寝具店	大丸新長田	9.8	9.8		56121	26	256	9.84
男子服小売業	1	C紳士用品店	大丸新長田	28.6	28.6					
	…	ショップD	くにづか5	…	257.4		56211	32	916	28.62
	9			28.6						
婦人服小売業	1	ブティックE	アスタプラザ	27.6						
	42	F洋装店	くにづか6	27.6	1,159.2		56311	95	2,619	27.56
子供服小売業	…	専門店G	大丸新長田	12.1	48.4		56321	15	181	12.06
	4	チェーン店H	ピフレ	12.1		6				
男子服・婦人服/子供服小売業	…	専門店I	アスタプラザ	68.2	204.6		店舗面積も大きく、男子服・婦人服・子供服の合計とした			68.24
	3	専門店J	ピフレ	68.2						
男子服・婦人服小売業	2	専門店K	大丸新長田	28.1	56.2		男子服と婦人服の平均			28.09
		専門店L	大丸新長田	28.1						
婦人服/子供服小売業	1	ショップM	大丸新長田	19.8	19.8		婦人服と子供服の平均			19.81
靴小売業	1	婦人靴売り場	大丸新長田	27.1	162.6	20	56411	40	1,084	27.1
	6	N靴店	くにづか5	27.1						
かばん・袋物小売業	1	ハンドバッグ店	大丸新長田	2.2	4.4		56911	33	73	2.21
	2	財布・革小物店	大丸新長田	2.2						
下着類小売業	1	下着専門店P	大丸新長田	5.6	28.0	6	56921	56	316	5.64
小間物・化粧道具小売業	5	靴下専門店Q	くにづか5	5.6						
	1	リビング用品ストアR	アスタプラザ	3.7	7.4		56922	43	158	3.67
他の衣服・身の回り品小売業	2	タオル売り場	大丸新長田	3.7		20				
	1	S帽子店	くにづか5	16.1	48.3		56991	52	838	16.11
自転車小売業	3	T自転車	くにづか1	16.1						
	1	U小売店	くにづか6	11.7	23.4	18	58211	23	270	11.74
宗教用具小売業	2	専門店V	大丸新長田	11.7						
	2	W本舗	大丸新長田	21.5	43.0	20	59141	8 (*)	172	21.50
家庭用電気機器具（大型小売店）	2	Xデンキ	くにづか4	21.5						
	1	Yデンキ	くにづか3	156.1	156.1	16	55117	20 (*)	3,121 (*)	156.05
電気機械器具小売業（情報家電中心）	1	Z電器店	くにづか5	58.0	174.0		59211	70	4,057	57.96
電気機械器具小売業（白物家電）	2	AAプラザ	くにづか1	58.0		15				

212

第11章 「KOBE鉄人PROJECT」の経済波及効果

業種	店舗数	店名	場所	%	%	コード			金額	構成比
金物小売業	1	AB金物店	くにづか1	15.0	15.0	59911	13	28	421	15.03
陶磁器・ガラス器小売業	1	AC食器店	大丸新長田	8.7	8.7	59931	10	18	156	8.66
一般用医薬品小売業	1	AD薬店	アスタプラザ	15.5						
	5	ドラッグストアAE	ビブレ	15.5	77.5	60111	8	68	1,057	15.54
医療用医薬品小売業	1	AF薬局	アスタプラザ	118.6	118.6	60121		41	4,863	118.61
化粧品小売業	1	AG堂	大丸新長田	13.5						
	9	専門店AH	くにづか1	13.5	121.5	60131		69	930	13.48
書籍・雑誌小売業	1	AI書店	専門店街	12.3						
	1	ブックスAJ	くにづか3	12.3	24.6	60411		57	698	12.25
紙・文房具小売業	1	AK文具店	専門店街	7.6	7.6	60431	20	95	726	7.64
がん具・娯楽用品小売業	1	専門店AL	専門店街	5.5						
	2	専門店AM	ビブレ	5.5	11.0	60521		38	208	5.47
写真機・写真材料小売業	2	ANカメラ	アスタプラザ	8.3						
	1	専門店AO	くにづか2	8.3						
	1	めがねのAP	専門店街	17.7	16.6	60611	19	15	125	8.33
時計・眼鏡・光学機械小売業	5	眼鏡専門AQ	くにづか5	17.7						
	1	AR商店	アスタプラザ	12.9	88.5	60711		25	442	17.68
たばこ・喫煙具専門小売業	4	ASたばこ店	くにづか3	12.9	51.6	60911	5	183	2,368	12.94
たばこ・喫煙具/紙・文房具小売業	1	タバコ・文具店AT	くにづか1	10.3	10.3	60921	1	29	354	10.29
花・植木小売業	1	専門店AU	大丸新長田	12.2						
	2	園芸店AV	くにづか3	12.2	24.4	60941	20	21	355	12.21
ジュエリー製品小売業	1	専門店AW	大丸新長田	16.9	101.4	60952		34	403	16.90
ペット・ペット用品小売業	6	専門店AX	くにづか5	16.9						
	1	専門店AY	大丸新長田	11.9	11.9	60971	6	22	569	11.85
中古品小売業（骨とう品を除く）	1	専門店AZ	大丸新長田	25.9			7			
	2	ダンス店BA	専門店街	25.9	51.8					25.86
他に分類されないその他の小売業	1	キャラクター用品		11.3						
	7	百円ショップBB	ビブレ	11.3	255.9	60999	20	91	1,030	11.32
家庭用品（大型小売店）	1	ホームセンターBC	アグロガーデン	176.8		55118	16 (*)		2,829 (*)	176.81
合計					3409.0					

（*注）神戸市合計から中央区を引いた数値

213

第Ⅲ部 分析・応用編——A．都市開発に対する経済効果

【表11-6】JR新長田駅周辺商業地における鉄人モニュメント見学者の消費による直接効果とその産業格付け

(千円)

		食品	食品以外	飲食・喫茶	娯楽・その他	直接効果合計	直接効果(マージン剥ぎ取り後)
1	農業	0	11,692	0	0	11,692	6,758
2	林業	0	0	0	0	0	0
3	漁業	0	0	0	0	0	0
4	鉱業	0	0	0	0	0	0
5	飲食料品	1,757,664	24,727	0	0	1,782,391	1,101,624
6	繊維製品	0	871,570	0	0	871,570	397,462
7	パルプ・紙・木製品	0	12,411	0	0	12,411	6,084
8	化学製品	0	152,194	0	0	152,194	74,507
9	石油・石炭製品	0	0	0	0	0	0
10	窯業・土石製品	0	4,169	0	0	4,169	2,488
11	鉄鋼	0	0	0	0	0	0
12	非鉄金属	0	0	0	0	0	0
13	金属製品	0	7,188	0	0	7,188	4,145
14	一般機械	0	0	0	0	0	0
15	電気機械	0	27,794	0	0	27,794	13,730
16	情報・通信機器	0	130,390	0	0	130,390	65,974
17	電子部品	0	0	0	0	0	0
18	輸送機械	0	11,213	0	0	11,213	5,977
19	精密機械	0	50,364	0	0	50,364	29,093
20	その他の製造工業製品	0	329,882	0	0	329,882	156,839
21	建設	0	0	0	0	0	0
22	電力・ガス・熱供給	0	0	0	0	0	0
23	水道・廃棄物処理	0	0	0	0	0	0
24	商業	0	0	0	0	0	1,438,227
25	金融・保険	0	0	0	0	0	0
26	不動産	0	0	0	0	0	0
27	運輸	0	0	0	0	0	88,350
28	情報通信	0	0	0	0	0	0
29	公務	0	0	0	0	0	0
30	教育・研究	0	0	0	0	0	0
31	医療・保健・社会保障・介護	0	0	0	0	0	0
32	その他の公共サービス	0	0	0	0	0	0
33	KOBE鉄人プロジェクト	0	0	0	0	0	0
34	対事業所サービス	0	0	0	0	0	0
35	飲食店	0	0	847,814	0	847,814	847,814
36	その他の対個人サービス	0	0	0	930,528	930,528	930,528
37	事務用品	0	0	0	0	0	0
38	分類不明	0	0	0	0	0	0
	合計	1,757,664	1,633,594	847,814	930,528	5,169,600	5,169,600

【表11-7】鉄人モニュメント見学者の消費による経済波及効果

(単位:千円)

	神戸市域	その他地域	計（全国）
直接効果 （地域別割合、％）	3,598,385 (69.6)	1,571,215 (30.4)	5,169,600
間接一次効果 （地域別割合、％）	983,143 (24.5)	3,035,386 (75.5)	4,018,529
間接二次効果 （地域別割合、％）	1,094,198 (45.7)	1,298,897 (54.3)	2,393,095
計 （地域別割合、％）	5,675,726 (49.0)	5,905,498 (51.0)	11,581,224
生産誘発係数	1.58	3.76	2.24

誘発係数だけを比較しますと、NPO法人の事業効果の場合（2.77倍、表11-2）と比べると小さいことがわかります。

(b) 地域別にみますと、神戸市域に56億7572万円、その他地域に59億549万円の生産が誘発されることがわかります。また、生産誘発額全体に占める神戸市域の割合は49.0％になることがわかります。そして、この神戸市域の割合は直接効果では69.6％もありましたが、間接一次効果では24.5％まで低下することがわかります。その要因としては、消費財の多くが神戸市外で生産されていることが影響しています。

次に、表11-8は消費効果による生産誘発額（間接一次効果まで）を産業別に示しています。

神戸市域でもっとも大きな生産誘発が見込まれる部門は「商業」部門の11億4767万円です。これは小売店に入る販売マージンで、多くの消費者が買っていくわけですから、その金額が大きいのは当然でしょう。

次いで「その他の対個人サービス」部門が9億4150万円でランクインしています。新長田駅周辺には、パチンコ・カラオケなどの娯楽施設やエステ・スポーツクラブなどの美容・健康関連施設が立地し、それらが貢献していると思われます。

3番目に大きな部門は「飲食店」で8億4781万円の生産が誘発されます。金額をみればわかるように、飲食・喫茶目的の消費額（表11-4）がこの部門の生産にそのまま反映しています。

神戸市域外では生産誘発額の上位に上がってくる部門が少し違ってきます。もっとも大きな生産誘発が見込まれる部門は「飲食料品」部門で11億5142万円になりま

第Ⅲ部　分析・応用編——A．都市開発に対する経済効果

【表11-8】鉄人モニュメント見学者の消費による産業別生産誘発効果（直接効果＋間接一次効果）

(単位:千円、構成比は%)

		神戸市域	構成比	その他地域	構成比	計(全国)	構成比
01	農業	12,006	0.3	279,473	6.1	291,478	3.2
02	林業	28	0.0	6,141	0.1	6,168	0.1
03	漁業	2,093	0.0	43,373	0.9	45,466	0.5
04	鉱業	579	0.0	5,955	0.1	6,534	0.1
05	飲食料品	381,008	8.3	1,151,420	25.0	1,532,428	16.7
06	繊維製品	214,879	4.7	281,656	6.1	496,535	5.4
07	パルプ・紙・木製品	3,078	0.1	120,118	2.6	123,196	1.3
08	化学製品	14,915	0.3	253,324	5.5	268,239	2.9
09	石油・石炭製品	1,099	0.0	100,697	2.2	101,796	1.1
10	窯業・土石製品	2,090	0.0	22,981	0.5	25,071	0.3
11	鉄鋼	1,355	0.0	44,383	1.0	45,738	0.5
12	非鉄金属	601	0.0	21,101	0.5	21,702	0.2
13	金属製品	778	0.0	61,428	1.3	62,206	0.7
14	一般機械	1,270	0.0	20,240	0.4	21,509	0.2
15	電気機械	5,701	0.1	17,971	0.4	23,672	0.3
16	情報・通信機器	35,754	0.8	33,749	0.7	69,503	0.8
17	電子部品	333	0.0	42,957	0.9	43,290	0.5
18	輸送機械	2,884	0.1	39,713	0.9	42,597	0.5
19	精密機械	15,055	0.3	17,361	0.4	32,416	0.4
20	その他の製造工業製品	62,930	1.4	279,544	6.1	342,474	3.7
21	建設	20,332	0.4	26,706	0.6	47,038	0.5
22	電力・ガス・熱供給	68,185	1.5	81,991	1.8	150,176	1.6
23	水道・廃棄物処理	46,606	1.0	23,468	0.5	70,074	0.8
24	商業	1,147,671	25.0	747,267	16.2	1,894,939	20.6
25	金融・保険	149,232	3.3	148,741	3.2	297,973	3.2
26	不動産	72,426	1.6	37,094	0.8	109,520	1.2
27	運輸	209,137	4.6	150,483	3.3	359,619	3.9
28	情報通信	81,728	1.8	146,778	3.2	228,506	2.5
29	公務	4,382	0.1	6,855	0.1	11,236	0.1
30	教育・研究	20,267	0.4	59,994	1.3	80,261	0.9
31	医療・保健・社会保障・介護	131	0.0	103	0.0	234	0.0
32	その他の公共サービス	7,914	0.2	4,735	0.1	12,649	0.1
33	KOBE鉄人プロジェクト	0	0.0	0	0.0	0	0.0
34	対事業所サービス	179,722	3.9	286,346	6.2	466,068	5.1
35	飲食店	847,814	18.5	0	0.0	847,814	9.2
36	その他の対個人サービス	941,502	20.5	11,499	0.2	953,001	10.4
37	事務用品	10,376	0.2	6,447	0.1	16,823	0.2
38	分類不明	15,668	0.3	24,512	0.5	40,180	0.4
	計	4,581,528	100.0	4,606,601	100.0	9,188,129	100.0

す。この部門の誘発額が大きいのは、新長田の店舗で売られている飲食料品の多くが神戸市外で生産されているためです。

第11章 「KOBE鉄人PROJECT」の経済波及効果

　これに次いで「商業」がランクインし、7億4726万円となっています。この商業部門の中心は小売りではなく、卸売りになります。つまり、神戸市外の流通業者が潤うわけです。
　3番手に上がってくる部門は、僅差ですが「対事業所サービス」、「繊維製品」、「その他の製造工業製品」、「農業」の4部門が2億8000万円前後で並んでいます。「繊維製品」、「その他の製造工業製品」、「農業」の3部門がここに上がってくるのは、JR新長田駅周辺で消費される物品に、衣料品、家庭用品、雑貨、書籍、農産物などが多いことと関係があります。これらの部門に該当する市外の生産業者は鉄人PROJECTで恩恵を受けているのです。また、新長田地区の商業の特徴がここに表れているともいえます。「対事業所サービス」への誘発効果には少し奇異な感じを受けるかもしれませんが、鉄人PROJECTによるイベントの開催や物販にかかる広告費などのもろもろの経費がここに含まれるため、こちらも関係する部門の市外の業者に恩恵が行き渡ることになります。

5　鉄人モニュメントの見学者による交通費の効果

　JR新長田駅周辺で鉄人モニュメントの完成後、1日平均1万人の来街者が訪れたという事実をもとに、本節では鉄人モニュメント見学者による半年間の交通費の生産誘発効果を測定します。

(1) 見学者の交通手段

　測定にあたって、消費効果と同様、まず神戸市産業振興局［2009］の結果を援用して、見学者の交通費による直接効果を算定しましょう。神戸市産業振興局［2009］の調査で、モニュメントの見学者の居住地や交通手段がわかっています。表11-9は、その結果を示したものです。
　まず、上段の見学者の居住地別割合をみますと、神戸市内の居住者の割合が55％、神戸市外の居住者の割合が45％となっています。神戸市産業振興局［2009］の調査では、神戸市内でもJR新長田駅から半径1キロ以内の範囲を周辺ブロック

【表11-9】鉄人モニュメント見学者の居住地と交通手段

見学者の居住地別割合

(※) 人数は1万人換算の数字

	構成比	人数※
神戸市内（周辺ブロック内）	7%	700人
神戸市内（周辺ブロック外）	48%	4,800人
神戸市外	45%	4,500人
計	100%	10,000人

注）周辺ブロック内とは半径1km圏を指す。

見学者の交通手段

JR	地下鉄西神線	地下鉄湾岸線	市バス	自家用車	バイク	自転車	徒歩	その他
41.4%	11.5%	1.6%	7.0%	23.8%	2.0%	5.3%	11.1%	1.2%
3,946人	1,096人	153人	667人	2,269人	191人	505人	1,058人	115人
5,862人				4,138人				
計　10,000人								

注1）2段目は神戸市調査結果の構成比。ただしダブリがあるので合計が100%を超す。
注2）利用者は1万人換算の数字。ただしダブリを調整しているので構成比より一律に小さい。

内と規定していますが、この範囲内に居住する見学者は全体の7%にすぎません。表では、1日の来街者数である1万人に換算して見学者数を求めています。

次に、下段の見学者の利用した交通手段をみますと、JRの利用割合がもっとも大きく、約4割に達しています。神戸市外からの見学者の多くはJRを利用しているものと思われます。続いて自家用車の利用割合が大きいのですが、本章の分析では、現地の駐車場の利用状況や周辺道路の交通状況の把握まで踏み込むには、データの制約や時間の関係上困難なため、経済効果の測定対象を「鉄道と市バス」に限定することにします。ここでも、交通手段の利用割合をもとに、1日の来街者数である1万人に換算して見学者数を按分しました。

そのうえで、もっとも利用者の多かったJRについて、表11-10のように、その利用者数を推計しています。神戸市外からの見学者については、どこから来られているかまでは把握できないため、神戸市外からの利用者数は表11-9の居住地割合を使って按分しますが、その居住地については、現地から約80キロ圏の主要なターミナル3駅（大阪駅、京都駅、姫路駅）を始発点とすると仮定しました。各始発点からの利用者数は後背地の人口数で大胆に按分しました。

【表11-10】見学者のJR利用者の推計

神戸市外の居住者を主要なターミナル駅を中心に3地域に分割

神戸市外		エリアの人口で按分
大阪府　（JR大阪駅）	2,638人 ───	1,918人
京都府　（JR京都駅）	(5,862人×0.45)	600人
姫路市　（JR姫路駅）		120人
神戸市内	1,308人	
計	3,946人	

　このJR利用者数の推計に続いて、それぞれのターミナル駅からのJR運賃や神戸市内のJR駅間の運賃をもとに、神戸市内の利用者を周辺ブロック内とブロック外に分け、神戸市外と合わせて、3パターン別に交通費を算出します。また地下鉄と市バス利用者と運賃についてもそれぞれ推計を行い、これらをまとめると表11-11のようになりました。

　交通費の直接効果は表11-11のように、神戸市内に6億1339万円[11]、その他の地域に3億6524万円となります。この試算では、見学者はすべて現地から約80キロ圏内の居住者として計算を行っています。しかも、主要ターミナル駅からの交通費しか考慮していないので、金額的にみれば実際にはこの数字よりも大きいことが予想されることを断わっておきます。

（2）交通効果の総括

　さて、この直接効果は全額が運輸部門に生じるので、そこから各産業部門に波及して、それぞれ各部門の生産を誘発します。誘発された生産はさらに従事者の所得の増加を通じて消費を喚起します。これらの一次、二次の間接波及効果は3節、4節と同様に算出されます。その結果、交通費の効果は表11-12のようになります。

　表11-12から、鉄人モニュメント見学者の交通費による生産誘発効果を要約しますと、

　(a) 全体として、間接二次効果まで含めると21億4936万円の生産が誘発されることがわかります。これは直接効果9億7864万円の2.20倍に相当します。この生産誘発係数だけを比較しますと、消費効果の場合（2.24倍、表11-7）とあまり差がないことがわかります。

　(b) 地域別にみますと、神戸市域に10億5665万円、その他地域に10億9270万円の生産が誘発されることがわかります。また、生産誘発額全体に占める神戸市域の割

第Ⅲ部　分析・応用編——A．都市開発に対する経済効果

[表11-11] 交通費の直接効果の算定

周辺ブロック内の見学者の交通費

	JR	西神線	湾岸線	市バス		往復運賃 (神戸市内で購入)
運賃	120円	200円	200円	200円		
見学者数	161人	142人	20人	87人	410人	
計	19,320円	28,400円	4,000円	17,400円	69,120円	×2　138,240円

周辺ブロック外(神戸市内)の見学者の交通費

	JR	西神線	湾岸線	市バス		往復運賃 (神戸市内で購入)
運賃	180円	280円	230円	200円		
見学者数	1,147人	954人	133人	580人	2,814人	
計	206,460円	267,120円	30,590円	116,000円	620,170円	×2　1,240,340円

神戸市外の見学者の交通費

	JR 大阪駅	京都駅	姫路駅		片道運賃 (神戸市内で購入)	片道運賃 (神戸市外で購入)
運賃	620円	1,210円	950円			
見学者数	1,918人	600人	120人	2,638人		
計	1,189,160円	726,000円	114,000円	2,029,160円	2,029,160円	2,029,160円

以上を神戸市地域間産業連関表の「運輸部門」への直接効果として計上する。

		1日当たり運賃		日数		
神戸市の効果	神戸市内で購入する分	3,407,740	×	180	＝	613,393,200（円）
その他地域の効果	神戸市外で購入する分	2,029,160	×	180	＝	365,248,800（円）

【表11-12】鉄人モニュメント見学者による交通費の経済波及効果

(単位:千円)

	神戸市域	その他地域	計（全国）
直接効果 （地域別割合、%）	613,393 (62.7)	365,249 (37.3)	978,642
間接一次効果 （地域別割合、%）	245,770 (35.8)	439,920 (64.2)	685,690
間接二次効果 （地域別割合、%）	197,494 (40.7)	287,540 (59.3)	485,034
計 （地域別割合、%）	1,056,657 (49.2)	1,092,709 (50.8)	2,149,366
生産誘発係数	1.72	2.99	2.20

合は49.2%になることがわかります。鉄人モニュメント見学者の居住地割合で神戸市内の割合が55%であったことを考えると、交通費の生産誘発効果は同じような割合にならないことがわかります。その要因としては、生産誘発係数の違いにあると考えられます。すなわち、神戸市外の生産誘発係数はほぼ3であるのに対して、神戸市内の生産誘発係数は1.72です。鉄道会社の本社所在地や列車の運行に必要な経費などを考えると神戸市外に立地する企業に恩恵が大きくなるのは当然かと思われます。

次に、表11-13は交通費による生産誘発額（間接一次効果まで）を産業別に示したものです。

神戸市域内、神戸市域外に関係なく、もっとも大きな生産誘発が見込まれる部門は当然のことながら「運輸」部門になります。運輸部門への波及はほかの部門を圧倒しています。神戸市域内で運輸部門についで金額が大きいのは「対事業所サービス」です。運輸業から波及する生産活動の大部分に事業所サービスが関与していることが影響しています。

ほかには「金融・保険」、「不動産」部門への生産誘発が大きいようです。鉄道インフラの整備にはカネがかかりますし、鉄道沿線の不動産開発にもわずかですが影響があると思われます。神戸市域外では運輸部門に次いで生産誘発額の上位に上がってくるのは「石油・石炭製品」部門です。これは輸送機関の燃料費に当たります。この部門の生産が上位に上がってくるのは、燃料生産のほとんどを神戸市外の企業が担っているためです。

第Ⅲ部　分析・応用編——A．都市開発に対する経済効果

【表11-13】鉄人モニュメント見学者の交通費による産業別生産誘発効果
（直接効果＋間接一次効果）

(単位:千円、構成比は%)

	神戸市域	構成比	その他地域	構成比	計(全国)	構成比
01　農業	2	0.0	227	0.0	229	0.0
02　林業	0	0.0	401	0.0	401	0.0
03　漁業	4	0.0	46	0.0	50	0.0
04　鉱業	100	0.0	2,789	0.3	2,889	0.2
05　飲食料品	9	0.0	273	0.0	281	0.0
06　繊維製品	8	0.0	2,380	0.3	2,388	0.1
07　パルプ・紙・木製品	265	0.0	13,279	1.6	13,544	0.8
08　化学製品	53	0.0	5,575	0.7	5,628	0.3
09　石油・石炭製品	1,287	0.1	69,993	8.7	71,280	4.3
10　窯業・土石製品	104	0.0	1,739	0.2	1,843	0.1
11　鉄鋼	316	0.0	7,713	1.0	8,029	0.5
12　非鉄金属	30	0.0	1,751	0.2	1,781	0.1
13　金属製品	50	0.0	4,972	0.6	5,022	0.3
14　一般機械	359	0.0	5,204	0.6	5,563	0.3
15　電気機械	134	0.0	1,952	0.2	2,085	0.1
16　情報・通信機器	51	0.0	400	0.0	451	0.0
17　電子部品	19	0.0	2,469	0.3	2,489	0.1
18　輸送機械	1,661	0.2	30,554	3.8	32,215	1.9
19　精密機械	11	0.0	169	0.0	181	0.0
20　その他の製造工業製品	1,100	0.1	14,243	1.8	15,343	0.9
21　建設	7,117	0.8	7,920	1.0	15,038	0.9
22　電力・ガス・熱供給	9,483	1.1	13,848	1.7	23,331	1.4
23　水道・廃棄物処理	4,190	0.5	4,460	0.6	8,650	0.5
24　商業	6,860	0.8	30,614	3.8	37,474	2.3
25　金融・保険	39,587	4.6	32,154	4.0	71,740	4.3
26　不動産	28,915	3.4	10,437	1.3	39,352	2.4
27　運輸	673,736	78.4	428,888	53.3	1,102,624	66.3
28　情報通信	11,867	1.4	26,090	3.2	37,957	2.3
29　公務	1,089	0.1	1,313	0.2	2,402	0.1
30　教育・研究	2,250	0.3	5,438	0.7	7,688	0.5
31　医療・保健・社会保障・介護	42	0.0	42	0.0	85	0.0
32　その他の公共サービス	1,284	0.1	1,091	0.1	2,375	0.1
33　KOBE鉄人プロジェクト	0	0.0	0	0.0	0	0.0
34　対事業所サービス	61,553	7.2	69,810	8.7	131,364	7.9
35　飲食店	0	0.0	0	0.0	0	0.0
36　その他の対個人サービス	318	0.0	972	0.1	1,290	0.1
37　事務用品	1,413	0.2	1,267	0.2	2,680	0.2
38　分類不明	3,895	0.5	4,695	0.6	8,589	0.5
計	859,163	100.0	805,169	100.0	1,664,332	100.0

6 まとめ

　前節までの分析による KOBE 鉄人 PROJECT の経済波及効果をまとめて図示すれば、図11－2のようになります。
　本章では KOBE 鉄人 PROJECT の経済波及効果を３つの効果に分割して測定してきましたが、それらを総合します（直接効果から間接二次効果まで）と、鉄人のモニュメントが完成して以後の半年間で、全国に142億7000万円の生産波及効果がもたらされることとなります。
　これは NPO 法人 KOBE 鉄人 PROJECT の事業費１億7500万円（ただし３カ年分）からみれば、約82倍もの大きさになります。神戸市内に波及する分だけでも事業費の約39倍の68億5800万円に上ります。このように、鉄人 PROJECT は長田地区を元気にするだけでなく、その初期投資の数十倍もの経済効果を、地元神戸をはじめ関西や全国に波及させることになります。
　これほどの大きな経済効果をもたらす鉄人 PROJECT ですが、課題も多く残さ

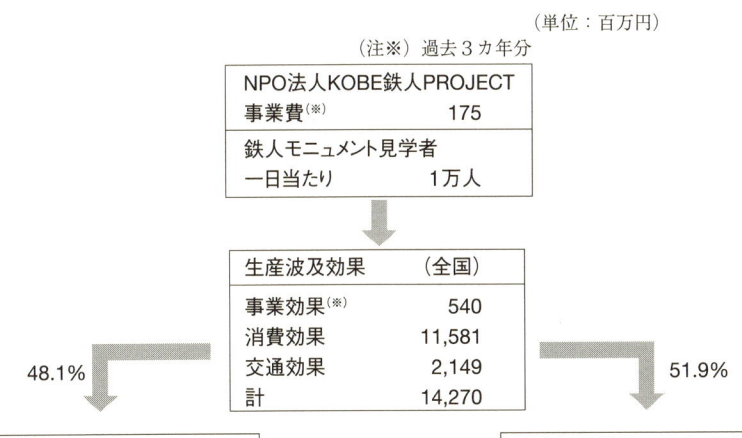

（単位：百万円）

（注※）過去３カ年分

NPO法人KOBE鉄人PROJECT	
事業費(※)	175
鉄人モニュメント見学者 一日当たり	1万人

↓

生産波及効果	（全国）
事業効果(※)	540
消費効果	11,581
交通効果	2,149
計	14,270

48.1% ↙ 　　　　↘ 51.9%

生産波及効果	（神戸市）
事業効果(※)	126
消費効果	5,676
交通効果	1,056
計	6,858

生産波及効果	（その他地域）
事業効果(※)	414
消費効果	5,905
交通効果	1,093
計	7,412

【図11－2】KOBE 鉄人 PROJECT の経済波及効果（2009年10月～2010年３月）

れているように思います[12]。鉄人モニュメントを一目みようとJR新長田駅前の若松公園内付近には人垣ができていますが、他方で商店街を南に進んでいくと人通りも少なくなっていきます。鉄人モニュメントが商店街の入り口にあるため付近だけを見学して帰ってしまう人も多いようです。今後は、鉄人モニュメントの見学者を商店街の南へと誘導する仕組みづくりが必要となるでしょう。これからも、鉄人モニュメントやNPOの活動を生かし、まちの将来的な目指すべき方向が確立され、さらに地域の生産活動や消費活動が刺激されることを願います。

謝辞

本章の執筆にあたっては、NPO法人KOBE鉄人PROJECT副理事長の宍田正幸氏（新長田まちづくり株式会社代表取締役）から多大なるご助力を賜りました。ここに感謝の辞を申し述べます。

注

1) この鉄人28号のモニュメント像のスケールは、高さ約15.3m（直立時は18m）、重量50ｔ（基礎重量は150ｔ）で、アニメの実物大で製作された迫力のある巨大な鋼鉄製モニュメント像です。また、この像はお台場のガンダムのように一時的な設置ではなく公園内に恒久設置されます。

2) NPO法人KOBE鉄人PROJECTは、その年に文化を通じて関西から地域を元気に明るくすることに貢献したプロジェクトとして「関西元気文化圏賞」を受賞しました。

3) これは2010年7月1日付『神戸新聞』の記事にみることができます。こうした影響による利用者の利便性を考慮して、神戸市交通局は、6月30日に市営地下鉄新長田駅の副駅名として「鉄人28号前」と命名すると発表しています。

4) すでに「アニタス神戸」というアニメーション制作の工房がアスタくにづか4号館に完成し、神戸芸術工科大学（新たにアニメ学科を創設）が新長田に進出しています。

5) 大阪府岸和田市にある株式会社北海製作所が製作を担当しています。

6) 神戸市が公表している地域内産業連関表34部門表を加工して作成しています。部門数は地域間表の作成上、総務省の産業連関表に合わせてあり、それにKOBE鉄人PROJECT部門を新設して38部門としています。

7) のちに取り上げる消費効果と交通効果はモニュメント完成後6カ月間の効果ですが、ここで分析する事業効果はNPO法人の設立後3カ年分の事業すべてが含まれることに注意してください。

8) 自地域需要における自地域生産物投入比率を求めて生産誘発効果を算出する方法については、安田秀穂[2008]第1編第3章第2節を参照のこと。

9) ここでの消費転換係数は、家計調査年報（2009年）の2人以上世帯の中の勤労者世帯の数字から算出しています。

10) ここで調査した店舗のうち、携帯電話のショップについては商業統計に該当する商品コードがないため、販売額の推計から外しました。
11) 神戸市内に帰する交通費6億1339万円は、JRを利用した見学者が神戸市内の駅で乗車券を買った金額になります。したがって、神戸市外から見学に来た乗客の帰りの片道運賃は神戸市内の効果になります。なお、神戸市外から来た乗客が帰りに三宮や垂水などの駅で降りるようなケースは想定していません。
12) 神戸市産業振興局［2009］でも、モニュメント見学者が感じたこの地区の課題として「魅力的なお店が少ない」「施設の名前が分かりにくい」などの声を取り上げています。どのようにして来街者へ的確でかつ魅力ある情報を届けるかも課題の1つです。

参考文献

経済産業省調査統計部［2008］『平成19年商業統計表・第4巻品目編』。
神戸市産業振興局［2009］『新長田商業地商圏調査報告書』（平成21年度神戸市商業地商圏実態調査、平成21年12月）。
安田秀穂［2008］『自治体の経済波及効果の算出』学陽書房。

第 12 章

電気自動車の生産がもたらす地域経済への波及効果分析

武田　至弘

1　はじめに

　ここ数年で、自動車産業を取り巻く環境や、消費者の動向も変わってきました。
　エネルギー問題や地球温暖化問題が世界中で注目されているいま、ガソリン自動車だけではなく、新たな技術や燃料を用いた次世代自動車の開発が進められ、普及のための取組みが行われています。
　ハイブリッド自動車（HEV）や電気自動車（EV）、燃料電池自動車（FCV）といったさまざまな方式の次世代自動車が自動車メーカーから提案されています。ハイブリッド自動車はすでに販売されておりますし、未来の乗り物と思われていた電気自動車ですが、すでに国内販売され、カーシェアリングやレンタカーなどでの活用が始まっています。ただ、電気自動車については、価格が高い、航続距離が短いといったさまざまな課題があります。これらの課題はいますぐに解決できるものではありませんが、短距離移動の際は電気自動車を、長距離移動の際は低燃費なガソリン自動車を使用するなどそれぞれの自動車がもつ特徴、利点を活かすことが可能となります。
　このようななか、「低炭素社会づくり行動計画」（2008年7月閣議決定）においては、「我が国の自動車産業の技術力・競争力の強化にもつなげつつ、排出量のうち約2割を占める運輸部門からの二酸化炭素削減を行うため、現在、新車販売のうち

約50台に1台の割合である次世代自動車（ハイブリッド自動車、電気自動車、プラグインハイブリッド自動車（pHEV）、燃料電池自動車、クリーンディーゼル車、CNG自動車等）について、2020年までに新車販売のうち2台に1台の割合で導入するという野心的な目標の実現を目指す」としています。

　将来、次世代自動車が市場化され、本格的に生産されると、自動車産業の産業構造は大きく変化し、地域経済に大きな影響を与えることが想定されます。

　わが国の自動車産業は、地域への産業構造に大きな影響力をもっています。そこでは完成品メーカーと部品メーカーとのサプライヤーシステムが形成されているからです。たとえば、自動車の生産に必要な部品はガソリンエンジンに代わりモーターや蓄電池が中心となり、エンジン部品や駆動・伝達装置などの部品がなくなる可能性があります。そうなれば自動車生産工場にエンジン部品などを供給していた企業は、いままでの取引とその内容を大きく変化させる必要が生じてきます。また、現在の自動車には3万点前後の部品が搭載されているといわれていますが、電気自動車などの次世代自動車では大幅に減少することが予測されます。このことは自動車産業を取り巻く地域産業の構造が大きく変化する可能性があるということです。

　実際には「ガソリン自動車」が「電気自動車」に、すべてが同時に置き換わることはないでしょう。しかし、もしそうなった場合、地域産業への影響はどうなるのでしょうか。どの産業の生産が増加し、どの産業が減少するのでしょうか。このような変化については産業連関表を用いることによりシミュレーションを行うことが可能です。本章では、産業連関表を用いて産業構造変革の影響をシミュレートする方法について解説したいと思います。

2　産業連関表を用いた経済波及効果の分析手法について

　産業連関表を用いた波及効果額の算定は、逆行列係数表を用いて、「逆行列係数」×「新規需要額」で計算することが可能です。そこで重要になるのは該当する「部門名」があればその部門に「新規需要額」を用いれば波及効果が算出されることです。

　本テーマである「電気自動車」の波及効果も同じような方法で「新規需要額」を用いれば波及効果は計算されるはずです。しかし、「電気自動車」はどの「部門」に入れればよいのでしょうか。総務省は190部門表、108部門表、34部門表の3つの産業連関表をホームページ上で公表しています。その中で「自動車」の該当する部門名は、190部門表と108部門表では「乗用車」、34部門表は「輸送機械」となって

います。ここでいう「乗用車」とはどのようなものでしょうか。総務省［2009］によれば、日本標準産業分類の細分類3011「自動車製造業（二輪自動車を含む）」のうち、乗用車の生産活動を範囲とすると定義されており、品目は軽乗用車、小型乗用車、普通乗用車が例示されています。しかしガソリン自動車や電気自動車の区別はなされていないことがわかります。また、最新の産業連関表は2005年（平成17年）時点のデータに基づき作成されています。この時期の「乗用車」や「輸送機械」のほとんどは、「ガソリン自動車」や「ディーゼル自動車」であると考えられます。

どうすれば電気自動車の波及効果額が算出できるのでしょうか。その1つの方法として産業連関表に新たに「電気自動車」部門を作成し、その経済波及効果を推計する方法があります。本章ではその方法について説明していきます。

（1）電気自動車産業を産業連関表で策定する準備

産業連関表のタテ（列）方向は、生産するのにあたって投入された原材料額および粗付加価値額を表しています。またヨコ（行）方向にみると、生産された財・サービスの販売（産出）先の構成が示されています。

産業連関表に「電気自動車」部門をつくるには、電気自動車を製造するのに必要な原材料やそのコストを明らかにする必要があります。ガソリンエンジン自動車と電気自動車に用いられる部品はどこが異なるのでしょうか。内閣府経済社会総合研究所［2007］p.40には、一般乗用車（ガソリン車）とハイブリッド乗用車の構成要素分類がなされています。この分類によれば、一般乗用車にモーターや蓄電池などの固有部品を付けたものがハイブリッド乗用車であることがわかります。ここでは電気自動車はハイブリッド乗用車からエンジンを外して、蓄電池の容量を大きくしたものとします。

次に、各構成要素のコストです。内閣府経済社会総合研究所［2007］によると、一般乗用車は180万円、ハイブリッド乗用車は220万円と算定されています。

電気自動車については、蓄電池のコストを電気容量16kWhのリチウムイオン電池を使用するとして算定[1]すると365.7万円となります。これにエンジン以外の一般車との共有部品や電気モーター等のコストを加えると、電気自動車の価格は526.5万円となります。次に、経済産業局は各地域別に産業連関表を策定[2]していますので、ここでは、電池産業が多く立地するK地域の産業連関表を用いて経済波及効果を算定することにします。最初にモーターや蓄電池などの電気自動車固有部品を産業連関表に適用するには「部門分類表」に基づき各部門ごとに分類を行う必要が

【表12-1】構成要素分類とコスト比較

構成要素分類		産業連関表部門分類 統合分類(53部門):IK地域	産業連関表部門分類 全国表基本分類(行520×列407)	一般乗用車(ガソリン車)(千円/台)(製造コスト以外に、付加価値などその他の間接コストも含む)	ハイブリッド乗用車(千円/台)(製造コスト以外に、付加価値などその他の間接コストも含む)	電気自動車(千円/台)(製造コスト以外に、付加価値などその他の間接コストも含む)
自動車	ハイブリッド・電気自動車固有部品	乗用車	乗用車		2,200	5,265
	モーター/発電機	産業用電気機器	回転電気機械		400	3,897
	パワーコントロールユニット	産業用電気機器	その他の産業用電気機器		80	80
	その他	産業用電気機器	その他の産業用電気機器		80	80
	蓄電池	その他の電気機械	蓄電池		80	80
	一般車との共有部品			1,800	1,800	3,657
	エンジン	自動車部品・同付属品	自動車用内燃機関・同部分品	432	432	0
	シャーシ			198	198	198
	車体			414	414	414
	電装品・電子部品			360	360	360
	用品			396	396	396

出所:「総合的な経済・エネルギー・環境分析に資する技術情報の整備のための研究」(平成19年12月内閣府経済社会総合研究所、p.40)に筆者加筆。

あります。以上をまとめると表12-1のようになります。

(2) 産業連関表（基本取引表）の「電気自動車部門」の作成

産業連関表に新たに「電気自動車」部門を策定するにあたっては、産業連関表の基本的な原則に従うものとします。

　　原則1：「行生産額」と「列生産額」は一致する。
　　原則2：「粗付加価値の合計」と「最終需要の合計－移輸入の合計」は一致する（これを二面等価の原則といいます）。

この原則に基づいて、最初に列方向、次に行方向について検討を行います。

(3) 列方向「電気自動車」部門の作成

最初に「電気自動車の増減」列部門を作成します。ここでは地域内での生産台数を「乗用車」列部門と同じにして推計を行います。このことにより電気自動車の生産に起因する地域内生産額の増減が明らかになります。

最初に、対象とするある地域Kで、生産される「乗用車」の台数を算定します。自動車は軽乗用車、小型乗用車、普通乗用車など用途や価格の異なる車種が生産されていますが、ここでは乗用車単価（ガソリン車）180万円の1種のみが生産されているとします。K地域の生産台数は、域内生産額5373億8700万円を単価180万円で割ると、298,548.333台となります（図12-1-①）。

次に電気自動車の生産に伴う地域内生産額を算出します。電気自動車ではハイブリッド・電気自動車固有部品「モーター／発電機、パワーコントロールユニット、その他、蓄電池」で1台当たり389.7万円増加します。一般車との共有部品である「エンジン」が1台当たり43.2万円減少します。このことから「電気自動車」では1台当たり346.5万円増加し、地域内生産額は、298,548.333台×346.5万円で1兆344億7000万円の増加になります（同図-②）。

次に、地域内生産額の増減を粗付加価値部門と中間投入部門に振り分けます。粗付加価値部門は個々に数字の積み上げができませんから「乗用車」の各部門／地域内生産額の比率で割り戻します。粗付加価値合計は1447億3300万円となります（同図-③）。次に、中間投入部門ですが、ここでは電気自動車の生産に関わる材料・部品等が特定できますから、「産業用電気機器」「その他の電気機械」「自動車部品・同付属品」部門のみ増減を行います。各部門には部品単価から積み上げる場合は、粗付加価値額相当分を控除した金額を計上する必要があります。その他の部門は「乗用車」と同じですから変更する必要はありません。「産業用電気機器」部門

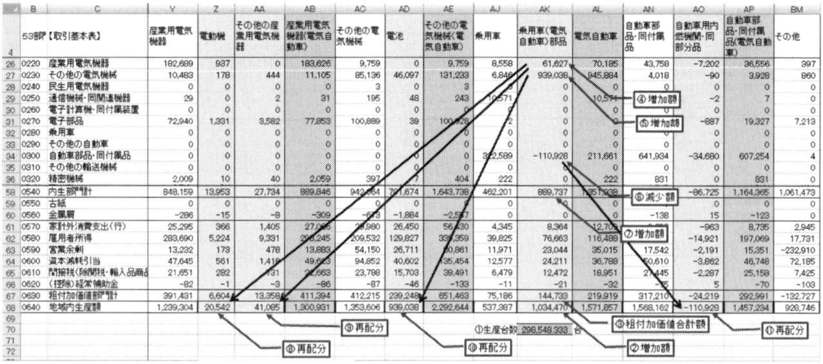

第12章　電気自動車の生産がもたらす地域経済への波及効果分析

【図12-1】「電気自動車」部門を有する「K地域の産業連関表」

は、「モーター／発電機、パワーコントロールユニット、その他」で1台当たり24万円に生産台数を乗じて、「乗用車」部門における内生部門計／地域内生産額の率をかけて616億2700万円（内訳：モーター／発電機は205億4200万円、パワーコントロールユニット・その他は410億8500万円）となります（同図-④）。同じように「その他の電気機械」部門は、「蓄電池」が1台当たり365.7万円で、9390億3800万円となります（同図-⑤）。さらに「自動車部品・同付属品」部門は、「エンジン」が不要となるため1台当たり43.2万円の減少になります。同じように計算を行うと、同部門は、1109億2800万円の減少となります（同図-⑥）。この結果、内生部門は8897億3700万円の増加となります（同図-⑦）。

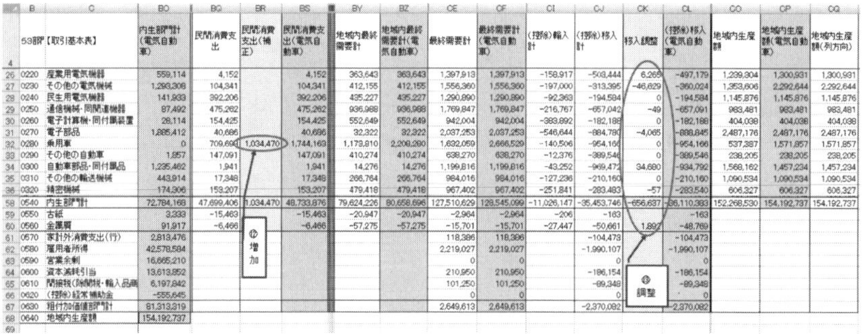

(4) 列方向の調整

電気自動車の生産に伴い、「産業用電気機器」、「その他の電気機械」部門は増加、

231

第Ⅲ部　分析・応用編——B．産業誘致の経済効果

「自動車部品・同付属品」は減額となります。このことを行方向でみると、「乗用車」が「電気自動車」になったことにより、「産業用電気機器」、「その他の電気機械」部門は生産された財・サービスの販売（産出）先、すなわち「電気自動車」部門への販売が増加するとともに「自動車部品・同付属品」は減額となったと考えられます。ここで原則1：「行生産額」と「列生産額」は一致するという条件を満たすには、行方向が増減したため、列部門もそれにあわせる必要があります。

　最初に「産業用電気機器」「その他の電気機械」「自動車部品・同付属品」部門の列方向を調整します。K地域の産業連関表の部門分類表によれば、「産業用電気機器」部門は、「回転電気機械」「変圧器・変成器」「開閉制御装置及び配電盤」「配線器具」「その他の産業用電気機器（含内燃機関電装品）」から、「その他の電気機器」は「電球類」「電気照明器具」「その他の電気機械器具（含電池）」から構成されています。また、「自動車部品・同付属品」は、「自動車車体・自動車用内燃機関・同部分品」「自動車部品」から構成されていることがわかります。

　しかし、電気自動車においては「電池」や「自動車用内燃機関・同部分品」が重要な役割を果たしますが、K地域ではこれらの「部門」が設定されていません。

　このため、列方向の部門については、K地域の数値ではなく、「平成17年全国表基本分類（行520×列407）」の投入係数を用いて、列部門の増加額を行部門に再配分を行うことにします。

　「電気自動車」部門を設けたことにより、「乗用車」部門の内生部門は8897億3700万円の増加になります。「モーター／発電機」は「回転電気機械」に含まれますので地域内生産額205億4200万円は「回転電気機械」の投入係数で再配分します（同図-⑧）。「パワーコントロールユニット、その他」の地域内生産額410億8500万は「その他の産業用電気機器」の投入係数（同図-⑨）で、「蓄電池」の地域内生産額9390億3800万円は「電池」の投入係数で再配分します（同図-⑩）。

　「エンジン」の地域内生産額マイナス1109億2800万円は「自動車用内燃機関・同部分品」の投入係数で再配分します（同図-⑪）。以上で、「電気自動車」部門を新設するにあたって増加する内生部門の列合計が計算されました。また内生部門の列合計を集計すると、154兆1927億3700万円となり、元の152兆2685億3000万円に比べて、1兆9242億700万円の増額になりました。

（5）行方向の調整

　産業連関表の基本的な原則にしたがって、行方向の調整を行っていきます。

　最初に、「電気自動車」は中間需要部門には使用されず、すべて最終需要家が購

第12章　電気自動車の生産がもたらす地域経済への波及効果分析

入するものとします（同図-⑫）。このため増加分は「民間需要」に計上します。この結果、「行生産額」と「列生産額」は一致することになります。

次にその他の部門について、「電気自動車」に伴う中間需要部門の増加分については、実際にはすべてが移出、移入にはならず部門によってバラツキが想定されます。今回は「電気自動車」の行を除いて最終需要額は変化させないようにするため、「すべて移入」で調整することにします。すなわち「行生産額」と「列生産額」の差額を移入で調整します（同図-⑬）。最後に「粗付加価値」の合計は、「最終需要-移輸入」の合計と一致するよう「古紙・金属屑」で調整します。

以上で、電気自動車部門を有する「K地域の産業連関表」が出来上がりました。

3 波及効果の算定

今回策定した「電気自動車」の産業連関表（基本取引表）を用いて、「レオンチェフ逆行列表」を作成します。そしてこの逆行列表を用いて、経済波及効果を算定します。

経済波及効果については、直接効果、間接一次効果などがあります。最初に何らかの需要、たとえば乗用車1台分の需要が発生したとします。自動車の需要が発生したので生産が始まります。これが直接効果です。すなわち生産の増加（経済波及効果）＝自動車1台です。

次に自動車を生産するためには、その部品・材料や電力などが必要になります。したがって、それらの部品・材料の生産も増加します。次にその部品・材料をつくるのに必要な部品・材料の生産が増加します。このことを繰り返すと、波及の伸びは、徐々に小さくなりやがて無視できるほどになります。この波及の大きさが間接一次効果です。

ここでは、「乗用車」が「電気自動車」に置き換わった場合、地域経済へのような影響があるかを比較することが目的ですから、間接一次効果で比較してみたいと思います。

最初に、「乗用車」「電気自動車」とも同じ金額の需要が発生したとします。「電気自動車」部門を新設するにあたっては、中間投入／地域内生産額の比率は「乗用車」と同じにしていましたので、「中間投入金額」は同じになります。ただし、乗用車の自給率32.93％、電気自動車の自給率は58.95％となりますが、ここでは「乗用車」が「電気自動車」に置き換わった場合の比較を行うことが目的ですから、「中間投入額」を同じにして比較を行うことにします。

第Ⅲ部　分析・応用編——B．産業誘致の経済効果

【表12-2】間接一次効果比較

	1,000単位投入			1台生産		
	乗用車	電気自動車	電気/乗用車	乗用車	電気自動車	電気/乗用車
化学基礎製品	4.77	12.92	2.71	0.74	5.85	7.93
プラスチック製品	29.82	38.20	1.28	4.62	17.30	3.75
窯業・土石製品	14.15	12.93	0.91	2.19	5.86	2.67
鉄鋼	57.20	37.25	0.65	8.85	16.87	1.90
非鉄金属	13.75	36.45	2.65	2.13	16.50	7.75
金属製品	8.75	12.78	1.46	1.35	5.79	4.27
産業用電気機器	21.74	36.65	1.69	3.37	16.59	4.93
その他の電気機械	11.25	508.71	45.21	1.74	230.34	132.24
通信機械・同関連機器	10.60	3.70	0.35	1.64	1.67	1.02
電子部品	10.03	21.77	2.17	1.55	9.86	6.35
乗用車	1,000.00	1,000.00	1.00	154.80	452.80	2.93
自動車部品・同付属品	486.80	108.51	0.22	75.36	49.14	0.65
その他の製造工業製品	12.25	5.23	0.43	1.90	2.37	1.25
電力	16.89	15.57	0.92	2.62	7.05	2.70
商業	53.18	49.53	0.93	8.23	22.43	2.72
金融・保険	28.03	28.14	1.00	4.34	12.74	2.94
運輸	26.71	24.86	0.93	4.14	11.25	2.72
その他の情報通信	15.17	14.41	0.95	2.35	6.52	2.78
教育・研究	51.70	59.93	1.16	8.00	27.13	3.39
広告	15.42	11.04	0.72	2.39	5.00	2.09
物品賃貸サービス	15.76	17.61	1.12	2.44	7.98	3.27
その他の対事業所サービス	43.65	39.72	0.91	6.76	17.98	2.66
合計	2021.21	2174.90	1.08	312.88	984.79	3.15

　電気自動車、乗用車ともに1000単位を中間投入したとします。電気自動車が乗用車に比べて、2倍以上に増加する部門は「その他電気機械」「化学基礎製品」「非鉄金属」「電子部品」、1／2以下に減少する部門は、「自動車部品・同付属品」「通信機械・同関連機器」「その他の製造工業製品」であることがわかります。

　しかしここで注意しないといけないのは、同じ金額を中間投入額としても「乗用車」と「電気自動車」では実際に生産される台数が違うことです。算定のもとになったガソリン自動車は180万円、電気自動車は526.5万円であり、同じ需要金額が発生してもガソリン自動車が電気自動車に比べて3倍多く生産されることになります。そこでは乗用車1台に搭載される「通信機械・同関連機器」が約35％になっているのはこのことが一因であると思われます。

　そこで、生産台数を一定にして比較してみましょう。乗用車では単価180万円に

中間投入／地域内生産額の比率（内生率86％）を乗じて154.8万円、電気自動車では526.5万円に中間投入／地域内生産額の比率（内生率86％）を乗じて452.8万円として中間投入すると、大幅な減少となるのは「自動車部品・同付属品」となりました。

この結果は、あくまで産業連関表を使えばこのようなシミュレーションができるという一例を示したものです。

実際に地域の経済波及効果を算定するには、乗用車の単価、あるいは生産台数など実際の地域の実情に即したデータを使用する必要があります。

また、想定した K 地域は、もともと地域経済における自動車産業のウエイトが低く、電池産業が集積している地域であり、同じようなシミュレーションを自動車産業のウエイトが高い地域で行えば違った結果が出る可能性もあります。実際に地域経済への波及効果を算定するには、当該地域の産業連関表を用いて、精緻なデータを用いることが必要であると思われます。

注
1) リチウムイオン電池の価格を25万6000円／1.4kWh（日経 Automotive Technology・日経エレクトロニクス［2007］p.31）とすると、電気自動車の電気容量16kWh から、電気自動車用リチウムイオン電池の価格は、16kWh ／1.4kWh ×25万6000円に10／8をかけて算出できます。一般に、自動車の製造コストの内訳は、製造原価は販売価格の約8割と見積もることができます（内閣府経済社会総合研究所［2007］p.40）。
2) 地方経済産業局のホームページを参照。

参考文献
財団法人機械システム振興協会［2010］『次世代に変革が予想される自動車産業に必要とされる新技術を提供する地域産業集積の可能性に関する調査研究報告書』。
経済産業省［2010］「第1特集　ここまで身近に！　電気自動車」『METI Journal 経済産業ジャーナル』平成22年3・4月号。
次世代自動車戦略研究会［2010］『次世代自動車戦略2010』経済産業省。
次世代自動車・燃料に関する懇談会［2007］『次世代自動車・燃料イニシアティブとりまとめ』経済産業省。
総務省統計局［2009］『平成17年（2005年）産業連関表総合解説編』。
内閣府経済社会総合研究所［2007］『総合的な経済・エネルギー・環境分析に資する技術情報の整備のための研究』。
日経 Automotive Technology・日経エレクトロニクス編［2007］『ハイブリッド・電気自動車のすべて』日経BP社。
内閣官房［2008］『低炭素社会づくり行動計画』。

第 13 章

マラソン・イベントの経済波及効果

吉川　浩

　本章では、近年、全国各地域で盛んに開催されています「マラソン・イベント」の経済波及効果について、その具体的な算出方法、および、マラソン・イベントの経済波及効果の特徴について考えてみたいと思います。
　事例としては、毎年春に開催されている兵庫県篠山市の2008（平成20）年に開催された「第29回篠山ABCマラソン（以下、篠山マラソン）」を取り上げます。

1 ｜ 篠山 ABC マラソンの概略

　篠山マラソンが開催される篠山市は、兵庫県の中東部に位置し、人口は、4万5352人（2009年9月）で、特産品の丹波黒大豆、丹波山の芋、丹波栗などの農産品は全国的に有名です。
　篠山市が主催する篠山マラソン[1)]は、篠山市役所前をスタートして、市

資料提供・篠山市役所。

【写真13-1】

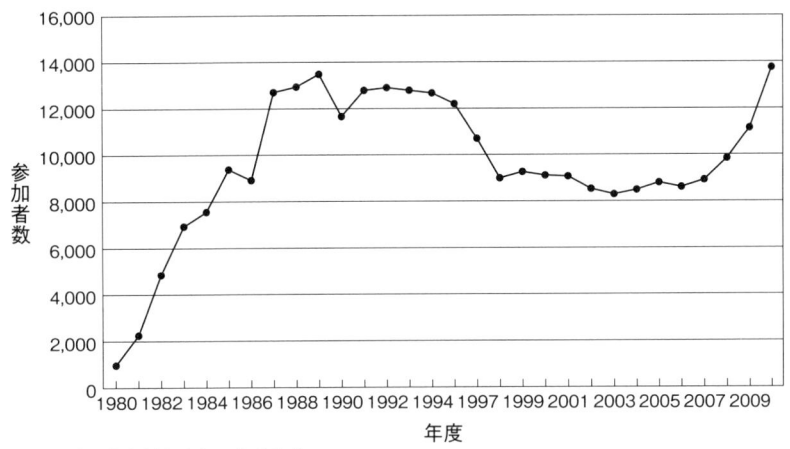

出所）篠山市資料をもとに筆者作成。

【図13-1】篠山ＡＢＣマラソンの参加者数の推移

内を循環するフルマラソンの42.195キロメートルを走るコースと、それよりも短い複数のコースがあり、観光名所である篠山城跡をゴールとしています。篠山マラソンは1980年に参加者1053人と小規模ながら市民の健康増進を目的に第1回が開催されました。10年後の1989年には、参加者数1万3589人と13倍に急増し、一気に全国的な大会となりました。阪神淡路大震災の影響で中止になった1995年を除き、バブル経済崩壊以降は参加者数が徐々に減少しますが、2007年ごろから参加者数は再度、急増傾向にあります（図13-1）。そして、2009年の第29回大会では、参加申込者数1万1211人となり、数あるマラソン・イベントのなかでも知名度が高く、全国からたくさんのランナーや同伴者が来訪する篠山市の代表的な地域・産業振興イベントとなっています[2]。

2 マラソン大会の会計決算書からアプローチ

では、篠山マラソンを事例に、マラソン・イベントがどのような経済波及効果を生み出しているか、算出方法とともにみてみましょう。

まず、何を手立てに経済波及効果を算出するかですが、多くの場合、詳細な支出情報は公開されていませんのでマラソン事務局にお願いして、篠山マラソンの「会計決算書」（以下では決算書と呼びます）を入手し、それを手がかりに進めていきます（表13-1）。

第Ⅲ部　分析・応用編——C. イベントに関する経済効果

【表13-1】第29回篠山ABCマラソン大会：会計決算書

1．収入　59,219,314円
2．支出　59,219,314円
差し引き合計　　0円

1.収入の部

（単位：円）

科　目	当初予算額	補正・流用	予算額	決算額	増減	内訳
参加料	44,540,000	9,575,000	54,115,000	54,115,100	100	①4,300円×9,557人（1次参加費）
						②5,000円×1,624人（2次参加費）
						③3,500円×1,400人（会員バス）
助成金	4,000,000	0	4,000,000	4,000,000	0	①篠山市：2,000,000円
						②朝日放送：2,000,000円
広告料	800,000	0	800,000	800,000	0	①50,000円×8件
						②200,000円×2件
雑　入	350,000	▲46,000	304,000	304,214	214	職員弁当代、利息他
基　金	0		0	0		
合　計	49,690,000	9,529,000	59,219,000	59,219,314	314	

2.支出の部

（単位：円）

科　目	当初予算額	補正・流用	予算額	決算額	増減	内訳
共済費	15,000	0	15,000	11,215	▲3,785	臨時職員労働保険料
賃　金	1,500,000	0	1,500,000	1,363,021	▲136,979	臨時職員賃金
報償費	13,500,000	2,180,000	15,680,000	15,633,536	▲46,464	競技役員用ヤッケ：3,090,150円
						参加賞（Tシャツ）：7,807,800円
旅費	400,000	0	400,000	387,150	▲12,850	A選手交通費、他
交際費	15,000	0	15,000	0	▲15,000	
消耗品費	2,500,000	400,000	2,900,000	2,324,583	▲575,417	大会用消耗品、他
食糧費	2,100,000	200,000	2,300,000	2,258,971	▲41,029	競技役員弁当代、しし汁材料、他
燃料費	180,000	30,000	210,000	117,872	▲92,128	ガソリン・軽油、他
印刷製本費	1,200,000	350,000	1,550,000	1,540,758	▲9,242	大会冊子：899,850円
						会場周辺案内図等：181,558円
						交通規制図：218,400円
通信運搬費	3,200,000	590,000	3,790,000	3,747,732	▲42,268	郵送料、電話料金、他
手数料	1,350,000	0	1,350,000	903,560	▲446,440	広告、折り込み、ゴミ処理等手数料、他
保険料	800,000	160,000	960,000	942,880	▲17,120	大会保険料
委託料	10,180,000	1,640,000	11,820,000	11,819,043	▲957	計測業務等：7,771,027円
						大会警備：2,620,800円
						雑踏警備：727,216円、他
使用料及び借用料	10,000,000	1,880,000	11,880,000	11,695,445	▲184,555	貸切バス：4,809,360円
						トイレ・テント等レンタル：4,697,640円
						音響機材レンタル：657,000円
工事請負費	2,500,000	0	2,500,000	2,063,024	▲436,976	会場設営：683,340円
						会場仮設電源等：444,000円、他
原材料費	50,000	0	50,000	9,450	▲40,550	会場整地用砕石
備品購入費	200,000	800,000	1,000,000	774,062	▲225,938	ハンドメガホン、看板、他
予備費	0	0	0	0		
基金積立	0	1,299,000	1,299,000	3,627,012	2,328,012	特別会計へ
合　計	49,690,000	9,529,000	59,219,000	59,219,314	314	

出所）資料提供・篠山市役所。

(1) 決算書からみた収入の部の特徴

　篠山マラソンの事業規模は、5921万9314円です。収入の部をみますと「参加料」がもっとも多く、内訳の1次、2次参加料収入合計は、4921万5100円となり全決算額5921万9314円の83％を占めて収益の柱となっています。また、「助成金」として篠山市の負担する額は、200万円で全決算額の約3％の負担であることがわかります。

(2) 決算書からみた支出の部の特徴

　支出についての特徴ですが、全決算額5921万9314円に占める5％以上の科目をみますと、割合の大きな科目として、競技役員用のヤッケや、参加賞のTシャツなどの「報償費」1563万3536円が約26％ともっとも大きくなっています。

　次に、貸切バス費用、トイレ等レンタル費用、音響機材レンタル費用の「使用料および借用料」の1169万5445円です。これは、マラソンの計測業務等や、大会警備、雑踏警備などの「委託料」の1181万9043円とともに全決算額の約20％を占めています。そして、これら3科目で決算額合計の66％を占めています。

　4番目に大きな決算額は、参加者への案内に関する郵送料、電話料金などの「通信運搬費」の374万7732円の約6％で、5番目が、大会用消耗品などの「消耗品費」の232万4583円の約4％です。

　篠山マラソンの費用構成は「報償費」を除くと、マラソン・イベント運営に関するサービス部門が多いのが特徴です。

3　篠山マラソンの支出基本構成

　篠山マラソン開催のために要した費用などの直接支出については、会計決算書から「支出の部の特徴」として前述しましたが、それ以外に、全国からの篠山マラソン参加者や同伴者の篠山市内での飲食費や土産代、交通費、宿泊費用などの消費額を推計する必要があります。そして、これらを合算すると篠山マラソン大会の直接効果（最終需要額）を求めることができます。

A	篠山マラソン大会開催費用
B	篠山市内の宿泊消費額
C	参加者と同伴者の篠山市内消費額

　篠山マラソン開催によって篠山市内で発生する需要は、主に上記の3つの支出基

第Ⅲ部　分析・応用編——C. イベントに関する経済効果

本構成です。

　上記、A、B、Cの支出基本構成の合計から〈直接効果〉を算出します。そして、今回は、篠山市の産業連関表を独自に作成し、それをもとに〈間接一次効果〉〈間接二次効果〉までの生産誘発額を算出して、それらの合計を篠山マラソンの経済波及効果とします。

　なお、上記の項目「C：参加者と同伴者の篠山市内消費額」において、「交通費」の算出は行いませんでした。篠山マラソンの参加者の交通費は、自家用車（ガソリン代）、JR、タクシー、路線バスなどの費用ですが、会員バス（会計決算書の支出の部の使用料および借用料の貸切バス費用）以外は、市内で消費する額が少ないことや、市内に所在する事業所がほとんどないため経済波及効果としての影響が少ないと判断し、今回は除いています。

4　篠山マラソンの直接効果（最終需要額）の算出

　支出基本構成のA、B、Cそれぞれの支出明細を推計し、産業部門格付けを行い、自給率を考慮した後、マージンを剥ぎ取り、篠山マラソンの直接効果を求めます。

（1）A：大会開催費用による「直接効果」の算出

　篠山マラソン大会決算書の「科目」別支出内容の詳しい明細の部門格付けを基に、大会開催費用による直接効果の算出を行います。

1）支出明細の取材と調査

　部門格付けのための「科目」の明細を調べます。マラソン・イベントの特徴は、その支出内容が詳細多岐にわたるため、決算書では大まかな科目に合算されてしまいます。ですから、その科目をひも解きながら明細を明らかにして、産業連関表の産業部門に格付けする作業が経済波及効果の精度を上げる重要なポイントです。

　部門格付けに必要な決算書科目の明細についてマラソン事務局に、資料提出をお願いし、また、取材を行い科目の明細を調べます。

　明細を調べるにあたって、イベントの予算規模や詳細資料の所在状況にもよりますが、篠山マラソンの波及効果算出のために必要であると思われる支出項目の最小額を1万円以上と設定して、1万円以上の支払い項目の明細を対象に調査を行いました。

第13章　マラソン・イベントの経済波及効果

2）支出の明細の産業部門格付け

　まず、平成17年（2005年）兵庫県産業連関表の基本分類（520部門）によって格付けを行います。その場合、支払明細書の部門格付けは、総務省統計局［2009b］に記載されている「部門別概念・定義・範囲」を判断基準として利用します。

　次に、内容が特定しやすい基本分類から明細の格付けを行います。そして、すべての格付けを行った後、中分類、大分類へ統合していきます。篠山マラソンの場合は、39部門の大分類に絞り込み（篠山市の産業連関表をマラソン分析用に39部門に組み換えています）、篠山マラソンの支出明細の産業格付け表を作成しました（表13-2）。

3）自給率からの篠山市内での支出額の算出

　支出明細を部門格付けした後は、篠山市内に帰着する支出を調べる必要があります。篠山市外の事業所に委託した場合、その支出分は市外に漏れてしまいますから自給割合は下がります。表13-2の項目のうち市内自給率が1であるものだけを篠山市内支出額とします。その合計は3191万9656円で、支出額合計の54％となっています。

4）商業マージンと運輸マージンによる直接効果の算出

　ここまでで、篠山マラソンの決算書支出額のうち、篠山市内の部門ごとの支出が把握できます。ただし、この段階の支出額は購入者価格になっています。そこで次に、商業マージン額および、運輸マージン額を計算して、剥ぎ落とさなければなりません。

　マージン率は、2005（平成17）年産業連関表（総務省統計局公表）により算出した産業部門別の商業マージン率および、運輸マージン率を基に篠山マラソン決算書の市内支出明細の産業部門格付けにかけてマージンを算出します。そして、支出明細格付けからマージンを差し引き、商業および運輸マージン合計をそれぞれの部門に振り分けて、生産者価格の市内最終需要増加額を確定しました（表13-3）。

(2) B：篠山市内の宿泊消費による「直接効果」の算出方法

　次に、マラソン参加者等の篠山市内での宿泊消費について計算します。

1）宿泊消費は宿泊業に格付け

　産業連関表の大分類では、宿泊業は「対個人サービス」に包含されています。篠

[表13-2] 第29回篠山ABCマラソン支出明細の産業部門格付け

連番	支出科目	支出明細書・項目	市内自給率	支出費/円	市内支出費/円	部門No.	今回の分類(39部門)
1	食糧費	ししし汁材料	1	253,816	253,816	5	飲食料品
2	食糧費	大会役員弁当	1	1,049,056	1,049,056	5	飲食料品
3	食糧費	実行委員会等会議時お茶代	1	21,000	21,000	5	飲食料品
4	食糧費	救護用飲料	1	16,000	16,000	5	飲食料品
5	食糧費	沿道サービス(飴、チョコ)	1	126,000	126,000	5	飲食料品
6	食糧費	ししし汁サービス	1	282,000	282,000	5	飲食料品
7	食糧費	事前準備作業従事者弁当	1	76,000	76,000	5	飲食料品
8	食糧費	その他、茶葉等の購入費	1	25,099	25,099	1	農業
9	食糧費	アミノバイタル(給水用)	1	410,000	410,000	6	繊維製品
10	報償費	競技役員用ヤッケ	1	3,090,150	3,090,150	6	繊維製品
11	報償費	参加者用Tシャツ	1	7,807,800	7,807,800	6	繊維製品
12	報償費	完走メダル	1	2,279,000	2,279,000	21	その他の製造工業製品
13	運営経費	兵庫県陸上競技会協会役員会議参加謝礼金	0	320,000	0	33	その他の公共サービス
14	運営経費	篠山市陸上競技会協会役員会議参加謝礼金	1	57,000	57,000	33	その他の公共サービス
15	運営経費	医療緊急招待機費用(医師、看護師)	1	500,000	500,000	32	医療・保健
16	運営経費	ししし汁サービス	1	55,000	55,000	37	その他の対個人サービス
17	運営経費	コース上民家水道使用謝礼金(12箇所、各戸2000円)	1	24,000	24,000	24	水道・廃棄物処理
18	運営経費	その他の指導謝金(協会)	1	50,600	50,600	33	その他の公共サービス
19	運営経費	ゲストA選手出場依頼(NPO委託)	0	500,000	0	33	その他の公共サービス
20	運営経費	ゲストB選手出場依頼(放送局委託)	0	583,332	0	29	情報通信
21	運営経費	表彰用タテ	0	15,000	0	21	その他の製造工業製品
22	運営経費	賞品お米	1	56,000	56,000	1	農業
23	運営経費	表彰用丹波焼きトロフィー	1	268,000	268,000	11	窯業・土石製品
24	運営経費	表彰用プレート	1	23,000	23,000	21	その他の製造工業製品
25	運営経費	その他の運営経費	1	4,654	4,654	21	その他の製造工業製品
26	旅費	旅費	0	276,750	0	28	運輸
27	旅費	県陸協宿泊費	1	110,400	110,400	36	宿泊業
28	消耗品費	紙コップ(紙コップ・スポンジ)	1	539,933	539,933	7	パルプ・紙・木製品
29	消耗品費	スポンジ(紙コップ・スポンジ)	1	539,933	539,933	21	その他の製造工業製品

第13章　マラソン・イベントの経済波及効果

連番	支出科目	支出明細書・項目	市内自給率	支出費/円	市内支出費/円	部門No	今回の分類 (39部門)
30	消耗品費	ししけお椀（ししけお椀・ゴミ袋等）	1	55,991	55,991	7	パルプ・紙・木製品
31	消耗品費	ゴミ袋（ししけお椀・ゴミ袋等）	1	55,991	55,991	21	その他の製造工業製品
32	消耗品費	クリヤーホルダ	1	386,542	386,542	21	その他の製造工業製品
33	消耗品費	事務用品全般（紙、ハサミ、テープ、ほか）	1	117,000	117,000	21	その他の製造工業製品
34	消耗品費	手袋、テープ等の給水関係の消耗品	0	57,000	0	7	パルプ・紙・木製品
35	消耗品費	救急用品、医務物品全般	1	28,000	28,000	9	化学製品
36	消耗品費	救急用薬、医務物品全般	0	23,000	0	9	化学製品
37	消耗品費	乾電池等消耗品	1	29,000	29,000	16	電気機械
38	消耗品費	トイレットペーパー	1	41,000	41,000	7	パルプ・紙・木製品
39	消耗品費	金物（針金、工具類）	1	36,000	36,000	14	金属製品
40	消耗品費	医療用酸素ボンベ	1	47,000	47,000	9	化学製品
41	消耗品費	農業用ビニールシート（会場の更衣室の下敷き用）	1	120,000	120,000	21	その他の製造工業製品
42	消耗品費	作業用ロープほか	1	60,000	60,000	6	繊維製品
43	消耗品費	腕章、ストップウオッチなど	1	107,000	107,000	21	その他の製造工業製品
44	消耗品費	事務用品	0	29,000	0	21	その他の製造工業製品
45	消耗品費	空砲花火とその打ち上げ費用	0	40,000	0	9	化学製品
46	消耗品費	その他の消耗品費	1	12,193	12,193	21	その他の製造工業製品
47	燃料費	公用車燃料代	1	72,767	72,767	10	石油・石炭製品
48	燃料費	プロパンガス	1	45,105	45,105	10	石油・石炭製品
49	印刷製本費	大会冊子	1	899,850	899,850	8	印刷・製版・製本
50	印刷製本費	会場周辺案内図、等	1	181,558	181,558	8	印刷・製版・製本
51	印刷製本費	交通規制図	1	218,400	218,400	8	印刷・製版・製本
52	印刷製本費	その他の印刷関連	1	240,950	240,950	8	印刷・製版・製本
53	手数料	広告	1	349,650	349,650	35	その他の対事業所サービス
54	手数料	折り込み	1	145,309	145,309	35	その他の対事業所サービス
55	手数料	ゴミ処理等手数料	1	70,950	70,950	24	水道・廃棄物処理
56	手数料	仮設トイレ汲み取り	1	122,400	122,400	24	水道・廃棄物処理
57	手数料	クリーニング代金	1	11,000	11,000	37	その他の対個人サービス
58	手数料	収入印紙代金	1	18,000	18,000	30	公務
59	手数料	収入印紙代金　看板設置申請費用	0	10,000	0	30	公務

243

第Ⅲ部　分析・応用編──C. イベントに関する経済効果

連番	支出科目	支出明細書・項目	市内自給率	支出費/円	市内支出費/円	部門No	今回の分類(39部門)
60	手数料	交通規制チラシ配布費用	0	11,000	0	35	その他の対事業所サービス
61	手数料	売店出店時の食品取り扱い等の検便検査	0	15,000	0	32	医療・保健
62	手数料	看板、横断幕等作成、プリント	1	48,000	48,000	21	その他の製造工業製品
63	手数料	清掃費（更衣室などに施設等を利用した後に）	1	70,000	70,000	35	その他の対事業所サービス
64	手数料	振込手数料	1	29,000	29,000	26	金融・保険
65	手数料	その他手数料	1	3,251	3,251	30	公務
66	備品購入費	看板作成	1	263,865	263,865	21	その他の製造工業製品
67	備品購入費	ハンドメガホン	1	291,690	291,690	17	情報・通信機器
68	備品購入費	ストップウォッチ	1	58,000	58,000	20	精密機械
69	備品購入費	大会車両幕費用制作費	1	57,000	57,000	21	その他の製造工業製品
70	備品購入費	ストーブ（2台）	1	25,000	25,000	14	金属製品
71	備品購入費	もし鍋用の鍋などの用品	0	60,000	0	11	窯業・土石製品
72	備品購入費	大会車両幕費用制作費	1	16,000	16,000	21	その他の製造工業製品
73	備品購入費	その他の備品購入費	1	2,507	2,507	21	その他の製造工業製品
74	保険料	大会保険料	1	942,880	942,880	26	金融・保険
75	使用料及び借用料	貸切バス	0	4,809,360	0	28	運輸
76	使用料及び借用料	トイレ・テント等レンタル	0	4,697,640	0	34	物品賃貸業
77	使用料及び借用料	音響機材レンタル	1	657,000	657,000	34	物品賃貸業
78	使用料及び借用料	自動車、物品・器具、備品等レンタル	1	1,133,943	1,133,943	34	物品賃貸業
79	使用料及び借用料	その他の物品等レンタル	1	214,915	214,915	34	物品賃貸業
80	使用料及び借用料	篠山市の公共ホール施設使用料	1	67,000	67,000	31	教育・研究
81	使用料及び借用料	駐車場使用料	1	1,000	1,000	28	運輸
82	使用料及び借用料	駐車場使用料	0	30,000	0	28	運輸
83	使用料及び借用料	篠山市庁舎施設使用料	1	72,000	72,000	33	その他の公共サービス
84	使用料及び借用料	自治公民館使用料	1	10,000	10,000	31	教育・研究
85	使用料及び借用料	その他の使用料及び借用料	1	2,587	2,587	31	教育・研究
86	通信運搬費	郵便代	1	3,392,610	3,392,610	29	情報通信
87	通信運搬費	宅急便代	1	137,060	137,060	28	運輸
88	通信運搬費	電話代	1	139,262	139,262	29	情報通信
89	通信運搬費	携帯電話プリペイドカード	1	50,000	50,000	29	情報通信

第13章　マラソン・イベントの経済波及効果

連番	支出科目	支出明細書・項目	市内自給率	支出費/円	市内支出費/円	部門No	今回の分類(39部門)
90	通信運搬費	東京への荷物運送費用	1	10,000	10,000	28	運輸
91	通信運搬費	無線機電波利用料金	0	12,000	0	29	情報通信
92	通信運搬費	その他の通信運搬費	1	6,800	6,800	28	運輸
93	委託料	計測業務等	0	7,771,027	0	29	情報通信
94	警備費用	大会主管業務料(篠山市陸上競技協会)	1	700,000	700,000	33	その他の公共サービス
95	警備費用	大会警備	0	2,620,800	0	35	その他の対事業所サービス
96	警備費用	雑踏警備業務委託料	1	727,216	727,216	35	その他の対事業所サービス
97	工事請負費	会場設営(石垣装飾、大阪の業者に委託)	1	580,839	580,839	35	その他の対事業所サービス
98	工事請負費	会場設営等	0	102,501	0	35	その他の対事業所サービス
99	工事請負費	会場仮設電源工事	1	444,000	444,000	28	建設
100	工事請負費	舞台設営工事	1	260,400	260,400	35	その他の対事業所サービス
101	工事請負費	看板等設置工事(大阪の業者に委託)	0	315,000	0	35	その他の対事業所サービス
102	工事請負費	コース安全柵工事	1	250,000	250,000	22	建設
103	工事請負費	水道仮設工事	1	110,284	110,284	22	建設
104	原材料費	会場整地砕石	1	9,450	9,450	4	鉱業
105	賃金	賃金を支給した職員数＝3人	1	1,363,021			雇用者所得
106	共済費	臨時職員労働保険料	1	11,215			雇用者所得
107	予備費						
108	基金積立	特別会計へ					
	合計			59,219,314	31,919,656		

245

【表13-3】 篠山マラソンの市内支出費の39部門格付けと生産者価格確定値

(単位：円)

部門No.	39部門分類	市内支出費（購入者価格）	商業マージン	運輸マージン	市内支出費（生産者価格）
1	農業	81,099	30,334	3,894	46,870
2	林業	0	0	0	0
3	漁業	0	0	0	0
4	鉱業	9,450	6,219	528	2,703
5	飲食料品	2,233,872	787,172	66,033	1,380,667
6	繊維製品	10,957,950	5,703,723	257,074	4,997,154
7	パルプ・紙・木製品	636,924	300,074	24,655	312,195
8	印刷・製版・製本	1,540,758	578,847	37,086	924,825
9	化学製品	75,000	37,289	995	36,716
10	石油・石炭製品	117,872	42,007	1,756	74,108
11	窯業・土石製品	268,000	98,498	9,533	159,969
12	鉄鋼	0	0	0	0
13	非鉄金属	0	0	0	0
14	金属製品	61,000	24,221	1,601	35,177
15	一般機械	0	0	0	0
16	電気機械	29,000	14,490	184	14,326
17	情報・通信機器	291,690	141,569	2,535	147,586
18	電子部品	0	0	0	0
19	輸送機械	0	0	0	0
20	精密機械	58,000	23,953	542	33,504
21	その他の製造工業製品	4,032,685	2,003,075	120,900	1,908,710
22	建設	360,284	0	0	360,284
23	電力・ガス・熱供給	0	0	0	0
24	水道・廃棄物処理	217,350	0	0	217,350
25	商業	0	0	0	10,343,270
26	金融・保険	971,880	0	0	971,880
27	不動産	0	0	0	0
28	運輸	598,860	0	0	1,161,297
29	情報通信	3,581,872	484,341	33,562	3,063,969
30	公務	21,251	0	0	21,251
31	教育・研究	79,587	0	0	79,587
32	医療・保健・社会保障・介護	500,000	0	0	500,000
33	その他の公共サービス	879,600	0	0	879,600
34	物品賃貸業（除貸自動車業）	2,005,858	0	0	2,005,858
35	その他の対事業所サービス	2,133,414	67,459	1,557	2,064,398
36	宿泊業	110,400	0	0	110,400
37	その他の対個人サービス	66,000	0	0	66,000
38	事務用品	0	0	0	0
39	分類不明	0	0	0	0
	内生部門計	31,919,656	10,343,270	562,437	31,919,656

第13章　マラソン・イベントの経済波及効果

山マラソンは、全国的なマラソン・イベントなので、宿泊消費は大きな額になります。そのため、今回は宿泊業を独立した産業部門として分析することにしました。そこで、宿泊費用は、全額「宿泊業」に格付けします。

2）宿泊消費の算出

篠山市内の21軒ある宿泊施設は収容人数の合計は924人で、篠山マラソンの前日はすべて満員状態です。宿泊料金は、1泊2食付きで約9000円以上となっているので宿泊消費額を平均1万円と設定して、宿泊消費合計を924万円としました。そして、大会決算書の明細の「A：篠山マラソン大会開催費用」で、11万400円の宿泊費が計上されていますので、その分を差し引いた912万9600円を参加者の宿泊消費合計〈直接効果〉として確定しました。

（3）C：参加者と同伴者による市内消費「直接効果」の算出

篠山マラソンの参加者や同伴者が篠山市内で消費する土産代、飲食代を下記のように、aに日帰り対象者、bとcに宿泊対象者を区分して計算します[3]。

a	日帰り対象者の消費額
b	篠山市外での宿泊対象者の消費額
c	篠山市内での宿泊対象者の消費額

飲食代消費は、39産業部門の「その他の対個人サービス」に格付けします。そして、土産代消費については、その構成を関連産業に割り振って、それぞれの産業格付けを基に直接効果の算出を行います。

1）参加者1人当たりの平均消費額の推定方法

篠山マラソン参加者の平均消費額には、2008（平成20）年10月丹波篠山味まつりで実施された「丹波篠山味まつりアンケート調査」の日帰り客の消費額を代用しました[4]。

アンケートの350サンプル中、篠山市内消費額に関する日帰り客の有効アンケート数は148サンプルあり、それを基に計算すると日帰り客の消費合計は、72万200円（土産代＋飲食代）で1人当たりの日帰り平均消費額は、4866円となっています。アンケートでは消費額に土産代と飲食代が合算されているため、その割合を、それぞれ1／2ずつの2433円として計算します。

a：日帰り対象者の消費額（土産代＋飲食代）の求め方

　次に、日帰り対象者数を主催者発表の「大会参加者数」と「全国都道府県別参加者数」データから、兵庫県内の参加者数4728人とします。しかし、大会の参加申込者数1万1211人に対して、当日受付者数が9978人であることから、実質参加者の割合は、9978／11211＝0.890です。よって、日帰り対象者の消費額および、土産代と飲食代は下記のように推計できます。

	a：消費額	計算式	消費額（円）
1	日帰り対象者の消費額	4,728×4,866×0.890	20,475,738
2	土産代消費額	20,475,738×1/2	10,237,869
3	飲食代消費額	20,475,738×1/2	10,237,869

b：篠山市外での宿泊者の消費額（土産代＋飲食代）の求め方

　次に、兵庫県外からの参加者を宿泊対象者として、その篠山市内の消費額を求めます。

　兵庫県以外の参加申込者数は、11211－4728＝6483(人)となります。篠山市内での宿泊収容数は924人と限られているため、それを差し引いた人数の参加者は、篠山市周辺地域で宿泊したと想定できます。そして、それらの宿泊者の夜の飲食代等は、篠山市内では消費していないとして、日帰り対象者と同じ丸1日分の消費として計算します。

　　　　篠山市外宿泊者数＝6483－924＝5559(人)

　以上のことから篠山市外宿泊対象者の消費額および、土産代と飲食代は下記のように推計できます。

	b：消費額	計算式	消費額（円）
1	市外宿泊者の篠山市内消費額	5,559×4,866×0.890	24,074,583
2	土産代消費額	24,074,583×1/2	12,037,291
3	飲食代消費額	24,074,583×1/2	12,037,291

c：篠山市内での宿泊者の消費額（土産代＋飲食代）の求め方

　篠山市内の宿泊収容数は924人です。宿泊費以外の1泊2日を市内で消費するとして、土産代2433円と、飲食代2433円の合計4866円として、篠山市内宿泊者の消費額を下記のように推計しました。

第13章　マラソン・イベントの経済波及効果

	c：消費額	計算式	消費額（円）
1	篠山市内宿泊者の市内消費額	924×4,866×0.890	4,001,603
2	土産代消費額	4,001,603×1/2	2,000,801
3	飲食代消費額	4,001,603×1/2	2,000,801

　以上で、篠山マラソン参加者の市内消費額を推計することができましたが、大会には参加者と一緒に家族や友人などの「同伴者」が篠山市を訪れます。では、同伴者の人数とその消費額の求め方を次にみてみましょう。

2）同伴者数の推計方法

　マラソン・イベントなどの同伴者数は、旅行の同行者数と同じように推計できると思われます。そこで、観光庁の「旅行・観光産業の経済効果に関する調査研究Ⅸ」の、表-2旅行内容【問4　宿泊旅行（国内）】【問5　日帰り旅行（国内）】にある、同行者の標本数を使って同伴者数割合を次のように算出します。

同伴者数割合	計算式	同伴者数割合（人）
宿泊同伴者数割合	（1人×332＋2人×837）/1,169	1.716
日帰り同伴者数割合	（1人×209＋2人×629）/838	1.750

　同伴者の数は、宿泊0.716人、日帰り0.75人となります。この同伴者数割合を、篠山マラソン参加者の同伴者数の推計に使用します。

3）同伴者を含めた参加者の篠山市内消費額の推計方法

　参加者の消費額に同伴者数割合を乗ずることによって、同伴者を含めた参加者の消費額を次のように推定することができます。
　なお、篠山市内宿泊者の消費額は、全宿泊収容数が924人で、そのなかに同伴者も含まれていると判断されますので同伴者数割合による変化はありません。

a：同伴者を含めた日帰り対象者の篠山市内消費額

	消費額	計算式	市内消費額(円)
1	日帰り対象者の消費額	20,475,738×1.75	35,832,542
2	土産代消費額	10,237,869×1.75	17,916,271
3	飲食代消費額	10,237,869×1.75	17,916,271

b：同伴者を含めた篠山市外での宿泊者の篠山市内消費額

	消費額	計算式	市内消費額(円)
1	篠山市外宿泊者の市内消費額	24,074,583×1.716	41,311,984
2	土産代消費額	12,037,291×1.716	20,655,992
3	飲食代消費額	12,037,291×1.716	20,655,992

c：篠山市内宿泊者の消費額

	消費額	計算式	市内消費額(円)
1	篠山市内宿泊者の市内消費額	924×4,866×0.890	4,001,603
2	土産代消費額	1/2×4,001,603	2,000,801
3	飲食代消費額	1/2×4,001,603	2,000,801

4）同伴者を含めた参加者の篠山市内消費額合計

　上記の結果から、同伴者を含めたａ、ｂ、ｃの篠山市内消費額の合計と土産代消費額および、飲食代消費額の推計ができました。これによると、マラソン・イベントの参加者や、その同伴者の消費支出額総計は8114万6128円と、かなり大きいことがわかります。

　次に、それぞれ産業部門格付けを行う必要があります。前述のとおり、飲食代消費は、一括して「その他の対個人サービス」部門に格付けをしました。

　ところが、土産代消費については、その産業部門が多岐にわたるため、土産代消費支出明細を明らかにして産業部門格付けを行う必要があります。

（4）土産代消費の産業格付け

1）観光費目別消費単価による部門格付け

　土産代消費の支出明細を明らかにできる資料がない今回のようなケースでは、本書の第7章で取り上げたように、観光庁「旅行・観光産業の経済効果に関する調査研究（2005年度版）」の表－8観光費目別消費単価にある土産代の部門分類と全体単価（個人旅行・国内）を利用します。全体の購入率を1として土産代の部門別に購入率を割り出し、それによって、宿泊者と日帰り者の土産代消費額を割り振り、さらに土産代の各部門の金額を産業連関表の39部門に格付けしました（表13－4）。

第13章 マラソン・イベントの経済波及効果

【表13-4】土産代消費の観光費目分類（観光庁の調査）からの産業格付け

単位：円

	費目	宿泊客 全体単価	宿泊客 購入率	宿泊客 購入者単価	日帰り客 全体単価	日帰り客 購入率	日帰り客 購入者単価	産業連関表の産業部門	合計
	農産物	336	0.056	1,262,677	239	0.099	1,777,496	農業	3,040,174
	農産加工品	238	0.039	894,397	107	0.044	795,783	飲食料品	1,690,179
	菓子類	2,010	0.333	7,553,517	759	0.315	5,644,853	飲食料品	13,198,369
	お弁当・飲料ほか	1,238	0.205	4,652,365	536	0.222	3,986,352	飲食料品	8,638,717
	繊維製品	813	0.135	3,055,229	352	0.146	2,617,903	繊維製品	5,673,131
	靴・カバン類	370	0.061	1,390,448	113	0.047	840,406	その他の製造工業製品	2,230,855
	陶磁器・ガラス製品	155	0.026	582,485	103	0.043	766,034	窯業・土石製品	1,348,519
土産代	絵はがき・雑誌など	85	0.014	319,427	38	0.016	282,614	その他の製造工業製品	602,042
	木製小物など	107	0.018	402,103	21	0.009	156,182	パルプ・紙・木製品	558,284
	医薬品・化粧品など	61	0.010	229,236	16	0.007	118,996	化学製品	348,232
	フィルム	39	0.006	146,561	19	0.008	141,307	化学製品	287,868
	電気製品・電池	119	0.020	447,198	16	0.007	118,996	情報・通信機器	566,194
	カメラ・時計・眼鏡	91	0.015	341,975	17	0.007	126,433	精密機械	468,408
	玩具・文具など	367	0.061	1,379,174	73	0.030	542,917	その他の製造工業製品	1,922,092
	合計	6,029	1.000	22,656,793	2,409	1.000	17,916,271	合計	40,573,064

出所）土産代の部門分類とその全体単価は観光庁「旅行・観光産業の経済効果に関する調査研究（2005年度版）」を適用。

251

第Ⅲ部　分析・応用編——C. イベントに関する経済効果

2）商業マージンと運輸マージンによる直接効果の算出

次に、表13-4の産業連関表の産業部門を統合して、商業マージン額および、運輸マージン額を計算して、剥ぎ落とさなければなりません。

マージンの剥ぎ落としは、表13-3と同じ方法で行い、参加者消費としての市内最終需要増加額（直接効果）を確定しました。

（5）「第29回篠山 ABC マラソン大会」の直接効果（最終需要額）

以上で、

〈A〉篠山マラソンの大会開催費用に関する市内需要増加額（マラソン支出）、

〈B〉篠山マラソンの市内宿泊消費の需要増加額（参加者宿泊消費）、

〈C〉同伴者を含めた参加者の篠山市内消費の需要増加額（参加者消費）、

が確定しました。これらをまとめると、篠山マラソン大会の直接効果である最終需要は1億2219万5384円となりました（表13-5の直接効果の数値を参照）。

5　篠山マラソンの間接波及効果の算出

（1）間接一次効果の算出

間接一次効果は、直接効果によって市内に発生した需要額が、新たな産業部門の生産をどれだけ誘発するかを計測します。

間接一次効果を算出するには、生産誘発額 Δx を求めるモデル式

$$\Delta x = [I-(I-M)A]^{-1}(I-M)A \cdot \Delta f$$

（M：移輸入係数行列、A：投入係数行列）

に、マラソン支出、参加者宿泊消費、参加者消費それぞれの直接効果 Δf を与えれば求めることができます（表13-5の間接一次効果の数値を参照）。

（2）間接二次効果の算出

直接効果や間接一次効果は、雇用者所得を増加させます。間接二次効果は、増加した雇用者所得が誘発した個人消費の産業部門への生産誘発です。

雇用者所得誘発額は、生産誘発額（＝直接効果＋間接一次効果）×雇用者所得率（＝雇用者所得／生産額）で求められます。さらに、雇用者所得増加額に篠山市の消費転換係数を乗じて、雇用者所得が誘発する市内個人消費増加額が求められます。消費転換係数は総務省の家計調査に基づいて求めますが、ずばり篠山市のデータがないため、篠山市の人口をもとに都市階級〈小都市 B〉のデータ（2008（平成

第13章 マラソン・イベントの経済波及効果

【表13-5】 第29回篠山ABCマラソン大会の経済波及効果

NO.	39部門	直接効果			マラソン支出
		マラソン支出	参加者宿泊消費	参加者消費	
1	農業	46,870	0	1,757,038	68,144
2	林業	0	0	0	3,322
3	漁業	0	0	0	0
4	鉱業	2,703	0	0	10,935
5	飲食料品	1,380,667	0	14,541,262	55,526
6	繊維製品	4,997,154	0	2,587,118	22,665
7	パルプ・紙・木製品	312,195	0	273,649	28,479
8	印刷・製版・製本	924,825	0	0	39,620
9	化学製品	36,716	0	311,403	44,088
10	石油・石炭製品	74,109	0	0	0
11	窯業・土石製品	159,969	0	804,931	29,061
12	鉄鋼	0	0	0	1,631
13	非鉄金属	0	0	0	150
14	金属製品	35,178	0	0	20,340
15	一般機械	0	0	0	16,670
16	電気機械	14,326	0	0	3,539
17	情報・通信機器	147,586	0	286,477	336
18	電子部品	0	0	0	8,754
19	輸送機械	0	0	0	9,576
20	精密機械	33,504	0	270,581	56
21	その他の製造工業製品	1,908,710	0	2,250,583	122,735
22	建設	360,284	0	0	154,870
23	電力・ガス・熱供給	0	0	0	274,537
24	水道・廃棄物処理	217,350	0	0	140,274
25	商業	10,343,270	0	16,285,602	333,170
26	金融・保険	971,880	0	0	1,178,462
27	不動産	0	0	0	497,272
28	運輸	1,161,297	0	1,204,420	289,838
29	情報通信	3,063,969	0	0	304,087
30	公務	21,251	0	0	36,492
31	教育・研究	79,587	0	0	160,886
32	医療・保健・社会保障・介護	500,000	0	0	8,892
33	その他の公共サービス	879,600	0	0	39,439
34	物品賃貸業（除貸自動車業）	2,005,858	0	0	81,895
35	その他の対事業所サービス	2,064,398	0	0	839,844
36	宿泊業	110,400	9,129,600	0	0
37	その他の対個人サービス	66,000	0	40,573,064	25,984
38	事務用品	0	0	0	79,385
39	分類不明	0	0	0	129,665
	合計	31,919,656	9,129,600	81,146,128	5,060,618

(単位：円)

間接一次効果		間接二次効果			効果合計
参加者宿泊消費	参加者消費	マラソン支出	参加者宿泊消費	参加者消費	
83,450	907,043	34,327	8,937	78,648	2,984,457
7,402	18,925	700	182	1,604	32,135
0	0	0	0	0	0
5,673	35,691	6,793	1,768	15,563	79,127
208,290	951,067	31,100	8,097	71,252	17,247,261
1,033	14,808	556	145	1,274	7,624,754
3,864	50,259	2,879	750	6,597	678,672
2,272	63,686	4,793	1,248	10,981	1,047,425
2,379	62,909	3,988	1,038	9,136	471,656
0	0	0	0	0	74,109
10,151	104,097	5,082	1,323	11,644	1,126,260
73	2,150	475	124	1,089	5,542
21	293	44	11	100	619
2,587	78,289	4,491	1,169	10,290	152,345
742	14,946	1,351	352	3,095	37,156
332	3,700	974	254	2,231	25,356
10	446	71	19	163	435,109
218	12,677	2,986	777	6,842	32,256
489	7,033	2,616	681	5,993	26,387
1	159	11	3	25	304,341
10,167	214,951	11,074	2,883	25,371	4,546,473
46,185	471,285	78,075	20,327	178,879	1,309,905
171,205	869,836	45,853	11,938	105,055	1,478,424
388,604	929,692	41,609	10,833	95,332	1,823,693
184,591	1,053,483	49,963	13,008	114,471	28,377,557
318,124	1,797,118	195,659	50,939	448,277	4,960,460
168,760	1,238,119	75,243	19,589	172,390	2,171,373
170,032	703,925	44,325	11,540	101,554	3,686,931
67,568	611,213	41,544	10,816	95,182	4,194,379
3,496	70,115	6,166	1,605	14,127	153,252
9,281	335,277	38,813	10,105	88,926	722,875
24	751	3,140	818	7,195	520,820
12,379	275,256	9,805	2,553	22,465	1,241,497
7,368	122,321	10,097	2,629	23,134	2,253,303
113,886	1,723,185	118,806	30,931	272,197	5,163,246
0	0	0	0	0	9,240,000
81,761	392,336	12,172	3,169	27,888	41,182,375
23,692	189,703	11,851	3,085	27,151	334,867
12,423	249,131	21,415	5,575	49,064	467,273
2,118,534	13,575,879	918,850	239,219	2,105,186	146,213,671

20）年）から計算し、0.61592を採用しています。こうして求められる市内個人消費増加額を篠山市の産業連関表の民間消費支出部門構成比に基づいて各部門に按分します。そして、一次効果と同じように、生産誘発額を求めるモデル式に当てはめれば、間接二次効果が算出できます（表13－5の間接二次効果の数値を参照）。

6 まとめ

篠山市のマラソン・イベントの成功要因として、都市部の京阪神に隣接しているという地理的立地特性が挙げられます。

都市部のマラソン大会参加者は、大会を選択する場合に、近距離で便宜性のある大会を選択する可能性が高いため篠山マラソンは、地理的に優位といえます。また、開催にあたって地方都市であるため交通規制等が都市部よりも容易である点が挙げられます。

これらの立地特性をもった篠山マラソンの経済波及効果の特徴を、以下にまとめました。

（1）費用対効果の大きい篠山マラソン

第29回篠山ABCマラソン大会の経済波及効果は、総額1億4621万3671円と算出することができました（表13－5の効果合計を参照）。この額は予算額5921万9000円の2.47倍に相当し、また、篠山市が支出した助成金200万円を分母にすると実に約72倍もの経済効果が篠山市内にもたらされた計算になります。

（2）参加者消費が経済波及効果の61.7％

マラソン大会の直接効果（最終需要）の特徴は、マラソン支出合計の3191万9656円に対して、8114万6458円の参加者と同伴者の消費の大きさです。それは、直接効果合計1億2219万5384円の66.4％で、経済波及効果全体1億4621万3671円の55.5％を占めています。また、参加者と同伴者の宿泊消費合計の912万9600円を参加者消費に加えると、直接効果合計の73.9％、経済波及効果全体の61.7％になります。これは、大会開催運営の支出よりも、参加者の増加が経済波及効果に影響を与えていることを表しており、経済波及効果を高めるためには、まずは参加者の増加が望まれるといえます。

（３）多くの部門に波及するマラソン・イベント

　マラソン大会のマラソン支出や参加者消費は、多くの産業部門へ格付けされています。農業以外の第一次産業や、第二次産業への波及効果が少ないものの、多様な地域産業へ波及して間接効果をもたらしていることがわかります（表13－5）。
　このように、マラソン・イベントは、都市開発や産業誘致などの経済波及効果とは異なり、サービス業を中心とした地域産業育成にとって有効であることが確認されました。

謝辞

　本章の執筆にあたり、篠山市の関係者の方々（行政経営課、教育委員会社会教育・文化財課、丹波篠山黒まめ課観光振興係）から貴重な資料をいただきました。この場を借りてお礼申し上げます。

注
1） 篠山マラソンの主催者は、篠山市・朝日放送・兵庫陸上競技協会の三者で、篠山ABCマラソン大会事務局は、篠山市教育委員会内に設置されています。
2） 2010年30回大会では、参加者数が過去最高の1万3745人となっています。
3） 宿泊対象者は、1泊2日として推定しました。
4） 関西学院大学大学院総合政策研究科角野幸博研究室［2008］「観光経済波及効果推計調査」アンケート調査（実施日時：2008年10月11日、12日）を参考としました。

参考文献

国土交通省旅行振興課（現・観光庁）［2006］『旅行・観光産業の経済効果に関する調査研究(6)（2005年度版）』。
総務省統計局［2009a］『平成17年（2005年）産業連関表』。
総務省統計局［2009b］『平成17年（2005年）産業連関表・総合解説編』。
兵庫県統計課［2010］『平成17年（2005年）兵庫県産業連関表』。

第13章 マラソン・イベントの経済波及効果

[表13-1付] 平成17年篠山市産業連関表

取引基本表（生産者価格表、単位百万円）

マラソン分析用統合分類 (39部門)		1 農業	2 林業	3 漁業	4 鉱業	5 飲食料品	6 繊維製品	7 パルプ・紙・木製品	8 印刷・製版・製本	9 化学製品	10 石油・石炭製品	11 窯業・土石製品	12 鉄鋼	13 非鉄金属	14 金属製品	15 一般機械
01	農業	1,319	0	0	0	1,206	2	0	0	27	0	0	0	0	0	0
02	林業	0	9	0	0	9	0	47	0	1	0	0	0	0	0	0
03	漁業	0	0	0	0	103	0	0	0	0	0	0	0	0	0	0
04	鉱業	0	0	0	0	0	0	2	0	32	0	167	4	0	0	0
05	飲食料品	470	0	0	0	1,790	26	7	0	74	0	1	0	0	11	12
06	繊維製品	19	0	0	0	15	784	22	3	67	0	4	0	0	54	12
07	パルプ・紙・木製品	91	0	0	1	237	14	1,007	354	248	0	71	5	1	61	19
08	印刷・製版・製本	1	0	0	0	74	10	13	168	37	0	2	7	0	7	9
09	化学製品	465	0	0	2	92	199	160	100	2,152	0	35	4	2	47	36
10	石油・石炭製品	132	9	0	28	81	10	28	8	78	0	109	13	2	30	28
11	窯業・土石製品	13	0	0	0	116	2	57	0	85	0	189	35	0	29	51
12	鉄鋼	0	0	0	0	0	0	40	0	0	0	19	48	0	1,349	802
13	非鉄金属	0	0	0	0	18	0	12	6	17	0	25	566	20	460	197
14	金属製品	11	0	0	8	347	4	67	1	117	0	25	4	0	491	366
15	一般機械	0	0	0	1	0	0	20	0	0	0	8	15	0	22	1,914
16	電気機械	0	0	0	0	0	0	0	0	0	0	0	6	0	5	250
17	情報・通信機器	0	0	0	0	0	0	0	4	2	0	0	0	0	0	12
18	電子部品	0	0	0	0	0	0	0	0	0	0	0	0	0	83	116
19	輸送機械	0	0	0	0	1	0	0	0	0	0	0	0	0	0	0
20	精密機械	5	0	0	0	0	0	0	0	0	0	0	0	0	0	64
21	その他の製造工業製品	47	0	0	4	303	77	108	131	249	0	25	43	2	57	174
22	建設	26	9	0	1	21	4	16	4	57	0	23	9	1	24	22
23	電力・ガス・熱供給	64	0	0	6	179	26	35	28	285	0	80	124	1	109	113
24	水道・廃棄物処理	8	0	0	0	62	0	6	2	90	0	13	12	0	11	23
25	商業	313	0	0	14	906	205	452	156	545	0	122	100	2	362	572
26	金融・保険	127	9	0	26	140	105	90	43	147	0	68	28	1	120	133
27	不動産	2	0	0	1	28	0	16	12	53	0	8	14	0	24	36
28	運輸	166	0	0	10	348	42	155	66	276	0	118	61	1	146	151
29	情報通信	21	0	0	0	66	20	31	17	348	0	27	14	0	75	117
30	公務	0	0	0	0	0	0	0	0	0	0	0	0	0	0	0
31	教育・研究	1	0	0	0	87	10	19	1	1,475	0	77	50	2	51	241
32	医療・保健・社会保険・介護	2	0	0	0	0	4	0	0	0	0	0	0	0	0	0
33	その他の公共サービス	0	0	0	0	12	0	0	3	29	0	3	4	0	8	17
34	物品賃貸業（除貸自動車業）	38	0	0	2	52	16	22	15	28	0	456	322	7	60	169
35	その他の対事業所サービス	173	9	0	37	451	44	112	82	644	0	83	75	1	163	264
36	宿泊業	0	0	0	0	0	0	0	0	0	0	0	0	0	0	0
37	その他の対個人サービス	3	0	0	0	9	2	3	2	6	0	3	2	0	7	11
38	事務用品	3	0	0	0	52	4	13	9	74	0	19	24	1	32	55
39	分類不明	60	9	0	145	6,804	1,620	2,564	1,213	7,253	0	1,352	1,288	35	3,891	5,977
40	内生部門計	3,580	45	0	20	187	36	78	63	303	0	38	38	2	111	161
581	家計外消費支出（行）	16	10	0	36	1,522	463	617	534	1,227	0	456	322	7	1,589	1,778
582	賃金・俸給	679	106	0	5	141	58	66	61	125	0	52	47	1	166	204
583	社会保険料（雇用主負担）	62	9	0	0	103	19	31	25	130	0	32	38	0	69	115
59	その他の給与及び手当	47	0	0	21	1,124	69	242	313	1,060	0	155	195	4	298	526
60	営業余剰	1,612	557	0	13	438	63	86	131	927	0	154	159	2	304	541
61	資本減耗引当	937	9	0	19	2,448	97	124	86	414	0	109	88	0	208	166
62	間接税（除関税）	385	0	0	0	-32	0	0	0	0	0	0	0	0	0	0
63	（控除）補助金	-100	-18	0	0	-32	0	0	0	0	0	0	0	0	0	0
64	粗付加価値部門計	3,638	663	0	116	5,931	785	1,244	1,213	4,186	0	1,005	887	18	2,745	3,491
65	市内生産額	7,218	708	0	261	12,735	2,405	3,808	2,426	11,439	0	2,357	2,175	53	6,636	9,468

257

第Ⅲ部　分析・応用編──C.イベントに関する経済効果

	マラソン分析用統合分類 (39部門)	16 電気機械	17 情報・通信機器	18 電子部品	19 輸送機械	20 精密機械	21 その他の製造工業製品	22 建設	23 電力・ガス・熱供給	24 水道・廃棄物処理	25 商業	26 金融・保険	27 不動産	28 運輸	29 情報通信	30 公務
01	農業	0	0	0	0	0	59	20	0	0	3	0	0	0	0	0
02	林業	0	0	0	0	0	3	0	0	0	0	0	0	0	0	0
03	漁業	0	0	0	0	0	57	0	0	0	0	0	0	0	0	0
04	鉱業	0	0	0	0	0	9	117	1,679	0	3	0	0	0	0	0
05	飲食料品	0	0	0	0	0	2	0	0	0	0	0	0	16	2	28
06	繊維製品	19	2	16	6	0	153	44	2	4	70	14	0	16	73	21
07	パルプ・紙・木製品	38	4	30	6	0	254	723	6	8	129	47	10	13	73	97
08	印刷・製版	10	5	37	5	0	20	12	25	6	121	173	0	23	91	7
09	化学製品	108	1	139	94	0	1,747	67	13	27	0	0	14	2	7	91
10	石油・石炭製品	5	0	15	15	0	99	271	336	0	213	18	14	314	12	3
11	窯業・土石製品	65	0	163	13	0	100	843	0	0	8	0	1	0	0	0
12	鉄鋼	161	5	22	388	0	104	349	1	0	0	0	0	0	0	12
13	非鉄金属	463	27	154	123	11	193	102	6	21	122	22	5	128	13	12
14	金属製品	128	11	89	65	11	133	1,480	238	6	76	24	662	128	25	124
15	一般機械	45	1	25	62	0	34	108	129	61	494	30	24	282	27	115
16	電気機械	555	22	210	154	0	7	0	28	19	84	28	0	110	46	256
17	情報・通信機器	0	44	0	0	0	0	120	172	33	288	62	22	95	46	116
18	電子部品	463	405	1,729	55	103	21	27	111	21	898	1,004	1,200	603	75	37
19	輸送機械	0	0	0	3,013	0	0	4	75	6	471	161	113	78	63	7
20	精密機械	3	0	7	0	0	2	0	0	0	13	0	0	280	0	18
21	その他の製造工業製品	240	36	88	233	11	2,376	231	47	21	122	22	7	6	13	4
22	建設	15	2	14	4	0	28	23	238	6	76	24	662	128	12	35
23	電力・ガス・熱供給	54	3	64	79	11	215	57	129	61	494	30	24	282	25	124
24	水道・廃棄物処理	9	0	21	6	0	24	35	28	19	84	28	0	110	27	115
25	商業	338	78	234	359	34	975	1,016	172	33	288	62	22	95	46	256
26	金融・保険	56	12	48	53	11	307	241	111	21	898	1,004	1,200	603	75	116
27	不動産	25	2	10	5	0	35	41	75	6	471	161	113	78	63	37
28	運輸	120	19	86	114	0	865	490	213	64	263	148	8	385	92	126
29	情報通信	88	25	47	22	0	101	171	116	16	698	527	23	109	296	283
30	公務	0	0	0	0	0	0	0	0	0	0	0	0	0	0	0
31	教育・研究	427	105	463	284	34	269	21	93	0	49	3	0	38	35	35
32	医療・保健・社会保障・介護	0	1	0	3	0	0	0	15	4	0	0	0	0	0	0
33	その他の公共サービス	3	0	3	3	0	10	13	0	0	11	24	4	11	3	142
34	物品賃貸(除自動車)	87	20	47	52	0	101	275	61	15	111	216	4	32	34	310
35	その他の対事業所サービス	169	39	160	128	22	408	994	232	77	1,062	851	243	485	246	310
36	宿泊業	0	0	0	0	0	0	0	0	0	0	0	0	0	0	0
37	その他の対個人サービス	0	0	0	0	0	0	2	0	0	16	1	11	8	13	3
38	事務用品	8	1	5	3	0	9	7	8	4	65	32	2	15	7	17
39	分類不明	13	5	5	11	0	48	115	9	8	57	25	57	70	50	0
40	内生部門計	3,716	877	3,932	5,368	248	8,770	8,024	3,615	427	5,370	3,410	2,414	3,110	1,225	1,863
57	家計外消費支出(行)	118	34	66	40	11	219	227	83	38	301	243	30	182	368	108
581	賃金・俸給	828	117	477	814	126	1,988	4,582	532	691	6,381	2,128	278	2,782	780	2,899
582	社会保険料(雇用主負担)	97	15	54	99	11	256	470	60	76	613	236	24	305	91	514
583	その他の給与及び手当	83	16	30	85	11	153	239	117	27	340	273	14	224	52	401
59	営業余剰	132	39	25	113	115	377	198	351	78	1,603	1,915	10,093	834	431	84
60	資本減耗引当	286	50	109	220	11	516	784	569	147	875	1,015	7,424	1,484	663	3,166
61	間接税(除関税)	85	21	58	100	23	367	517	216	78	807	426	1,102	565	114	4
62	(控除)補助金	0	0	0	0	0	0	−70	−119	−8	−8	−247	−15	−60	0	0
63	粗付加価値部門計	1,629	292	819	1,471	308	3,876	6,947	1,809	1,135	10,912	5,989	18,950	6,316	2,499	7,176
64	市内生産額	5,345	1,169	4,751	6,839	556	12,646	14,971	5,424	1,562	16,282	9,399	21,364	9,426	3,724	9,039

第13章 マラソン・イベントの経済波及効果

		31	32	33	34	35	36	37	38	39	40	41	42	43	44	45
	マラソン分析用統合分類(39部門)	教育・研究	医療・保健・社会保障・介護	その他の公共サービス	物品賃貸業(除貸自動車)	その他の対事業所サービス	宿泊業	その他の対個人サービス	事務用品	分類不明	内生部門計	家計外消費支出(行)	民間消費支出	一般政府消費支出	市内総固定資本形成(公的)	市内総固定資本形成(民間)
01	農業	9	39	4	0	0	57	142	0	0	2,887	3	938	0	0	14
02	林業	0	1	0	0	0	4	6	0	0	79	0	52	0	0	0
03	漁業	0	14	0	0	0	24	43	0	0	242	4	116	0	0	0
04	鉱業	1	0	0	0	0	0	0	0	2	2,012	0	0	0	0	-3
05	飲食料品	9	166	2	0	0	328	873	8	2	1,476	322	8,554	89	0	61
06	繊維製品	2	39	27	2	7	23	45	187	19	3,753	25	1,161	0	5	0
07	パルプ・紙・木製品	59	65	29	0	15	16	79	1	4	3,930	57	196	0	0	110
08	印刷・製版・製本	166	40	74	0	23	2	88	0	22	1,408	4	22	0	0	0
09	化学製品	56	1,395	4	2	26	9	96	11	2	7,139	44	796	0	0	0
10	石油・石炭製品	95	61	14	3	17	22	142	0	9	2,363	0	1,624	0	-8	20
11	窯業・土石製品	16	15	1	0	15	9	24	2	0	1,877	6	82	0	0	10
12	鉄鋼	0	0	0	0	0	0	0	0	33	3,839	0	-8	0	0	97
13	非鉄金属	0	14	0	0	0	2	5	0	9	1,868	0	33	0	0	4,707
14	金属製品	2	4	3	0	13	3	28	23	9	3,498	10	105	0	67	1,663
15	一般機械	0	1	0	4	288	1	16	0	2	2,577	1	31	0	95	1,145
16	電気機械	4	1	0	0	76	1	6	0	0	1,423	18	994	0	107	2,054
17	情報・通信機器	1	0	0	0	22	0	2	0	2	124	337	1,187	0	0	636
18	電子部品	17	0	0	0	118	0	9	8	0	3,133	0	71	0	59	339
19	輸送機械	0	97	0	0	403	0	3	0	0	3,717	0	1,651	0	41	9,039
20	精密機械	0	34	15	0	6	15	10	25	0	216	116	333	0	36	0
21	その他の製造工業製品	108	41	2	6	127	8	105	26	21	5,165	0	1,116	1	4,142	3,820
22	建設	94	0	7	1	10	0	69	0	0	1,790	0	0	0	0	0
23	電力・ガス・熱供給	225	143	6	0	32	103	282	0	6	3,492	0	2,242	0	0	242
24	水道・廃棄物処理	126	133	62	0	9	125	249	0	12	1,539	0	713	-564	140	2,320
25	商業	219	631	32	10	247	221	688	52	9	9,756	276	12,836	2	0	0
26	金融・保険	106	151	38	68	120	113	185	0	457	6,946	0	3,726	11	0	0
27	不動産	106	89	35	6	24	48	209	0	5	1,821	98	20,422	-20	9	0
28	運輸	126	133	113	5	49	128	208	25	28	2,037	27	4,545	0	334	450
29	情報通信	338	163	113	11	146	64	373	0	10	5,270	5	3,330	2	0	0
30	公務	0	0	0	0	0	0	0	0	235	4,477	0	193	8,611	0	0
31	教育・研究	3	1	0	0	0	0	8	0	37	3,895	0	1,960	6,806	0	0
32	医療・保健・社会保障・介護	0	194	0	0	10	1	0	0	0	196	114	2,491	8,278	0	0
33	その他の公共サービス	15	12	0	0	11	3	81	0	0	311	0	1,558	0	0	0
34	物品賃貸業(除貸自動車)	75	120	9	0	78	4	61	2	5	2,037	8	157	0	0	0
35	その他の対事業所サービス	451	407	113	26	236	52	545	25	21	9,491	0	987	0	92	0
36	宿泊業	0	0	0	103	395	64	0	0	0	0	5	0	0	0	0
37	その他の対個人サービス	95	630	12	109	256	184	2,084	0	-253	25,820	468	1,535	0	450	0
38	事務用品	1,408	678	109	320	131	278	1,091	0	88	25,311	1,980	11,259	0	0	0
39	分類不明	13	150	6	1	5	104	209	3	9	494	0	0	0	0	0
40	内生部門計	35	28	50	14	7	42	27	0	0	342	0	7	0	0	0
57	家計外消費支出(行)	139	31	4	3	26	6	31	0	3	1,061	0	0	0	0	0
581	賃金・棒給	2,616	4,412	607	256	2,172	1,435	4,938	342	965	105,879	3,923	87,015	23,216	5,119	26,724
582	社会保険料(雇用主負担)	109	149	53	8	110	58	297	0	18	3,917					
583	その他の給与及び手当	5,667	4,620	828	73	1,566	636	3,263	0	0	51,410					
59	営業余剰	801	472	57	9	135	64	289	0	4	5,727					
60	資本減耗引当	479	185	29	2	63	47	118	0	-253	3,602					
61	間接税(除関税)	95	630	12	109	395	184	2,084	342	9	25,820					
62	(控除)補助金	1,408	678	109	320	256	278	1,091	0	88	25,311					
63	粗付加価値部門計	86	198	50	14	131	104	1,320	0	9	10,541					
64	市内生産額	-4	-202	-30	0	-3	0	0	0	-130	-908					
		8,641	6,730	1,108	535	2,653	1,371	8,462	342	835	125,420					
		11,257	11,142	1,715	791	4,825	2,806	13,400			231,299					

259

第Ⅲ部　分析・応用編——C.イベントに関する経済効果

	マラソン分析用統合分類 (39部門)	46 在庫純増	47 市内最終需要計	48 市内需要合計	49 輸出	50 移出	51 最終需要計	52 需要合計	53 (控除)輸入	54 (控除)移入	55 (控除)移輸入計	56 最終需要部門計	64 市内生産額
01	農業	17	972	3,859	1	5,763	6,736	9,623	−740	−1,665	−2,405	4,331	7,218
02	林業	143	195	274	0	556	751	830	−14	−108	−122	629	708
03	漁業	1	121	363	0	0	121	363	−93	−270	−363	−242	0
04	鉱業	108	105	2,117	3	36	144	2,156	−1,763	−132	−1,895	−1,751	261
05	飲食料品	121	9,086	12,839	75	10,245	19,406	23,159	−1,731	−8,693	−10,424	8,982	12,735
06	繊維製品	−16	1,231	2,707	106	2,264	3,601	5,077	−960	−1,712	−2,672	929	2,405
07	パルプ・紙・木製品	−11	357	4,287	231	3,376	3,964	7,894	−534	−3,552	−4,086	−122	3,808
08	印刷・製版・製本	−4	22	1,430	18	2,256	2,296	3,704	−12	−1,266	−1,278	1,018	2,426
09	化学製品	−31	809	7,948	1,503	9,546	11,858	18,997	−585	−6,973	−7,558	4,300	11,439
10	石油・石炭製品	4	1,628	3,991	0	0	1,628	3,991	−594	−3,397	−3,991	−2,363	0
11	窯業・土石製品	43	131	2,008	156	1,632	1,919	3,796	−182	−1,257	−1,439	480	2,357
12	鉄鋼	194	198	4,037	36	2,018	2,252	6,091	17	−3,933	−3,916	−1,664	2,175
13	非鉄金属	15	58	1,926	9	39	106	1,974	128	−2,049	−1,921	−1,815	53
14	金属製品	25	237	3,735	434	5,768	6,439	9,937	−254	−3,047	−3,301	3,138	6,636
15	一般機械	155	4,961	7,538	2,842	6,013	13,816	16,393	−931	−5,994	−6,925	6,891	9,468
16	電気機械	55	2,825	4,248	1,622	3,473	7,920	9,343	−1,015	−2,983	−3,998	3,922	5,345
17	情報・通信機器	−111	2,665	2,789	365	761	3,791	3,915	−594	−1,979	−2,746	1,045	1,169
18	電子部品	−29	42	3,175	1,286	3,272	4,600	7,733	−182	−767	−2,982	1,618	4,751
19	輸送機械	91	3,855	7,572	2,005	4,584	10,444	14,161	−930	−2,052	−7,322	3,122	6,839
20	精密機械	4	1,014	1,230	61	491	1,566	1,782	−444	−6,878	−1,226	340	556
21	その他の製造工業製品	76	1,684	6,849	1,273	10,416	13,373	18,538	−255	−5,994	−7,481	7,481	12,646
22	建設	0	13,181	14,971	0	0	13,181	14,971	−1,185	−971	−5,892	13,181	14,971
23	電力・ガス・熱供給	0	149	1,688	4	2,797	5,043	8,535	0	−4,707	−3,111	1,932	5,424
24	水道・廃棄物処理	0	149	1,688	1	0	150	1,689	0	0	−127	23	1,562
25	商業	33	17,107	26,863	493	9,428	27,028	36,784	−220	−20,282	−20,502	6,526	16,282
26	金融・保険	0	3,726	10,672	172	1,846	5,744	12,690	−144	−3,147	−3,291	2,453	9,399
27	不動産	0	20,433	22,254	5	184	20,621	22,442	0	0	−1,078	19,543	21,364
28	運輸	24	4,898	10,168	374	5,387	10,659	15,929	−219	−6,284	−6,503	4,156	9,426
29	情報通信	−1	6,012	10,489	17	966	6,995	11,472	−81	−7,667	−7,748	−753	3,724
30	公務	0	8,804	9,039	0	0	8,804	9,039	0	0	0	8,804	9,039
31	教育・研究	0	8,766	12,661	152	881	9,799	13,694	−153	−2,284	−2,437	7,362	11,257
32	医療・保健・社会保障・介護	0	10,883	11,079	0	63	10,946	11,142	0	0	0	10,946	11,142
33	その他の公共サービス	0	1,558	1,869	5	1,846	1,563	1,874	−11	−148	−159	1,404	1,715
34	対事業所サービス	0	165	2,202	12	297	474	2,511	−5	−1,715	−1,720	−1,246	791
35	その他の対事業所サービス	0	1,534	11,025	34	268	1,836	11,327	−96	−6,406	−6,502	−4,666	4,825
36	宿泊業	−1	2,003	2,003	224	1,877	4,104	4,104	−468	−830	−1,298	2,806	2,806
37	その他の対個人サービス	0	13,239	13,733	75	5,241	18,555	19,049	−329	−5,320	−5,649	12,906	13,400
38	事務用品	0	0	342	0	0	0	342	0	0	0	0	342
39	分類不明	0	7	1,068	9	0	16	1,077	−242	0	−242	−226	835
40	内生部門計	906	146,903	252,782	13,602	101,744	262,249	368,128	−14,812	−122,017	−136,829	125,420	231,299

第 14 章

コンテンツの経済波及効果の分析
——NHK 大河ドラマとそのイベントは
いかなる観光価値を創造するか

近　勝彦

1 はじめに

　本章は、コンテンツとくに日本放送協会が制作する大河ドラマと、それに対応した地域イベントや施設が生み出す経済波及効果を考えることを目的としています。
　地域経済社会は、いまさら述べるまでもありませんが、非常に厳しい状況にあります。その原因をあえて一言でいえば、地域人口の長期的減少でしょう。やはり人口が減少すれば、地域経済が振るわなくなる。たとえば、少子高齢化による消費の減退は、商店街を停滞・衰退に追い込みます。グローバル化による産業構造の転換が進めば、地域から工場は撤退し、地場産業は一層衰退します。さらには、国および地方自治体の財政の逼迫化によって、公共事業は毎年減少しつづけ、それが地域経済をますます疲弊させています。これらが重なり、労働者の働き口を奪うと、そこで生まれ育った若者も都市部へ流出せざるをえなくなるのです。
　このような大変な状況にある地域のなかで作られた、または、地域を題材とした映画やテレビドラマなどの映像コンテンツが、地域経済の活性化に大きく貢献することが明らかになっています[1]。
　そこで、本章では、日本放送協会（以下では NHK という）が製作する大河ドラマに関する地域経済波及効果を中心に考えてみました。このコンテンツを研究として取り上げる理由は、いくつかあります。

第1に、大河ドラマはTVドラマではありますが、放映期間が約1年間というロングランであることです。この期間が長いことが観光需要の拡大に大きくつながっているといえるでしょう。あたかも、地域に関するCMを1年間流し続けることと同様の効果があるといえるでしょう。それをCM代に換算すれば、とてつもない金額となると考えられます。第2に、日本を代表する俳優や脚本家や音楽家などが多数参加しており、視聴率と注目度が極めて高い番組であることです。第3は、数十年間同じ形式で製作されているのでコンテンツの波及効果を比較しやすいといえます。第4は、地域にある日本銀行の各支店が、地域に関係している大河ドラマの経済波及効果を公表しているのです。本章も、そのデータ（報告書）に基づいて、大河ドラマの経済波及効果について分析評価したのです。

　さらには、大河ドラマと地域のイベントが重なると、一層の経済波及効果を生み出すことが知られています。そこで、2010年の大河ドラマ『龍馬伝』の主な舞台である高知県のイベント・「土佐・龍馬であい博」には、いかなる意義と価値があるのかを高知県が調べた調査結果（中間報告）に基づいて実証してみようと考えました[2]。

　最後に、NHK大河ドラマなどのコンテンツの放映後の効果（影響）が持続するための地域コンテンツ戦略を、「経験経済」の観点から、簡潔に提言することにします。

2　大河ドラマにおける地域経済波及効果の比較分析

　大河ドラマ『龍馬伝』の経済波及効果を論じる前に、これまでの大河ドラマのいくつかを取り上げてみます。そうすることで、『龍馬伝』の特殊性と普遍性がよく読み取れると考えるからです。

　そこでまず、大河ドラマの経済波及効果がいかに測られているかを考えてみましょう。この測定はさまざまな推定に基づいているので地域ごとに異なっていますが、おおむね、次のような方法（要因）で測られています。

　第1に、年間の観光者数（増加数）を推計します。たとえば、『風林火山』（'07年放映）では、川中島古戦場の昨年度（1～12月）の入込数と対象年度とを比べて、その増加数を推定しています（ただし、その増加分はすべてNHKドラマの影響とみることには注意を要します）。これに対して、『義経』（'03年放映）では、過去10年間の観光客数の推移を勘案したといいます。この2つをみても、観光客数がどの程度増加するのかを正確に予測することは簡単なことではないことがわかりま

第14章　コンテンツの経済波及効果の分析

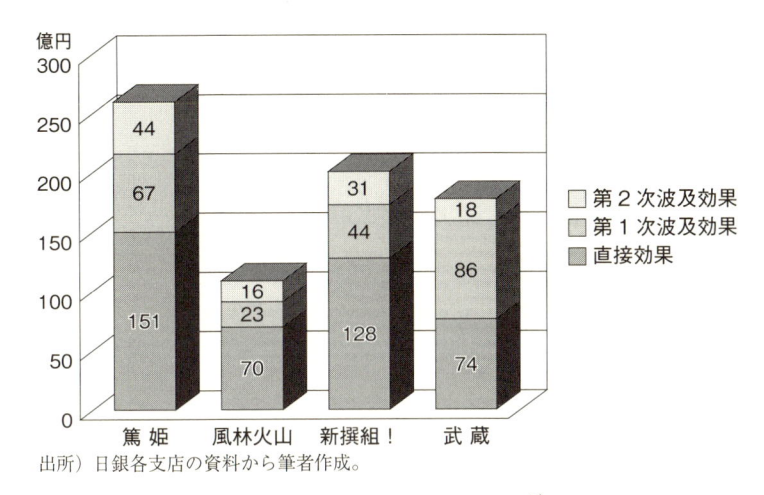

【図14-1】大河ドラマの直接・間接的効果の配分[7]について

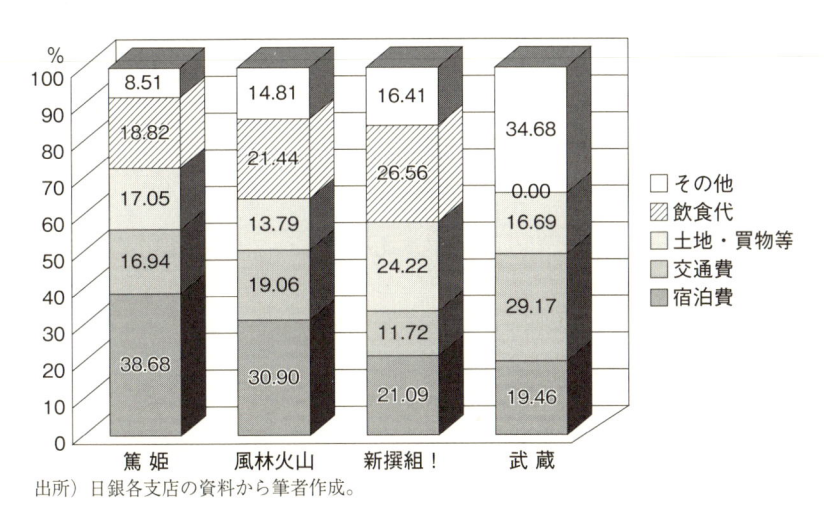

出所）日銀各支店の資料から筆者作成。

【図14-2】直接効果の内訳について

出所）日銀各支店の資料から筆者作成。

す[3]。

　第2は、その観光客を日帰り客と宿泊客とに分けることです。なぜなら、日帰り客は、その割合は多いものの、1回当たりの支出額が少なく、宿泊客はその逆となるからです。なお、日銀高知支店の『龍馬伝』の経済波及効果の場合には、県内と県外のそれぞれの日帰り客と宿泊客とに分けて計算しています[4]。

263

第3は、それぞれの支出金額を同定します。『風林火山』では、1人当たりの平均消費額を、宿泊客は1万1628円、日帰り客は2562円としています[5]。これは、地域ごとにかなり大きな差がみられると考えられます。なぜなら、大都市部から当該地域がどのくらい離れているかにもよるからです。さらには、その時代の景気の良し悪しにも大きく影響を受けると考えられます。

第4は、県内における産業間の財貨やサービスの関係を示す産業連関表などを使い経済波及効果を計算するのです[6]。

このように、直接的効果から間接的効果のすべての段階で、かなりの偏差（ブレ）があるように思われます。しかし、これはコンテンツの産業連関効果のみではなく、あらゆる財の波及効果においてもいえることです。

図14-1によると、大河ドラマの経済効果はかなりの開きがあることがわかります。たとえば、この2002年から2008年までの7年間における大河ドラマの総経済波及効果は、1425億円となります[8]。平均すると、1件当たり約204億円となります。もっとも少ないドラマは、109億円の『風林火山』であり、もっとも大きな効果を示したのは、355億円の『利家とまつ』でした。ただし、後者は、別の資料では、786億円となっています。それは、加賀百万石博の開催に伴う関連公共支出の波及効果を含むといわれています。これは逆にいうと、大河ドラマが地元の大きなイベントと重なるとさらに大きな経済波及効果を生み出すことを示しているのです。どちらにしても、同じ大河ドラマでも、その経済効果は3倍程度異なるといえます。これを一言でいうと、コンテンツの経済波及効果には、大きな効果の違い（不確実性）が存在することを示しているといえます。

しかし、どの場合も、域内（県内）総生産比でいうと、少なくとも0.1％、多ければ1.7％（これは『利家とまつ』を786億円と見積もった場合）もの大きさです。ひとつのドラマがいかに大きな地域経済効果を生み出しているのかを物語っているといえるでしょう。

次に図14-2から何がいえるでしょうか。

大河ドラマによっては、直接効果の支出割合はある程度変わるとともに、さまざまな産業が効果を得ているということです。一言でいえば、まんべんなくさまざまな産業が潤っていることを示しているといえるでしょう（ただし、この数値は、宿泊客と日帰り客の平均の値となっていることには注意を要します）。これが、観光産業の大きな特色のひとつといえるでしょう。

そこで、『風林火山』の先の資料をみると、宿泊客は、やはり宿泊代が大きな割合を示しています（45.3％が宿泊代）。その分、お土産・買い物等は、4％と小さ

な値となっています。これに対して、日帰り客は、お土産・買い物等の比率は、34.9％ともっとも高い比率となっています。絶対金額でみると、前者は、465円で、後者は、932円となっています。これからいえることは、客層によって、消費行動がかなり異なることがわかります。よって、お土産ひとつをとっても、どの観光客にどのようなものを売っていくのかというきめの細かい顧客対応戦略が必要であるといえるでしょう。

　これらを総括すると、NHK大河ドラマは、それぞれに関係している地域経済に、特需的に極めて大きな経済効果をもたらすといえるでしょう。それもあってか、地域においては、大河ドラマの誘致合戦が繰り広げられているといわれています。

3　大河ドラマ『龍馬伝』の事例分析

(1)『龍馬伝』の経済波及効果について

　日本銀行高知支店によると、NHK大河ドラマ『龍馬伝』の放映に伴う高知県への経済波及効果を、2009年10月の発表では、234億円と試算していました。ところが、2010年4月には、ほぼ倍増の409億円という上方修正を出しました。ここで、『龍馬伝』の経済効果の算出の流れを簡単に説明してみましょう。

　はじめに、NHK大河ドラマ『龍馬伝』が放映されることにより、高知県を訪れると予測される「観光客数」および「観光客消費額」を、推計しなければなりません。同行では、高知県および他県の観光統計、および国土交通省の「宿泊旅行統計」、さらには日銀高知支店の宿泊客統計などから推計したといいます。そのうえで、高知県（高知市）と関係の深い大河ドラマ『功名が辻』（2006年放映）の観光統計を基礎データとしたといいます。そのうえで、近時の観光動向に影響を与えそうな要因を上乗せして試算したとのことです。

　その要因のひとつは、高速道路の料金引き下げです。高速道路の料金引き下げが、交通量の拡大となっていることはすでに確かめられています。観光に関していえば、トラベルコストの低下となり、各地の観光需要は拡大すると考えられます（実際、無料となった区間は交通量がほぼ倍となっていることが国土交通省の社会的実験から明らかとなっています）。

　さらには、徳島県を舞台としたNHK朝の連続ドラマ『ウェルかめ』や、松山が舞台でもあったNHKドラマ『坂の上の雲』、さらには、高知県が支援している「土佐・龍馬であい博」の相乗効果を加えて、＋3％の増加と見込んだといいます。

しかし、同行の第二次報告にあるように、実際の2010年1月から3月の観光客の増加傾向をみると、宿泊客は＋17％となり、日帰り客においては、25％も増加していることから、これを計算に入れると、初期試算をはるかに上回った金額となったのです。

これからいえることは、『龍馬伝』による高知県での経済波及効果は、これまでの大河ドラマと比べてみても実に大きな額となっているのです。これは、やはりドラマの主人公への国民的人気の高さがそれを支えていることは間違いがありません[9]。

さらに、坂本龍馬の活躍した場所として、長崎も重要な地です。そこで、日銀長崎支店は、長崎県での経済波及効果を210億円程度と見込んでいます[10]。さらには、京都、神戸、山口などにも効果が実際には及んでいると考えられます。それらを総合計すると、700億円以上となるかもしれません[11]。

（2）地域イベントでコンテンツ効果は増幅される

コンテンツは、多くの人々にさまざまな内容を伝え、共感・共鳴・感動させることができます。今回の『龍馬伝』では、坂本龍馬の生き方や考え方や行動力に共感と感動を得た人も多いでしょう。さらには、龍馬のほかに、土佐勤王党の代表・武市半平太や龍馬の盟友・中岡慎太郎や土佐藩主・山内容堂や参政・後藤象二郎など多士済々の人物が出てきます。

そのようなドラマを毎週観ている視聴者（ファン）は、彼らが生まれ育った町や城郭や記念館などを訪れてみたいという気持ちになるでしょう。さらには、『龍馬伝』にちなんだ期間限定のイベントが開催されていれば、さらに観光需要をふくらませることになるでしょう。そこで、高知県では、先にも述べた「土佐・龍馬であい博」を2010（平成22）年1月16日から2011（平成23）年1月10日までの長期にわたって実施することにしたのです[12]。

では、高知県下のさまざまな施設やイベントは、どのような状況でしょうか。まずは、既存施設の入込数から考えてみましょう。高知県が実施している県下56施設の「観光施設入込状況調査」（2010（平成22）年1月～5月）（速報値）の結果からみてみましょう。

この既存施設の入込数は、この期間で、138万人余りであり、その対前年度比は、133.2％でした。このうち、龍馬関連施設（5カ所）は、43万8000人弱であり、その対前年度比は、271.5％でした[13]。これからわかることは、高知県の観光施設への訪問客の3割は龍馬関連であり、明らかに今回の大河ドラマ『龍馬伝』が、既存

施設の入込数の増大につながったといえるでしょう。ただし、56施設のうちに、対前年度比でマイナスとなった施設は、25にも上ります。これは、龍馬関連の施設が多くの人を引き付けた結果、観光客を失った可能性が高いといえます。これからいえることは、県内への観光客の増加の恩恵は、特定の施設・場所に及ぶことがわかったのです。

次に、『龍馬伝』にあわせて新規に作られたイベント会場の状況をみてみましょう。今回のイベント4会場の入込数（同上の期間）は、37万9000人余りであり、これと既存施設の入込数を足すと、176万人余りとなります。これは、前年度比でいうと、169.8％になります。

このままの推移が残りの期間も同じであると仮定しますと、既存施設で、206万人、イベントで90万人となり、合わせると300万人弱となります。ただし、観光客は夏および秋に多いのが普通であり、ドラマも後半はクライマックスに向かって人気がますます上がることを考え合わせますと、既存施設とイベント会場の参加者合わせて300万人超えは十分に考えられるでしょう。

これらを総括すると何がいえるでしょうか。

まず、まったく新しいイベントだけで、100万人近くの観光客を生み出すということです。しかも、既存の施設に対しても、3割以上の観光客を増やすことに貢献しています。とくに、ドラマと関連のある施設は、2.7倍以上も増加するのです。まさに、イベントと関連施設が観光客の増加を牽引したといえるでしょう。ただし、すでに述べたとおり県内の半数近くの施設は減少しているのです。これは、半ば仕方のないことではありますが、何らかの対策を講じていれば、減少した施設数を減らせたかもしれません。今後の課題のひとつといえるかもしれません。

図14-3からわかることは、当該イベントの4会場のうち、高知駅前にあるメイン会場（高知・龍馬ろまん社中）が、全体の約7割の観光客を占めていることがわかります。これは、それぞれの会場にはそれぞれのコンセプトを与えて会場を運営していることも関係しているかもしれません。

メイン会場は、高知市の高知駅前にあり、図14-4で明らかなように、アクセスは極めてよいといえるでしょう。しかも、駅前なので、お土産を買ったり、食事をすることも容易です（実際、JR高知駅には大きなお土産売り場や食事施設があります）。さらには、駐車場もかなり広いものでした。このようなことから、メイン会場としては、実によい場所にあるといえるでしょう。しかも、高知県の東西（南北）の中間でもあります。これは、観光者の今回の4会場の訪問ルートからもわかります。メイン会場以外に行った人は、程度の差はありますが、大半はメイン会場

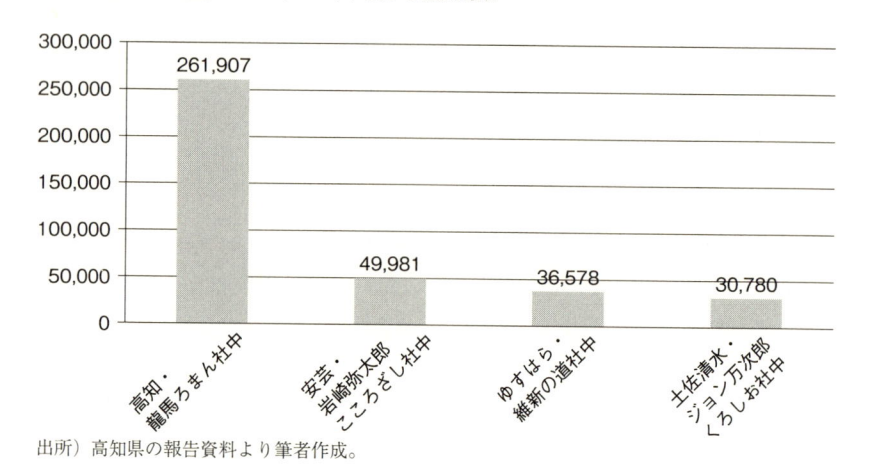

第Ⅲ部　分析・応用編——C．イベントに関する経済効果

```
300,000
          261,907
250,000
200,000
150,000
100,000
 50,000              49,981    36,578    30,780
     0
       高知・        安芸・       ゆすはら・     土佐清水・
       龍馬ろまん社中 岩崎弥太郎    維新の道社中   ジョン万次郎
                   こころざし社中              くろしお社中
```

出所）高知県の報告資料より筆者作成。

【図14-3】 4会場の5カ月間の入込数

を訪れています。逆に、メイン会場に行った人は、あまりほかの会場に行かず、高知市内の龍馬関連の施設をみているのです。

どちらにしても、高知県における県庁所在地である高知市のロケーションのよさと都市人口の集中および龍馬関連施設が市内に集中して存在していることが、メイン会場の訪問者の拡大となっていることは間違いがないでしょう。

次に、図14-4は、イベント4会場の満足度をアンケート調査した結果です。先にメイン会場が7割の比率で訪問客を集めていると述べましたが、それはメイン会場が満足のいくものだからという理由もあるかもしれません。

しかし、図14-4をみると、必ずしもそうでないことがわかります。アクセスは、メイン会場が一頭地を抜いていることはわかります。しかし、展示内容では、2位にとどまっています。お土産やおもてなしでは、3位にとどまっているのです。この4つの要因の総合計では、メイン会場は、第1位とはいえないでしょう。

それに対して、ゆすはら会場は、アクセス以外では、堂々と1位を獲得しているのです。その理由として考えられるのは、おもてなしに関していえば、ここは高知県の中でもかなりの山間部なので、市民の方々の素朴で丁寧なおもてなしが貢献していると考えられます。しかも、観光客の絶対数が少ないので、1人ひとりに丁寧なおもてなしが可能でしょう。さらには、このイベント以前にも龍馬関連による町おこしを進めており、いわば、これまでの努力が成果として表れているともいえるでしょう。

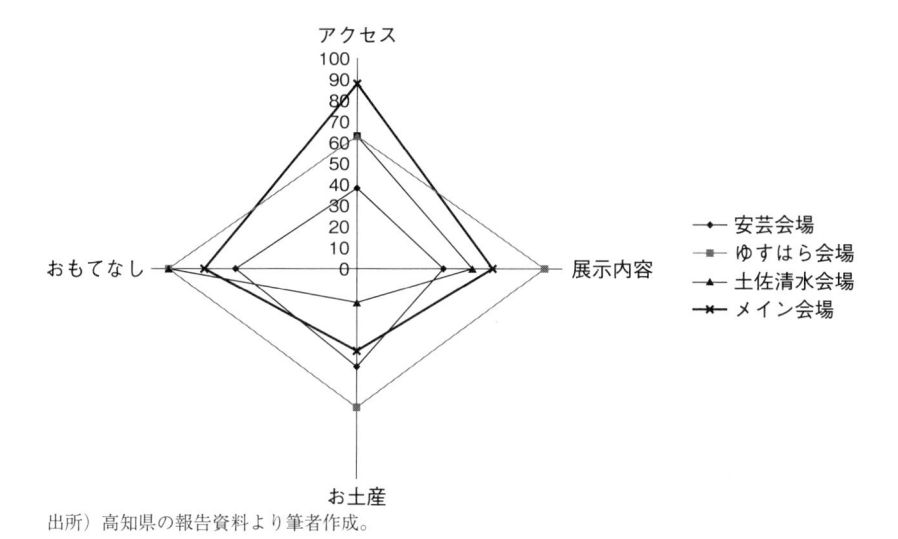

第14章　コンテンツの経済波及効果の分析

```
             アクセス
              100
               90
               80
               70
               60
               50
               40
               30
               20
               10
                0
おもてなし                展示内容

              お土産
```

　　　　　→←　安芸会場
　　　　　→■←　ゆすはら会場
　　　　　→▲←　土佐清水会場
　　　　　→✕←　メイン会場

出所）高知県の報告資料より筆者作成。

【図14-4】イベント4会場の満足度調査結果

　次に、お土産に関していえば、アンケートをとった日には「脱藩市」を開催しています。これは、地元の方々が、特産品や農産物を持ち寄って販売するものであり、市民との触れ合いもできるようになっているのです。この市がない曜日との満足度の比較でいうと、市があるときは71％ですが、ないときには44％となっていることからも推察がつきます。

　また、展示内容に関していうと、イベント会場の上階が、歴史資料館であり、本物の資料にも接することができるのです。ドラマの仮想性と実資料のリアリティが功を奏した形となっているといえるでしょう。さらには、「脱藩の道ウォーク」というのがあります。これは、90分もかけて、龍馬ゆかりの地を歩くというものです。しかも、地元ガイドも付くので、さまざまな情報や知識を得ながら、脱藩のルートを経験することができるのです。ほかの3会場には、このような長時間体験できる仕掛けやプログラムはないのです。

　これらからいえることは、施設やイベントに行ったときに、より大きな感動や共鳴が得られるような仕組みづくりが今後はますます求められているといえるでしょう。そのような「経験（エクスペリエンス）」が経済価値を生み出すと考える経験経済の考え方を使って、観光の発展をさらに考えてみましょう。

4 経験経済型観光戦略の提案

「経験経済」の提唱者であるパインⅡ&ギルモアは、4つのE領域が成長すると自著で述べています[14]。ただし、観光に関していうと、第3のE（エスケープ）が中心であるとともに、ほかのEにも大いに関わっているといえるでしょう。

その第1のEは、「娯楽（Entertainment）」です。まさに気晴らしとなる娯楽活動が、生活の満足度を高めると考えられます。観光旅行も、娯楽の要素が強いものです。

第2のEは「教育（Education）」です。ここでいっている教育とは、学童期間が伸びるだけではなく、生涯にわたってさまざまな教育活動が行われることを意味しています。観光に関していえば、学びの体験旅行も近年増えています。たとえば、修学旅行などは、かつては歴史的建造物をみることが主だったのですが、最近は、農村漁村での体験が定番化しています。

第3のEは、「エスケープ（Escape）」です。エスケープとは、脱日常を意味しています。もっとも端的な例は、国内外の旅行です。今回の大河ドラマ関連の旅行もまさにこのなかに入るでしょう。中高年のもっともやってみたいことのひとつが、旅行であることはよく知られています。旅行以外にも、煩わしい日常から逃れてみたいという欲求は多くの人々にあるでしょう。たとえば、音楽CDの売上げは、この10年で半減していますが、コンサート活動（ライブ演奏）は、この数年高い伸びを示しているのです。音楽CDよりも何倍も高いのに、コンサートに行く人が増えているのは、多くの人が日常の憂さを晴らそうとしているのかもしれません。

4つ目のEは「エステティック（Esthetic）」です。端的な例としては、美容整形やさまざまな美容サービスなどです。さらには、新聞広告やテレビ宣伝をやたらとやっているのが、化粧品や健康食品などです。まさにエステの目的で海外旅行をする人も増えているのです。

では、なぜ経験は大きな顧客価値をもたらすのでしょうか。

第1は、「経験は、深い意味や背景（コンテキスト）を知ること」を可能にするからです。全身を使うのですから、それによって得られる情報量は極めて多いといえます。さらには、体験の背後や基底にある「物語」や「コンテキスト」がわかるといえるでしょう。高知県という南国の気候や風土または土佐弁を聞くことも、かつての土佐藩のとった行動や考え方や、龍馬の人物像がよくわかる気がするでしょ

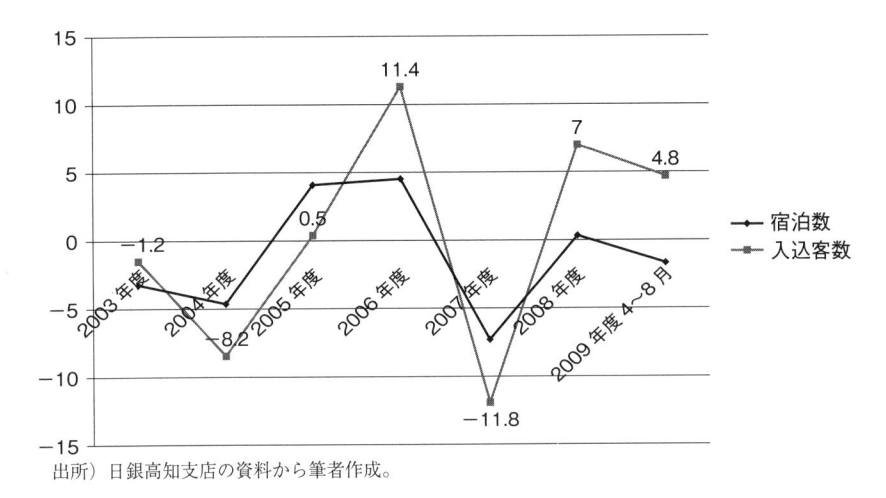

出所）日銀高知支店の資料から筆者作成。

【図14-5】高知県の観光客の年次変化

う。第2は、「他者と交わることの意味」です。経験は、通常、他者と交流をするので、他者から直接的な影響を受けることが多いでしょう。これによって、他者との共感、共鳴、友愛などの感情が揺さぶられると考えられます。高知県に旅行にいき、地元の人と交流をすれば、観光の感動も一層高まるでしょう。第3は、「自己実現を果たすこと」です。経験を通じて、自分の成長を知り、自分の人生における目標を設定し、その実現に努力を継続することです。それを通じて、自身のステージがさらに高まることが喜びとなるのです。龍馬ファンにとっては、龍馬の志が自己実現と重なる人もいるでしょう。

経験経済は、上記のような、「経験をする」ための「場（ステージ）」の設計や、プログラムを提供して、より強い感動や知識や技術を持続的に高めることで成り立つ経済システムや経済価値体系といえます。

図14-5は、高知県におけるこの何年間かの観光客の推移を示しています。2006年に大きく観光客を伸ばしている理由は、すでに述べたように大河ドラマ『功名が辻』の放映があったからです。その翌年は、入込数では、11％以上の値を減らしています。その後、2010年1月から大河ドラマ『龍馬伝』でこれまで以上に観光客を伸ばしていることはすでに述べたとおりです。

これから考えると、『龍馬伝』の放映の翌年の動向が気になります。『功名が辻』と同じ観光客の動向であれば、来年度は、大きな観光客の減少となるからです。

そこで、持続的な地域観光の発展のために、「経験経済型観光戦略のプログラム」

を提言したいと思います。

　日本が高度経済成長を遂げ、成熟消費社会化がますます進むなか、供給者主導のマーケティングが行き詰まり、さらには、顧客志向のみのマーケティングも新鮮さを失っていきました。そこで、供給者と需要者の双方の影響によるマーケティングが、唱導されるようになったのです。それが、関係性マーケティングであるといえるでしょう。いかに、企業は顧客と良好な関係を構築していくかが問われるようになったのです。それは観光業者と観光客との関係でも基本的には同じでしょう。

　そのためには、主に、次の２つが前提となります。

　その第１は、「信頼」の構築です。ここでいう信頼は、「ブランドの信頼関係」に近いといえます。企業側の行動や考え方や商品が信じられるかどうかというレベルではなく、双方が理解し、よりよい関係を作れるための心理的なつながりをいうと考えられます。

　それに貢献する第２は、コミュニケーションです。まずは、すぐに率直な話ができる関係性の構築が必要です。顧客は商品のプロではないので、その使用方法や管理をうまくできないことも多々あります。そのときには、購入後のアフターサービスが欠かせないでしょう。コミュニケーションがまずあって、その後に信頼関係ができるともいえます。これは観光客においてもまったく同じことです。もともと観光客はほかの土地に住んでいるのでいろいろな面で不安感をもっています。しかも、店やホテルや施設のことをあまり知りません。やはり、地元の観光業者の暖かいお迎えが必要でしょう。

　経験経済においても、インタラクティブな関係が基盤になるといえるでしょう。とくに、経験は、顧客の個性や感性に依存する面が強いのです。なおさら、個々人の要望や能力や思いを企業側は、深く洞察する必要があります。そのためには、顧客との質と量とも十分なコミュニケーションが必要なのです。

　次に、観光客が、自分の思いや能力や欲求を満たすための「ステージやフェスタができる優れた舞台設計」が必要です。では、どのようなステージが望まれるのでしょうか。まず、本人（観光客）が、積極的に参加できる状況やシステムの設計が必須です。客が、受け身ではなく、能動的にステージに上ることを可能にするものであることが必要でしょう。さらには、個々人の自己成長や、深い満足感を持続的に向上させるプログラムでなければなりません。すでに述べたように、観光客も、同じプログラム内容では、やはり飽きてくるでしょう。とくに、さまざまなところに行き慣れた観光客の能力が向上した分、みすぼらしく陳腐化したプログラムでは、すぐにその価値が劣化します。観光業者としては、個々人の発展を促し、絶え

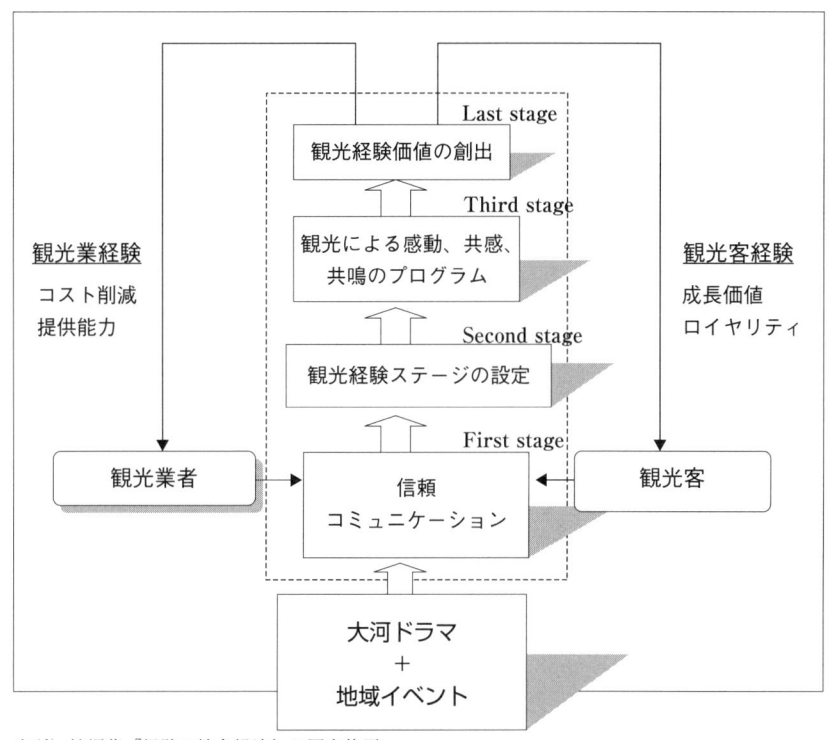

第14章　コンテンツの経済波及効果の分析

```
                              Last stage
                         観光経験価値の創出
                              ↑
                            Third stage
                      観光による感動、共感、
観光業経験              共鳴のプログラム              観光客経験
コスト削減                    ↑                      成長価値
提供能力                 Second stage                ロイヤリティ
                      観光経験ステージの設定
                              ↑
                           First stage
   観光業者  →         信頼               ←   観光客
                    コミュニケーション
                              ↑
                         大河ドラマ
                            ＋
                        地域イベント
```

出所）拙編著『経験の社会経済』の図を修正。

【図14-6】大河ドラマ・イベントおよび経験経済による観光価値創造のスキーム

間のない喜びが持続するようなプログラムが必要なのです。

　ここで大河ドラマとイベントと経験経済との関係をマーケティング論として総括してみましょう。

　まず、大河ドラマ『龍馬伝』は、国民的英雄である坂本龍馬を主役に据え、有名な俳優をキャスティングし、演出を一新することで、近年にない人気ドラマとなりました。それは、顧客がモノやサービスを購入するプロセスの理論、たとえば、AIDAの理論からいえば、「注目（Attention）」と「関心（Interest）」を大きく喚起したといえるでしょう。要するに、広く国民に認知させ、強い興味を抱かせたのです。そのうえで、生まれ育ったところへ行ってみたいという「欲求（Desire）」を生じさせ、「実際に高知県に足を運ばせた（Action）」のがイベントでした。しかも、メイン会場のある高知市内には、放映されているパネル展示会場のほか近くに

たくさんの維新の志士たちの記念碑や関連施設があります。また、ほかの3会場では、それぞれコンセプトを変えたユニークな展示内容となっているのです。

これが、2010年の観光客の増加につながりましたが、2011年度にはまた大きく観光客が落ち込むことも予想されます。放映は1年間しかなく、イベントも1年間だからです。その高知県がいう「ポスト龍馬伝」戦略のためには、経験経済的な仕掛けやプログラムが必要でしょう。すでにみてきたように、高知県は観光立県でもあり、さまざまな施設が県下に点在しています。太平洋を望む素晴らしい景色や四国山地の山深い自然もあります。まさに、「観光のための経験ステージ」にふさわしいものです。ただし、これまでの施設はただ資料の展示で終わっていたものが大半であったといえるでしょう。目の肥えた観光客にとっては、同じ展示物のみの施設では飽きます。そこで、知恵と労力は必要ですが、観光客に新しく深い経験ができるプログラムが必要なのです。リピーターとなるためには、それなりの理由がいります。毎年同じ人に来てもらうためには、来る意味を付与しなければなりません。それが、もっと深く資料やモノに触れられ、地元の方々と触れられ、さらには自己成長（自己実現）を遂げられるようなものならば、何度でも来る可能性が高まるでしょう。むしろ、何度でも来ないと達成できないようなプログラムを提供するということです。

大河ドラマという素晴らしいギフトをより価値のあるものにするためには、経験経済の考えにしたがった経験経済型観光プログラムの立案が必要なのです。

5 おわりに

これまでの内容を最後に整理するとともに、簡潔な提言をしてみましょう。

コンテンツは、それ自体が商品として何度でも収益を上げることができるものです。コンテンツのもつマルチユース性は非常に大きいといえます。しかも、国内的には何度も繰り返し放映可能であるとともに、海外へ輸出することも可能です。日本のアニメは、現在、世界市場を席巻しています。これは、世界的な競争力をもつ数少ない日本の商品といえるでしょう。これに引っ掛けていえば、地域で優れた映画やTVドラマが撮影されれば、世界からファンがその地を訪れることが考えられます[15]。すなわち、観光の国際化にも大いに役立つのです。

次に、地域の歴史文化に関係する大河ドラマは、200億円以上の経済波及効果を生み出していることがわかりました。近年、日本各地で大河ドラマの誘致合戦が繰り広げられていますが、それはひとえに、大河ドラマが観光を中心とした大きな経

済波及効果をもたらすことが実証されているからです。

　ただし、大河ドラマの放映の翌年度は観光客が大きく落ち込むことも知られています。この大きな落ち込みを防ぎ、さらなる観光客の増加を考えるためには、一層のコンテンツの製作・放映が望まれます。ただし、大河ドラマのような巨額の資金で作られるメガ・コンテンツを毎年期待することはできないのが現状でしょう。しかし、地域には、地方TV局や、地方出版社やインターネットなどのメディアが存在しています。さらには、大学や各種教育機関や教育委員会もあり、郷土史家も多数おられます。彼らによって、大きくはなくても、多くの持続的なコンテンツの供給が望まれます。

　文化経済学者のD.スロスビーは、今後の経済社会は、文化資本が大きな経済的価値を生むと説きます。地域こそは、自然資本と文化資本の宝庫です。それらをコンテンツ化することによって、新しい価値が創造できるといえるでしょう。

　大河ドラマのようなメガ・コンテンツの誘致もさることながら、今後は、地域のなかにある、いわば隠れたお宝のような文化・芸能・人物・歴史を発見することに努めるべきでしょう。その発見に基づいて、小さなコンテンツを積み重ねていきたいところです。

　このうえに、経験経済の考えにしたがって、経験ステージ化を図り、観光客の満足感を高める経験プログラムを設計する必要があります。

　高知県内には、すでにみてきたように、数十カ所に、さまざまな教育・文化・観光施設があります。その多くが、今回は『龍馬伝』によって逆の影響を受けたかたちとなっています。翌年度は、それぞれの施設がオリジナリティ溢れる経験ステージ化とプログラムの提供を図ることによって入込数を伸ばせるチャンスが高まるといえるでしょう。

　注
　1）ここでの地域での社会経済効果への貢献は、撮影などに伴う経済需要の創出というよりは、その後の観光需要が大半を占めていることに注意する必要があります。現に、NHK大河ドラマでの撮影なども現地ロケはまれであるといわれています。
　2）高知県の資料としては、「H22.1～5　観光施設入込状況調査」および、「土佐・龍馬であい博メイン会場来場者アンケート結果」などです。
　3）「大河ドラマ『義経』放映による経済効果について」（日本銀行下関支店、2005年1月7日）参照。
　4）「NHK大河ドラマ『龍馬伝』の経済波及効果」（日銀高知支店、2009年10月）および、「NHK大河ドラマ『龍馬伝』の経済波及効果（2010年4月末時点）」（同行、2010

5） 日本銀行松本支店では、「観光地利用者統計調査結果」（平成18年）をもとに、宿泊客33％、日帰り客67％と見積もっています。
6） 『風林火山』の場合には、「平成12年長野県産業連関表」（長野県）を利用しています。統計資料の関係上、放映年からかなりの年月が経っている、また、各種の資料の年月もまちまちとなっている点には注意が必要です。
7） 注4の資料によると、直接効果は、県内外の日帰り客と宿泊客の合計額で、間接効果は、一次効果としては「直接効果×一次波及係数」で、二次効果としては「直接効果×二次波及係数」の合計としています。
8） 「『篤姫』の経済効果はどの程度？」（日本銀行鹿児島支店、2007年10月1日）などで計算しました。
9） 2006年放映の『功名が辻』は、戦国期に新しく入ってきた支配者・山内家であり、今回の主人公および関係者は、その被支配者という視点が鮮明であり、それも『龍馬伝』が大きな人気を集めている理由のひとつといえるでしょう。さらには、主人公を演じている福山雅治さんや登場人物と演じる役者のキャスティングやドラマの演出や撮影方法なども影響していると考えられますが、ここでは、コンテンツの経済波及効果がテーマなのでコンテンツの中身はあまり議論しないこととします。
10） 日本銀行長崎支店「NHK 大河ドラマ『龍馬伝』の放映に伴う経済効果試算」（2009年7月31日）参照。
11） 歴史的に有名な人物でもあるので、コンテンツとしては、扱いやすいといえるでしょう。肖像権や著作権はないのです。そこで、記念コインから清酒やお菓子や文具さらには観光パッケージまであらゆるものが全国で作られているのです。詳しくは、日銀高知支店の資料参照。
12） 土佐・龍馬であい博協議会が主催。
13） 注2と同じ資料。
14） B. J. パインⅡ、J. H. ギルモア『経験経済』（ダイヤモンド社、2005年）参照。
15） 韓国のTVドラマ『冬のソナタ』のロケ地は日本のファンが殺到したといいます。これは、米国のハリウッドや、ニュージーランドでの『ロードオブザリング』も同様の傾向を示しています。

参考文献

池上惇・植木浩・福原義春編［2002］『文化経済学』有斐閣。
小倉哲也［2008］「デジタルアーカイブの社会経済効果」塩沢由典・小長谷一之編著『まちづくりと創造都市』晃洋書房。
小倉哲也［2009］「石州半紙（和紙）のデジタルコンテンツ化による経済価値」塩沢由典・小長谷一之編著『まちづくりと創造都市2』晃洋書房。
後藤和子編［2005］『文化政策学』有斐閣。
近勝彦［2007］「コンテンツ産業」塩沢由典・小長谷一之編著『創造都市への戦略』晃洋

書房。
近勝彦［2008］「IT／コンテンツ産業と創造都市」塩沢由典・小長谷一之編著『まちづくりと創造都市』晃洋書房。
近勝彦［2008］「浜田市におけるデジタルコンテンツによる地域活性化戦略」『デジタルコンテンツ白書2008』財団デジタルコンテンツ協会。
近勝彦［2009］「コンテンツによる経験価値創造戦略」塩沢由典・小長谷一之編著『まちづくりと創造都市2』晃洋書房。
近勝彦・小倉哲也［2009］「コンテンツの多面的な地域経済効果の分析」『デジタルコンテンツ白書2009』財団デジタルコンテンツ協会。
近勝彦・福田秀俊編［2010］『経験の社会経済』晃洋書房。
電通総研編［2004］『情報メディア白書』ダイヤモンド社。

特　　論

医療集客都市とその集客効果

今田　彰

1 メディカルツーリズムブームとその変化

　医療集客都市と聞いて咄嗟に浮かぶのはメディカルツーリズムではないでしょうか。政府が決定した「新成長戦略」は、環境、健康、観光など7つを戦略分野に設定していますが、健康と観光を結び付けたものがまさにメディカルツーリズムにほかならないので、時の目玉商品としての扱われ方です。ただ、その実態をつかむには、予防医学に重きをおくヘルスツーリズムと、治療医学を主な目的とするメディカルツーリズムに区分するのが適切です。ヘルスツーリズムには観光を兼ねた人間ドックが代表的な形です。直近では、徳島大学の糖尿病予防ドックが中国人富裕層を迎え入れて実施したことで話題になりました。徳島県は糖尿病の罹患率が日本一です。そのことを逆手にとって、県民の糖尿病改善運動を地元ばかりでなく、急速に経済成長して糖尿病予備軍の多い中国市場に目をつけたものと思われます。第1回目ツアーは好評のうちに済んだようです。近年、「PETドック」も盛んです。PET（Positron Emission Tomography：陽電子放射断層撮影法）を用いたがん検診ですが、これを北海道観光とセットにして実施した北海道の病院や、一方ではPETへの初期投資リスクを避けるため、韓国の病院と連携して韓流ツアーとPET検診を企画していた北陸の病院があるなど、メディカルツーリズムの言葉が登場する以前からヘルスツーリズムはさまざまな取り組みがみられるし、今後はさらに多

様化するものと思われます。昨今では、韓国済州島が特別自治道指定のもと、観光・医療・IT・教育を柱とした地域づくりを進めているといいますから、ヘルスツーリズムなども格好のプロジェクトになるのではないでしょうか。日本の経済産業省でも、医療通訳・コーディネーターの養成、約10の医療機関と共同で「国際医療サービス推進コンソーシアム」を発足させるなど積極的な取り組みぶりを示しています。

一方で、アジアでみれば、タイ・マレーシア・韓国などはすでに国策としてのメディカルツーリズムへの取り組みが進んでいますが、昨今その内容に変化もみられます。かつては難病対応、高度先進医療を求めて自国を出て治療することがメディカルツーリズムの主流でしたが、今日ではグローバリズムとともに、同じ質の医療ならより安い治療費で賄える土地で治療を受けるというメディカルツーリズムが顕著になってきました。高度医療技術水準が平準化すれば、価格が大きな購入決定要素になるという経済原則に基づくものです。EU内では西欧から東欧への患者移動が、あるいはアメリカからカナダへの高齢者クスリ購入ツアーなどもすでに起きています。

さらには、逆メディカルツーリズムという新手も出てきました。アジアが世界経済の成長ゾーンになるにつれ、日本の企業戦士もアジアへ飛び出してゆくのですが、これまでのアングロサクソン中心の法治主義ビジネスルールに慣れ親しんできた彼らは現地の人治主義ビジネスルールに振り回され、現地不適応で、うつ病患者が急増するところとなります。その対応に長崎大学と地元専門病院が協力して、海外派遣社員のうつ病対策に取り組むのがそれです。グローバリズムは、本来は社会保障による社会市場下にある医療をも、経済市場における比較優位に立つ商品にさせているという側面が出てきています。

2 医療の本質からみた疾患ごと需要と診療圏

医療を分類する際に用いられるものは、1つは診療科であり、いま1つは医療機能レベルです。前者は医療機関の標榜科目の対象となるものであり、現在38科あります。本論の対象は後者です。医療機能レベルによって診療圏規模は変わってきます。専門家として実施可能施設・機器の設置施設の量から判断して、長谷川敏彦は次のような区分をしています。汎用性の高い診療行為（二次医療以下）、二次医療圏ごとに1カ所程度必要（二次医療）、都道府県（三次医療圏）ごとに1～2カ所あればよい（三次医療）、地方ブロック（東北・中国等）ごとに1～2カ所あれば

よい、もしくは全国に数カ所あればよいという三次医療以上の5段階です。日本の現状でいえば、PET 施設なら二次医療圏、重粒子線治療施設なら地方ブロックごとに1カ所の三次医療以上ということになってきます。そこで「病院経営戦略」では診療技術レベル評価リストとして、診療行為ごとの実施1施設当たり人口を示しています[1]。ごく一例だけ抽出すると、まず、循環器科では、経皮的冠動脈ステント留置術は6万人、これが経皮的カテーテル心筋焼灼術で32万7000人、消化器科では、内視鏡的マイクロ波凝固法なら11万人ですが、潰瘍性大腸炎に対する遠心分離法による白血球除去治療だと81万人に、次に外科では、結腸ポリープ切除術は3万5000人、これに対し体腔鏡による食道癌の切除術は71万人で、生体部分肝移植となると1631万2000人、泌尿器科でも、経尿道尿路結石除去術が3万8000人で、腎移植術で96万4000人、また、眼科でも、白内障手術（超音波摘出術）は3万3000人ですが、黄斑下手術となると217万4000人まで拡がるという具合です。

　要は、医療の難易度（技術や設備投資にも規定されます）と発症する患者数と治療可能施設数の間で診療圏のサイズがおのずと決まってきます。したがって、二次医療圏で治療しえない疾患ならば、当然のことながら三次医療圏あるいは都道府県を越えた地方ブロック、さらには全国的、時として世界的規模で患者は移動します。つまり、個々の患者の移動行動はメディカルツーリズムブーム以前から行われていたということです。ただし、それが一地域の人々が大挙して医療受診のため国をまたがって動くなどの行動となることが、メディカルツーリズムの注目される理由です。それでは、次に何十年も前から世界中から患者が集まってきている医療機関を紹介します。

3　医療集客都市モデルのメイヨークリニック

　医療集客都市として真っ先に医療人の頭に浮かぶのは、アメリカ・北東部ミネソタ州ロチェスター市に立地するメイヨークリニックではないでしょうか。ただ厳密にいえば、メイヨークリニックに世界中から患者や視察者が訪れてくる状況を指して医療集客都市と名付けられると同時に、メイヨークリニックの存在が小さな田舎町であったロチェスター市を医療機器企業群の育成にまで拡がる医療産業都市に成長させたといってよいでしょう。

　そのメイヨークリニックは、アメリカ合衆国ミネソタ州ロチェスター市に本部を置く総合病院です。メイヨークリニックは常に全米でもっとも優れた病院のひとつに数えられており、過去にメイヨークリニックで診療を受けた患者にはアメリカ合

衆国の歴代大統領やヨルダン国王をはじめ、各界のVIPが名を連ね、2007年の全米調査〈がん・心臓・脳手術などで医療施設を選ぶとしたらどこを選ぶか？〉で、メイヨークリニックが第１位（16％）となり、２位の2.5倍近くの支持がありました。

　全部で2884人の医師と科学者に加えて、研修医、研究生、非常勤の専門医、医学生、４万835人の保健スタッフを含め合計４万6314人の従業員を抱えています。クリニックは2002年に50万1019人の患者を診察し、12万4633人の患者に入院措置がとられ、収入は2007年度73億ドル（1983年の17倍以上）、利益６億2280万ドル（同10倍以上）を計上しました[2]。１兆円企業を狙わんとする医療機関であるということです。

　メイヨークリニックの医療における高品質力とブランド力は、地域経済にも大きな効果をもたらします。まず、医療集客経済の側面では、人口約10万人の小都市ロチェスターには5000を超すホテルの部屋がありますが、ホテルの収容人数の約65％は、120マイル以上離れたところからメイヨークリニックに毎年やってくる９万5000人の患者と家族によって埋まります。通常３〜５日間で確定診断が下され、時には大きな外科手術を含む初期治療が完了します。つまり、5000室×365日×65％のシェアなら、メイヨークリニックの延室日数は118万6250となります。平均滞在日数を５日、家族付添者と合わせて２名と計算しても11万8625人の患者や訪問者を獲得したことになりますから大変な集客力と評価されます。患者・家族以外にも世界から集まるメイヨーと提携する医療機関からの医師、メイヨー関連の行政関係者や視察者数もかなりのものと推測されます。

　事実、40mを超えるであろう吹き抜けの大ロビーの階段を下りて、地下の職員食堂を右手にみながらその廊下を通り抜けると、出口は次の建物の入り口で、その建物とはマリオットホテルです。同ホテルのランクが星４つとすれば、いま通って来たほうの建物、すなわちメイヨークリニックビルディングのしつらえはまぎれもなく一格か二格上で、したがって星５つ以上のランクに値することになりますが、要は病院とホテルが地下でつながっているという状況なのです。

　また、医療産業経済の側面では、メイヨークリニックは何と1986年にすでに特許管理部門を設立し、今日スピンアウトしたメイヨークリニックヘルスソリューションズの医療における発明・発見による特許収入は、ハーバード大学を超えて全米№１の5810万ドルを記録[3]、さらにはその臨床技術と研究を基盤にして地域全体の医療機器関連企業260社が地場産業として成長するなどの間接効果も生み出し、同クリニックのミネソタ州への経済効果は40億ドル[4]と推定されています。

4 日本の地域医療モデル地区・熊本市の医療集客効果は？

　日本ではメディカルツーリズムによる経済効果を測定するような地域はまだ存在しませんが、地域医療における医療集客効果のもっとも高い可能性のある地域として熊本市を選定しました。医療提供の形が、急性期、亜急性期、慢性期と病態ごとの機能分化がはっきりとして連携医療が進んでいるため、厚生労働省から"熊本モデル"と称されるほど、地域医療力が高いと判断できるからです。それでは、どの程度の医療集客効果をもつものなのでしょうか。

（1）まず、県単位の医療経済関連データから、医療・保健の県内生産額に占める割合と高齢者1人当たり医療費および平均寿命を比較してみると次のとおりです。

【表C-1】

（　）内全国順位

	県内生産額（百万円）	医療・保健の生産額（百万円）	構成比（％）	高齢者1人当り医療費（円／月）	平均寿命（歳）	
					（男）	（女）
熊本	10,085,966	619,484	6.1	887,101（12）	79.22（10）	86.54（ 3）
福岡	34,122,389	1,865,494	5.5	1,019,650（ 1）	78.35（31）	85.84（23）
佐賀	5,176,285	278,634	5.4	915,370（ 8）	78.31（32）	86.04（17）
長崎	7,562,306	522,928	6.9	944,440（ 5）	78.13（37）	85.85（22）
大分	9,418,204	394,961	4.2	887,601（11）	78.99（17）	86.06（15）
宮崎	6,576,356	419,844	6.4	800,823（24）	78.62（26）	86.11（14）
鹿児島	9,553,970	574,190	6.0	899,530（ 9）	77.97（43）	85.70（29）

出典）平成17年都道府県別産業連関表データ、厚生労働省平成17年度老人医療費データより。

　上記のとおり、九州各県比較における熊本県の医療体制は、高齢者1人当たり医療費は低位にありながらも平均寿命が最高位に位置していることは医療成果の高さを示すものであるとともに、医療・保健の生産額の県内生産額比率でみれば上位にランクされていることは医療における吸引効果と推定され、それは、熊本県の地域医療力がもっぱら、熊本市の医療集積度の高さに負うところと評価されます。熊本市の県全体に対する人口比率35.4％に対し、既存病床比率は44.6％（1万2016床）と10％近くも高く、県全体の人口10万人対病床数は1955床で全国3位、施設数が12位なので、1施設当たりの病床数が大きくなっています。つまり、熊本市は大病院が林立しているということです。しかも、病床利用率が7位で平均在院日数の短さ

【表C-2】 急性期A病院における退院患者の地域比率表（2009(平成21)年度）

地域名	人数(人)	比率(%)
熊本市	7,103	50.4
玉名郡市	883	6.3
荒尾市	73	0.5
鹿本郡市（山鹿市含）	1,382	9.8
菊池郡市	1,332	9.4
阿蘇郡	161	1.1
上益城郡	283	2.0
下益城郡	374	2.7
宇土郡市	503	3.6
八代市・八代郡	125	0.9
水俣市・芦北郡	72	0.5
人吉市・球磨郡	130	0.9
天草郡市（本渡・牛深）	263	1.9
県外	297	2.1
その他	1,124	8.0
合計	14,105	100.0

出所）熊本市にある民間病院データより。

【表C-3】 急性期および回復期B病院における退院患者の地域比率表（2009(平成21)年度）

地域名	人数(人)	比率(%)
熊本市	1,677	39.45
有明（玉名郡市・荒尾市）	322	7.57
鹿本郡市（山鹿市含）	304	7.15
菊池郡市	716	16.84
阿蘇郡	78	1.84
上益城郡	79	1.86
宇城（下益城郡・宇土郡市）	99	2.33
八代市・八代郡	71	1.68
水俣市・芦北郡	17	0.40
人吉市・球磨郡	73	1.72
天草郡市（本渡・牛深）	162	3.82
県外	232	5.45
その他	421	9.90
合計	4,251	100.00

出所）熊本市にある民間病院データより。

が6位ですから病床回転率も高いということです[5]。すなわち、他地域からの患者流入度が高いことを意味しています。それではどの程度の患者を吸引しているのでしょうか。

（2）熊本市における急性期病院と急性期並びに回復期の病院における患者動向をみると表C-2および表C-3のとおりです。

　上記のデータでみる限り、急性期A病院における熊本市内患者比率は50.4％、急性期および回復期B病院におけるそれは39.45％ということで、県外からはA病院で2.1％、B病院で5.45％という結果です。地元客は半分程度で、残りはほかの地域から患者を吸引していることになります。

（3）熊本市にもたらす経済効果試算

　熊本市の病床数1万2016床に対し、病床稼働率88.8％、熊本市外患者比率が50％とすると、1日当たり5335人の入院患者を市外部から吸引しているという計算になります。1日当たり約5万5000円[6]の入院単価、そこから入院の投薬・注射比率9.4％分を引き4万9830円、逆に8％の薬価差益414円分を加えると1日当たりの入院収益は5万244円となると仮定すると、2億6805万円／日の医療収入による経済効果をもたらしていることになります。年間にして約978億円の入院医療収入です。それに、外来や在宅の入院外医療収入が全国平均の入院医療比0.964[7]に対して熊本の在院日数の短さや在宅医療の進展ぶりによる入院外医療収入を全国平均比1.1倍と見込むと1.06となり、年間約1037億円、そこから入院外の投薬・注射比率38.7％分を引き、逆に薬価差益8％を加えると668億円となり、入院医療収入と入院外医療収入を合計すれば直接効果は1646億円となります。さらに、入院期間の生活費、家族や見舞客の滞在費や交通費、お見舞用の買物等の受診関連消費などを考慮のうえ、ここでは医療産業追加波及係数[8] 2.300を用いたとすれば、1646億円の2.3倍、3786億円が間接効果となり、その合計5432億円が経済効果の全体額という計算になります。熊本市の医療集客都市検証の第一歩は踏み出せたことになるのではないでしょうか。

注
1）長谷川敏彦［2002］pp.374～382。
2）ジョン・T. シェパード［2007］。
3）メイヨーソリューションズ。

4）レナード・L. ベリー、ケント・D. セルトマン［2009］。
5）厚生労働省。
6）急性期病棟1日当たり入院単価6.3万×急性期病床構成比率0.75＋回復期病棟1日当たり入院単価3.3万×回復期病床構成比率0.25＝4.725万＋0.825万＝5.5万円で試算した。診療機能が高い分だけ、全国平均値より高いものと思われる。
7）平成21年度6月審査分の診療行為別点数は、入院84,460,989（千点）に対し入院外は81,412,252（千点）と入院・入院外比率は1：0.964である。
8）「医療法人等の逆行列係数（一次効果）1.729、追加波及係数（追加効果2.300、拡大逆行列係数（総効果）3.844」（宮沢健一「高齢化少子社会の産業連関と医療・福祉」『医療経済研究』Vol.8、平成12年9月より）。

参考文献

熊本市産業政策課資料。
厚生労働省医療施設調査資料。
レナード・L. ベリー、ケント・D. セルトマン著、古川奈々子訳［2009］『すべてのサービスは患者のために——伝説の医療機関"メイヨークリニック"に学ぶサービスの核心』日本出版貿易。
長谷川敏彦編［2002］『病院経営戦略』医学書院。
ジョン・T. シェパード著、中根いずみ訳［2007］『メイヨークリニックの内側』ばる出版。
メイヨークリニックヘルスソリューションズ資料。

コラム

観光入込客数の推計
―― 奈良町を事例に

上田　恵美子

1 観光庁による観光入込客数統計の整備

　観光はこれからの成長が期待される分野であることから、経済効果の算出とともに、これに必要とされる入込客数の推計手法の整備が急がれています。これまで全国の観光入込客数は各自治体の独自の手法で推計されてきましたが、観光庁は2009年12月「観光入込客統計に関する共通基準」を公表し、観光統計の基礎が整いつつあります。
　観光入込客数の推計には、
〈1〉（代表的な）観光地点や行祭事・イベントに訪れた人数を基に行う方法や、
〈2〉自治体の域内外を結ぶ公共交通機関の乗降客数と道路交通量のデータを用いる方法等があります。また、
〈3〉混み合うイベントなどでは一定の面積当たりの人数に回転数を乗じる方法もあります。
　観光庁の基準は示されたものの、これまでと同様に現場での課題は残っています。〈1〉の方法の場合、民間の観光施設は入込客数を継続して入手することが難しいうえに、入手できたとしても数字は信頼性に欠けるものであったり公表を拒否されたりするものもあるようです。また、公園や商業集積などの複数のルートから自由に出入りできる観光地の場合は誰も入込客数を把握していないことも多く、道路

や駐車場で通行量調査を行うか、もしくは前述の〈2〉の手法を取ることになります。さらに、観光庁の基準にあるとおり、ほかの観光地点でダブルカウントされていないか、観光ルートのアンケート調査も必要です。自治体の限られた予算のもとで推計の精度を上げるには、やはり現場での手間と工夫が必要です。

2　奈良町を訪れる観光客数

　以下、奈良市奈良町を事例に、面的に広がり自由に出入りできる観光地の観光入込客数の把握の方法と課題について考察します。

　奈良町は、近鉄奈良駅から南に徒歩10分ほどの旧市街地で、伝統的な町家や世界遺産の元興寺をはじめとする文化財が点在し、奈良市景観形成地区条例で指定されている景観形成地区です。このところ、遷都1300年祭の効果もあって奈良町の観光施設を訪れる観光客は増えていますが、奈良町全体でどれくらいの訪問があるのかはまだ調査できていません。

　奈良町で、多くの観光客が来訪し、かつ観光入込客数をカウントしていてその数字を公表している施設として、奈良市の施設「ならまち格子の家」があります。ならまち格子の家は町家を再現した見学施設で、入館料無料、開館時間は9時～17時、休館日は月曜日（祝日の場合は翌日）と祝日の翌日（土・日曜日除く）、年末年始です。奈良町観光は夏のイベント期間以外は昼間のみですから、ならまち格子の家の開館時間内で観光客の傾向をある程度は把握することができます。しかし、ならまち格子の家は奈良町の南端に位置して駅からは遠く、また見学施設ということからリピーターは訪れない可能性もあり、奈良町への来訪者のすべてが訪れては

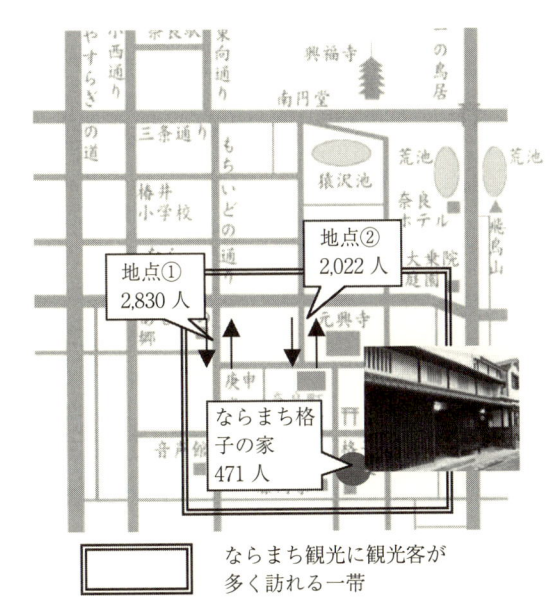

【図C-1】2008年8月10日の通行量と入館者数

いないと考えられます。奈良町への入込客数を推計するには、奈良町への観光客の何割がならまち格子の家を訪れているかを、通行量調査や、観光ルートを調べるアンケート調査で調べる必要があります。

通行量は奈良市中心市街地活性化協議会が実施している通行量調査が参考になります。奈良町に入ってくるルートは複数ありますが、商店街の通行量調査はもっとも通行量が多いと考えられる北側からのルートの2カ所で行われています（図C-1の地点①と地点②）。しかし、この2地点での調査は2008年に中心市街地の調査に追加されたばかりで、データが蓄積されていません。2008年には8月10日（日）のみ、2009年には8月9日（日）と10日（月）に調査が実施されましたが台風の影響で異常値となっていることから、2008年のデータのみを基に考察してみます。2地点の通行量の合計は4852人で、往復を考慮すると観光客の実数は2分の1の2426人ほどと考えられます。ならまち格子の家の2008年8月10日の入館者は471人で、これは地点①②を通過した観光客の約20％です。これを考慮すると、ならまち格子の家入館者から①②通過者（まち全体の来訪者）を求める拡大倍率は約5倍になります。2008年のならまち格子の家の年間入込客数は8万7555人で、これに休館日を補足すると約9万9200人となります。上記の倍率5をかける簡易な計算によれば、年間約50万人が奈良町を訪れていると考えられます。

今後も通行量調査が行われ、データが蓄積されていく予定ですが、調査日が天候に恵まれることを祈るばかりです。また、データの精度を上げるにはアンケート調査や四季の通行量調査の実施が望まれるところです。

参考文献

上田恵美子［2001］「都市型コミュニティと観光地形成——奈良町観光を事例として——」（財）アジア太平洋観光交流センター『入選論文集　第7回観光に関する学術研究論文　観光振興又は観光開発に対する提言』。
国土交通省観光庁［2009］『観光入込客統計に関する共通基準』。
小長谷一之［2002］「まちづくり自治体　奈良市・ならまち」『都市研究』第2号。
奈良市中心市街地活性化協議会［2009］『奈良市中心市街地通行量調査報告書』。
（社）奈良まちづくりセンター［2004］『まちづくりのめざすもの～（社）奈良まちづくりセンターの挑戦』（論文集）。
奈良市データ提供協力「奈良市ならまち格子の家」。
室雅博［2008］「町家再生と景観保全——『奈良町』の事例から——」『21世紀の都市像』古今書院。

第 15 章

非市場財の経済効果をどう測るか

小長谷　一之・久保　秀幸

1 取引されないモノ＝環境・景観・文化などの影響が現れる兆候を探す

　この世の中には、すぐに金銭で買えないものもあります。たとえば、風光明媚な山河の環境、歴史的町並みの風情などの景観・文化などの価値です。これらは、少なくとも店舗で入手できるものではなく、企業に注文して購入することもできません。

　市場で金銭によって取引できるもの、すなわち市場財は、これまでの14の章で説明してきた「産業連関分析」でその経済効果を測ることができますが、環境・景観・文化などの価値はすぐにはそれができないので、非市場財といわれています。

　しかしながら、実は、店舗で買えなくても、こうした良いものは、ただあるというだけでも、われわれの行動に影響を与えています。たとえば、わたしたちは美しい自然山河の風景をふと見に行くため、自由にドライブすることがありますが、そのときに費やしたガソリン代や時間は、その風景の地域に払ったわけではありません。また、煙モクモクの工場が隣りにある家と、美しい公園の隣りに建っている家とは、広さが同じでも、不動産価値が違う可能性があります。これを外部性の効果といいますが、これは、すぐに取引しなくても、長期的には不動産価値の差となって現れてきます。景観そのものの価値が反映すると考えられる不動産市場を代替市場として測れる可能性があるのです。また、美しい歴史的建築物や湿地をつぶして

開発するかどうかが問題となっているときに、それを保存するためならどれだけ保存費用を出せるか……。これは、そのような保存運動が起こらなくても、また実際に金銭のやりとりは結局しなくても、「架空」の金額をインタビューすることはできます。こうした考察をしてみると、市場で取引できないものでも、何らかの形で、人間社会に影響を与えているので、その「兆候」をとらえるように工夫することによりその「経済効果」を推定できるはずです。

このような手法は、実は、もともとすぐには市場では取引されないものがメインテーマである環境経済学などの分野において、たとえば、米国で石油タンカーの事故により生態系が受けたダメージを法的に評価する必要性などに迫られて発達してきました。こうした分野では、環境・景観・文化など非市場財の価値を評価できないと困るので、それを扱う手法が工夫されてきたのです。

2 「すでに行われた活動の結果」か「仮想的意見」で測る

非市場財の環境・景観・文化などの価値を評価する手法は大きく2つに分かれます。ここでは、久保［2007］や小長谷［2008］に従って、代表的な3つの手法について説明しましょう。

(1) 顕示選好法

「顕示」とは表に明らかになったしるしという意味ですから、これは、すでに行われた活動の結果を測るものです。

(1-1)「トラベルコスト法」（＝美しいものは遠くから来るという考え方）

集客系のものに人が来る行動を考えてみると、観光地で飲食したりお土産を買ったりしてお金を落とすものは、その対価を得ている直接効果となっています。

ところが、美しい景観をわざわざ遠くから見に来る交通費は、現地への代金と相殺されていない景観そのものを見に行くことへの投資とみなせるので、景観価値は「交通行動」に反映するとみます。

具体的には、「交通費の総和的な考え方」で、「消費者余剰」という需要曲線下側の面積で評価します。

(1-2)「ヘドニック法＋資本化仮説」（＝美しいもののまわりは高くなるという考え方）

市場で取引される効果は、経済活動を通じて市中に波及し、分散していきますが、不動産系の財の場合は、景観整備の効果などは逃げていかず固定化します。地価が上昇した場合、それは、景観価値が「不動産価値」に移転されたとみなせます。これを「資本化（キャピタリゼーション）仮説」といいます。

具体的には不動産価格（地価、地代など）を関数で測ります。第1章で述べているように、関数式は、通常は一次関数が一番簡単なので、回帰分析になります。

不動産価格を、景観を表すいろいろな要素の条件の一次式で推定するのです。表計算ソフトの回帰分析を使えばすぐにできます。

$$地価 = a_1 \times (駅からの距離) + a_2 \times (前面道路の幅) + a_3 \times (隣りの緑地面積) + \cdots$$

このとき、評価したい景観要素がたとえば緑地面積だとしたら、その前にかかっている係数 a_3 が、緑地の単位面積当たりの経済価値にほかならないと考えるのです。このような手法を「ヘドニック法」といいます。ヘドニックとは英語で「快適さ」のことで、この景観要素が「快適さ」の元と考えるわけです。すなわち、地価を景観の性質（景観要素）の式で特定すれば、景観要素当たりの価値を測定できるとする考え方です。

（2）表明選好法

実際に変化や行為が発生していなくても、想定問答に対する人々の意見から、人々の心のなかにある値打ちを測るというもので、以下のCVMが代表例です。

（2-1）「CVM（仮想評価法）」（=「もし……だったら」と仮想の質問をする考え方）
CVMとは、「コンティンジェント（条件つき）・バリュエーション・メソッド」の英語の頭文字で、条件付きの架空の評価のことを意味します。

アンケートのやり方としては、景観などの価値を破壊する状態の変化を説明して、

○ WTP（Willingness to Pay）「〜を保全するための金額」ないし、

○ WTA（Willingness to Accept Compensation）「〜を壊されたときの補償金額」、を聞きます。

これらの手法は、もともと自然環境の評価が主でしたが、人工物や人工景観、文化要素にも応用できることがわかってきました。そこで、「まちづくり」の評価、景観保全の評価もできるようになってきました。京都の町屋価値については青山他

[2003]の例があります。また久保が以下の第16章で紹介する例では、富田林市や今井町における「伝建地区」の指定箇所の地価上昇価値をヘドニック法で、彦根市の大正ロマンのまちづくり「四番町スクエア」の来訪者交通行動に現れる価値をトラベルコスト法で推定し、いずれも、まちづくりの結果、数億円規模の価値上昇があると評価しています。

3　景観の外部性を守るまちづくりとは？

(1) 景観保全は規制や補助が付きもの、その説明責任のためにも経済価値を調べることは大切

1) 規制についての考え方

　景観まちづくりでは、何らかの形での規制が必要です。古い歴史的街区の保全では、規制の厳しいほうから順に、「伝建地区」→「景観形成地区」→「地区計画」などの手法が存在します。伝建地区の例として以下の今井町や富田林、景観形成地区の例として坂越などがあります（小長谷・久保［2009］）。

　しかし京都の景観論争でもそうですが、都市部ほど異論が出てくる場合があります。その理由は、市場経済的にみると、規制は、その財（不動産）の未来の利用可能性を何らかの形で制約する（たとえば高層マンションを建てられなくなる）ので、不動産価値が減少するという考え方もあるからです。

　しかし、美しい景観がある場合は、選定された街区は、伝統的建造物が集積して一定の町並み景観が保全され、その景観に似合う整備が行われ、その結果、規制により、地価に負の影響をもたらすどころか、大きな正の効果を生み出していることが考えられます。そこで、こうした景観政策の場合、地価などの不動産価値に対しては、

　①規制によるマイナス効果、

　②景観価値の向上によるプラス効果、

の両者が同時にはたらくと考えられますが、長期的には両者を足して正になる、すなわち、②＞①となることが、まちづくりの効果なのです。

2) 補助についての考え方

　また、公共性のある歴史的まちづくりや観光まちづくりでは、行政の補助などの公共支援を行います。ですから、その補助等の効果を本当はある程度評価したほうが、説明責任（アカウンタビリティ）の面から望ましいといえます。

◎昔の市壁の内側の
歴史的都市（Alt Stadt）地区では、
厳しい景観規制を行い、
建造物を完全に保全する（市民合意あり）

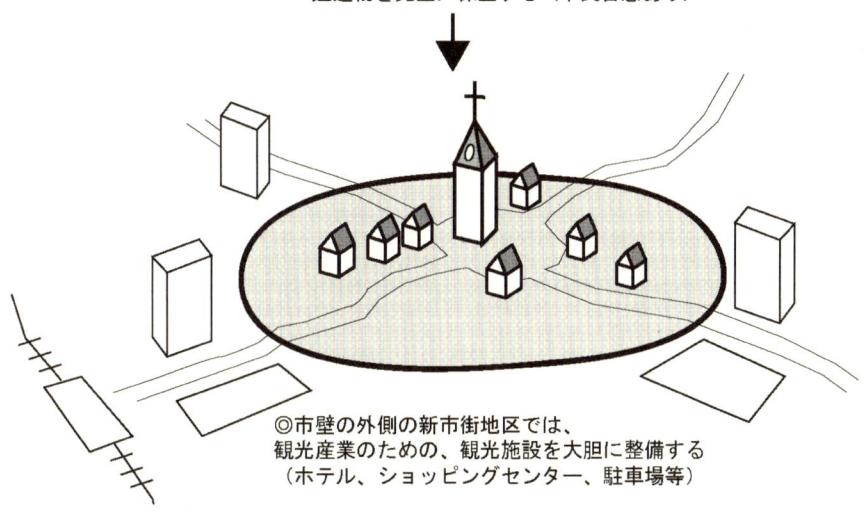

◎市壁の外側の新市街地区では、
観光産業のための、観光施設を大胆に整備する
（ホテル、ショッピングセンター、駐車場等）

【図15−1】観光まちづくりの合理的な機能分化モデル

出所）小長谷一之・木沢誠名・渡邊公章［2008］による。

3）定量的評価の必要性

このように、景観価値を定量的に評価できれば、公共政策の1つの根拠となることは確かです。ところが、景観価値は、（上記の公共性の議論のところでも示したように）市場で取引されない財なので、これまでは実は価値評価が難しかったのです。そこで、上記のような非市場財の経済効果測定の手法が重要になってきているのです。

（2）景観を守り、お金も回るようにする（地域経済を活性化する）、上手い、観光まちづくりのゾーニングのやり方とは？

しかし、景観を保全するために規制をすると、お金が回らなくなり、経済原理と逆行するのではないか、地元は「博物館価値」しかなくなり、景観では腹がふくれない……などという批判が出てくるのかもしれません。

そのような景観保全と経済開発をうまく調和させているのがヨーロッパです。

それは、外部性というものが、面的な効果なので、うまくゾーニング（面的な用

途規制）をして、景観地区と経済開発地区をセットで整備するという方向性です。

　ヨーロッパの都市では、1）中心にアルト・シュタット（Alt Stadt）＝古い町並みがあり、そこでは町並み保全の徹底的な規制が適用されていますが、これと極めて対照的に、2）その周辺（街区のすぐ外側）には、ホテルなどの宿泊施設・観光サービス施設、駐車場などが大胆に計画されているところが多くなっています。すなわち、「中心－周辺」の区分けが非常に明快になされており、これによって、観光客は、極めて快適に町並み観光を楽しむことができるのです。

　このようなことが成功している理由としては、ヨーロッパでは、そもそも町の形成過程で市壁（City Wall）があるという特徴をもっていることもあります。しかしそれだけでなく、欧米人の発想として、「町並みを保存する中心部」＝観光資源（リソース）⟷「保存地区の外郭部」＝観光サービス機能、という、機能分化を徹底させて、双方合わせて観光マーケティングを構築していこうという、合理主義の存在が指摘できます。

　こうした徹底的なビジョンが日本のまちづくりでは欠けている可能性があるのです。したがって、今後、歴史的町並み保全型の都市観光も、その中心部（資源エリア）は観光資源に徹して開発利益はある程度抑制するが、その代わりに周辺部（サービス機能エリア）は、思い切って開発を進め徹底的に便利にし、中心も恩恵を受けるようにする、などの分担関係をはっきりさせることも大切なことと思われます。

　伝建地区や歴史的町並み保全では、今後の課題としては、ヨーロッパ流の合理的な「中心－周辺型」のゾーニングなどを参考に、周辺に宿泊施設や商業施設などを整備する機能分化戦略を考える必要性があると思われます。

参考文献

青山吉隆・中川大・松中亮治［2003］『都市アメニティの経済学――環境の価値を測る――』学芸出版社。

久保秀幸［2007］「小街路空間がもたらすまちづくり効果について――彦根市四番町スクエアの事例から――」『創造都市研究』通巻3号、pp.59-84。

小長谷一之［2008］「21世紀の都市問題とまちづくり」『21世紀の都市像』古今書院。

小長谷一之・久保秀幸［2009］「個性を生かすまちづくりと創造都市」（塩沢由典・小長谷一之編『まちづくりと創造都市2』）pp.27-41、晃洋書房。

小長谷一之・木沢誠名・渡邊公章［2008］「特集：まち並み観光を極める――まちづくりと都市観光マーケティング」大阪観光大学観光学研究所編『観光＆ツーリズム』第11号。

第 16 章

伝建地区や大正ロマンのまちづくり

久保　秀幸

1　奈良県橿原市今井町

(1) 今井町の概要

　奈良県橿原市は、大阪から公共交通（電車）で約30分程度の距離にある人口約12万5000人の奈良県中南和地域の地方拠点都市です。橿原市の中心市街地にある今井町は、16世紀の天文年間ころに浄土真宗の武装宗教都市（寺内町）として今井寺内町が成立し、中世末期には環濠により自主的な町の運営を行っていました。今井町は、立地的に交易の結節点にあったため、

【写真16-1】今井町の街並み（筆者撮影）

商業都市として繁栄し、近世には「今井札」という紙幣を独自に発行し、「大和の金は、今井の七分」と民謡に歌われるほどでありました。しかし、明治以降は、交

通体系が街道や河川から鉄道へシフトし、立地的な優位性が失われはじめ、今井町は衰退するようになっていきました。

現在の今井町は、重要文化財に指定されるような個々の重要建築だけでなく、歴史的な町並みが形成されています。

（2）保全活動の契機と住民運動組織

ほかの市町村と同じように今井町にも、重要文化財が指定される以前の1962年には、大規模開発の立場から2つの都市計画道路が計画されていました。

1971年には、称念寺の住職とその檀家により「今井町を保存する会」が結成されていましたが、今井町全域には認知されていませんでした。しかし、1975年に三浦市長が誕生し、橿原市の都市計画において「保全」問題の位置付けを行うのに、都市計画道路の存在は、あらためて都市計画を議論する契機となりました。これをきっかけに保全活動が活発化するようになります。

1975年には、新たな住民組織として、今井町の商工業者による親睦団体として、「親和会」が結成され、行政だけによる保存運動だけでなく、住民も巻き込んだ保存運動の先駆けともなりました。1978年、市長の強い要請で、親和会の会長Y・I氏による呼びかけのもとに「住民協議会」（正式名称：「今井町保存問題に関する総合調査対策協議会」）が発足しますが、保存に対する反対意見もありなかなかうまく話は進まず、大規模な町並み調査のための調整組織となりました。その後、1983年に、今井町の若手が集まり「今井青年会」を発足させ、保存を前提としたものではなく、まず今井町の歴史や生活文化を理解することから始めようと、「今井塾」を開催するようになります。この活動は住民視線から今井町の価値を見つめ直すものであり、次第に保存活動に無関心であった住民や大地主の旦那衆も参加するようになり、単なる文化財の保存のみならず今井町自体のもつ歴史的価値を住民に認識させるものとなっていきました。

1985年に「住民協議会」の会長に「親和会」の会長であったY・I氏が就任し、これにより「住民協議会」は保存へ積極的となりました。そして1988年には「住民協議会」の中で保存賛成者が大勢を占めたため、「住民協議会」から「今井町町並み保存会」へと名称を改め保全への機運が高まります。その機運を受けて橿原市も、1989年に「橿原市伝建地区保存条例」を公布するに至りました。

ところが1990年に、保存という規制により資産価値がどのようになるのか、あるいは自由な建築ができなくなり町の発展が疎外されるのではないか、と一部の反対住民により「今井町町並み保存を再考する会」が発足されます。保存会・自治

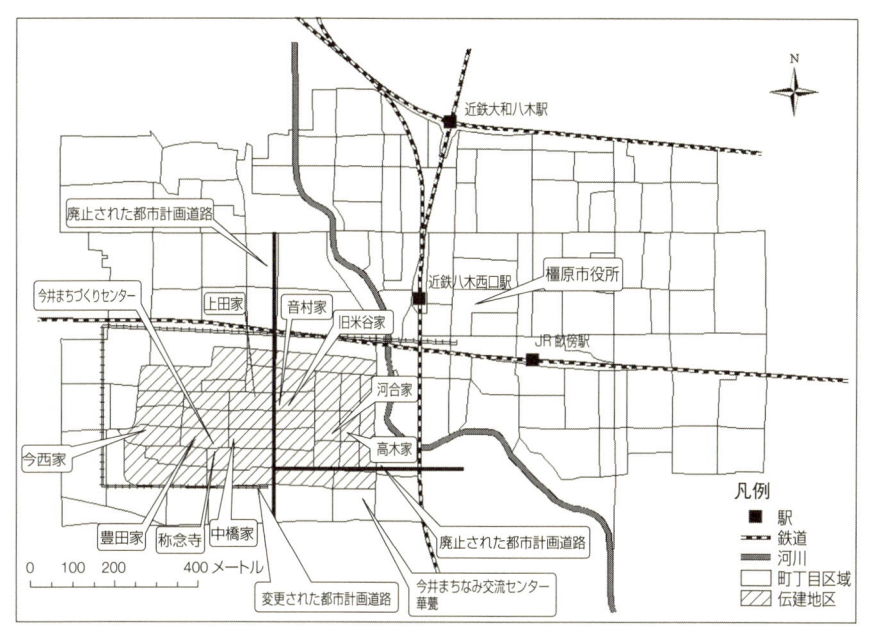

第16章 伝建地区や大正ロマンのまちづくり

【図16-1】橿原市の中心市街地と今井町

出所）筆者作成。

会・行政は、再考する会と幾度となく話し合いの場をもちますが、反対住民との意見の食い違いの差はなかなか埋まりませんでした。

そこで、解決策として、伝建地区の指定に関する機関として「橿原市伝統的建造物群保存地区審議会」がすでに設置されていたのですが、その審議会に住民意見が確実に反映されるように、1992年に「今井町町並み保存住民審議会」を設置することにより町内は合意されます。この「今井町町並み保存住民審議会」は、全国的にもまれな住民組織であり、行政側の「橿原市伝統的建造物群保存地区審議会」に建議できるという大きな特徴をもっています。

このように住民組織と住民合意が整い、橿原市都市計画審議会は今井町を市の伝建地区として承認することになり、1993年に、東西600m、南北310mの17.4haの街区が、文化庁により重伝建地区（重要伝統的建造物群保存地区）としてようやく選定されました（図16-1）。

(3) 今井町の集客を利用した効果計測(トラベルコスト法)

今井町の案内施設および郷土資料館である「今井まちなみ交流センター(華甍)」には、来訪者帳簿があります。華甍(はないらか)は、駐車場を併設した中核施設であるため、街並み見学をする人が訪れる可能性の高い施設となっています。そこで、2008年4月1日から2009年3月31日までの帳簿を利用することにより、出発地(都道府県)および駐車場利用の有無、人数を把握することができます。このデータをもとに、交通モードを自動車と公共交通機関(電車・飛行機の安価なほうを選択)に区分します。ここで自動車については、高速料金と所要時間を考慮します。公共交通機関については、出発先の県庁所在地から近鉄大和高田駅までの運賃と所要時間を考慮します。そのほかに考慮した数値は表16-1のようになります。

【表16-1】今井町での必要データ

項　　目	数値	備　　考
年間利用者数(人/年)	32,500	華甍来訪者帳簿
自動車平均時速(km/h)	30	大野ほか[1996]
ガソリン単価(円/L)	132	2008年実勢価格
燃費(km/L)	10	大野ほか[1996]
時間価値(円/h)	678	奈良県最低労働賃金(2008)

まず、アクセス費用 P は各交通モードの和であるため、(16-1)式にて算出します。

$$P=\sum(Q_i+V_i\times T_i) \tag{16-1}$$

(P:アクセス費用、Q:往復交通費、V:時間価値、T:所要時間)

ここで、時間価値 V は森杉[1997]によると、レクリエーションに費やす時間の価値は、通常の賃金率の2分の1程度を時間価値としているのでそれを利用します。

$$時間価値\ V=所要時間\times(最低賃金率\times 0.5) \tag{16-2}$$

これらの数値を用いて、効果を算出します。まず、アクセス費用の対数を用いた線形型とした(16-3)式のような需要関数を想定します。

$$\ln P=aX+b \tag{16-3}$$

(P:アクセス費用、X:年間利用回数)

ここで、遠方からの訪問者は利用回数が少ないという距離減衰関係があるため、$a<0$ となります。

この需要関数を、両軸を P と X にした空間で考えると、この空間内の曲線の下側の面積が消費者余剰であるので(※正確には消費者余剰の変化を計算すべきです

が、以前は広域からの観光目的のトリップはほとんどないと仮定します)、上記 X を年間で計算しておけば、年間経済効果が評価できることになります。

そこで、(16-3)式を $P-X$ の関係に変換すると、
$$P=\exp(aX+b) \tag{16-4}$$
これより、$P-X$ 平面下の面積積分は、
$$\begin{aligned}I &= \int_0^\infty P dx \\ &= ((1/a)\exp(ax+b))_0^\infty \\ &= (1/a)(\exp(-\infty)-\exp(b))\end{aligned} \tag{16-5}$$
と導くことができます。ここで、$a<0$ より
$$I=-(1/a)\exp(b) \tag{16-6}$$
となります。この結果、今井町の集客による効果は約2億6000万円の年便益となりました。

(4) 今井町の地価を利用した効果計測(ヘドニック法)

次に、重伝建地区である今井町の景観価値を地価から算出します。まず、橿原市の中心市街地の地価を調査します。今回は、図16-2のように今井町を含む約1.2km×約0.9kmの範囲について、町丁目を単位とした156の街区をサンプル設定し地価を目的変数とします。

次に、説明変数となる地価の属性データは、交通に関するものとして「最寄駅までの距離」、「大和八木駅までの距離」、「最寄駅が大和八木駅かどうかのダミー」、建築に関するものとして「法定容積率」、「建蔽率」、「下水道整備ダミー」を採用しました。景観に伴う変数としては、対象街区を現地調査し、今井町における歴史的建築物と同程度の建築物を確認したうえで、その建築物の階数と敷地面積を乗じた「歴史的建築物面積」を算出しました。同様に「ビル建築面積」も調査確認し、さらに「重伝建地区ダミー」を加えて、全部で10変数を設定しました。

まず、これらの各説明変数で多重共線性に注意するため相関関係を確認します(表16-2)。

そして相関関係の結果、より相関性の高い(相関係数0.7以上)「八木駅までの距離」、「建蔽率」、「歴史的建物」の3変数を除外し7変数を残しました。次に、残された7変数で、総当たり組み合わせにより分析したところ、統計的有意性を確保できた6変数にて検証を行いました(表16-3)。また、採用した説明変数の記述統計を表16-4に示します。

これらのデータにより、地価関数型として、以下の(16-7)式を用いて回帰分析を

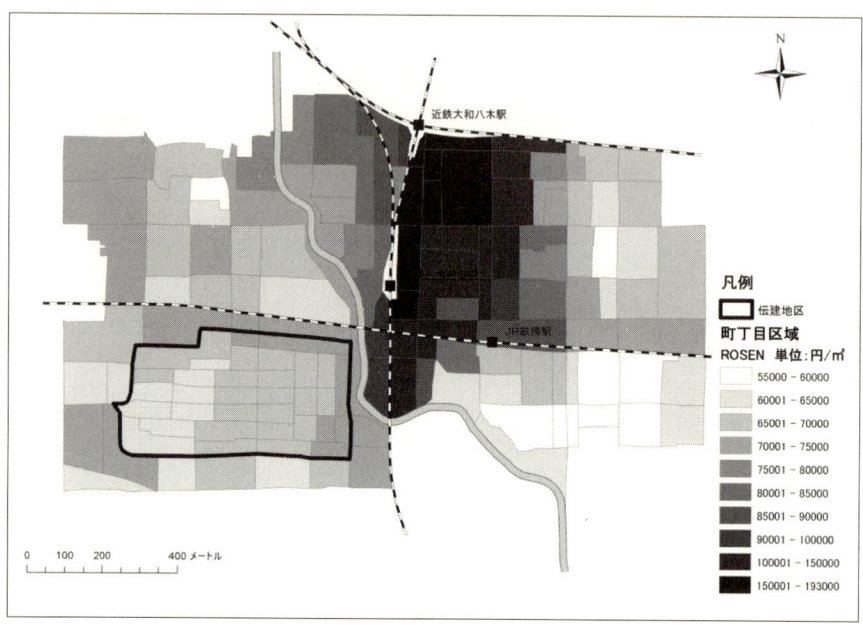

第Ⅲ部　分析・応用編──D. 景観・文化・環境のまちづくりに関する経済効果

出所）筆者作成。

【図16-2】今井町とその周辺の路線価

【表16-2】パラメータの相関関係

	駅距離	容積率	幅員	八木駅距離	歴史建物	ビル建物	建蔽率	伝建ダミー	八木駅ダミー	下水ダミー
駅距離	1									
容積率	-0.506	1								
幅員	-0.127	0.539	1							
八木駅距離	0.73	-0.397	-0.044	1						
歴史建物	0.271	-0.325	-0.405	0.352	1					
ビル建物	-0.075	0.279	0.245	-0.153	-0.196	1				
建蔽率	-0.582	0.721	0.432	-0.398	-0.307	0.193	1			
伝建ダミー	0.307	-0.253	-0.373	0.417	0.725	-0.165	-0.351	1		
八木駅ダミー	-0.237	0.115	-0.054	-0.683	-0.304	0.085	0.135	-0.263	1	
下水ダミー	-0.114	0.169	-0.04	-0.103	0.193	0	0.183	0.226	0.222	1

行ったところ、各説明変数のパラメータは、表16-5に示す値となりました。

$$y_i = \beta_0 + \sum_{k=1}^{m} \beta_k x_{ik} + \varepsilon_i \tag{16-7}$$

　　y_i：路線価　　β_k：パラメータ（$k=1\cdots m$）

【表16-3】 説明変数の説明

	概要説明
路線価	2007年度　相続税路線価格（円/m²）
駅距離	街区の中心から最寄駅までの距離（m）
容積率	法定容積率（%）
幅員	街区を取囲む前面道路幅員（m）
ビル面積	街区にある3階建以上の総建築面積（m²）
伝建ダミー	街区が伝建地区である場合は1、ない場合は0
八木駅ダミー	街区の最寄駅が近鉄大和八木駅である場合は1、ない場合は0

【表16-4】 データの記述統計

	路線価	駅距離	容積率	幅員	ビル面積	伝建ダミー	八木駅ダミー
平均	81038.462	360.737	238.462	5.449	1668.256	0.212	0.205
標準偏差	27148.073	202.518	79.077	1.977	5167.544	0.41	0.405
最大値	193000	920	400	13.8	47663	1	1
最小値	55000	50	200	2.5	0	0	0

【表16-5】 今井町推定結果

	偏回帰係数	標準偏回帰係数	t 値
駅距離	−24.659	−0.1839	−3.595
容積率	166.126	0.4839	8.259
幅員	3884.664	0.2828	5.229
ビル面積	0.799	0.1521	3.513
伝建ダミー	9405.359	0.1419	2.955
八木駅ダミー	20461.642	0.3053	6.943
定数項	21630.271	―	3.661

　このとき、修正済決定係数は $R^2=0.725$ であり、t 値検定もすべての変数で有意となりました。そこで、重伝建地区が選定されたエリアのパラメータを利用して、重伝建地区に選定された街区の粗便益を算出すると、重伝建地区に選定されている面積が17.4haであることから、

　　$P=β×S$

　　（P：粗便益、$β$：パラメータ、S：面積）

より、重伝建地区全体で、9405×17.4ha＝約16億3650万円相当の効果があることがわかりました。

2 大阪府富田林市寺内町

(1) 富田林市の概要

　大阪府の南東部に立地する富田林市は、大阪都心部から約20km離れたところに所在する人口約12万人の都市です。富田林市の中心市街地には、永禄年間（1558〜1569年）の初めころに京都興正寺門跡世証秀上人によって創建された宗教自治都市である「富田林寺内町（現在の富田林町）」
じないまち
の地域があります。近鉄河内長野線富田林駅から約300m南側の位置にあり、範囲は四方約350mの集落で六筋七町の町割りで、17世紀以降は、宗教色が薄れ、その立地環境から材木・油・酒蔵などの商業活動による在郷町として発展してきました。現在でもその町割り形態は残されており、往時の繁栄ぶりをしのぶ町家が集積し、歴史的な景観を形成しています。

【写真16-2】旧杉山家住宅（筆者撮影）

(2) 保全への経緯と住民活動

　このような歴史的な街並みが残っていたので、1957年に大阪府教育委員会が注目し、調査が入りました。その後、建築分野の専門家を中心とするチームによって「富田林寺内町保全構想」が1972年に提案されます。その翌年の1973年には、地元住民が中心となった「富田林寺内町をまもる会」が結成され保全活動が進みはじめました。そのようななか、寺内町にある「杉山家住宅」が不動産屋へ売却されるという事件が起こりました。当時の富田林市は、これを歴史的な文化遺産と認識し、1983年に不動産屋から約1億7000万円で買い戻しを行います。

　この買い戻しは、当時の『朝日新聞』で「小さな市の大きな決断」と記事にされるほど、富田林市の後のまちづくりにとって大きな契機となりました。そして、旧杉山家住宅は国の重要文化財に指定され富田林市の貴重な文化遺産となるのですが、その際に文化庁から、このまとまった歴史的町並みを保存するように薦められ

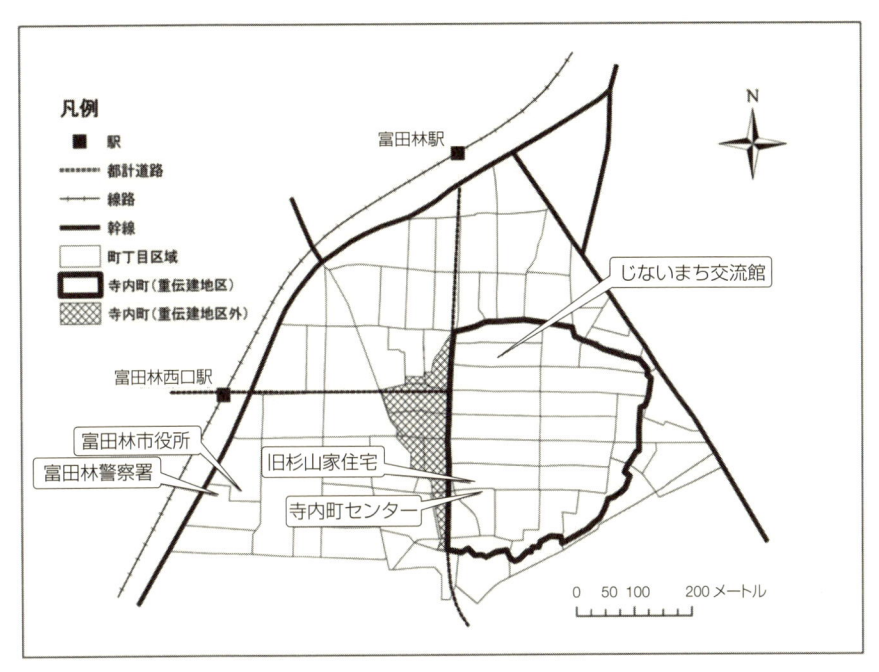

第16章　伝建地区や大正ロマンのまちづくり

【図16-3】富田林市の中心市街地と富田林寺内町

出所）筆者作成。

ます。旧杉山家住宅は、約2億5000万円をかけて補修工事が行われることになり、そのときに住民説明会やアンケートが実施されます。1987年には「富田林寺内町地区町並み保全要綱」が施行され、旧杉山家住宅の一般公開が開始されると保全活動が活発になり、町並みの修景事業に対して大阪府が補助制度を実施し道路美装化工事を開始します。また「仲村家住宅」が大阪府の有形文化財に指定されるなど保全化が進み、1991年には「富田林市伝統的建造物群保存地区保存条例」が公布されました。寺内町は、富田林市にとって大きな価値があると認められることになりました。そのころ、行政による保全活動は活発になっていましたが、地元住民の活動組織である「富田林寺内町をまもる会」は、寺内町の保全への契機を与えたものの、支援等の不足により休眠状態となっていました。そこで、さらなる保全体制の確立のため、富田林市は、以前から文化庁に薦められていた重伝建地区の選定をにらんで、住民協力を強固にするため、行政の呼びかけで「富田林寺内町をまもり・そだてる会」を1994年に結成します。「まもりそだてる会」のメンバーには、寺内町に

303

住んでいるほぼ全世帯の253名が参加し、住民協力組織として大きな礎となりました。そして、富田林寺内町は、1997年に文化庁から重伝建地区に選定されました。

(3) 富田林寺内町の集客を利用した効果計測（トラベルコスト法）

富田林寺内町の休憩所および案内所となっているまちなみ交流館は、「まもりそだてる会」が指定管理者制度により運営を受託しており、その職員により来館者数の目視調査が行われています。集客効果の計測には、その調査による年間利用者数と、常設されている2008年1月から2008年12月までの1年間の来館者アンケート調査を活用します。アンケートの内容には、訪問頻度・出発地点・交通手段・基本属性などのデータがあります。これらのデータをもとに、交通モードの区分と、運賃や所要時間を算出します。考慮した数値は、表16-6のようになります。

【表16-6】富田林寺内町での必要データ

項　目	数値	備　考
年間利用者数（人／年）	25,143	まちなみ交流館目視調査
自動車平均時速（km/h）	30	大野ほか［1996］
ガソリン単価（円／L）	132	2008年実勢価格
燃費（km/L）	10	大野ほか［1996］
時間価値（円／h）	748	大阪府最低労働賃金（2008）

このデータを前節（3）と同じように算出すると、富田林寺内町の集客効果は、約8000万円の年便益があることがわかります。

(4) 富田林寺内町の地価を利用した効果計測（ヘドニック法）

まず、富田林市の中心市街地の地価データを図16-4のように調査します。目的変数となる地価データ数は、71街区を設定しました。

次に、説明変数となる属性データは、「各街区の前面道路幅員」、「最寄駅までの距離」、「歴史的建築面積」、「法定容積率」、「商業施設が集積する幹線道路までの距離」、「3階建て以上の商業ビル建築面積」、「重伝建地区ダミー」の7変数を想定します。これらの7変数の多重共線性を防ぐために相関関係を調べてみると、表16-7のようになりました。

そこで、相関係数の絶対値が0.7を超える「商業集積からの距離」を除外したうえで、6つの説明変数の総当たり組み合わせから、予測モデルの当てはまりがもっとも高いものを選択すると、統計的有意である4変数が最終的に採用されます。その記述統計は表16-8となります。

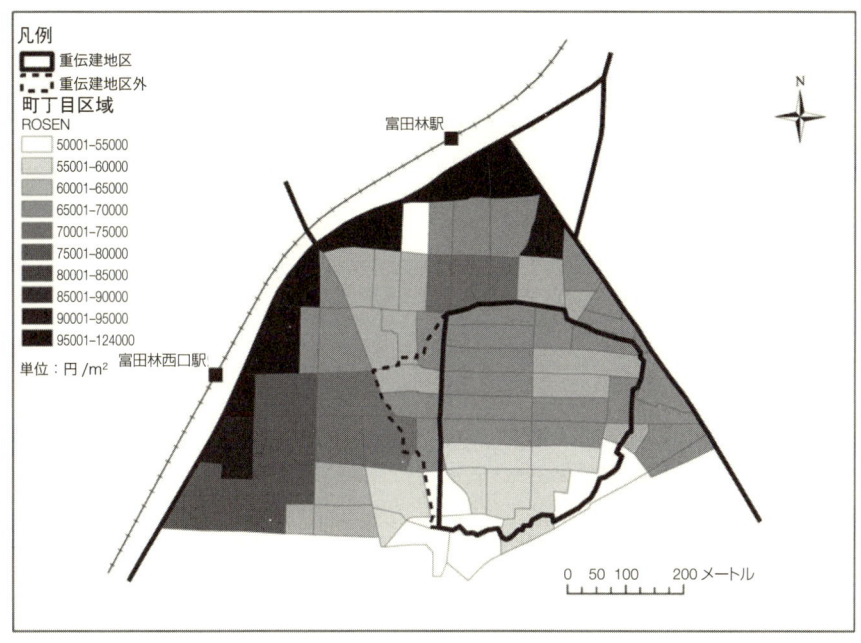

第16章　伝建地区や大正ロマンのまちづくり

凡例
- 重伝建地区
- 重伝建地区外

町丁目区域
ROSEN
- 50001–55000
- 55001–60000
- 60001–65000
- 65001–70000
- 70001–75000
- 75001–80000
- 80001–85000
- 85001–90000
- 90001–95000
- 95001–124000

単位：円／m²

出所）筆者作成。

【図16－4】富田林寺内町とその周辺の路線価

これらのデータにより、地価関数型として、(16-7)式を用いて回帰分析を行ったところ、各説明変数のパラメータは、表16－9に示す値となりました。

このとき、修正済決定係数は $R^2 = 0.711$ であり、t 値検定もすべての変数で有意となりました。

【表16－7】パラメータの相関関係

	幅員	駅距離	歴史的建築面積	法定容積率	商業集積距離	ビル建築面積	重伝建地区ダミー
幅員	1						
駅距離	−0.151	1					
歴史的建築面積	−0.44	0.374	1				
法定容積率	0.464	−0.682	−0.289	1			
商業集積距離	−0.441	0.767	0.362	−0.646	1		
ビル建築面積	0.257	−0.34	−0.246	0.309	−0.32	1	
重伝建地区ダミー	−0.288	0.595	0.667	−0.386	0.448	−0.218	1

【表16-8】データの記述統計

変数名	平均値	標準偏差	最大値	最小値
路線価（m）	69985.915	14210.15	124000	50000
幅員（m）	5.838	3.74	15	2.5
駅距離（m）	334.986	146.69	658	69
法定容積率（％）	230.986	52.349	400	200
重伝建ダミー	0.295	0.459	1	0

【表16-9】富田林寺内町の推定結果

	偏回帰係数	標準偏回帰係数	t 値
幅員	1908.294	0.502	6.382
駅距離	−48.908	−0.505	−4.654
法定容積率	63.011	0.232	2.252
重伝建ダミー	6330.585	0.204	2.441
定数項	58801.761	−	7.077

　そこで、重伝建地区に選定されている面積が11.2haであることから、これを乗じることにより、富田林寺内町の経済効果は、約7億900万円相当の効果があることがわかりました。

3　滋賀県彦根市四番町スクエア
　　──大正ロマンのまちづくり

（1）彦根市の概要
　滋賀県彦根市の中心市街地は、国宝彦根城の城下町であり、道路網・社寺・街並み・地名等にその名残をとどめています。戦前から湖東地方の購買力を吸収する力をもった商店街など、商業・業務機能等が集積し、地域では中心的役割を果たしてきました。
　彦根市の中心市街地の範囲には12の商店街がありましたが、彦根城の大手門に続く通りは、かつて市役所・県事務所・病院などが集積する官庁街でした。ここが歴史的な城下町としてのいわゆる「本町」であり、1960年代半ば以降、街路整備と防災建築が整備され、当時としては非常に近代化された商店街として多くの注目を集め、滋賀県下のにぎわいのある商店街として繁栄してきました。
　ところが、JR彦根駅周辺地区の整備に伴い1970年に県事務所、1971年には市役所などの行政庁が、駅前大通り沿いに移動することになります。さらに1970年代後

半に入ると、郊外への人口移動に伴い、ロードサイドショップが発展するなどにより商業地が分散していきます。一方、中心市街地の商店街は、店舗やアーケードなどの老朽化に加えて駐車場の不足や道路整備の遅れなどから顧客が減少し、徐々に空き店舗が目立つ商店街へと変遷することとなり、にぎわいが失われていくことになりました。

（２）大正ロマンのまちづくり「四番町スクエア」

1995年に地域の独自性を追及し「OLD NEW TOWN～古い良さを生かした新しい活気のみなぎるまち～」をコンセプトとして江戸期の町屋景観を再生し完成した夢京橋キャッスルロードの南東に隣接する「市場商店街」は、大正時代末期に数軒の食料販売店が開店したのを契機に公設市場が開かれるようになり、彦根市はもとより近隣

【写真16-3】四番町スクエア（筆者撮影）

市町村の台所として、生鮮食品や惣菜の街として1960年代半ばをピークに県下でももっともにぎわう商店街のひとつでありました。地元のキーパーソンのひとりN氏によると、当時は、近隣住民だけでなくバスを利用した来客が多く、最盛期の商売は、売上金が多く、ドラム缶に現金を押し込むほどの盛況ぶりだったそうです。しかしながら、この商店街は、立地的には駅からも遠く、大通りに面しておらず、アーケードを施しながら、幅員が３ｍ程度の道路を挟んで間口の狭い木造老朽建物が連なっているという状況でした。そのため、郊外に大型量販店が展開される1970年代半ばから徐々に衰退が始まり、空洞化がみられるようになります。

そこで、1982年に「第一種市街地再開発事業基本構想」が彦根市で策定され、1985年には、「本町地区整備基本計画」が策定されました。ここで、核テナントとなる大型店を想定した再開発事業が構想され、それによる商店街の活性化を図ろうとしました。

しかし、1994年ころに、幹線道路が未整備であること、バブル経済による地価高

騰の影響を受け保留床も高いことなどから、再開発事業で想定されていた核店舗が撤退する話が聞かれるようになります。そこで、危機感を感じた上述のN氏や若手商店街主たちが、再開発事業賛成派2名・反対派2名を発起人とした計12名を集め、「市場商店街の明日を考える会」を発足させます。これまで行政・大型店のみに頼ってきていたが、そもそも地域・自分たちの商店街がどうあるべきかなどを根本的に検討する会として議論を開始したのです。そのようななかで、1996年に、核店舗の撤退が決定、上記大型店中心の再開発事業を断念することが正式に決まり、商店街の再生問題を本格的に考える必要が生じました。そこで彼らは、「市場商店街の明日を考える会」を前進させ、行政・大型店に頼らないで自分たちの商店街は自分たちで作り直そうと強い意志をもって、おおむね3年で何か成果を出そうと「檄の会」を結成します。「檄の会」は、地域で比較的広大な敷地である空き地に注目し、その空き地を中心とした再生計画を立てます。まず、地権者20名への個別の聞き取り調査を行い、さらに、買い物客の主役である女性たちの意見を聞くなどの活動を地道に積み重ねていきます。地道な活動により、再生計画の構想がおおむね完成し、1998年には再生手法として土地区画整理事業が検討されます。ここで、補助金対象となる必要面積と街区全体の構想が有意義であると彦根市に評価されたことにより、事業範囲を広げ、1.33haが再生計画の対象となります。そして、「檄の会」のメンバーが役員となり、プロジェクトの具体的準備機関として、「ほんまち夢工房」を立ち上げます。「ほんまち夢工房」は、77名の全権利者へのヒアリングを行うなどの活動を行い、本格的な再生計画を実行するうえで重要な役割を果たします。「ほんまち夢工房」の活動により、ほぼ全地権者の再生計画への同意が取れたことから、1999年8月に「本町土地区画整理組合」が設立され、土地区画整理事業の手法としての組合活動が本格的に展開されます。それと同時に、さらに高度なまちづくりを検討する会として、地域住民は、檄の会のメンバーが役員となる「本町地区共同整備事業組合」を併設しました。

　ここで「本町地区共同整備事業組合」は、大正ロマン漂う街並み景観をコンセプトとし、街なかに小さな界隈性をもたせるために、ポケットパークやパティオなどの空間を街なかに形成すること、また対面販売商店街の名残として、小さな回遊性を施す3m路地の創設などを決定します。また、街の愛称を公募しその結果、江戸時代から続いていた白壁町・内大工町・寺町が合併して成立した大字名「四番町」という町名と、面的（スクエア）なにぎわいを広がることを期待することを合わせて、「四番町スクエア」と命名されます。

　このようにして区画整理事業も進み、やがて「区画整理組合」は事業の完成とと

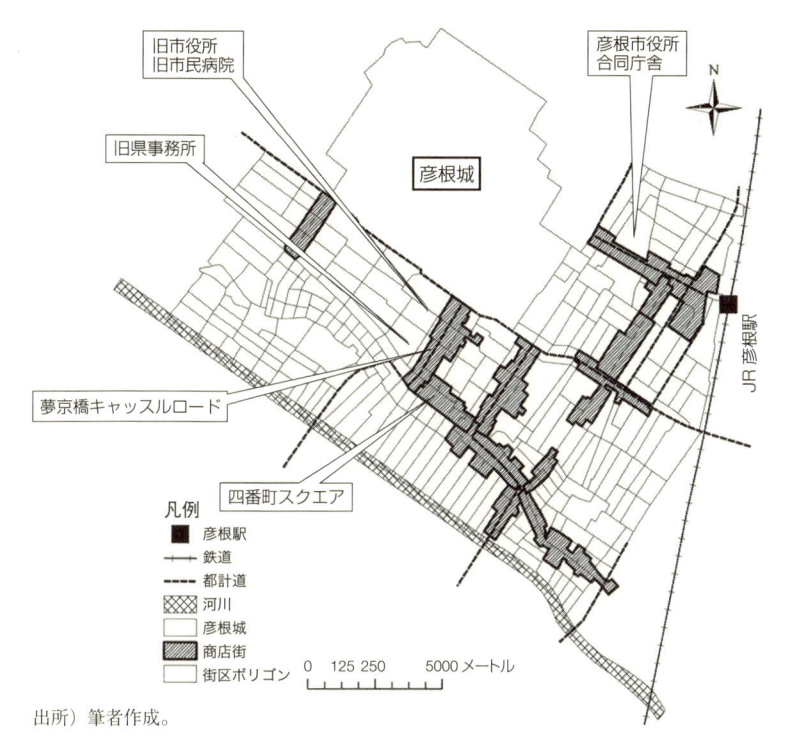

第16章　伝建地区や大正ロマンのまちづくり

【図16−5】彦根市の中心市街地の概要図

出所）筆者作成。

もに解散されるため、継続的に街の核的運営組織として、2003年に、まちづくり会社として「(株)四番町スクエア」が出資者8名、資本金2175万円によって設立されました。2005年には、地域コミュニティの場として、観光や商店の情報提供案内、料理教室、市民ギャラリー、地域FM放送局サテライトスタジオなどの活動を行う「地域交流センター（通称「ひこね街なかプラザ」）」がオープンします。土地区画整理事業が継続しているなか、完成した店舗から営業を始めていることもあり、ひとつの節目として2005年11月に街びらきが行われました。そして、四番町スクエアの核施設となる彦根の食文化をアピールした「ひこね食賓館四番町ダイニング」が完成し、これを契機に「四番町スクエア」は2006年5月に本格的にスタートしました。

（3）四番町スクエアの集客による効果計測（トラベルコスト法）

　年間の利用者数ですが、四番町スクエア内の中核施設のひとつであるパティオ（小広場）で2006年に筆者が行ったアンケート調査のデータを用います。アンケートの内容には、訪問頻度・訪問目的・出発地点・交通手段・基本属性などがありますので、これをもとに(16-8)式のように年間利用回数を求めていきます。

$$X = n \times K \tag{16-8}$$

　（X：年間利用回数、n：アンケート回答数、K：拡大係数）

　まず、拡大係数Kを求めます。$K = \alpha_1 \times \alpha_2 \times \alpha_3 \times \alpha_4$とすると、

１）パティオでの回収漏れによる拡大係数　α_1

　パティオに流入したすべての来訪者のうち回答率を当日の観測結果から考慮すると約70％であったので、（パティオ流入者数）×0.7＝nとなり、（パティオ流入者数）＝$1.42n$より、$\alpha_1 = 1.42$となります。

２）四番町スクエア全体への拡大係数　α_2

　筆者が行った歩行者数調査から、メインストリートの通過者の40.8％がパティオへ流入することにより、

　　　（四番町スクエア全体の来街者数）×0.408＝（パティオ流入者数）であり、
　　　（四番町スクエア全体の来街者数）＝（パティオ流入者数）×$2.45n$

よって、$\alpha_2 = 2.45$となります。

３）天候・曜日調整拡大係数　α_3

　アンケート当日は雨であったことを考慮して、森杉［1997］による１カ月当たりの日数調整係数（23.8）を利用し、年間拡大係数（12カ月）を推定します。

　　　$\alpha_3 = 23.8 \times 12 = 285.6$となります。

４）時間拡大係数　α_4

　筆者が調査したところ、四番町スクエアの店舗営業時間の平均は8.53時間でした。そこで、アンケート調査時間が３時間であることを考慮して時間拡大係数を求めると、$\alpha_4 = 2.84$となります。

【表16-10】四番町スクエアでの必要データ

項　目	数値	備　考
年間利用者数（人／年）	183,417	アンケート調査
自動車平均時速（km/h）	30	大野ほか［1996］
ガソリン単価（円／L）	120	2006年実勢価格
燃費（km/L）	10	大野ほか［1996］
徒歩平均速度（km/h）	4	駅からの距離1.3km
時間価値（円／h）	662	滋賀県最低労働賃金（2006）

　これら以上すべてを考慮すると、最終的な拡大係数Kは、

$K = 1.42 \times 2.45 \times 285.6 \times 2.84 = 2821.8$

となります。

　さらにアンケート回答数 n は、青山他［2003］によると、来街者の目的が重複していることは過大評価となることから、四番町スクエアの町並み見学や飲食などを目的とした回答数のみを採用します。さらに、徒歩による近隣者も除外します。これにより、有効回答数は $n=65$ となり、(16-8)式より、

年間利用数 $X = 65 \times 2821.8 = 183,417$（人／年）

となります。

　あとは前節と同様に、交通モードの区分と、運賃や所要時間を算出します。考慮した数値は表16-10のようになります。

　このデータを前節と同じように算出すると、四番町スクエアの集客効果は、約2億1000万円の年便益があることがわかります。

（4）彦根市中心市街地の地価を利用した効果計測（ヘドニック法）

　まず、彦根市の中心市街地の地価データを図16-6のように調査します。目的変数となる地価データ数は、295街区を設定しました。

　次に、説明変数である属性データとして、「JR彦根駅までの距離」、「道路幅員」、「法定容積率」、「景観整備ダミー」の4変数を採用します。利用したデータの記述統計は表16-11のとおりで、各パラメータは表16-12となりました。

　このとき、修正済決定係数は $R^2 = 0.760$ であり、t 値検定もすべての変数で有意となりました。

　そこで、大正ロマン風に整備された四番町スクエアの面積が1.3haであることから、これを乗じることにより四番町スクエアの経済効果は、約1億1500万円相当の効果があることがわかりました。

【表16-11】データの記述統計

	平均	標準偏差	最大値	最小値	1の個数
路線価（円／m²）	48925.42	10013.32	93000	28000	−
駅距離（m）	981.17	475.99	1941.07	26.79	−
幅員（m）	5.69	3.22	21	1.9	−
容積率（%）	277.29	106.55	600	200	−
景観整備ダミー	−	−	−	−	14

【表16-12】四番町スクエアの推定結果

	偏回帰係数	標準偏回帰係数	t 値
駅距離	-2.038	-0.097	-2.89
幅員	1691.502	0.544	15.39
容積率	31.259	0.333	8.96
景観整備ダミー	8876.357	0.186	6.432
定数項	32209.584	-	23.058

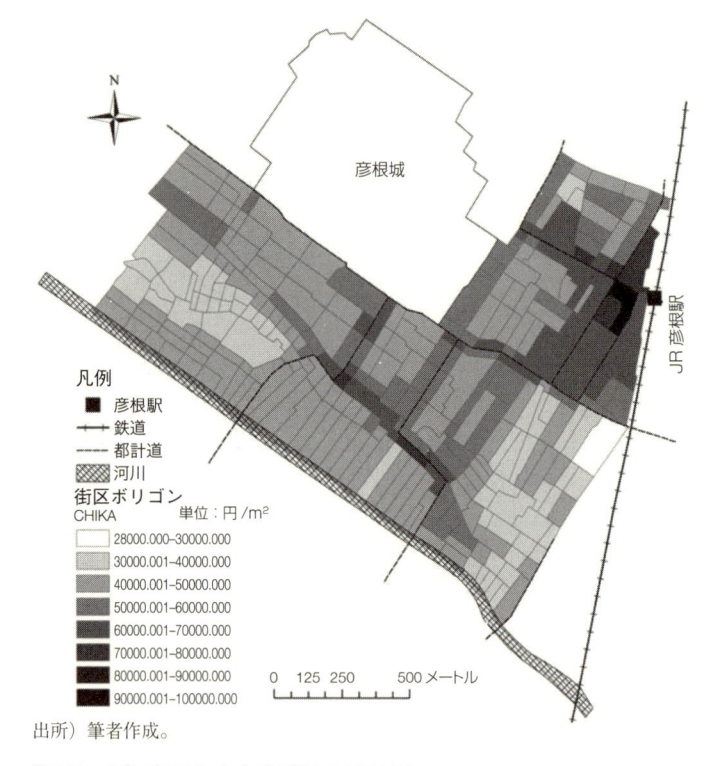

出所）筆者作成。

【図16-6】彦根市中心市街地の路線価

4 まとめ

本章では、これまで主観的な評価が多かった景観について、集客数と地価を利用し、客観的に評価してきました。重伝建地区のように一度壊されてしまうと、元に

は戻らない不可逆性のある歴史的な街並みの価値を図ることは、保全する地域住民に価値のあるまちづくりであることを示唆することができるものであると思われます。また、四番町スクエアのようにコンセプトをもつ街並みを創造したまちづくりにおいても、経済効果を測ることは、必要となる事業費に対してどれだけの効果があるのかを知ることができます。

景観は、一般に市場で売買されないため、直接的な価値を把握することが難しいのですが、あらゆるデータを利用することにより間接的な価値を計測することが可能となります。このような価値計測と結果は、今後のまちづくりでひとつの必要なコミュニケーションツールになると考えられます。

参考文献

青山吉隆・中川大・松中亮治［2003］『都市アメニティの経済学――環境の価値を測る――』学芸出版社。

岩井正［2009］「伝建地区とは」塩沢由典・小長谷一之編『まちづくりと創造都市2』pp.155-166、晃洋書房。

大野栄治・田苗創基・高木朗義［1996］「新しい旅行費用法を用いた公園整備事業の便益評価」『土木計画学論文集』第13巻、pp.401-407、土木学会。

国土交通省道路局・都市・地域整備局［2008］『費用便益分析マニュアル』。

国土交通省都市・地域整備局［2007］『景観形成の経済的価値分析に関する検討報告書』。

久保秀幸［2007］「小街路空間がもたらすまちづくり効果について――彦根市四番町スクエアの事例から――」『創造都市研究』通巻3号、pp.59-84。

久保秀幸［2008］「歴史的町並みを活かしたまちづくりの持続性とその価値について――奈良県橿原市今井町を事例に――」『都市研究』第8号。

久保秀幸［2009］「歴史的都市のまちづくりの効果について――ヘドニック・アプローチを用いた大阪府富田林市の事例」『日本都市学会年報』第42巻。

小長谷一之・久保秀幸［2009a］「個性を生かすまちづくりと創造都市」塩沢由典・小長谷一之編『まちづくりと創造都市2』pp.27-41、晃洋書房。

小長谷一之・久保秀幸［2009b］「地域政策・景観まちづくりにおける不動産データの例と整備・利活用の課題」『都市住宅学』第66号、pp.23-26。

富田林市生涯学習部文化財課「富田林市富田林重要伝統的建造物群保存地区説明資料」。

西村武臣［2005］「まちづくりへの執念――四番町スクエア（滋賀県彦根市）の土地区画整理事業によるまちづくり」『地域開発』第484号、pp.31-35、日本地域開発センター。

八甫谷邦明［2006］『今井町――甦る自治都市』学芸出版社。

森杉壽芳［1997］『社会資本整備の便益評価』勁草書房。

米村博昭［2007］「歴史資源の保全と活用 今井町の歴史的町並み保全 第二ステージへ

第Ⅲ部　分析・応用編——D.景観・文化・環境のまちづくりに関する経済効果

——地域資源のマネジメントの芽生え——」『地域開発』第517巻、pp.22-25、日本地域開発センター。

資 | 料 | 編
データ処理の実際

　ここでは、産業連関分析で頻繁に出てくる Excel によるデータ処理の手法を説明します。例として、京都府の WEB サイトから平成17年産業連関表14部門表をダウンロードして使います。使用例では、この14部門表を加工して最終的に 3 部門の開放型レオンチェフ逆行列係数表 $[I-(I-M)A]^{-1}$ を作成するまでを示します。

❶ 産業連関表をダウンロードする

（1） 都道府県の WEB サイトを閲覧する

　都道府県は WEB 上にサイトを構築しています。グーグルやヤフーなどの検索サイトで都道府県名を入力して 検索 をクリックすればトップランナーとして見つかるはずです。都道府県のサイトを開くと、統計情報は県政情報のカテゴリーに置かれている場合が多いですが、見つからないときはサイト内検索で統計と入力して探すと出てきます。

（2） 統計情報から産業連関表を探す

　都道府県の統計情報は、統計の更新時期に応じて月次統計、年次統計、周期統計などに分かれているところが多く、産業連関表は周期更新の統計に該当します。どうしても産業連関表が見つからないときは、サイト検索で探します。

（3） 産業連関表のデータをダウンロードする

　ほとんどの都道府県では Excel 形式で計数表を取り込むことができるようになっています。分析の目的に応じて必要な部門数の計数表を選択してください。ここでは京都府の14部門産業連関表をダウンロードします。ファイルを開こうとすると、図 1 のようなダイアログボックスが現れますので、保存を選んで適当なディスクに

格納します。

(4) 保存ファイルを開く

保存されたExcelファイルを開くと、図2のような14部門産業連関表の取引基本表のシートが現れます。ファイルには取引基本表以外にも投入係数表や逆行列係数表などのシートが付随しています。

【図1】

【図2】

	A	B	C	D	E	F	G	H	I	J
1	平成17年京都府産業連関表			【単位:万円】						
2	【取引基本表・14部門】		01	02	03	04	05	06	07	08
3			農林水産業	鉱業・製造業	建設	電力・ガス・水道	商業	金融・保険	不動産	運輸
4	01	農林水産業	888,725	13,321,173	115,436	0	19,767	0	167	0
5	02	鉱業・製造業	1,441,395	166,063,846	29,138,788	15,040,206	5,376,252	2,326,178	313,972	10,177,910
6	03	建設	39,408	1,327,953	177,638	2,210,084	867,406	240,555	6,336,164	758,882
7	04	電力・ガス・水道	86,306	8,777,308	641,703	3,471,967	4,440,315	428,905	430,937	2,114,132
8	05	商業	426,173	28,527,643	6,862,503	1,508,062	2,719,496	497,458	210,978	2,797,203
9	06	金融・保険	149,570	7,141,016	1,476,783	1,128,774	8,972,191	7,003,705	9,987,753	4,406,553
10	07	不動産	3,573	1,206,808	260,481	426,593	4,446,576	1,063,107	881,675	598,484
11	08	運輸	518,112	13,553,088	5,340,750	2,076,946	7,934,401	1,601,018	346,949	5,759,276
12	09	情報通信	33,358	4,277,731	857,216	1,294,527	6,331,098	4,590,167	240,382	686,020
13	10	公務	0	0	0	0	0	0	0	0
14	11	公共サービス	8,960	16,483,836	188,945	966,199	567,827	178,105	40,615	264,373
15	12	対事業所サービス	124,572	14,844,325	6,490,705	3,325,163	8,148,076	7,475,917	2,694,439	8,378,853
16	13	対個人サービス	3,367	80,440	46,326	8,767	160,042	18,675	126,345	45,781
17	14	分類不明	1,814,391	1,030,354	387,997	1,817,031	552,324	930,731	714,347	
18	15	内生部門計	3,905,053	279,219,558	52,627,628	31,845,285	51,800,478	25,976,114	22,541,107	36,701,814
19	16	家計外消費支出(行)	23,068	7,740,402	1,529,242	832,924	3,395,327	1,905,679	399,453	1,319,595

(5) 計数表の単位を確認する

ダウンロードした産業連関表は金額で表示されています。その単位は100万円のものもあれば10億円のものもあります。京都府の場合は万円単位です。万円単位では桁数が多くなるので、部門統合した後で億円単位に変更します。

❷ 部門統合の方法

産業連関分析では、細かな部門分類を適宜統合した連関表を作る作業を部門統合と呼んでいます。この節ではExcelのデータツールを使って部門統合を行う方法を説明します。

(1) 統合後の表の枠を作る

図2は14部門の産業連関表でした。ここではこの14部門表を3部門に統合した連関表を作ります。まず、図3のように、3部門に統合した後の連関表を想定して、枠を作っておきます。

	A	B	C	D	E	F	G	H	I	J	K	L	M	N
1		平成17年京都府産業連関表												
2											【単位:億円】			
3		【取引基本表3部門】		中間需要				最終需要				(控除)	府内生産額	
4				第1次産業	第2次産業	第3次産業	合計	消費	投資	移輸出	合計	移輸入		
5		中間投入	第1次産業											
6			第2次産業											
7			第3次産業											
8			合計											
9		粗付加価値	雇用者所得											
10			営業余剰											
11			その他											
12			合計											
13		府内生産額												
14														

【図3】

(2) 統合前の連関表に統合後の部門番号を付ける

次に図4のように、統合前の連関表(図2)に新たな行と列を挿入し、そこに統合後の3部門に該当する部門番号(1、2、3)と、粗付加価値項目や最終需要項目に該当する番号(4、5、6、…)を付けます。

（3）データツールから統合を選んで実行する

　Excel のタブからデータをクリックし、そのなかの「統合」を選んでもう一度クリックします。すると、図4のように、統合の設定というダイアログボックスが現れます。ダイアログボックスへの入力ですが、集計の方法を合計に指定し、統合元範囲には図4の統合後の部門番号を含む範囲を指定します。また、統合の基準には、上端行と左端列の両方にチェックを入れます。それで OK です。これによって、Excel は自動的に部門番号を読み取って合計してくれます。

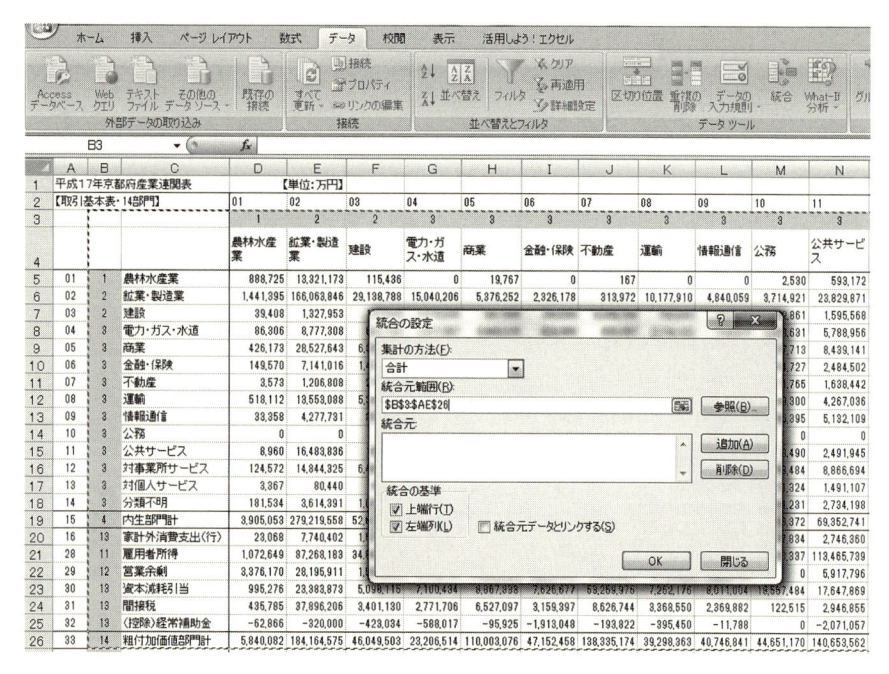

【図4】

（4）データ部分を表に貼り付ける

　統合の実行によって、図5の下のカッコ内のように、統合後のデータだけが部門番号とともに表示されます。これを切り取って、先に想定して作っておいた統合後の表（図5の上の表）に貼り付けます。

【図5】

	A	B	C	D	E	F	G	H	I	J	K	L	M
	D5			fx	=ROUND(C17/10000,0)								
1		平成17年京都府産業連関表											
2											【単位:億円】		
3			【取引基本表3部門】		中間需要				最終需要			(控除)	府内生産額
4				第1次産業	第2次産業	第3次産業	合計	消費	投資	移輸出	合計	移輸入	
5		中	第1次産業	89	1,344	325	1,757	492	121	263	877	-1,660	975
6		間	第2次産業	148	19,671	10,991	30,810	8,594	14,650	39,167	62,411	-37,015	56,206
7		投	第3次産業	154	12,170	25,905	38,229	61,507	4,571	24,496	90,573	-21,938	106,864
8		入	合計	391	33,185	37,221	70,796	70,593	19,342	63,926	153,861	-60,613	164,044
9		粗	雇用者所得	107	12,212	34,038	46,358						
10		付	営業余剰	338	2,978	15,334	18,650	(注)四捨五入により合計と一致しないところがあります					
11		加	その他	139	7,831	20,271	28,241						
12		値	合計	584	23,021	69,643	93,248	億円単位に変更する					
13			府内生産額	975	56,206	106,864	164,044						
14													
15													
16				1	2	3	4	5	6	7	8	9	10
17		1		888,725	13,436,609	3,249,069	17,574,403	4,921,777	1,214,516	2,630,799	8,767,092	-16,596,360	9,745,135
18		2		1,490,803	196,708,225	109,908,037	308,097,065	85,944,688	146,497,197	391,669,295	624,111,180	-370,146,981	562,061,264
19		3		1,535,525	121,702,352	259,052,629	382,290,506	615,065,336	45,705,213	244,959,301	905,729,850	-219,383,075	1,068,637,281
20		4		3,905,053	331,847,186	372,209,735	707,961,974	705,931,801	193,416,926	639,259,395	1,538,608,122	-606,126,416	1,640,443,680
21		13		1,391,263	78,305,934	202,709,968	282,407,165						
22		11		1,072,649	122,124,580	340,379,871	463,577,100						
23		12		3,376,170	29,783,564	153,337,707	186,497,441						
24		14		5,840,082	230,214,078	696,427,546	932,481,706						

(5) 単位を変更する

単位を変更するときにはRound関数を使用することがあります。この関数は、指定した桁数に四捨五入する場合使われます。万円単位の数字を億円単位に変更するには元の数字を一万で割算します。このとき、億円未満の桁数を四捨五入するためにはRound関数で桁数をゼロに指定します。図5は京都府の14部門産業連関表を3部門表に統合した後、単位を億円に変更したものです。D5のセルでRound関数の使い方を確認してください。なお、Round関数を使って四捨五入したデータを合計すると、元の合計データと一致しない場合がありますので、必ず断り書きを入れておきましょう。

❸ 逆行列 $[I-(I-M)A]^{-1}$ の計算

前節で、京都府の14部門産業連関表を3部門に部門統合しました。その3部門表をもとに、産業連関表による経済波及効果の分析で必ず使用するレオンチェフ逆行列を計算しましょう。

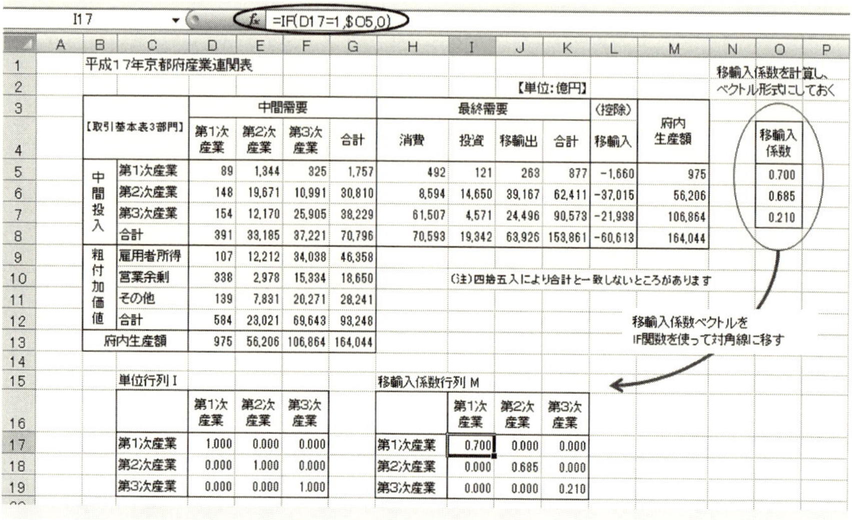

| | I17 | | | fx | =IF(D17=1,$O5,0) | | | | | | | | | |

【図6】

(1) IF関数を使って移輸入係数行列を作る

　レオンチェフ逆行列には閉鎖型と開放型の2種類があります。輸入や移入による域外への波及効果の漏れを考慮しない逆行列が閉鎖型で、式で表すと$[\mathbf{I}-\mathbf{A}]^{-1}$となります。一方、輸入や移入による域外への波及効果の漏れを考慮した逆行列が開放型で、式で表すと$[\mathbf{I}-(\mathbf{I}-\mathbf{M})\mathbf{A}]^{-1}$となります。$\mathbf{I}$は単位行列、$\mathbf{M}$は移輸入係数行列、$\mathbf{A}$は投入係数行列を表しています。この項では、開放型の逆行列$[\mathbf{I}-(\mathbf{I}-\mathbf{M})\mathbf{A}]^{-1}$を計算します。

　レオンチェフ逆行列を計算するには、順序として最初に、投入係数行列$\mathbf{A}$と移輸入係数行列$\mathbf{M}$を計算します。投入係数行列は要素に投入係数を配置した行列ですから、ここではとくに説明は省きます。移輸入係数行列は正方行列の対角線に移輸入係数を配置し、そのほかの要素をゼロにした行列（このような対角線だけに数値が配置されている行列を対角行列と呼んでいます）です。

　移輸入係数は、あらかじめ部門別に（輸入＋移入）÷（中間需要＋移輸出を除く最終需要）で計算し、列ベクトルの形にしておきます。列ベクトルの移輸入係数を対角線に配した対角行列を効率よく作成するためには、単位行列を活用します。単位行列は対角線に1を配置した対角行列です。

　3部門表を例に移輸入係数を対角線に配した対角行列を作ります。図6は右下に

320

作成途中の移輸入係数行列を、左下に単位行列を示しています。図6セルI17の数式を見てください。IF関数を使って、移輸入係数行列の対角線に、移輸入係数ベクトルを自動的に読み込むようにしています。このようなIF関数の使用法は部門数が多い移輸入係数行列を作成するときに威力を発揮します。

(2) 行列の積を計算する

図7は、開放型の逆行列 $[\mathbf{I}-(\mathbf{I}-\mathbf{M})\mathbf{A}]^{-1}$ を計算する途中の状況を表しています。図の中の行列 $(\mathbf{I}-\mathbf{M})\mathbf{A}$ は、行列 $(\mathbf{I}-\mathbf{M})$ と行列 $\mathbf{A}$ の積になっています。行列の積を計算するには、関数 MMULT を使います。

まず、行列の積の計算結果を貼り付けるセル領域N23：P25を範囲指定し、関数MMULTを開きます。ダイヤログボックス（関数の引数）で、配列1に行列 $(\mathbf{I}-\mathbf{M})$ を、配列2に行列 $\mathbf{A}$ を範囲指定し、そこで、Shiftキーと Ctrlキーを同時に押しながら OK をクリックします。

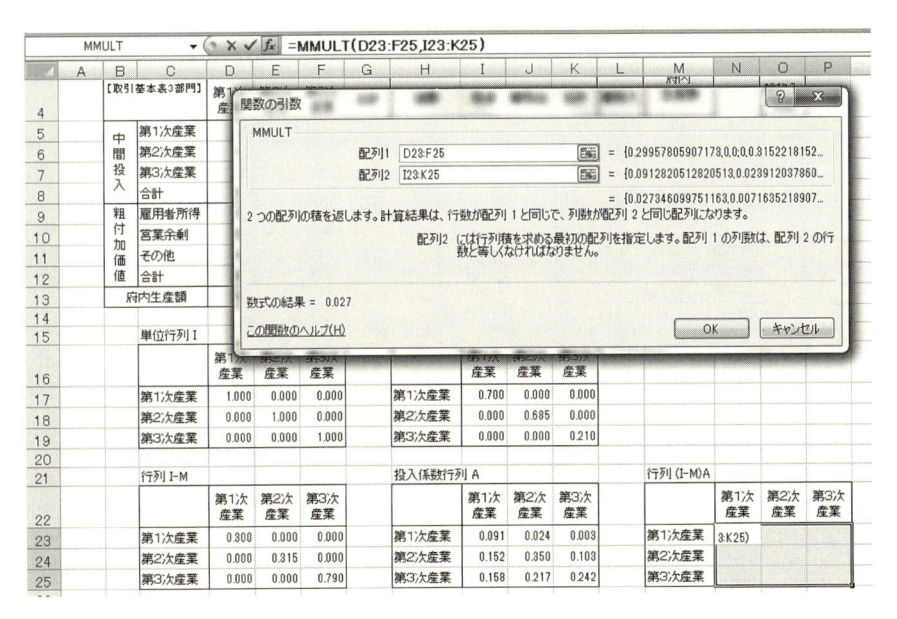

【図7】

(3) 逆行列を求める

図8は、行列 $\mathbf{I}-(\mathbf{I}-\mathbf{M})\mathbf{A}$ まで計算を終えた状況を表しています。行列 $[\mathbf{I}-$

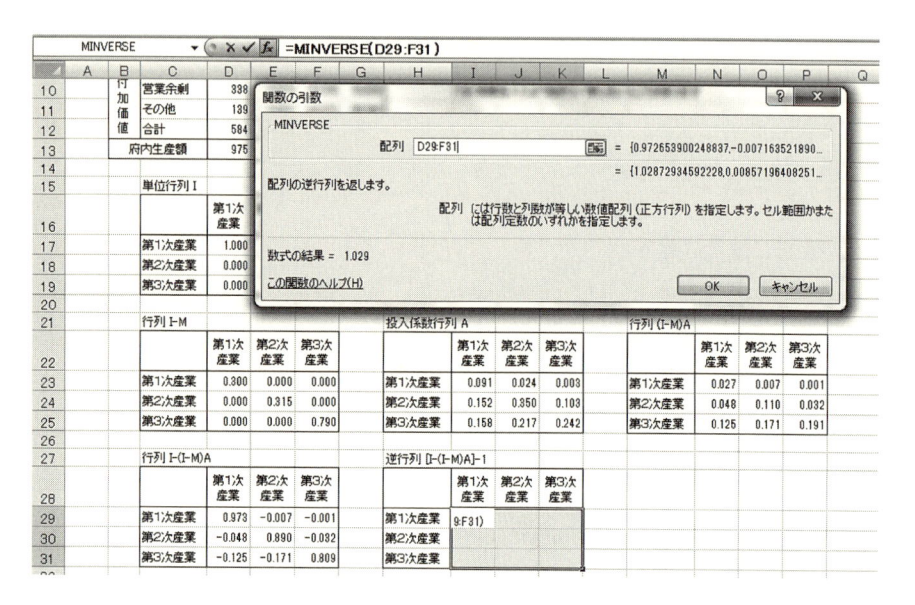

【図8】

【図9】

$(\mathbf{I}-\mathbf{M})\mathbf{A}]^{-1}$ は、行列 $\mathbf{I}-(\mathbf{I}-\mathbf{M})\mathbf{A}$ の逆行列です。逆行列の計算には関数 MINVERSE を使います。

まず、逆行列の計算結果を貼り付けるセル領域 I29：K31 を範囲指定し、関数 MINVERSE を開きます。ダイヤログボックス（関数の引数）で、配列に行列 $\mathbf{I}-(\mathbf{I}-\mathbf{M})\mathbf{A}$ を範囲指定し、そこで、Shift キーと Ctrl キーを同時に押しながら OK をクリックします。

なお、図 9 に開放型の逆行列 $[\mathbf{I}-(\mathbf{I}-\mathbf{M})\mathbf{A}]^{-1}$ の計算結果を示しました。

❹ その他の便利な関数

産業連関分析で使用すると便利な Excel 関数はほかにもあります。

その代表例が SUMIF 関数です。この関数を使えば、条件に合うセルの値だけを合計することができます。部門数の多い産業格付けを行ったあとで、部門ごとに数値を集計したいときなどに使うと便利です。

図10は、某マラソン大会の支出計算書から得られる支出科目ごとの支出額を、産業連関表の部門に格付けを行ったものです。図には産業連関表の部門番号が E 列に記入されています。この E 列を SUMIF 関数の「範囲」として入力し、「検索条件」に個別の部門番号を入力すれば、図のように産業部門の並びに合わせて自動的に集計を行います。

図10の丸囲み部分を例に見てみると、J3 を出力先にして SUMIF 関数を開きます。関数の引数として、「範囲」に E 列を、「検索条件」にセル H3 を、「合計範囲」として D 列を指定します。そうすると、部門01（農業）に該当する支出額を自動的に検索・集計し、その値をセル J3 に返してくれます。その関数式を J 列にコピーすれば、H 列の部門すべてに対応する支出額を計算できます。ただし、コピーする際には、図のように＄マークを付けます。

	A	B	C	D	E	F	G	H	I	J
1										
2			マラソン大会支出科目	支出額(円)	部門No	産業分類(39部門)		部門No	産業分類(39部門)	支出額(円)
3		1	食糧費	253,816	5	飲食料品		01	農業	81,099
4		2	食糧費	1,049,056	5	飲食料品		02	林業	0
5		3	食糧費	282,000	5	飲食料品	SUMIF関数は 条件に合うデータだけを集計するのに便利			0
6		4	食糧費	76,000	5	飲食料品	=SUMIF(E$3:E$44,H3,D$3:D$44)			9,450
7		5	食糧費	25,099	1	農業				1,660,872
8		6	賃借費	7,807,800	6	繊維製品		06	繊維製品	7,807,800
9		7	賃借費	2,279,000	21	その他の製造工業製品		07	パルプ・紙・木製品	539,933
10		8	運営経費	57,000	33	その他の公共サービス		08	印刷・製版・製本	899,850
11		9	運営経費	500,000	32	医療・保険		09	化学製品	75,000
12		10	運営経費	55,000	37	その他の対個人サービス		10	石油・石炭製品	72,767
13		11	運営経費	24,000	24	水道・廃棄物処理		11	窯業・土石製品	268,000
14		12	運営経費	50,600	33	その他の公共サービス		12	鉄鋼	0
15		13	運営経費	56,000	1	農業		13	非鉄金属	0
16		14	運営経費	268,000	11	窯業・土石製品		14	金属製品	61,000
17		15	旅費	110,400	36	宿泊業		15	一般機械	0
18		16	消耗品費	539,933	7	パルプ・紙・木製品		16	電気機械	29,000
19		17	消耗品費	539,933	21	その他の製造工業製品		17	情報・通信機器	291,690
20		18	消耗品費	386,542	21	その他の製造工業製品		18	電子部品	0
21		19	消耗品費	28,000	9	化学製品		19	輸送機械	0
22		20	消耗品費	29,000	16	電気機械		20	精密機械	58,000
23		21	消耗品費	36,000	14	金属製品		21	その他の製造工業製品	3,337,668
24		22	消耗品費	47,000	9	化学製品		22	建設	0
25		23	消耗品費	120,000	21	その他の製造工業製品		23	電力・ガス・熱供給	0
26		24	消耗品費	12,193	21	その他の製造工業製品		24	水道・廃棄物処理	24,000
27		25	燃料費	72,767	10	石油・石炭製品		25	商業	0
28		26	印刷製本費	899,850	8	印刷・製版・製本		26	金融・保険	942,880

【図10】

おわりに

　産業連関表という抽象的な表を利用するだけで、実際の経済波及効果をみな追いかけて足し上げることができる理由、また自分のプロジェクトの会計書と実際の産業連関統計資料の項目をどう合わせるのか……そのやり方など、基本的なところがおわかりいただけたでしょうか。
　われわれ地域政策に携わるものからすると、
　(1) どちらかというと、最終需要がすぐ完結する経済よりは、中間取引が活発に行われる経済のほうが、経済効果は高いことが多い、
　(2) 地域の需要が地域で閉じているか、それとも大きく漏れ出すかも、地域の発展にとって重要な側面です。あまり地域から漏れると経済効果は一般に低くなりますが、鉄人プロジェクトのようにその地方広域で完結していれば、地方としての活性化効果は高くなる、
などの点があります。
　この(2)のように、経済が地域内部で循環するかどうかは、いまなお注目されている内発的発展論や内生的成長のメカニズムとも関係し、地域経済学の研究課題としては非常に重要です。
　また、NPOなどの市民セクターの経済効果の算出なども、今後の公共政策を考えるうえでの「新しい公共」のあり方にとって大きな手掛かりになるかとも思います。さらに産業面では、第Ⅲ部Bで示したように、今後、技術革新で産業構造が変化するときに、ある地方が停滞し、逆にある地方が活性化する、などのようなことも当然予想され、こうした予測にも、経済効果の分析は欠かすことができないものです。取引されない非市場財（環境・景観・文化など）の価値も、今後重要となってくるでしょう。

　最後に、本書で疑問の点、また「市町村表」の作成や入手などの点について、より詳しいことを知りたい方は、株式会社経済計量研究所（http://em-research.jp）までご連絡ください。

編者紹介

● 小長谷一之（こながや かずゆき）
大阪市立大学大学院 創造都市研究科 都市政策専攻教授。1959年生まれ、1982年京都大学理学部（物理系）卒業、1985年東京大学大学院理学系研究科修士課程修了、1996年大阪市立大学経済研究所助教授を経て、2005年より現職、東京大学空間情報科学研究センター客員教授。日本都市学会常任理事。GIS学会代議員。毎日出版文化賞受賞。日本都市学会特別賞受賞。単著に『都市経済再生のまちづくり』、編著に『まちづくりと創造都市』『まちづくりと創造都市2』『創造都市への戦略』『アジアの大都市2：ジャカルタ』『マルチメディア都市の戦略』、共著に『角川インターネット講座10 第三の産業革命』『都市構造と都市政策』『21世紀の都市像』『コンバージョン、SOHOによる地域再生』『シリーズ都市再生1：大都市はいま』『大都市圏再編への構想』『創造の場と都市再生』『地域活性化戦略』『創造経済と都市地域再生』『創造経済と都市地域再生2』、*Land Use Cover Change, Modelling Geographical Systems*、訳書に『クリエイティブ都市経済論』『GIS原典Ⅰ』などがある。

● 前川知史（まえかわ さとし）
神戸ファッション造形大学教授。大阪市立大学大学院 創造都市研究科（非）講師。1957年生まれ。1981年神戸大学経済学部卒業、大和銀行入行。その後、大和銀総合研究所にて近畿経済研究部長、りそな総合研究所にて大阪調査部部長を歴任。2005年より現職。単著に『関西経済はいま』、共著に『対中ビジネスの経営戦略』などがある。総研時代は、他に先駆けて関西経済の短期予測を発表するなど数多くの定量調査を手掛ける。とくに経済効果の計測では、関空や学研都市、明石海峡大橋、USJをはじめとする関西の主要プロジェクトに参画してきた。2011年、新たに株式会社経済計量研究所を設立し代表取締役に就任。自治体からの依頼で経済効果調査を続けるほか、市町村に対して地域産業連関表の作成による構造分析や事業の経済評価手法の導入を提案する。連絡先 e-mail：maekawa@em-research.jp　ホームページ：http://em-research.jp

経済効果入門──地域活性化・企画立案・政策評価のツール──

2012年6月25日　第1版第1刷発行
2017年4月10日　第1版第4刷発行

編　者／小長谷一之・前川知史
発行者／串崎　浩
発行所／株式会社 日本評論社
　　　　〒170-8474　東京都豊島区南大塚3-12-4
　　　　電話　03-3987-8621（販売）　8601（編集）　振替　00100-3-16
印　刷／精文堂印刷株式会社
製　本／井上製本所
検印省略　© K.KONAGAYA, S.MAEKAWA, 2012
Printed in Japan　　ISBN978-4-535-55660-7
装　幀／菊地幸子

JCOPY　＜(社)出版者著作権管理機構　委託出版物＞

本書の無断複写は著作権法上での例外を除き禁じられています。複写される場合は、そのつど事前に、(社)出版者著作権管理機構（電話 03-3513-6969、FAX 03-3513-6979、e-mail：info@jcopy.or.jp）の許諾を得てください。また、本書を代行業者等の第三者に依頼してスキャニング等の行為によりデジタル化することは、個人の家庭内の利用であっても、一切認められておりません。